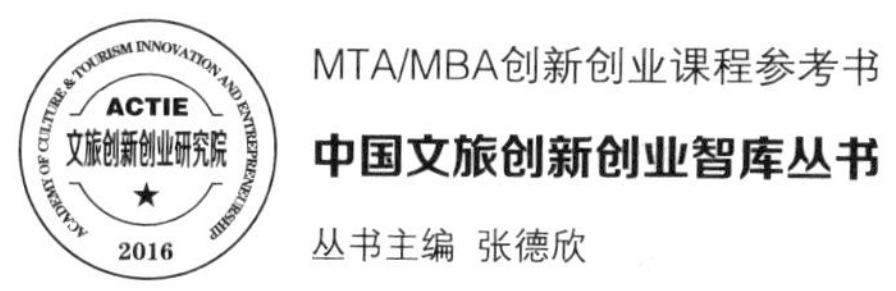

MTA/MBA创新创业课程参考书

中国文旅创新创业智库丛书

丛书主编 张德欣

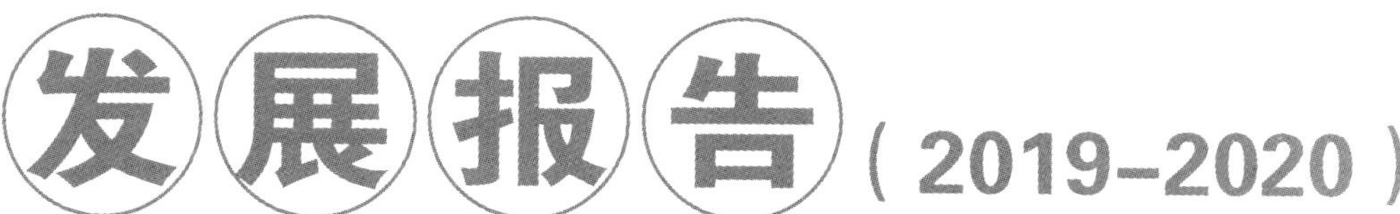

中国文旅企业创新创业发展报告（2019-2020）

Report on Entrepreneurship and Innovation In Chinese Cultural Tourism Industry (2019-2020)

王 恒 李 彬 张德欣／主 编

荆艳峰 黄 莉 刘 铮 袁文军 李立安／副主编

经济管理出版社
ECONOMY & MANAGEMENT PUBLISHING HOUSE

图书在版编目（CIP）数据

中国文旅企业创新创业发展报告．2019－2020/王恒等主编．—北京：经济管理出版社，2021.6
ISBN 978－7－5096－8048－3

Ⅰ．①中… Ⅱ．①王… Ⅲ．①文化产业—产业发展—研究报告—中国—2019－2020②旅游业—产业发展—研究报告—中国—2019－2020 Ⅳ．①G124②F592.3

中国版本图书馆CIP数据核字（2021）第108409号

组稿编辑：曹 靖
责任编辑：曹 靖 郭 飞
责任印制：黄章平
责任校对：陈 颖

出版发行：经济管理出版社
（北京市海淀区北蜂窝8号中雅大厦A座11层 100038）
网 址：www.E－mp.com.cn
电 话：（010）51915602
印 刷：唐山昊达印刷有限公司
经 销：新华书店
开 本：787mm×1092mm/16
印 张：18
字 数：461千字
版 次：2021年8月第1版 2021年8月第1次印刷
书 号：ISBN 978－7－5096－8048－3
定 价：98.00元

《中国文旅创新创业智库丛书》编委会

《中国文旅企业创新创业发展报告（2019－2020）》编委会

总 序

创业是一个国家经济活跃的象征，创新是一个民族进步的灵魂，两者也是一个国家兴旺发达的不竭动力。在中华民族的发展历程中，有关创业创新的例子不胜枚举，大到开疆拓土，小到手工作坊，无不体现华夏儿女创业创新精神与智慧力量。特别是伴随全球经济进入后金融危机时代下的深度调整期，我国经济发展面临着进入新常态下的诸多挑战。此时，由国家最高层号召和推动的“双创”战略成为了推动我国经济发展和转型升级的重要引擎，创业与创新活动不仅是国人实现“中国梦”、过上美好生活的重要方式，更是上升到国家和民族层面的实现“中华民族伟大复兴”的重要途径。

2014 年 9 月，李克强总理在夏季达沃斯论坛上提出，要在 960 万平方公里的土地上掀起“大众创业”“草根创业”新浪潮，形成“万众创新”“人人创新”的新势态，此后形成“大众创业，万众创新”的提法，简称“双创”。

2015 年 3 月 5 日，李克强总理在十二届全国人大三次会议政府工作报告中提出“互联网 +”行动计划。2015 年 7 月，国务院印发《关于积极推进“互联网 +”行动的指导意见》。同年 9 月 16 日，原国家旅游局下发《关于实施“旅游 + 互联网”行动计划的通知》。不管是“互联网 + 旅游”还是“旅游 + 互联网”，这两大最具发展潜力的领域，都是新常态下中国经济快速发展的重要驱动力量。与此前后，“双创”也在全国蓬勃兴起，并影响着中国社会发生深刻的变化。

2016 年，李克强总理在首届世界旅游发展大会上指出，旅游业是“大众创业，万众创新的大舞台”，各地政府也加快产业布局与政策落地，全国上下掀起一股创业创新热潮。同年，《政府工作报告》中提出要充分释放全社会创业创新潜能。

2016 年 9 月，由笔者发起，特邀旅游业中外顶级学者、智库领导人、产业领军人物及知名投资人等为核心组建了“旅游创业创新研究院”，为旅游行业创业创新提供理论支持与实战分享，为营造创业创新环境，提供创业创新建议及服务，助推旅游产业健康有序发展为重要使命。

2017 年，《政府工作报告》提出要持续推进“大众创业，万众创新”。“双创”是以创业创新带动就业的有效方式，是推动新旧动能转换和经济结构升级的重要力量，是促进机会公平和社会纵向流动的现实渠道，要不断引向深入，打造面向大众的“双创”全程服务体系。

2018 年，《政府工作报告》强调要促进“大众创业，万众创新”上水平，形成线上线下结合，产学研用协同、大中小企业融合的创新创业格局，打造“‘双创’升级版”。

2019 年，《政府工作报告》提出进一步把“大众创业，万众创新”引向深入。鼓励更多社会主体创新创业，拓展经济社会发展空间，加强全方位服务，发挥“双创”示范基地带动作用。面向市场需求和弘扬人文精神结合起来，善聚善用各类人才，中国创新一定能更好发展，为人类文明进步做出应有贡献。

2020 年，《政府工作报告》提出要深入推进“大众创业，万众创新”。深化新一轮全面创新改革试验，新建一批“双创”示范基地，坚持包容审慎监管，发展平台经济、共享经济，更大激发社会创造力。

2016 年，为响应党和国家的号召，顺应时代要求，完善市场和社会需求，致力于推动“大众创业，万众创新”及“互联网＋旅游”成为中国经济新常态下的新“引擎”，旅游创业创新研究院与各高校、科研院所及产业界通力合作，组建《中国旅游创业创新智库丛书》编委会，编撰旅游创业创新系列书籍，以积极推动创业创新成为时代潮流，汇聚经济社会发展的强大新动能；积极推动各类创新要素融合互动，让“创客”的奋斗形象成为创新中国、智慧经济的重要标识。

2018 年，文化和旅游部成立，文化和旅游开始全面融合。2021 年 1 月，胡和平部长在全国文化和旅游厅局长会议上强调，“十四五”时期文化和旅游发展的战略任务是构建和完善社会文明促进和提升工程，主要包括：新时代艺术创作体系、文化遗产保护传承利用体系、现代公共文化服务体系、现代文化产业体系、现代旅游业体系、现代文化和旅游市场体系、对外文化交流和旅游推广体系。文化和旅游系统要构建新发展格局，推进文旅融合、推动创新发展。

值此“十四五”开局之机，2021 年 1 月，原旅游创业创新研究院升级为文旅创新创业研究院，原《中国旅游创业创新智库丛书》升级为《中国文旅创新创业智库丛书》。

目前丛书主要有三个套系：一是蓝皮书系列，以《中国文旅企业创新创业发展报告》为题拟每年一本，较为全面与系统地分析了当期文旅企业创新创业发展实践情况及趋势；二是以《旅游创业启示录》为题，深入旅游行业创业的细分领域进行优秀案例的汇总提炼，如周边游、出境游、乡村旅游等；三是专家论丛系列，以学院派及实战派专家为主，集结其学术研究及落地实践的深度观点解读文章成册。

文化、旅游、互联网、创业、创新是本套智库丛书的重要关键词。丛书汇聚了旅游学术界与产业界力量。第一，记录中国文旅业发展变迁史；第二，为政府、高校、媒体、研究机构、产业界与创业者们提供相应的分析与决策参考，也可作为高校相关专业、EDP、MBA/MTA、创新创业学院的教材或案例集。

“创客”们，借用六小龄童老师的话与大家共勉：苦练七十二变，才能笑对八十一难。当时代造就你的同时，你也创造了时代。

大家一起加油！

总主编　张德欣

2021 年 3 月于北京

前　言

呈现在读者眼前的这本《中国文旅企业创新创业发展报告（2019－2020）》已是该系列报告的第五本了。五年来，该系列报告不仅是中国文旅企业“双创”发展的起伏经历与奋斗过程的记录，也是校企合作和校际合作的产物和产教深度融合的结晶。

在第一本和第二本报告出版时，正是大量资本特别是创投、风投等涌入旅游业之时，加之当时出现的火爆的出境游、自由行以及政府出台的“大众创业，万众创新”等相关政策，在技术、需求和政策三方面催生了大量与互联网、O2O、在线旅游等相关的新兴中小型旅游创业公司。到第三本报告出版时，我们开始发现一些明星创业公司出现问题甚至消失，许多中小创业公司在资金、人才、经营等多方面压力下难以为继。到 2018 年，尽管我国旅游业发展迎来了文旅融合的新时代，文旅需求、文旅政策也不断向好，然而文旅资本仍然大量流向大项目、大手笔，面向旅游“双创”的创投事件数量和资金额度较 2016 年、2017 年有大幅下降，“资本寒冬”的到来使大量的中小旅游创投公司倒闭或转做其他业务。我们同时也发现，在“泡沫”破灭和大浪淘沙之后，优秀的旅游创业公司经过多年的奋斗，不仅存活下来而且成长得更加稳健。2018 年，我国的旅游创新系统正在技术、资本和人员的流动、交织与融合中逐渐形成，并且以多层次、多方向、多维度的开放式创新模式为主要特征。

在上述背景下，本年度报告的主要内容如下：第一部分基于对 2019 年和 2020 年主要文旅企业和新兴产业运营发展状况的考察，基于产业组织和组织韧性的视角阐释了我国文旅企业的变革趋势与路径选择。之后对文旅融合战略背景下的新消费模式和新服务模式进行了分析。第二部分介绍了中国文旅企业创新创业信心指数，通过对文旅集团、文旅创业企业、投资机构、文旅学界、政府及协会机构等多名专家对文旅“双创”领域的前景进行调查，构造和计算文旅“双创”信心指数，并对 2017－2021 年信心指数的变化情况进行对比分析，旨在为文旅企业、资本方、学术界及政府等提供相关参考。第三部分是旅游企业创业创新案例分析。本部分划分为两个方面，一方面是多元化经营的文旅集团，包括复星旅游文化集团、灵山文旅集团、寒舍文旅集团和山海文旅集团；另一方面是我们持续跟踪调研的和新兴的文旅创业企业，包括 6 人游、微景天下、亲子猫、传 PLUS 和绝艺非遗。尽管因疫情无法对全部案例企业进行实地调研，导致基于二手资料的分析难免出现不深入和不全面的情况，但它们的创新模式、应对疫情的成功经验和措施以及未来的发展方向均值得文旅“双创”领域的实践者和观察者关注。第四部分和第五部分则是每年的固定内容，包括 2018 年和 2019 年中关村智慧旅游协会主办的第五届和第六届中国旅游创业创新高峰论坛的会议实录以及 2019－2020 年国内外文旅企业“双创”大事记。

本报告的完成得益于各方的大力支持。首先要特别感谢中关村智慧旅游协会会长张德欣先生一如既往地对本报告给予的指导和支持。其次要感谢北京联合大学旅游学院和北京第二外国语学院旅游科学学院领导和老师在思路指导和调研考察等方面给予的帮助。最后更要感谢提供大力支持的文旅“双创”企业的企业家和高管朋友，期待在2021年继续与他们同行、披荆斩棘、拨云见日，共同开创与谱写中国文旅企业创新创业的美好未来与辉煌篇章。

编者

2021年3月

目　录

第一部分　中国文旅企业组织变革与消费服务新趋势分析

第二部分　中国文旅创新创业信心指数

第三部分　中国文旅企业创新创业案例分析

第四部分　中国文旅创业创新高峰论坛会议实录（2018－2019）

第五部分　国内外文旅企业“双创”大事记

附 录

第一部分

中国文旅企业组织变革与消费服务新趋势分析

第一章　基于组织韧性的文旅企业发展趋势及组织变革路径选择

过去的2019年和2020年，中国文旅行业经历了冰火两重天，旅游业易受外部环境影响的脆弱性暴露无遗。2020年，大批文旅企业倒下了，部分企业通过转型勉强维持，还有一小部分企业逆势而上，业务不降反升，创造了业界神话。在“活下来”就是最大成功的2020年，整个文旅行业和企业呈现出的众生相必将成为当代商业史中一段真实而精彩的篇章。

一、2019－2020年主要文旅企业运营状况回顾

本部分主要对以住宿企业、旅游景区和在线旅行社为代表的文旅企业的发展运营状况进行回顾性分析。

（一）住宿企业运营状况

《2020中国酒店业发展报告》显示，截止到2020年1月1日，全国住宿业设施总数为60.8万家，其中，酒店业设施为33.8万家，其他住宿业设施为27万家；客房总规模1891.7万间，其中，酒店业客房数量为1762万间，其他住宿业客房数量为129.7万间。酒店业数量和客房数分别约占我国住宿业的56%和93%[①]。另据《中国旅游民宿发展报告（2019）》数据显示，2019年民宿数量达到16.98万家，房源总量突破160万套，民宿占住宿市场之比提升至24.77%[②]；2021年3月中国旅游与民宿发展协会发布的《2020年度民宿行业研究报告》指出，2020年国内民宿房源总量超过300万套，在线房东增长16.5%[③]。途家发布的《2020年乡村民宿数据报告》显示，截止到2020年年底，途家平台的乡村民宿房源量超过54万套，相较2019年增长约2.4倍；2020年乡村民宿实现价量齐涨，途家平台的乡村民宿累计接待超过570万名房客，为乡村房东创收超17亿元，是2019年创收的3倍以上[④]。

从核心运营绩效指标对比来看，2020年底，全国星级饭店数量9717家，较2019年末少413家，降幅达4%，平均房价、平均出租率和每间可供出租客房收入逐步反弹，其中，平均房价和出租率分别逐步恢复到2019年底的87.4%和87.8%，如表1－1所示。

---

① 冯娟，胡静，谢双玉．2020中国旅游业发展报告［M］．北京：中国旅游出版社，2020.

② 2020年中国民宿行业市场现状及发展趋势分析未来市场将呈现六大主流商业趋势［EB/OL］．https：//bg.qianzhan.com/report/detail/300/200723－3344a0f7.html.2020－07－23.

③ 消费日报网．权威！2020年中国民宿行业发展研究报告正式发布！［EB/OL］．http：//www.xfrb.com.cn/article/jjzs－tzsc/14145826285872.html.2021－03－04.

④ 环球旅讯．去年乡村民宿同比增2.4倍，旅客从“观光型”转向“度假型”［EB/OL］．https：//www.traveldaily.cn/article/144058.2021－03－17.

表 1－1　全国星级饭店经营情况平均指标统计

年度（季度）	数量（家）	平均房价（元/间夜）	平均出租率（%）	每间可供出租客房收入（元/间夜）
2019 年	10003	353. 00	55. 18	194. 79
2019 年四季度	10130	378. 55	56. 70	214. 65
2020 年一季度	10013	317. 87	22. 83	72. 58
2020 年二季度	9923	300. 03	33. 08	99. 24
2020 年三季度	9857	325. 17	49. 02	159. 41
2020 年四季度	9717	330. 92	49. 81	164. 84

资料来源：文化旅游部及中商情报网全国星级饭店统计公报。

再来看全国民宿主要运营指标，根据民宿管理软件领军者云掌柜发布的数据报告显示，2019 年全国民宿平均房价 348 元，平均客房收益为 136 元，其中，头部 20% 的民宿平均客房收益为 247 元，超过了星级饭店的平均收益，平均入住率为 39%，其中头部 20% 的民宿入住率为 54. 8%①；2020 年全国平均房价下行在意料之中，但也达 317 元，平均客房收益为 122 元，略有下降，平均基本与上年持平，入住率为 38. 5%。值得关注的是，头部 20% 的民宿入住率为 62. 4%，超过去年 7. 6 个百分点，同时，平均房价也高达 629. 8 元，平均客房收益也达到了 219. 3 元。以上对比数据充分体现出精品民宿凭借更加安全和私密的产品品质和中高端导向的市场定位成为疫情常态化阶段复苏能力最强的旅游企业②。

（二）旅游景区运营状况

文化和旅游部统计公报显示，2019 年末，全国共有 A 级旅游景区 12402 个，其中，5A 级景区 280 家，4A 级景区 3720 家，3A 级景区 6198 家，2A 级景区 2101 家，1A 级景区 103 家。全年接待总人数 64. 75 亿人次，比上年增长 7. 5%，实现旅游收入 5065. 72 亿元，增长 7. 6%。《中国旅游景区发展报告（2020）》数据显示，受一季度疫情影响，国内旅游收入同比恢复仅有 12. 98%，“五一”小长假带来一波复苏小高潮，至国庆、中秋“双节”已上升到 69. 9%，旅游市场呈现渐次升温态势。清明节国内游客满意度指数达 88. 8，达到历史高位水平③。截止到 2020 年 12 月 30 日，我国已有 302 家 5A 级景区，其中，江苏以 25 家排名数量第一，浙江共有 19 家排名第二，广东和四川以 15 家并列第三，河南和新疆维吾尔自治区以 14 家排名并列第四，山东、江西、湖北均为 13 家并列第五④。同时，我们也看到自 2015 年 10 月山海关景区成为国内首家被撤销 5A 级资质的景区后，国家对 5A 景区评定及动态管理愈发严格，5A 景区数量增速放缓。

景区的高质量发展不仅表现为高级别景区的数量和比例，更体现在智慧景区建设和运营管理方面。随着移动互联网带动的在线旅游用户规模的不断扩大，在线预约预订已成为游客出行的新常规方式。据艾媒咨询研究报告数据显示，2019 年，中国景区门票线上化渗

① 云掌柜 . 2019 民宿年度数据报告［EB/OL］. https：//www. meadin. com/yj/212681. html. 2020－02－28.

② 云掌柜 . 2020 民宿年度数据报告［R］. 2021.

③ 新浪科技 . 中国旅游研究院：中国旅游景区发展报告 2020［EB/OL］. https：//finance. sina. com. cn/tech/2020－10－23/doc－iiznctkc7134420. shtml. 2020－10－23.

④ 海报新闻 . 山东再添一家国家 5A 级旅游景区　总数已达 13 家［EB/OL］. https：//www. 163. com/dy/article/FV67VGCM055061FK. html. 2020－12－31.

透率约为18.3%，门票在线交易额为288.8亿元。自2020年以来，疫情对旅游景区消费市场带来了新的变化，一方面，景区按照“限流、预约、错峰”政策要求，加快落实景区门票网络预约制，叠加线下游客骤减等困境压力，景区将加速拥抱在线预订平台；另一方面，多地景区关停政策以及门票预约制的实施驱使游客通过在线平台获取景区相关信息及产品服务①。2020年11月，文化和旅游部等十部门联合印发的《关于深化“互联网+旅游”推动旅游业高质量发展的意见》重点任务部分明确提出，国有旅游景区应于2021年底前全部提供在线预约预订服务。《中国景区预约旅游便利度制度报告》中指出，在被称为“预约旅游元年”的2020年，疫情“倒逼”购票便利度提升7%，已有92%的5A级景区通过美团平台实现了网络售票、分时预约等服务，但预约体验仍有预约信息不充分、预约渠道不完整便利等痛点，这仅是景区数字化进程的第一步，景区价格两极分化如何打破门票经济、景区精细运营和优化等问题和挑战依然很多，景区数字化还有很长的路要走②。

（三）在线旅行社运营状况

这里以三家最具代表性的OTA头部标杆企业为例进行运营绩效分析。

1. 携程

首先，来看携程过去两年的运营状况。作为国内领先的住宿预订、交通票务、旅游度假及商旅管理服务公司，携程用实际行动应对疫情冲击，从2020年三季度开始扭转了上半年的颓势，特别是住宿预订和交通票务业务板块表现出了极强的抗击打能力和恢复能力，住宿业务2020年营收恢复到2019年的53%，交通业务营收则恢复到2019年的51%，如表1-2所示。

表1-2　携程财务业绩指标统计　　单位：亿元

年度（季度）	净利润	净营业收入	住宿预订营业收入	交通票务营业收入	旅游度假业务营业收入	商旅管理业务营业收入
2019年	70.00	357	135	140	45.00	13.00
2019年四季度	20.00	83	30	35	8.00	3.73
2020年一季度	-54.00	47	12	24	5.23	1.26
2020年二季度	-4.76	32	13	12	1.30	1.62
2020年三季度	16.00	55	25	19	3.26	2.82
2020年四季度	10.00	50	22	17	2.62	3.07

资料来源：携程财报。

携程的战绩得益于其“内容战略”的有效实施，梁建章提出了“内容三步走”，第一，持续丰富内容品类和形式以强化用户黏性；第二，增强内容分发、精准推荐和产品创

① 艾媒咨询.2019-2020中国旅游景区门票在线预订市场研究报告［EB/OL］. https：//www.163.com/dy/article/FBT9B17R0511A1Q1.html.2020-05-05.

② 每日经济新闻.“预约旅游元年”2020：疫情“倒逼”购票便利度提升7%　但景区数字化仅仅走出第一步［EB/OL］. https：//baijiahao.baidu.com/s?id=1678710342054677298.2020-09-24.

新整合，形成推动营销体系持续增长的良性循环；第三，将优质用户群与广泛的营销网络深度结合，形成面向泛旅游市场的营销枢纽①。

作为携程的“战疫明星”，携程直播不仅在梁建章的亲自领导下，扮演着推动旅游业疫后复苏“先行军”的角色，以携程直播为代表的内容生态，也正在成为携程深耕国内的前沿阵地。携程直播自2020年3月开播以来，热度有增无减。携程直播间的客单价达1300元。最新数据显示，包括BOSS直播、“周末探店”直播、“境外本地”直播在内的携程直播矩阵GMV累计超过24亿元，观看人数超过1.7亿人次。在观看携程直播的用户中，停留时长超过1分钟用户的复看率近40%；复购2次以上的用户占比超过60%，观看携程直播次日及以后下单的用户占比超过65%。此外，在携程直播的主阵地微信小程序中，“90后”“00后”的占比超过60%。全新改版后的携程App，增加了个性化内容展示，2020年三季度已帮助合作酒店提升了5%的转化率；交通与酒店的交叉销售同比实现双位数增长②。

同时，携程还积极发力下沉市场。来自去哪儿的数据显示，目前去哪儿新客增量已经与2019年持平，其中，新客中25岁以下的用户占比达40%，近一半新用户来自三线及以下城市；自2020年以来，数百万用户在去哪儿上购买了人生中第一张机票，创近五年的新高③。

此外，携程还勇于承担企业社会责任，在疫情期间选择与消费者和合作伙伴风雨同舟，共同“战疫”。在疫情期间累计退改数千万订单，涉及金额超310亿元，共计补贴退订用户损失达12亿元。对于合作伙伴，发布了“同袍”计划，通过多举措给予支持。针对旅游度假平台团队游供应商，减免其春节前投入的广告推广费用，减免春节期间订单的交易佣金，退还平台系统至少3个月使用费；针对8000家旅游门店免除3个月管理费，并延长门店各自签订的任务额度3个月，以缓解经营压力；另外，携程融资平台还为供应商提供了17000多笔贷款以助其渡过难关④。

《2020携程“旅游复兴V计划”年终报告》显示，2020年3月面对疫情影响，携程于惊蛰之日启动“旅游复兴V计划”。后续携程历经“回暖期”“复苏期”和“反弹期”三个阶段，以“BOSS直播＋高星酒店预售”为先行军，以政企联动的目的地整合营销为着力点，“旅游复兴V计划”在2020年底交出了一份拉动近300个目的地城市复苏，预售交易额超40亿元的成绩单⑤。

2. 同程艺龙

再来看同程艺龙的表现，与携程相比，截止到2020年四季度，同程艺龙均保持不同

---

① 陈杰，劲旅网．携程年报透析：“连续两季盈利”or“近5年最大亏损”，哪个信号更重要？［EB/OL］．https：//mp.weixin.qq.com/s/OsRZFBvZxB0bXDxWFaxTgg．2020－09－24.

② 红星新闻．携程发布2020Q3财报：直播亮点引人注目，国内市场成最强驱动引擎［EB/OL］．https：//www.sohu.com/a/436007802_116237．2020－12－03.

③ 新浪财经．携程发布2020Q3财报：实现净利润16亿元创疫情以来首季度盈利［EB/OL］．https：//finance.sina.com.cn/stock/usstock/c/2020－12－02/doc－iiznezxs4725057.shtml．2020－12－02.

④ 凤凰财经．携程2020Q1财报：风雨同舟“战疫”路，补贴退订用户损失达12亿元［EB/OL］．http：//finance.ifeng.com/c/7wwhbzXyxmu．2020－06－01.

⑤ 凤凰网．透过携程财报看在线旅游行业复苏进度，今年旅游行业要找回信心？［EB/OL］．https：//tech.ifeng.com/c/84MSF26IZ7c．2021－03－05.

程度的盈利，特别在疫情严重的一、二季度依然未出现亏损，企业危机应对能力值得肯定，如表1－3所示。

表1－3　同程艺龙财务业绩指标统计

单位：亿元

年度（季度）	净利润	营业收入	住宿预订收入	交通票务收入	其他业务收入
2019年	15.44	73.93	23.58	45.18	5.17
2019年四季度	3.31	19.57	6.22	11.82	1.53
2020年一季度	0.78	10.05	2.29	6.87	0.89
2020年二季度	1.96	12.00	3.84	7.26	0.9
2020年三季度	3.73	19.14	6.85	10.55	1.75
2020年四季度	3.07	18.12	6.47	10.03	1.62

资料来源：同程艺龙财报。

同程艺龙的成功应对策略，首先来自强化线下获客，扩展国内低线城市的覆盖率，把握低线城市的复苏及增长机会，巩固在线旅游平台市场的领导地位。截止到2020年6月30日，约85.9%的注册用户居住于非一线城市。2020年1－6月，约63.1%的微信平台新付费用户来自国内三线或以下城市，较2019年同期的61.5%增加了1.6个百分点①。此外，运用O2O获客策略，既通过“微信＋短视频＋快应用”线上获客，同时，通过汽车、景点的自动售票机和酒店的QR码扫描线下获客，加速对低线城市的渗透，2020年三季度低线城市间夜量增长近30%，车票增长超过80%，机票增长超过20%②。当然，这也得益于同程与携程合作打造的“流量联盟”，实现了双赢。携程通过向同程开放供应链，借助同程掌握的腾讯系流量以及在低线城市的深耕，实现了下沉市场的多元化布局。

此外，同程艺龙还持续布局服务场景的多元化，其快应用与华为、OPPO、vivo等主流手机厂商展开深度合作，开拓“快应用＋旅游”的服务场景，同时，加强与快手等短视频平台的合作，通过优质内容触达用户，推广酒店和景点，以激发用户出游兴趣，帮助用户完成旅行消费决策及购买的闭环③。

3. 美团点评

最后来看生活服务类平台代表美团点评的表现，其营业收入主要来自餐饮外卖业务，到店、酒店及旅游业务和包括B端供应链解决方案、共享单车、网约车等在内的新业务三个部分，其中外卖业务和新业务受疫情影响最小，外卖业务更是在客单价和渗透率方面均有所提升，这不仅得益于外卖业务早期大力向低线城市扩张的策略和精细化运营以及2019年成功推出的餐饮外卖会员制度，不仅提高了老客户的购买频次及忠诚度，更体现出了其城市“新基建”的独特优势，如表1－4所示。美团在2020年3月开始以“万物皆可到

① 新浪财经．同程艺龙2020年Q2业绩超预期：新流量快速增长　低线城市高渗透［EB/OL］．http：//finance.sina.com.cn/stock/relnews/hk/2020－08－28/doc－iivhvpwy3656117.shtml.2020－08－28.

② 新浪财经．社会服务行业－同程艺龙2020年Q3财报解读：需求复苏＋线上化Q3收入利润同比略降［EB/OL］．http：//finance.sina.com.cn/stock/relnews/hk/2020－12－09/doc－iiznezxs5964753.shtml.2020－12－09.

③ 站长之家．同程艺龙发布三季度财报：营收19.14亿元，月活用户2.46亿人次［EB/OL］．https：//www.chinaz.com/2020/1124/1210435.shtml.2020－11－24.

家”的品牌认知发力“美团闪购”和“美团买菜”业务。而疫情导致传统食配供应商受到冲击，美团的B2B供应链平台“快驴”订单量出现倍增，这些新业务均让美团399万骑手资产发挥了“短途即时配送”的优势，有利于提高骑手的时间利用率（一日三餐之外的配送时间），实现成本分摊，同时提高销售额和利润率，也让160万活跃商户匹配美团的“供给侧战略”，实现了双向良性增长，增强了平台黏性①。

表1－4 美团点评财务业绩指标统计

单位：亿元

年度（季度）	净利润	营业收入	餐饮外卖业务收入	到店、酒店及旅游业务收入	新业务及其他分部收入
2019年	47.00	975.00	548.00	223.00	204.00
2019年四季度	22.70	282.00	157.00	64.00	61.00
2020年一季度	－2.16	167.54	94.90	30.95	41.68
2020年二季度	22.10	247.20	145.40	45.40	56.30
2020年三季度	20.54	354.00	206.90	64.80	82.30
2020年四季度	－14.37	379.18	215.38	71.35	92.44

资料来源：美团点评财报。

正如美团CEO王兴所言，美团聚焦“Food + Platform”战略，在生鲜零售和电单车等新业务领域持续加大投入，并通过科技创新为更多消费者和商户提供了数字化的生活方式和经营模式，为生态体系中的所有参与者创造了更长远的价值②。

同样值得注意的是，2020年一季度为实现生活服务领域消费的复苏，美团外卖推出了“商户伙伴佣金返还计划”，为商户提供免佣返佣补贴及免费流量支持，帮助企业渡过困难时期。全国范围内共有数十万商户参与，在武汉地区，免佣金额超过3000万元。美团平台因此形成了更为多元且高品质的外卖供给，进而带动美团外卖客单价的提升③。

二、基于组织韧性的文旅企业发展趋势及组织变革路径选择

（一）基于组织韧性的文旅企业发展趋势④

多变性（Volatility）、不确定性（Uncertainty）、复杂性（Complexity）和模糊性（Ambiguity）（即VUCA）已成为组织外部环境的典型特征。2020年，疫情作用下的环境变化又成为刺激文旅企业主动或被动开启组织变革的最强动因，而组织变革的成败很大程度上依赖于组织韧性（Organization Resilience）。

按照哈佛商学院教授兰杰·古拉蒂对组织韧性层次的划分，最高层即第四层韧性组织可以定义为“能够围绕客户需求，整合内部和外部伙伴的资源，并能够提出解决方案，而

①③ 新浪财经．美团2020年一季度财报解读：营收亏损但好于预期 美团“旧”业务韧性强劲［EB/OL］．https://finance.sina.com.cn/stock/relnews/hk/2020－05－26/doc－iirczymk3691605.shtml.2020－05－26.

② 贤集网．美团点评2020年第二季度财报：营收247.2亿元，净利润22.1亿元［EB/OL］．https://www.xianjichina.com/news/details_214070.html.2020－08－24.

④ 本部分内容在王恒参编《中国旅游经济结构研究》一书中“旅游组织结构”一章相关论述的基础上增补更新完成。

非简单的产品和服务，甚至能够根据客户需求重新进行自我定义”①。组织韧性也可理解为一种产出韧性结果的过程，是一种事前预测、事中反应、事后学习和迭代的系统适应能力，它包括组织的环境敏感度和面对危机降低组织动荡、恢复效能的能力，主要由企业的变革能力、学习能力和重构资源能力决定②。由此可见，组织韧性的形成过程与组织发展进化处于同步进程。

而从产业组织的演进发展过程来看，通常要经历以下三个发展阶段，即“原子式”自由竞争阶段、垄断或寡头垄断阶段以及当代产业组织阶段，主要体现为少数大企业专业化基础上的规模化、企业规模的小型化、网络化等产业组织状况，如表1－5所示。

表1－5　分工和产业组织演进与优化之间的关系

产业组织形式（阶段）	分工特点	分工和产业组织演进与优化的关系
“原子式”自由竞争的产业组织形式	分工表现为个人、家庭和手工业工场等市场主体的分工生产，工场手工业的内部分工已经达到以“操作”为基本单位的程度，专业化则基本处于产品专业化的阶段	不同时期的生产力水平和状况决定了劳动分工与专业化的水平和状况，进而决定了产业组织的状况。分工和专业化经济是产业组织演进的历史逻辑，同时也是产业组织优化的理论依据
寡头垄断的产业组织形式	在企业内部出现了现代分工和专业化生产方式，如著名的福特流水线生产方式。在企业之间，分工、协作和专业化生产已经达到了零部件、工艺和辅助生产专业化程度	
当代产业组织形式	企业专业化基础上的规模化；平均企业规模出现小型化的发展趋势；企业的网络化分工。专业化则基于核心能力要素而展开	

资料来源：王建军．分工和产业组织演进与优化的经济学分析［D］．上海：复旦大学，2006.

文化和旅游产业组织从属于产业组织范畴，产业组织的演进与优化趋势也适用于文旅产业组织。对于不同的文旅企业而言，“少数大企业专业化基础上的规模化”其实就是在组织形式和空间形式上实施一体化与多角化经营战略；而“企业规模的小型化、网络化”则是指在组织形式上实施专业化与密集型经营战略，在空间形式上网络化与分散化。由此可见，不同规模企业的优化路径存在明显差异。换言之，组织韧性的形成方式也不尽相同，与其分工与专业化水平密切相关，需要分别考察。

对文旅企业组织发展阶段的认识，国内学者早就有着清醒的认识，他们将旅游企业组织的发展过程划分为三个阶段，即从分散化到集团化再到国家化③。

第一个阶段是市场组织的分散化，在此阶段企业自行其是，且基本上是以中小企业为主在市场上经营，我国目前大体上处于这个阶段；第二个阶段是集团化和网络化阶段，旅

① 谢祖墀．何谓韧性组织［EB/OL］．http：//www.edwardtseblog.com/2019/12/10/%E6%96%87%E7%AB%A0-%E8%B0%A2%E7%A5%96%E5%A2%80%EF%BC%9A%E4%BD%95%E8%B0%93%E9%9F%A7%E6%80%A7%E7%BB%84%E7%BB%87/.2019－12－10.

② 朱飞．打造韧性组织［J］．企业管理，2021（2）：28.

③ 魏小安，韩健民．旅游强国之路：中国旅游产业政策体系研究［M］．北京：中国旅游出版社，2003.

游发达国家目前已经进入这个发展阶段；第三个阶段是国家化阶段，国家建立举国竞争体制，一方面以企业竞争为基础，以联合竞争为主导，以国家级的大型活动为龙头的体制，另一方面各个相关部门积极支持，社会资源全面动员的体制，这是旅游发展更高阶段的一个体现。

对于文旅企业而言，组织化程度越高越好吗？组织规模越大越好吗？答案显然并非如此。在未来，组织变革发展的趋势应该是“顶天立地”与“铺天盖地”两种发展模式的结合与并存，这也是不同的组织韧性生成方式。如何理解这两种组织发展模式的内涵与本质呢？我们可以从以下一些维度对两者进行剖析与对照，如表1－6所示。

表1－6　两种旅游组织发展模式的比较

对比维度	“顶天立地”模式	“铺天盖地”模式
组织特征	集团化、多元化	分散化、网络化
企业规模	大型企业	小微型企业
发展类型	扩张型（规模扩张）	渗透型（数量扩大）
发展方式	连锁、兼并、联盟	互联网、线下单体
协同方式	政产协同	产业协同
组织优势	资金密集、劳动密集	市场密集、组织密集
核心要素	资金、特许经营	人力资本，技术服务创新
发展思路	做大做强	做精做细
目标市场	市场全面化	市场或产品专业化
选择模式	选择专业化	市场集中化
盈利特点	资源垄断及整合	产品服务差异化或专业化
经营战略	横向或纵向一体化、多角化	专门化
典型企业	旅游集团、文旅投集团、酒店集团、旅行社集团	中小旅行社、精品民宿、外卖门店、特色餐饮门店

由此，我们可以将未来文旅企业的发展趋势和组织韧性建构方向作如下概括，而对以上两种组织发展模式不同维度的比较和分析也将在下文做具体阐释。

1. 大型文旅企业——组织规模集团化

集团化的内涵其实就是建立在专业化基础上的大型企业的规模化和综合性发展，即实现“顶天立地”式发展模式，其实质是为了实现规模经济。组织规模集团化的主体是指大型旅游企业，主要包括综合性的旅游集团和旅行社集团、专业化旅游饭店集团，集团化发展则具体表现为横向一体化、纵向一体化以及集中多角化（多元化、多样化经营）三种规模扩张方式。

横向一体化在现实中表现为竞争者之间的合并、兼并、重组或联盟，这种规模扩张方式在旅游产业中突出地表现为旅游饭店行业中的兼并与收购现象，如连锁酒店的扩张就是该战略的典型表现。

纵向一体化，又称垂直一体化，即将供、产、销诸环节一并纳入企业经营范围，进行产业链整合，包括前向一体化和后向一体化两种形式。2020年，携程试图打通从内容到交

易的闭环，覆盖产品、平台规则、排序、攻略、营销五个与供应商紧密相关的环节，这就是典型的后向一体化发展模式。

集中多角化是多元化战略的一种主要形式，是指增加新的但与原有业务相关的产品与服务。对于旅游行业而言，集中多角化其实就是进行要素整合，即将“吃、住、行、游、购、娱”诸要素全部纳入旅游服务提供商的业务范围，实现对用户的“一站式”服务。如2016年由港中旅集团与中国国旅集团合并重组的中国旅游集团，旗下汇聚了旅行服务、旅游投资和运营、旅游零售（免税）、酒店运营、旅游金融和创新孵化（邮轮和房车等旅游新业态）六大相关业务领域。

当然，在规模集团化的过程中，我们要防止一种倾向掩盖另一种倾向。就目前来看，旅游企业的集团化发展也出现了一些“误区”，应当引起我们的高度警觉：一是有一些集团发展出现过滥的趋势；二是集团过分追求多元化，常常进入一些毫无产业关联的行业，认为这样可以分散企业的经营风险，实际上其前景并不容乐观；三是在集团化发展过程中，不注重加强内部管理，不注重建设完善的内部组织结构，而只是追求盲目扩张，这种倾向很容易产生前些年工业领域中已经发生的所谓“十个集团九个空，还有一个不成功”的尴尬局面①。

因此，旅游企业集团化实际上是企业生产要素与发展要素的有机组合，旨在形成生产商、运营商、渠道商和品牌商的“四商合一”的格局和效果，而旅游集团的规模效应，应体现为单体规模、群体规模和网络规模三个方面。比如以酒店为例，单体规模的典型就是北京的中国大饭店，三期工程共投资300亿元，构造了一个酒店群。但是更多是群体规模，比如形成酒店一条街，金街是东三环，银街是长安街，铜街是王府井。再就是网络规模，并且要形成网络品牌。集团化的“化”不仅是规模扩张的过程，更为重要的还应是市场扩大的过程、品牌扩展的过程和效益扩充的过程②。

2. 中小型文旅企业——组织功能精专化

如果规模经济是一个巨大优势的话，那么中小企业很快将在竞争中败下来，企业规模将越来越大。然而，美国一些学者进行的实证分析已经表明，无论是从增加值、雇员人数，还是资产数量来分析，美国制造业大企业集中度几乎没有什么变化或者有所下降。大企业只是随着经济的增长而相应地增长，并没有像我们想象的那样不断地扩张。因此，单纯用规模经济并不能充分解释产业组织的演变以及公司规模的扩张。把目前的产业集中度理解为公司为达到规模经济所进行的调整也是不正确的，产业倾向于超过必要的集中水平，而公司的规模也比必要的规模要大③。由此可见，“向规模要效益”并非企业发展的唯一路径。那么，还有什么办法能更好地促进组织有效运转呢？我们认为，还需要回到企业自身的核心业务，即企业在行业中的分工。而分工体现的是组织在现代化大生产背景下的专业化发展水平和市场地位，这是形成和提升组织韧性的基础。对于中小型文旅企业而言，经营专业化、市场专门化以及服务细微化是组织安身立命之本。我们这里把这一发展趋势称为功能精专化，与上述规模集团化相对。

---

① 魏小安，韩健民．旅游强国之路：中国旅游产业政策体系研究［M］．北京：中国旅游出版社，2003.

② 魏小安．老家河南　壮美中原：河南旅游发展新篇［M］．北京：中国旅游出版社，2012.

③ 王建军．分工和产业组织演进与优化的经济学分析［D］．上海：复旦大学，2006.

对于小微型文旅企业而言，实现组织功能精专化主要采取的是市场利基者和服务精细化两种战略。

市场利基者（Market Nicher）也被称为市场补缺者，是指选择某一特定较小之区隔市场为目标，提供专业化的服务，并以此为经营战略的企业。这一战略的关键是实现专业化，主要途径有：最终用户专业化、顾客规模专业化、特殊顾客专业化、地理市场专业化、产品或产品线专业化、服务专业化、销售渠道专业化等。如北京市密云区的山里遛狗Ramble Club，是一家开设在山脚下的可以携宠入住的短途度假酒店，这属于典型的特殊顾客专业化经营战略。再如疫情催生出的大量新场景和新经济业态企业。企查查数据显示，外卖相关企业在2020年的注册量达到77.6万家，同比大涨1548%。在疫情冲击下，餐饮业数字化转型升级加快，早餐、下午茶、夜宵等外卖产品的多样化不断刺激着消费需求，推动了外卖行业的迅猛增长。此外，直播电商无疑是2020年突出的新经济业态。2020年相关企业注册量达到7.5万家，同比增长879%，并且超过以往历年注册量的总和①。

如果说市场利基者战略适用于尚未明确组织经营范围和市场定位的情况，那么，对于已经具有一定市场占有率和品牌影响力的旅游企业而言，实施服务精细化战略更为适宜，其内涵在于将自身提供的服务产品做深、做专、做出品牌和特色，由于旅游业技术壁垒不高，服务和产品的模仿性较强。因此，要想长期和牢固地占据和扩大已有市场份额，必须在产品和服务的精细化方面下功夫。如亚朵酒店致力于打造集新住宿、新文化、新消费为一体的生活方式品牌，针对不同目标客群推出不同的酒店产品和服务，旗下ZHotel集住宿、音乐、艺术、选物、美食于一体，是属于Z世代自成潮流的生活方式品牌；而亚朵轻居以“轻”生活、“轻”社交为理念，为年轻人社交旅居提供全新空间。

（二）文旅企业组织变革路径选择

美国学者李维特（Leavitt）提出系统性变革模式，认为组织变革的模式由四个变量组成，分别为任务、技术、结构以及人员。这四个因素相互依赖，相互作用，使组织成为一个动态系统，同时也构成了组织变革的核心要素。其中，结构是指组织的权益体系、管理层次和幅度、沟通状况、工作流程等；任务是指组织存在的使命、组织各任务之间具有一定的层次关系和隶属关系；技术是指组织为完成目标所采用的方法和手段；人员是指达成组织目标的个体、群体、领导人员等。在组织变革中，这四个变量是相互依赖的，任何一个变量的改变均会引起其他一个或多个变量的改变。组织变革可以通过改变其中的任一变量或改变几个变量来进行。根据前文对组织韧性内涵的界定，我们也可以推知，这四个要素不仅提供了今后文旅企业组织变革的路径选择方式，同时，也是增强和提升组织韧性的重要着力点。

这里结合前面对2019－2020年典型文旅企业的运营状况分析，提出疫情防控常态化背景下文旅企业组织变革的主要手段和途径。

1. 任务——从旅游接待业向生活方式服务业转型

组织变革的实质是调整组织目标和改变组织任务和使命，其实质是对组织及其所处产业和行业领域功能的重新反思和定位。在2019年中国旅游集团发展论坛上，首旅集团党

① 经济参考网.《2020中国企业发展数据年报》：2020年新增注册市场主体同比增长12.8%［EB/OL］. http://www.jjckb.cn/2021－03/01/c_139775386.htm.2021－03－01.

委书记、董事长宋宇在主题演讲中指出，首旅集团积极适应中国从生产型社会向消费型社会的转变，确定了“打造生活方式服务业产业集团”的新定位和成为“智能商业经济体”的发展新目标。下一步，首旅集团将重点打造“两个载体”，聚集产业要素。一方面，以商业板块为依托，选择重点城市核心区域，打造商业物业综合体；另一方面，以文旅、景区板块为依托，在人口聚集量达到一定规模的城市周边和景区资源丰富的区域打造景区和旅游小镇。以这“两个载体”为依托，全力打造首旅集团线下资源聚集地和生活方式聚集地。据此从空间维度来看，未来文旅企业向生活方式服务业转型主要聚焦于两个方面：

（1）以提供城市生活方式服务为企业任务

疫情对出境游业务主导型企业打击沉重，但对国内游和周边游而言，却是一个前所未有的“机遇期”和“窗口期”，在强化内循环和消费升级政策利好背景下，城市成为消费主战场，特别是近年来各地促进夜间经济发展的政策纷纷出台，使以 City Walk 为代表的都市休闲旅游热度越来越高，各地以“深夜食堂”为代表的美食街区、以“最美书店”为代表的文化驿站、以“创意市集”为代表的文创园区成为反映生活方式变化的典型城市休闲文化旅游产品。因此，产品和服务转型创新成为企业功能型组织变革的核心。

（2）以提供乡村生活方式服务为企业任务

2018 年中央一号文件提出“实施休闲农业和乡村旅游精品工程，建设一批设施完善、功能多样的休闲观光园区、森林人家、康养基地、乡村民宿、特色小镇”，到 2018 年 8 月和 10 月先后出台《国家乡村振兴战略规划（2018－2022 年）》和《关于促进乡村旅游转型升级发展行动方案（2018－2020）》，再到 2020 年 7 月印发《全国乡村产业发展规划（2020－2025 年）》和 2021 年 2 月第三次修订发布的《旅游民宿基本要求与评价》，这些近年来与乡村旅游发展相关政策的密集出台和发布，以及国家乡村振兴局的挂牌成立，都传递出强烈的信号，乡村特别是一二线城市周边乡镇，将成为未来国人度假的重要目的地。途家发布的《2021 春节民宿出游数据报告》统计，一线和新一线城市的周边热门民宿搜索量超过 400%，以北京、上海、深圳为代表的大的人口流动城市，周边近郊民宿等旅游产品预订量显著提升，民宿预订客单价相较上年同比增长 35% 以上；一家人包民宿小院过大年成为潮流新选择。那些坐落在山水或村落之间、安全私密、配套完善又适合家庭出游的独栋山景民宿、树顶别墅等在春节期间一房难求，假期客单价甚至达到了万元以上[①]。因此，通过实施“农村包围城市”战略实现企业任务转型也是较佳的路径选择。

2. 技术——从科技赋能智慧公共服务转向赋能产品设计体验升级

技术推动组织变革已不是新话题，但这里需要对科技赋能的实质进行重新解读，需要从侧重技术工具理性升级为关注技术价值理性，即从科技单因素赋能迭代为“科技＋内容”双因素赋能。具体来看，技术对未来文旅企业组织变革的推动力主要来自两个方面：

（1）技术推进营销升级

在 2021 科特勒未来营销峰会直播上，“现代营销学之父”菲利普·科特勒先生向全球听众发布了其最新著作的核心观点，即营销 1.0 到营销 5.0 的演进。他指出，营销 1.0 关注产品的物理特征和属性；营销 2.0 专注于产品所传递的情感；营销 3.0 关注产品及其营

① 途家民宿．2021 春节民宿出游数据报告［EB/OL］．https：//www. meadin. com/yj/224617. html. 2021－02－06.

销的社会贡献；营销 4.0 关注营销如何进行数字化革新；营销 5.0 专注于不断增长的营销技术。同时，科特勒也提出在 DTC（Direct to Consumer Marketing）营销时代，具备数字营销能力的重要性以及对新营销手段的掌握程度，如营销自动化、客户旅程地图、人物角色营销等①。毫无疑问，过去的 2020 年，携程的“BOSS 直播”是最能体现营销 5.0 本质的营销案例。

（2）技术推进服务创新

技术推动旅游服务升级的典型案例是同程艺龙，近年来，其致力于将在线旅游平台（OTA）转型为智能出行管家（ITA）。通过优化客户服务程序以提高客户服务的效率、针对不同客户提供特定的资讯及提示，改善用户体验，是首个采用视频客户服务的在线旅游平台。作为领先的在线旅游平台，同程艺龙与汽车运营商合作，将交易由线下转型为线上，在车站设立自动售票机，从而推广汽车票务数字化。公司也与旅游景点合作，协助提升业界的数字化及线上渗透率，特别是在疫情期间实施的人流管制措施，例如每日访客的预订及人数规定。此外，公司为机场开发小程序、为航空公司开发收入管理系统以及为酒店提供 PMS 系统，从而提升旅游服务供应商的价值定位。此举不但能提升整个旅游业的科技水平，也将拓展公司的收入来源②。

3. 结构——从组织内部重组向组织间网络协同过度

这里的结构变革不是传统意义上的内部组织结构调整，而是基于组织间社会资本和组织资源整合与协同形成的“结构洞”网络关系的构建与重组，体现的是组织韧性中重构资源的能力。

（1）通过政产合作助力目的地全域营销

DMO 作为目的地旅游营销主体，拥有即使是大型文旅企业也无法具备的目的地文旅资源调配能力。因此，能否将目的地营销与治理资源进行有效整合就成为检验一个文旅企业组织韧性的核心指标。

通过以上的分析，我们可以看到，仅截止到 2020 年 4 月，携程集团政府资源合作部就已经和超过 300 个目的地达成了合作协议，包括与湖州、常州、贵州等多个国内热门旅游目的地达成了战略合作，并且通过全域营销、全线产品售卖、大数据、智慧旅游解决方案、节事活动 IP 打造等，全方面推动目的地旅游复苏。

当然，这种合作也是基于企业综合实力和行业地位，特别是整合营销能力。2020 年，除携程外，我们通过检索也可以发现，景域驴妈妈凭借其互联网渠道能力、目的地运营能力和智慧服务能力，也同不少于 10 个地方政府签署了战略合作框架协议，助力这些地区的文旅品牌提升和旅游市场开拓。

（2）通过组织协同打通全产业链生态体系

这一路径的典型案例仍为携程和同程艺龙：

2020 年 8 月，携程与京东达成战略合作，将核心产品供应链接入京东；9 月，携程通

---

① 新浪科技．菲利普·科特勒：直达消费者的营销［EB/OL］．http：//finance.sina.com.cn/tech/2021－01－28/doc－ikftssap1502234.shtml.2021－01－28.

② 新浪财经．同程艺龙 2020 年 Q2 业绩超预期：新流量快速增长 低线城市高渗透［EB/OL］．http：//finance.sina.com.cn/stock/relnews/hk/2020－08－28/doc－iivhvpwy3656117.shtml.2020－08－28.

过股权收购上海东方汇融文化商务有限公司间接获得了支付牌照，补足了金融版图的一大空白，未来携程将在旅游中的“吃住行游购娱”提供全场景支付服务；9月28日，携程宣布携程研究院正式成立，设立首个外设联合机构——西安文旅研究中心。无论是前期的“BOSS直播”的主动下沉和出海战略，还是之后的产业链强强联合，无不表露出携程捍卫自身行业霸主地位的决心与卓越的战略眼光①。

而同程艺龙则是通过与腾讯微信深化合作，构建“搜索+旅游”生态圈，腾讯旗下平台各入口为其提供了最具成本效益及稳定的流量，使新流量快速增长。截至2019年9月30日，同程艺龙在国内非一线城市的注册用户比例就保持在约85.5%②。

4. 人员——从行业外部引智到行业内部培智

就旅游人力资源整体状况来看，多年来一直呈现出两个明显的特点：一个是就存量而言，传统旅游企业特别是酒店行业，员工高离职率和低稳定率特征显著，其中一个核心原因就在于薪资待遇，根据人社部公布的全行业工资表统计，住宿和餐饮服务人员工资明显处于末端位置。另一个是就增量来看，旅游相关专业普通本科和职业院校毕业生对口就业率低。2018年，教育部旅游管理类专业教学指导委员会第一次会议上报道，综合性大学旅游专业毕业生对口就业率30%，专科学校50%，两年后这两个数据可能还将分别降到10%和30%③。因此，作为文旅企业发展最重要组织资源人才队伍的建设问题，就成为影响组织韧性的“瓶颈”因素。这不仅需要文旅企业，更需要包括政产学研各领域利益相关者在内的全行业通力合作，构建旅游人才培养长效机制。通过考察文旅行业学校教育和继续教育近年来的实践，我们也发现一些值得推广和鼓励的有益尝试：

（1）夯实人力资源存量——优质企业输出职业技能实训资源

优化旅游人力资源存量的关键在于持续有效的继续教育和技能培训。近年来出现了两个典型案例。

2019年，美团旗下生活服务业人才数字化发展平台——美团大学成立，下设16个学院，培训涵盖餐饮、外卖、酒店管理等多个生活服务品类。截至2020年10月，美团大学平台向行业输出3800多门课程，累计用户超过1680万人，线上线下培训近1000场，线下培训覆盖全国超过455个城市。

2017年11月，由北京市延庆区刘斌堡乡人民政府和隐居乡里“山楂小院”共同建设的北方民宿学院揭牌成立，2018年11月，北方民宿学院被正式授予挂牌“延庆区冬奥世园民宿实训基地”，这是延庆区大培训工作领导小组办公室唯一指定的2022年冬季奥运会与2019年中国北京世界园艺博览会民宿行业培训基地。北方民宿学院将为延庆区大培训服务，继续深耕乡村民宿管家培训、乡村经理人培训、乡村干部产业培训三大板块以及乡村农家院品质升级咨询指导服务，从理论到实践展开有针对性的定制指导培训，为已有民宿产业服务经验的人员做技能提升，为想进入民宿产业的返乡青年提供方向指导，使更多

---

① 腾讯新闻．江湖老刘．从携程2020Q2财报，看“BOSS直播”的商业价值［EB/OL］．https：//new.qq.com/omn/20201003/20201003A03UC000.html. 2020-09-01.

② 亿邦动力网．李婷婷．结构性重启背后：下沉市场救了旅游行业［EB/OL］．https：//www.ebrun.com/20201011/405131.shtml. 2020-10-11.

③ 信息时报．旅游专业毕业生对口就业率仅30%［EB/OL］．https：//gaokao.chsi.com.cn/gkxx/zybk/zyyjy/201803/20180315/1669137061.html. 2018-03-15.

城乡劳动力有能力参与到服务2022年冬季奥林匹克运动会、2019年中国北京世界园艺博览会的民宿产业发展中来，扩大就业规模，增强就业创业能力，提高就业质量①。

（2）优化人力资源增量——探索“1＋X”证书制度产教融合有效模式

我国职业教育“1＋X”证书制度是政府在经济产业结构转型升级背景下，对职业教育的重大治理行为与顶层制度设计，是基于职业教育内涵建设需要，对技术技能人才培养体系的重新构建。

“1＋X”证书制度中的“1”代表学历证书，“X”含义是多个职业技能等级证书，“1＋X”就是指将学历教育与技能等级标准考核相融合。职业院校是完成“1”的主体单位，是培养高素质的复合型技术技能人才的重要阵地。学校教育质量可以通过学历证书体现，职业技能等级证书反映劳动者所具有的职业技能水平，即在职业活动中所需要的职业能力。

目前，携程、亲子猫、美团、上海金棕榈等企业以及中国旅游协会旅游教育分会分别申报获批旅行策划、研学旅行策划与管理（EEPM）、旅游大数据分析和电子商务数据分析等旅游相关职业技能证书试点。

以“1＋X”研学旅行策划与管理（EEPM）职业技能等级证书为例，目前已有试点院校共564所，申报学生人数达122819人，已设323个研学EEPM证书（初级）考点（含10个临时考点），举办职业院校初级师资培训35期，3000多人参加；举办EEPM职业技能等级证书初级考评员培训26期，2000多人参加。

对于职业技能证书的积极作用，北京师范大学职业与成人教育研究所原所长赵志群教授在题为《“1＋X”职业技能等级证书标准的现状与未来》演讲中提到，EEPM职业技能等级证书反映职业活动和个人职业生涯发展所需要的综合能力，有利于学生自我职业能力的认知、个人职业选择与发展，有利于用人单位选人用人，将人力配置到合适岗位。满足效度、信度、区分度和客观性等测评技术标准的要求，才能避免考试质量问题，才能反映企业对技术技能人才的真实要求，最终被社会所认可②。

综上所述，过去的2019年和2020年对于整个文旅行业和每个文旅企业而言，就像过山车般充满着冒险与刺激、跌宕起伏，而崭新的2021年又饱含着希望和憧憬，希望自身组织韧性得以强化，憧憬文旅产业新的红利能够出现。未来已来，唯有变革和创新才是不变的企业活力之源，任务、技术、结构、人员四个要素并非全要改变，也并非全能改变，准确诊断自身短板，弥补弱项，通过持续改进方能追求卓越。

（执笔人：王恒，北京联合大学旅游学院副教授；袁文军，聊城职业技术学院旅游管理系教师）

① 中关村智慧旅游创新协会．隐居乡里北方民宿学院被指定为2022冬季奥运会唯一民宿实训基地［EB/OL］．https：//www.sohu.com/a/285318900_99915174？sec＝wd.2018－12－28.

② 中国教育新闻网．“1＋X”研学旅行策划与管理（EEPM）职业技能等级标准说明会暨研学旅行启蒙会召开［EB/OL］．http：//www.jyb.cn/rmtxwwyyq/jyxx1306/202006/t20200617_337578.html.2020－06－17.

第二章　文旅新消费和新服务模式趋势

一、疫情防控常态化背景下的文旅消费需求变化

（一）旅游要素产品需求弹性差异明显

从旅游传统六要素来看，受疫情影响的强度和方式不同，表现出差异化的需求弹性特征。毫无疑问，“游”作为最为核心的要素，受到的影响最大，疫情不仅使旅游行业、企业和目的地受到严重冲击，也在不同程度上压制了消费者的出行意愿和信心，特别是持续蔓延且未得到有效控制的国际疫情使得出境游休克性关停。在此背景下，国内游产品迎来了难得的替代需求发展期，特别是本地及周边游，尽管疫情期间旅游消费受到抑制，但在疫情常态化后出现了较强的需求反弹动能。因此，无论是以城市历史文化和商业街区为代表的 City Walk 还是乡村精品民宿和旅游新业态为代表的乡村旅游，都成为了 2020 年逆势而上的热门产品和打卡地。

从住宿和出行要素产品（机票 + 酒店）来看，由于此次疫情持续时间长、触及面广，人们的消费和生活习惯也发生了一些改变，比如更愿意居家休闲，不再愿意出门旅游；再如疫情期间网络办公和会议的流行，将极大地减少了商务旅游的需求量，如硅谷的很多公司已宣布未来可能有 50% 的工作都是永久性居家办公，一些常见的商务旅行行为，比如参观、考察、培训、学习、会议等都会显著减少①。在整体的出行需求中，虽然商务差旅的需求刚性较强，但考虑到各地政府针对疫情实行分级防控，且在人员交通流动高峰期（如春节），倡议非必要不出行，同时不受时空限制且效率更高的“云办公”趋势明显提速。由此可见，商务差旅限制性增强和必要性下降的新发展变化对商务出行相关需求产生的影响程度还需做进一步的评估。

相比以上三大核心要素，外出就餐是本地消费、旅游用餐的主要场景之一。疫情期间各地方政府出台了关闭相关公共营业场所的政策，同时先后对居民进行了集中管理，相当于在供需两端进行了限制。但据不同渠道的调查和统计数据显示，餐饮需求率先回暖，部分用户特征具备更强的反弹性。如品橙旅游基于艾瑞咨询发布的到店 O2O 数据推算出，2020 年上半年中国到店餐饮市场交易规模为 2380 亿元，占中国生活服务到店行业的 60% 左右。

从文娱和购物产品需求变化状况来看，虽然线下体验和售卖无法在短期内全面恢复，但线上直播，特别是现象级的网红直播带货却较好地实现了引流和导流，基于 5G、VR 和云科技等高新技术手段的“云展览”“云市集”“云庙会”等成为新时尚和消费新热点。

---

① 黄斌．疫情对文旅融合及文旅产业互联网的影响［EB/OL］．https：//mp.weixin.qq.com/s/pQiGU6olgbh2joi0UWgh－w.2020－08－17.

（二）市场消费呈现阶段性恢复增长特征

此次疫情带来最显著的影响之一就是经济的衰退，居民可支配收入的增长面临巨大的挑战，消费能力不足的压力隐现①。旅游消费作为弹性消费，其消费支出数量和比例在经济衰退中无疑会被压缩，但不会衰退，未来将经过阶段性的恢复性增长，将稳定在一个基本水平之上。

从社会个体的感受而言，人们大多认为收入下降是暂时性的，而中国居民的社会财富又起到了保底和支撑作用。与此同时，市场供给的稳定也增强了消费者的消费信心，中国政府在稳定经济、稳定社会方面做了大量的工作，保证了粮食、能源、货币等战略商品供给与价格的稳定，这也在一定程度上避免了消费信心和需求的断崖式下降。值得注意的是，我国正处于“全面小康”的发展阶段，老百姓对于美好生活的向往是不会变的，新型消费者生活方式的改变所带来的持续推动力以及中国整体经济的发展，不可能因疫情影响有一个完全的转向。在这个阶段，经济发展速度下降甚至是短暂的经济衰退，旅游需求会调整、会萎缩，但不会衰退，需求的趋势不会变，旅游消费会经过阶段性的恢复增长，之后可能稳定在基本水平上。具体而言，出入境市场“短期休克、中期低迷、长期审慎复苏”，而国内旅游休闲度假，则是“短期恢复、中期调整、长期稳定”②。

虽然文旅消费需求会因为疫情的有效防控而逐渐回升，但不会呈现报复性增长。一是因为报复性消费需要足够的物质财富支撑，而疫情期间人们的可支配收入并未得到增长反而有所下滑；二是因为复工复产之后，人们也没有足够多的假期来进行旅游消费③。除此之外，此次疫情不同于“非典”时期，在“非典”期间，旅游消费急剧下跌，但在“非典”结束后又迅速反弹，原因在于“非典”疫情已经结束，而此次疫情还远没有结束，人们仍然存在一定的安全顾虑，旅游消费的变化仍非常依赖疫情的走势。因此，受收入、时间、安全和消费习惯等因素的影响，旅游消费需求的恢复很可能是波动的、缓慢的，是一种螺旋式的增长④。

（三）出游方式和需求层次明显调整

中短途的自驾游、高铁游需求较大，重游可能性大；常住地休闲快速兴起，可能降低未来出游频次。出于疫情防控需要以及人们对于安全等因素的考虑，出境游短期内很难恢复，出境游巨大的需求会转移到国内，这需要更多的本地产品满足，中短途的自驾游、高铁游会得到很大的释放⑤。人们逐渐由原来的“远程低频”的出游模式转变为“近程高频”的出游模式⑥。在目的地选择上，越来越多的游客也逐渐从搜寻新的旅游目的地转为寻找内容丰富、可供重游的旅游目的地，同时也会逐渐从多地到一地，减少出游的目的地

① 陈荣．疫情背景下旅游业何去何从？［J］．旅游学刊，2020，35（8）：1－3.

② 杜一力．后疫情时代的旅游需求［EB/OL］．https：//mp. weixin. qq. com/s/0G4yeR7Xu5PrIp3FaHYx2A. 2020－08－08.

③ 黄斌．疫情对文旅融合及文旅产业互联网的影响［EB/OL］．https：//mp. weixin. qq. com/s/pQiGU6olgbh2joi0UWgh－w. 2020－08－17.

④ 李志飞．何日君再来：后疫情时代的旅游消费［EB/OL］．https：//mp. weixin. qq. com/s/RBja7NOfr6ZdcNsCYARNZg. 2020－08－17.

⑤ 王凯．疫后文旅目的地发展的新机遇与实践［EB/OL］．https：//mp. weixin. qq. com/s/Ka3IrXbBA3B_DBaBH8lOxQ. 2020－08－08.

⑥ 钱建农．后疫情时代的文旅变局［J］．旅游学刊，2020，35（8）：3－5.

数量，延长在某个目的地的停留时间①。

在短途休闲和旅游中，常住地休闲也逐渐兴起。在过去，很多人对身边的休闲资源并没有给予足够关注，因为疫情，他们从最开始的被动关注到逐渐主动关注和探寻身边的休闲胜地，他们发现只需花费较少的时间和金钱成本就可以在当地获得良好的休闲放松体验，而这种常住地休闲方式也演变为一种新的生活方式，它导致的结果是未来出游频次的减少②。

多样化、个性化的文旅体验需求越发突出，生态旅游、研学旅游等主题游将快速发展。与长途旅游相比，中短途的旅游目的性和计划性相对较弱且可以随时改变，旅游者出游的原因并非在于某地具有独一无二的旅游资源，他们可能更重视文旅体验，更关注旅游活动中的参与性和互动性。这种文旅体验可以大致分为以下五类：一是市内休闲、教育、探索的兴起；二是以品质生活、新业态的体验和共享为主的品质体验空间；三是以文化遗产的传承与功能活化为主的遗产活化空间；四是以自然教育、亲子活动、家庭建设为主的教育开放空间；五是线上线下相结合从而进行展示展览的多维展示空间③。

与此同时，各种性质的主题旅游也会快速发展，旅游者的个性化需求更想在旅游中得到凸显和满足。比如人们因为疫情而增加了对健康的关注，康养旅游、生态旅游、美食旅游等都会更加受到欢迎，对相关产品的要求也会提升④；再如中国旅游研究院发布的暑期旅行预测报告显示，近九成的受访家庭有意向在即将到来的暑假安排亲子游。除此之外，研学旅游、家庭旅游也会以小孩为消费中心而得到较快的发展⑤。

消费观念更加成熟理性，对旅游产品的品质要求提升，旅游休闲有从娱乐化向价值化升级的趋势。疫情尚未结束，当人们面对眼前的各种不确定因素时，也变得更为理性和务实，一方面是老一辈的习惯于过节俭生活的中国人对品质的关注提升，不只满足于廉价的物品；另一方面是热爱奢侈消费的人群也更加关注性价比和适用性。社会整体将更倾向有利于身心健康发展的消费、更关注内心需求和对自身及家庭有益的消费⑥。但消费者的谨慎态度并不是降低了产品和服务的要求，反而会提高标准，更注重品质⑦。在未来的旅游产品中，散客的、精品团的、自驾的、定制的等可能会占据主流，价格上升的同时对品质的要求也会提升⑧。尤其是对于转向国内旅游的出境游游客，他们消费能力强，对品质的要求更高，如果只看到国内旅游人数的增加，只扩大原有产品规模而不注重产品的创新和质量的提升，不仅抓不住原有的出境游客，也满足不了国内游客的新需求。

另外，国内的旅游休闲有着明显的从娱乐化向价值化升级的趋势，不再只满足于重资产的、顶级的旅游景区的观光游览，他们更注重知识的获取和共建，在出行前通过直播、微信等渠道得知某个 IP 从而建立起价值预期，在旅游过程中，游客带着价值预期也会参

---

①②⑧　李志飞：何日君再来：后疫情时代的旅游消费［EB/OL］. https：//mp. weixin. qq. com/s/RBja7NOfr6ZdcNsCYARNZg. 2020－08－17.

③　黄斌．疫情对文旅融合及文旅产业互联网的影响［EB/OL］. https：//mp. weixin. qq. com/s/pQiGU6olgbh2joi0UWgh－w. 2020－08－17.

④　陈荣．疫情背景下旅游业何去何从？［J］．旅游学刊，2020，35（8）：1－3.

⑤　王凯．疫后文旅目的地发展的新机遇与实践［EB/OL］. https：//mp. weixin. qq. com/s/Ka3IrXbBA3B_DBaBH8lOxQ. 2020－08－08.

⑥　钱建农．后疫情时代的文旅变局［J］．旅游学刊，2020，35（8）：3－5.

⑦　杜一力．后疫情时代的旅游需求［EB/OL］. https：//mp. weixin. qq. com/s/0G4yeR7Xu5PrIp3FaHYx2A. 2020－08－08.

与到这个 IP 的共建中来的，比如在线分享旅行内容①。因此，无论是出境游向国内旅游的转移还是国内旅游需求本身的变化，都是对原有旅游供给的考验，需要整个国内旅游市场的消费升级。

（四）需求实现和体验形式更为多元

居家隔离让人们习惯于甚至享受居家休闲和市内休闲，出游意愿可能因此降低。此次疫情持续时间较长，人们被迫居家隔离，有的已经寻找到并习惯于新的休闲娱乐方式，比如宅在家看电影、做运动、锻炼厨艺，或者在城市内部找到某个安静舒适之处和家人、朋友喝茶聊天，逐渐体会到居家和市内休闲的乐趣，这在较大程度上影响到了人们的出游意愿，会对接下来休闲旅游业的恢复带来较为显著的影响。所以在后疫情时代，并非因为出行限制的解除，旅游需求就会自然恢复，必须要用新的方式方法来改变大家因为疫情形成的这种惯性和休闲习惯，使大家重新参与到旅游当中来②。

在线消费得到前所未有的强化和推动，削弱线下缺乏独特吸引力的旅游活动需求，人们对在线消费和服务的要求得到提升。居家令让更广泛的群体接触到了互联网和社交媒体，在线消费也因疫情得到前所未有的强化和推动③。这可能会削弱人们对某些旅游活动的需求，比如当人们发现直播带货能以更实惠的价格买到来自世界各地的产品时，他们的旅游购物需求将被减弱，而购物旅游这一旅游形式的吸引力也会随之减弱；再如，随之线上教育、线上博物馆等形式的出现，人们不出门就可以获得丰富的知识甚至良好的文化体验，对线下的教育和研学活动的需求也可能会因此减弱；除此之外，AR 和 VR 技术的运用可以让人们在家“游览”各种旅游地，还能看到即使是实地旅游所看不到的风景，虽然虚拟旅游并不能完全取代实地旅游，但对于那些缺乏核心吸引物的旅游目的地或者缺乏独特吸引力的旅游资源来说，这无疑是一种挑战。

当人们越来越多地接触到在线产品和服务时，在线消费的便利性也得到凸显，比如通过微信小程序可以进行在线预订、了解历史文化背景、获取景区近期活动内容、在线评价和意见反馈等。未来即使疫情结束，人们也希望保留现有的在线服务甚至会提出更高的要求。线上化的进程在某种程度上来说是永久的，有些服务会逐步地完全线上化，旅游结构也会因此产生非常大的变化④。

不断更新的线上营销形式受到人们的青睐，整个旅游过程的线上和线下结合程度将更为紧密。疫情期间，线上文旅产品非常活跃，人们从一开始的线上带货了解并购买了丰富多样的旅游商品，然后再通过各种平台的景区展示，在家就可以获取各种景区的外观、历史、文化背景等信息，又因为线上直播的流行，官方或者个人又通过线上直播的形式，以更生动的形式讲述旅游地背后的故事。

人们逐渐习惯并愿意在线上获取旅游相关信息，对信息的质量和形式的要求也有所提高，他们不只满足于传统的内容描述，而希望获得更生动的、有感染力的故事和旅游 IP。

---

①④ 黄斌．疫情对文旅融合及文旅产业互联网的影响［EB/OL］．https：//mp.weixin.qq.com/s/pQiGU6olgbh2joi0UWgh－w. 2020－08－17.

② 朱竑．“疫情背景下旅游研究的实践相关性反思”云端专题研讨会［EB/OL］．https：//mp.weixin.qq.com/s/0rLQE2JmFALu7Bpaz9IAfQ. 2020－08－31.

③ 陈荣．疫情背景下旅游业何去何从？［J］．旅游学刊，2020，35（8）：1－3.

除此之外，随着网络和人们的关系变得更加紧密，人们已不满足于单方向获取信息，而尝试并习惯双向的信息交流。因此，对于今后的旅游者来说，他们对网络的利用已不满足于旅游前的信息搜寻和获取，他们还希望在整个旅游过程中进行自我表达，线上和线下的结合需求将会更为强烈。

（执笔人：袁文军，聊城职业技术学院旅游管理系教师；王恒，北京联合大学旅游学院副教授）

二、文旅融合背景下新消费模式分析

“十四五”规划纲要提出的“双循环”新发展格局凸显拉动内需、促进消费和提振信心的重要性。文化旅游消费逐渐受到旅游目的地政府和文旅企业的高度重视，特别是中等收入群体和新生代消费者群体的崛起正在推动未来文旅消费升级与变化，决定了文旅新消费模式的发展趋势，加之新兴科技手段在文旅场景中的创新应用更加丰富了文旅产品的新供给，进一步加速了文旅新消费发展。在文旅融合背景下，近几年全国各地纷纷深度挖掘地方特色文旅资源，打造新业态、提供新产品，以满足消费者的新需求，“诗和远方”正在不断释放出促进文旅消费的新动能。

本部分对文旅融合背景下新消费模式进行初步总结，从升级型消费、新业态消费、线上线下融合消费、网红消费、夜间消费和 IP 消费等方面进行介绍，为旅游目的地行政管理部门、文旅企业创新提供思路借鉴。

（一）促进升级型消费发展

近些年，受到城市快节奏带来的身体和精神压力影响的城市人群，尤其是中等收入人群更加追求健康、高舒适度、高品质的休闲度假生活方式，疫情影响更使这一人群对康养、休闲需求更加强烈。由此“微度假”模式逐渐兴起，成为在传统旅游消费模式上升级的新消费方式。

“微度假”模式引领着城市周边游自驾游市场步入新的发展阶段，一般围绕着大城市的郊区或乡村开展度假休闲活动，1～2 个小时的自驾车程，产品结构是由与度假休闲体验相配套的众多要素，如度假酒店（度假村）、精品民宿、购物（如奥特莱斯）、美食、各类主题性娱乐活动、时尚户外休闲项目等，产品的档次和品质较高，是传统度假周边游的升级版。例如北京市密云区的日光山谷，作为一个高端自然度假营地乐园包含了露营住宿、会所、户外运动、自然教育、亲子娱乐、特色餐饮等多种度假休闲要素，是一个典型的微度假消费目的地。又如北京市房山区的天开野餐露公园学习国际露营 Glamping 模式，融合音乐会、亲子娱乐、瑜伽运动、野外蹦迪、精品民宿等主题性度假休闲产品，满足了中等收入群体在升级型文旅消费的需求。

（二）推动新业态消费成长

目前新业态消费是新生代消费者追捧的热门领域，大致分为“文旅融合类”和“文旅＋”两大类型。其中，文旅融合类的有历史演艺类、艺术空间类、主题文化公园类、非遗民俗类等。例如，北京市推出“漫步北京”城市休闲文化游主题精品线路，将北京城市历史文脉和现代都市文明通过古建筑、特色街巷、美食、网红打卡地等元素有机融合。南京市秦淮区的实景互动演艺“南京喜事”，则是将蕴含地方特色元素的道具如云锦、剪纸、竹刻等运用在话剧演艺中，让消费者深入体验南京文化韵味。江西景德镇古窑民俗博览区将文化博览、陶瓷体验、娱乐休闲融为一体，营造浓厚非遗文化氛围。

“文旅＋”模式的跨产业融合作为传统“旅游＋”的升级，延续了其跨产业融合的范式，是指文旅产业可以作为先导或引领，以工业、农业、体育等多产业中的核心要素作为旅游吸引物，进而实现一二三产业的相互融合。如“文旅＋休闲农业”项目，一般由特色餐饮品尝、农产品生产采摘加工体验、主题田园景观游憩休闲等活动组成，如安徽的风之谷自然农场凭借原生态的自然环境，为消费者提供有机食材采摘、自助烹饪、农事劳作体验等高品质的生态农旅融合产品。

（三）强化线上线下融合消费

“互联网＋旅游”和数字文旅发展，促使线上和线下相融合的消费模式迅猛发展。线上和线下融合消费的模式大致有以下几种：一是“线上场景（实景虚拟化）＋线下实地场景”体验，典型案例如故宫博物院与观众相约云端，分享“数字故宫”的故事，敦煌研究院推出微信小程序“云游敦煌”，带领游客远程畅游敦煌石窟等。二是“线上直播（带货）＋线下实地场景”体验，旅游者通过在线上与旅游景区、达人的深度互动，实现“先种草，后出行”，从线上了解各类旅游产品信息并“安利种草”，到线下实地场景亲身体验，如李子柒的网红带货案例。三是“线下实地场景体验＋线上产品介绍、活动推广和购物指南”，典型案例如北京市东城区打造的“故宫以东、一见如故”公众号。四是线下实地场景中运用 VR、AR 等新兴数字技术打造的数字化体验场景，如数字艺术空间、沉浸式数字化体验项目等，如上海外滩星空错觉艺术馆利用 5D 立体环绕技术和 LED 灯光投影技术展现视觉错位艺术，山西文旅数字体验馆运用全息成像、动作捕捉、CAVE 空间等技术还原展示山西深厚文化底蕴。

（四）打造网红消费新模式

随着新生代消费群体成长以及自媒体平台发展，文旅消费越来越受到“网红”的影响。网红消费是粉丝经济、社群经济的延展，由网红效应引发的消费正成为文旅新消费的新亮点。网红消费模式是，一般有着地标性或标签化的独特网红打卡地、特色主题的人文体验活动或者沉浸式的演艺活动等，在营销推广方面则通过自带流量的网络大 V 通过互联网进行直播带货，或者直接与新媒体平台合作进行宣传推广。例如，古都西安的大唐不夜城凭借着摔碗酒、不倒翁表演等极富参与性和互动性的场景化主题活动成为网红打卡地。四川理塘小伙丁真在网络上意外走红，粉丝量剧增的同时被当地选为旅游形象大使，通过拍摄宣传片等方式展示着当地文化和旅游，带动着边远地区旅游发展。

（五）激活夜间消费潜力

近年来，夜间消费已成为各地刺激消费、拉动经济发展的新引擎。夜间消费是指当日 18 时到第二日 6 时之间发生的消费，当前传统的夜间文旅消费产品主要是餐饮、商圈购物、剧场、游船、灯光秀等，而博物馆展览、深夜书店、体育竞技等产品相对匮乏。根据中国旅游研究院公布的《2020 年中国夜间消费行业发展现状分析》，文化艺术场馆、电影院、剧场、夜市被认为是最有吸引力的夜间消费场景。因此，为消费者提供业态更加多元、产品更加多样的夜间文化旅游消费场景势在必行。

例如，2020 年北京市政府为刺激夜间消费实施了“点亮北京”夜间文化旅游消费计划，实现了日间消费和夜间消费有效衔接。重庆通过布局夜市街区、举办夜市文化节、完

善夜市配套设施等一系列举措丰富了夜间经济文化内涵，塑造了重庆夜市品牌。温州“行浸式”夜游演出“塘河夜游”，则在游船基础上增加文化表演，带给消费者视觉和精神上的双重享受，成为温州最新的文化秀场和夜间旅游地标。

（六）繁荣 IP 消费新模式

IP 凭借自身具有的独特价值属性、凝聚粉丝和扩大流量作用、较强的变现能力逐渐受到文旅产业关注，部分传统 IP 没有随时代发展而注入新的元素，从而没有充分发挥其价值。而时尚 IP 通常具有独特的感官体验、反映新时代特定主题、能够与当下特定人群产生情感共鸣等特点，成为文旅新消费的新模式。例如，北京乐高探索中心凭借“乐高”这一反映童趣、创造、亲子教育主题的时尚 IP，打造亲子游乐场吸引不同年龄段的孩子的兴趣；重庆“夜夜夜阿狸”主题夜游，围绕国内当红动漫形象“阿狸”为主题举办各类活动，迎合了动漫迷的需求，充分展示时尚 IP 的吸粉和变现能力。

总之，文旅融合大背景下不断涌现出了多种新消费模式，这些模式之间也在相互融合，旅游目的地的行政主管部门和文旅企业可以综合把握这些模式的主要特点，不断探索实践，共同推动文旅融合的高质量发展。

（执笔人：李彬，北京第二外国语学院旅游科学学院副教授；秦玉范，北京第二外国语学院旅游科学学院 2020 级饭店管理专业硕士研究生）

三、文旅融合背景下打造文化主题酒店的思考

文旅融合背景下文化主题酒店将是未来关注的重点。文化主题酒店是以地域文化、民族文化、特色文化等为“体”，以各类文化载体或 IP 元素（如电影、动漫、图书、演艺、饮食、服饰、装饰等）为“用”，全面融入酒店的建筑设计、产品服务、运营管理等各个环节，实现“体用结合”的一类酒店。文化主题酒店可以通过营造沉浸式的主题文化氛围，提供有主题文化的产品和服务，举办各类主题文化活动，满足顾客基本住宿需求之外的文化体验需要，给顾客带来文化熏陶和精神洗礼，也使酒店的产品和服务产生更高的溢价。成功的文化主题酒店，往往是区域内文化性地标建筑、文化体验和消费空间、健康生活方式和社会文明的传播窗口以及有鲜明文化特色的网红打卡地。本部分借鉴优秀文化主题酒店案例就如何打造文化主题酒店提出几点建议。

（一）打造沉浸式文化氛围，提升宾客文化体验

一方面，酒店整体建筑设计风格上应与主题文化相呼应，比如民族文化主题酒店应突出该民族的文化建筑特色，历史文化主题酒店应营造与该历史阶段相适应的古色古香的文化氛围，尽量减少对城市钢筋混凝土等现代工业建筑原料的使用所呈现出的文化氛围效果，比如松赞酒店为了充分体现藏族和藏区文化特色，在搭建方式上使用了传承千年的藏族民间造房手法。又如以法国巴黎文化为主题的北京励骏酒店，酒店外墙采用了精致典雅的法国庭院式园林风格，尽显巴黎风情。

另一方面，酒店内部呈献给顾客的产品应是文化内涵和元素的提炼而不是生搬硬套的堆砌与牵强附会的融合，酒店可整合顾客视觉、听觉、嗅觉、味觉和触觉的多感官刺激，使顾客在文化氛围中获得沉浸式的文化体验从而留下难忘的印象，比如西藏饭店通过让顾客看藏族艺术品、听藏族民歌、闻藏茶飘香、品青稞酒、泡藏药足浴，充分调动消费者的感官，

营造浓厚的藏族文化氛围，使之步入酒店就如同进入了一座鲜活的藏族文化博物馆。

（二）全面深入挖掘主题文化，打造目的地酒店

文化作为主题酒店的一张金名片，对其进行全面深入地挖掘和展示是文化主题酒店提升核心竞争力的重要手段。由于酒店所处的地域以及其主题文化所对应的历史时期能够挖掘出有故事、有底蕴、有特色的文化内涵，甚至很多酒店本身就是历史文化遗产。因此，这些文化主题酒店完全可以作为旅游资源，打造成为吸引游客来此处旅游、度假的目的地酒店。

通过对文化进行衍生式创新，如开发文化创意产品和服务、开拓文化休闲体验空间、开展系列文化主题活动，同时配备相适应的旅游与度假基本设备设施，让游客在入住期间浸润文化的熏陶，感受文化的魅力，从而将文化主题酒店打造成为该区域内具有鲜明文化特色的目的地酒店。比如选址在自然风景独好、历史文化独特区域的安缦度假酒店，通过与当地的自然、人文环境充分融合，并辅以高品质的度假休闲产品和服务，使安缦酒店成为众多高端游客的目的地酒店。

（三）举办特色文化主题活动，打造文化交流与文明传播的空间与平台

文化主题酒店可通过举办一系列特色文化主题活动，提供文化交流和展示的空间和平台，让文化可交流和可鉴赏，提升顾客对该酒店品牌的“黏性”。比如主要以“书籍”和“摄影”为主题的亚朵酒店，通过举办读书会和摄影大赛为顾客提供文化交流的“第四空间”，增强了用户社群间的互动。又如位于北京三里屯以时尚潮流文化为主题的 CHAO 酒店，通过打造众多场景感十足的活动空间，如电影院、展览空间和剧场等，举办“版画工作室”“72 位艺术家和他的房客们”和“文化大使馆”等活动，将抽象的时尚文化要素和符号具象化，酒店俨然成为了一个文化空间场所。

（四）融合当地文化，提升酒店品牌附加值

文化主题酒店应注重与当地文化进行融合，一是在设计与建设环节，注重与周边自然和人文环境的和谐，通过当地文化和酒店的主题文化相互交融，才能充分实现提升酒店品牌附加值的效果。如以明清宫廷文化为主题的颐和安缦酒店，距离颐和园东宫门仅数步之遥，酒店内部的客房设计均采用了颐和园传统建筑风格，并且还在酒店内种植了大量与颐和园相同的树木，让人步入酒店就仿佛进入了明清时代的皇家园林。二是文化主题酒店应该成为沟通游客和当地文化的“桥梁”或“文化使者”，让游客与当地的生活方式、民俗风情进行深度交流互动。以民族文化主题酒店为例，可引入当地的特色民族美食，举办当地民俗节庆活动，在服务中加强对民族文化的解说，营造民族特色体验，让游客在度假休闲中感受生活方式、饮食文化和风俗习惯等，获得更深层次的精神享受。

（五）注重文创产品研发与新零售，开启酒店新的利润增长点

当前文化主题酒店数量日渐增多，竞争将会日益激烈，单一的客房餐饮产品已经不能满足顾客的期望和酒店的盈利需求。通过对文创产品的研发和生产，让酒店的主题文化“看得见、摸得着、带得走”。如朵丽米音乐文化酒店开设音乐潮品商店，通过展示高品质独特的音乐藏品、明星设计款服饰、古典风的家私家居和配饰等探索有音乐文化特色的文创产品。与此同时，可以考虑将文创产品与新零售结合，借助新技术、新媒体和新电商平台，如直播带货、视频号、电商平台旗舰店等进行线上销售，或者采用“线上线下结合（O2O）”模式，如亚朵酒店与网易严选合作打造新零售酒店，将酒店线下文化体验场景与严选线上销售平台结合，从而提升了对 IP 认同的忠诚客户的转化率，同时也拓宽了酒店

销售渠道，开启了新的利润增长点。

（执笔人：李彬，北京第二外国语学院旅游科学学院副教授；辛欢，北京第二外国语学院旅游科学学院2020级饭店管理专业硕士研究生）

四、高速公路服务区创新自驾车旅游服务模式分析

我国传统高速公路服务区是指按照公路工程技术标准建成的高速公路服务设施，具有为驾乘人员和车辆提供符合有关标准的公共卫生间、餐厅、超市、客房、加油站、车辆维修、信息查询、应急服务等的场所。随着大众旅游时代的到来，团队旅游逐渐减少的形势下，自驾车游客越来越多，对高速服务区的旅游需求也随之增加，创新高速公路自驾车旅游服务模式可以提高服务区的经济收入，还对地方旅游业的发展有一定的促进作用。

（一）自驾车游客对高速服务区有旅游服务的需求

大众旅游时代的到来，团队游客逐年减低，为了提高旅游质量，自驾车游客成为重要群体。游客对目的地的选择更加分散，休闲度假比例高，重视旅游过程的体验感和个性化，高速公路作为其自驾出游的首选交通线路，尤其是节假日高速免费的政策，高速公路自驾车游客大规模增加。服务区原有停车、加油、就餐的基本功能已经不能满足他们“自由随性，边走边游”的要求。

高速公路服务原有区经营项目有限，需要进一步拓展旅游服务项目。我们知道建设高速服务区的投入巨大，现有的餐饮、超市、住宿定价偏高，不是十分亲民，游客基本属于被动消费，且回收期长，经济效益长效机制不明显，且各服务区之间经济收入差距比较大，发展不平衡，急切需要自驾车旅游服务作为一个突破途径。高速服务区与旅游融合发展也是旅游发展的必然结果，自驾车游客有服务区提供旅游咨询服务的市场要求。全域旅游以旅游业为优势产业，其他资源、产业、要素为旅游服务，打破目前旅游发展中景区内外两重天的现象，交通作为旅游六要素之一，配套旅游功能，可实现全域旅游景点在路上，在途中。高速公路服务区增加旅游服务功能，延长游客在服务区的停留时间，服务区经济收入自然会增长，尤其是旅游服务经济收入不可忽视。

河北民族师范学院旅航学院师生自2014年暑期开始便在河北高速钓鱼台服务区、茅荆坝服务区、双峰寺服务区为全国各地自驾车游客提供旅游咨询服务。旅游专业教师带领着数十名学生打造的“大学生自驾车旅游服务创业团队”为过往游客服务，旅游专业教师既有授课经验，而且也都从事过多年的导游服务接待工作，深知自驾车游客的各种需求。

木兰围场旅游服务区包括河北的塞罕坝国家森林公园、御道口草原森林旅游风景区、围场红松洼国家级自然保护区和内蒙古赤峰市克什克腾旗乌兰布统园区，到了暑期及“十一”黄金周自驾车游客蜂拥而至，木兰围场坝上住宿可以说“一房难求”。师生创业团队便在钓鱼台服务区为自驾车游客提供线路设计、订房、订餐、娱乐套票等服务，完善了服务区的旅游服务功能，锻炼了旅游管理专业大学生服务社会的能力，同时还会带来一定的经济收益。

（二）国家对高速服务区发展旅游服务有明确指示

2014年印发《国务院关于促进旅游业改革发展的若干意见》指出，高速公路、高速铁路和机场建设要统筹考虑旅游发展需要。完善加油站点和高速公路服务区的旅游服务功能。2016 年，国务院印发《“十三五”旅游业发展规划》，提出要完善旅游咨询中心体系，旅游咨询中心覆盖城市主要旅游中心区、3A 级以上景区、重点乡村旅游区以及机场、车站、码头、高速公路服务区、商业步行街区等。2017 年，交通运输部、国家旅游局等六部门印发《关于促进交通运输与旅游融合发展的若干意见》，指出结合地方特色因地制宜地在高速公路服务区增设休憩娱乐、物流、票务、旅游信息和特色产品售卖等服务功能，设置房车车位、加气站和新能源汽车充电桩等设施，推动高速公路服务区向交通、生态、旅游、消费等复合功能型服务区转型升级，建成一批特色主题服务区。2018 年 3 月印发的《国务院办公厅关于促进全域旅游发展的指导意见》提出，鼓励在国省干线公路和通景区公路沿线增设观景台、自驾车房车营地和公路服务区等设施，推动高速公路服务区向集交通、旅游、生态等服务于一体的复合型服务场所转型升级。2018 年 4 月印发的《2018 年全国公路服务区工作要点》指出，在保障基本服务功能的基础上，探索服务区与旅游、物流、文化、新能源等产业的融合发展，推进“服务区＋旅游”“服务区＋地方特色”“服务区＋扶贫”等建设。

自驾车游客对高速服务区有提供旅游服务的需求，又有国家好的政策，河北围场钓鱼台高速服务区、河北承德双峰寺服务区、河北茅荆坝服务区自 2016 年营业以来一直为自驾车游客服务。解决了自驾车游客如何玩转承德、木兰围场、皇家温泉等旅游景区，到哪个景区住宿比较合适等问题，还可以提供住宿的个性化定制服务以及在旅游六大要素“食住行游购娱”方面提供服务。

（三）高速公路服务区自驾车创新旅游服务模式类型

1. 景区集散型旅游服务区

旅游景区通常将旅游集散中心设置在机场、高铁、汽车站等交通节点，但时过境迁，这些地点服务的是非自驾车游客。旅游团队配有全陪和地接，很少需要旅游咨询服务，只有一部分的游客需要旅游服务。国内旅游统计数据表明，自驾游客占比逐年增高，高速公路作为其进出的首选路线，服务区的旅游服务功能尤为重要。通过摆放周边景点及路线的宣传资料，设置智能旅游一体机，比如在河北承德境内的双峰寺服务区“一部手机游承德”等线上旅游服务，实现旅游产品的查询及预订。双峰寺服务区南向可以去避暑山庄、外八庙、丹霞地貌、金山岭长城游览，双峰寺北向可以去木兰围场、茅荆坝国家森林公园、七家温泉，景区集散型旅游服务区为自驾车游客提供很大方便。

2. 要素型旅游服务区

对于承德而言，到了旅游旺季，游客量猛增，地方接待能力有限，距离景区比较近的高速服务区可以为自驾车游客提供“食住行游购娱”等服务。配套多元化的旅游六要素，将服务区建设成为旅游综合体。目前，住宿只是标准酒店在服务区的应用，未来可以增加营地、主题客栈、精品酒店等非标住宿业态。比如承德茅荆坝服务区可以把周边的温泉水引入酒店，特色的温泉酒店方便快捷，过往游客不下高速就可以享受温泉的服务，同时对地方的皇家温泉做了最好的广告。再如餐饮，可引进大众快消品牌，适当增加当地特色餐饮，比如“八沟羊汤”“一百家子白荞面”“满族八大碗”。虽说服务对象都是自驾车游客，可是部分游客驾驶的是轿车，在服务区可以提供越野车预订服务、提供自驾车线路设计和云旅游服务，方便游客做出最佳的选择，“一部手机游围场”是对线上旅游服务的有益补充。服务区可以提供线下的导游服务，可以依法设立旅行社分社或成立导游服务公司，可以根据游客的需求，安排优秀的导游服务。旅游服务区商品的价格一定要下调，具有地方代表意义的风物特产应与地方同价，这样才能增加游客的购物量，繁荣服务区的经济。可以适当增加服务区的娱乐功能，比如具备满族特色的舞蹈节目“二贵摔跤”等。

3. 景区（目的地）型旅游服务区

在自然旅游资源条件好的服务区，可以作为小景点打造服务区即核心景区的入口，通过完善旅游设施及服务要素，条件成熟时可建设成为旅游景点。比如承德围场的钓鱼台服务区处于风景秀丽的木兰围场的南大门，既可以作为自驾车游客的集散地，为过往游客提供旅游咨询服务，还可以精心打造木兰围场七十二围的微景区。景区里可以设计木兰秋狝展览馆，再现当年皇帝行围打猎的场景，积极打造“土豆展览馆”“最美的青春展览馆”“漏土豆粉体验馆”“塞宴四事体验馆”“大清烈酒作坊体验馆”等，可以作为核心旅游目的地的有益补充，丰富旅游内容。

4. 乡村旅游信息咨询型旅游服务区

近年来，在现代信息技术迅猛发展的大背景下，我国旅游业进入“智慧化”发展的新时代，智慧旅游应运而生。乡村旅游作为当今重要的旅游活动方式，得到了大批游客的青睐。因此，乡村旅游的智慧化势在必行。有“北京后花园”之称的塞外明珠承德有发展乡村旅游的优势，可旅游营销却十分落后，来承德旅游的客人不只是去避暑山庄、木兰围场，有的游客在闲暇时间还可以到美丽的乡村休闲体验，可以尝试在高速服务区做乡村旅游信息咨询服务，就会把部分游客分流到周边乡村，既缓解了核心景区的压力，又发展了乡村旅游，乡村旅游市场繁荣对于当地乡村振兴也起到了积极作用。

全国高速服务区可以结合我国乡村旅游发展的现状，建设核心景区周边乡村旅游基础信息数据库；搭建高速服务区乡村旅游信息咨询服务系统；旅游者到达旅游目的地后，迫切需要有关乡村旅游目的地的各方面信息，从而为地方乡村旅游的发展做好宣传工作。为此，应在高速服务区设立乡村旅游咨询服务中心，将旅游信息咨询与旅游服务有效结合起来，并以旅游咨询服务中心为依托，将每个景区的游客服务中心、乡村旅游企业的咨询服务统一起来，向游客提供全方位的旅游信息咨询服务。

5. 自驾营地型生态旅游服务区

2016 年，李克强总理在《政府工作报告》中提出，要加强自驾车营地等设施建设，迎接正在兴起的大众旅游时代。国家出台好的政策，生态环境优良的高速服务区是可以考虑建设自驾营地型生态旅游服务区的。

“中国高速第一自驾营地”“2019 全国高速公路旅游特色服务区”全国知名的冷水服务区位于 G50 沪渝高速渝鄂交界处，地处重庆市石柱县冷水镇境内，海拔约 1443 米，由服务区主楼、广场、生态旅游自驾营地、应急救援中心、加油站、开放式服务区、ETC 专用车道七大功能区域组成，能同时为百辆汽车、千名旅客分别提供加油、汽修、餐饮、住宿、购物、旅游咨询等服务，并免费为往来旅客提供停车、卫生间、Wi－Fi、手机充电、自助开水、母婴休憩、医疗救助和路况查询等 20 余项公益服务。冷水自驾营地生态旅游服务区配有木屋别墅、浪漫星空房、集装箱房、北欧风情房、房车营地以及户外露营六大特色住宿体验功能。专业的服务团队，可满足自驾出游、康养度假、会务培训、研学旅行等多样化需求。

6. 地方演艺型旅游服务区

我国旅游业在经济快速发展的推动作用下，发展越来越迅速，不仅旅游活动内容、游玩项目、游玩路线在不断地优化和丰富，其整体旅游市场也更加透明化、规范化。旅游业的发展和进步让人们更加重视其未来的发展方向，期待旅游行业能够通过与其他行业的融合展现出新的内容和价值。演艺文化与旅游产业的融合正是在这种情况下应运而生的，这种新形式不仅受到人们的广泛欢迎，更为开展该项目的地区创造了十分理想的经济效益，所以对其深入的研究和分析，发现发展过程中存在的问题并及时完善，能够更好地促进我国旅游行业的可持续发展。

消费需求的不断升级使高速服务区也在不断地探索转型的新模式，相比之前，人们出行的目的不再是简单的游山玩水，而是更加注重娱乐休闲和文化享受。高速服务区是自驾游游客密集的地方，完善服务区的功能，丰富服务区可以体验的活动内容，完全可以考虑“地方演艺”走进服务区。

（四）高速公路服务区创新旅游功能的效益

1. 提高服务区经济效益

高速服务区实现多元化经营，增加旅游服务功能，必然产生新的经济增长点；服务区与旅游融合发展，衍生出更多的就业及创业机会，能提高当地居民收入；服务区为纽带，串连起餐饮、特产、娱乐等相关行业，可以为当地产品做宣传，从而带动地方经济的发展。

2. 加强服务区社会效益

拓展旅游功能后的服务区不仅能提供停车、加油、洗手间等服务，服务区增加旅游服务功能意义重大，可以密切联系当地政府有关部门，在旅游上大做文章。服务区成为地方的旅游集散地，对于乡村振兴具有积极意义。服务区成为旅游目的地，会极大提高游客满意度。另外，充分发挥服务区的窗口宣传作用，也能提升地方形象。目前，中国高速公路总里程居世界首位，高速公路的快速建设已对中国产业发展产生了巨大影响。高速公路的发展促进了区域产业结构的转型升级，加快了要素流动，改变了区域分工，推动了农业的专业化和集约化生产，加快了工业化的进程。同时，高速公路网络的不断完善和运输业的高速发展，加快促进了物流网络体系的形成和发展，加快了产品周转和产品流通速度，也促进了乡村旅游和沿线区域经济的不断发展。自驾游、房车游等依托高速公路发展起来的旅游形式越来越受到公众的青睐。有数据显示，近年来，国内自驾游出行人数持续上升，占国内旅游总人数的比例稳定在50%以上。从某种意义上讲，当前我国高速公路服务区的服务对象已经发生了变化，服务区的旅游服务功能配置问题也逐渐成为新的行业发展课题。

在自驾车为王的旅游时代，高速服务区则是重要的游客聚散地。创新高速服务区旅游服务模式可以在因地制宜地配置旅游服务功能时，还要考虑周边区域已有的旅游设施，以免功能雷同，后期使用效率低下。最理想的状态是服务区配置的旅游功能与周边旅游设施形成错位和互补，相辅相成，相得益彰。笔者认为，现阶段探索“服务区＋旅游”一定要实事求是，不能跟风赶潮流，一定要立足实际，做落地靠谱的事。

（执笔人：李立安，河北民族师范学院旅游与航空服务学院副教授）

第二部分

中国文旅创新创业信心指数

第一章　中国文旅创新创业信心指数（2020）

继2016－2018年连续三年推出“中国旅游企业创业创新信心指数报告”后，2019年推出“中国文旅创新创业信心指数报告（2020）”（以下简称报告）。本次报告邀请来自旅游业头部企业、文旅创业创新公司、投资机构、旅游学界、政府及行业协会、民间机构智库等45名专家对2020年我国文旅创业创新信心指数问卷调查进行打分（具体名单见附录），调查问卷包括三个部分：文旅“双创”信心指数评价、文旅“双创”发展趋势以及受访者信息。通过对专家对2020年文旅“双创”发展的预期进行分析，旨在以信心指数的形式来反映文旅企业“双创”领域的发展趋势和前景。需要说明的是，一是本报告不是对众多文旅“双创”企业进行的统计性调查报告，而是通过“专家意见调查法”，对未来的预期与预测分析报告；二是本报告只关注文旅的“创新创业”，而不是文旅行业。

一、2020年文旅创新创业信心指数

本报告仍然沿用2017－2019年信心指数计算公式：

信心指数＝资本×10＋人才×10＋政策×10＋并购×10＋成功率×20＋前景×40

其中，具体的维度及权重设置可参考之前的报告，这里不再论述，计算结果如下：

信心指数＝（3.42×10＋3.38×10＋3.67×10＋3.4×10＋3.27×20＋3.62×40）/5
＝69.78

通过计算结果可以看出，2020年我国旅游整体“双创”信心指数为69.78。具体来看，文旅“双创”领域中的资本、人才、政策、并购、成功率和前景等信心指数的各个维度中，“政策”打分最高（3.67），说明对我国政策的支持力度预期仍然较高，对“前景”预测信心也比较强（3.62），人才指数（3.38）和成功率（3.27）指数相对较低，这与我国“双创”领域的“人才困境”以及高失败率特征基本吻合，如图2－1所示。

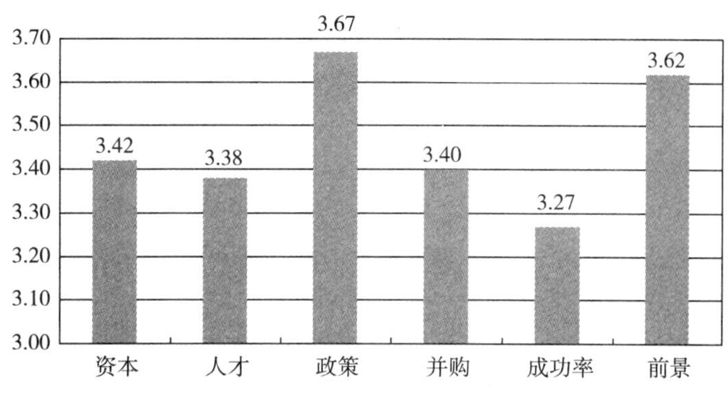

图2－1　2020年文旅“双创”信心指数

二、2017－2020 年信心指数变化趋势分析

在 2017－2020 年信心指数中，2018 年信心指数最高（76.06），随后 2019 年出现大幅度下降，表明旅游“双创”领域可能进入周期性的“低谷”期。2020 年的指数与 2019 年基本持平，有微小幅度的上升，表明仍然处在低谷期和低位徘徊，没有呈现继续下降的趋势，至少表明对未来的信心较为平稳，预期并不差，如图 2－2 所示。

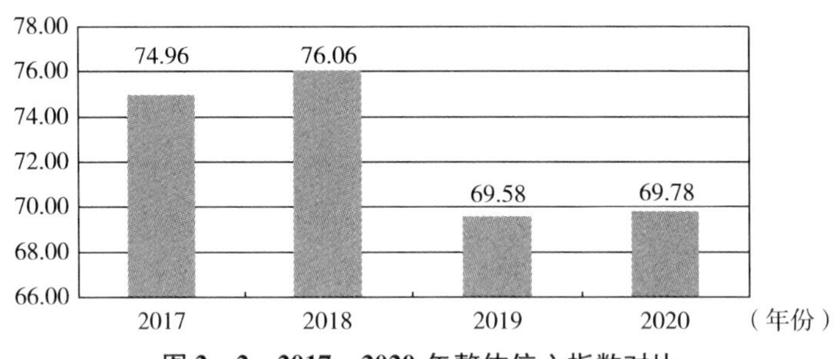

图 2－2　2017－2020 年整体信心指数对比

三、2017－2020 年信心指数各子维度对比分析

对比 2017－2020 年的信心指数各子维度，可以对 2020 年国内文旅“双创”的发展状况有更加清晰的认识。在六个维度中，除“成功率”有增长趋势外，其余维度均呈下降趋势。其中，“资本”维度下降幅度最为明显，表明对投资的预期一直在降低，资本的“寒冬”特征仍然存在（此处指的是与创业创新相关的“风投”“创投”等）；“人才”维度趋势变化相对平稳，但一直处在低位，进入“双创”的人才一直较为匮乏；“政策”维度呈缓慢下降趋势，表明对政策红利的预期在减弱；“并购”维度下降较大，表明文旅“双创”的“活跃度”和对资本的“吸引度”在下降；“前景”维度在下降，表明对未来的预期并不乐观，如图 2－3 所示。

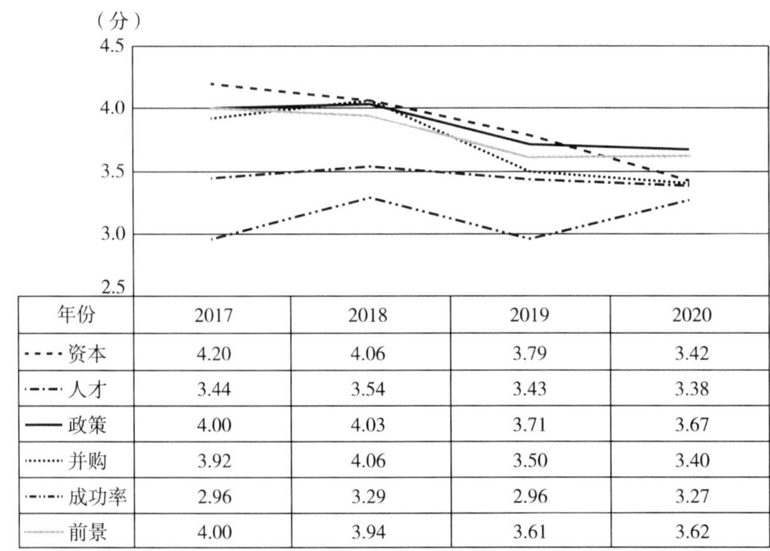

年份	2017	2018	2019	2020
资本	4.20	4.06	3.79	3.42
人才	3.44	3.54	3.43	3.38
政策	4.00	4.03	3.71	3.67
并购	3.92	4.06	3.50	3.40
成功率	2.96	3.29	2.96	3.27
前景	4.00	3.94	3.61	3.62

图 2－3　2017－2020 年信心指数各维度对比

四、2020 年中国文旅创新创业信心指数各子维度分析

（一）文旅“双创”的产品与商业模式预期

从比例来看，2020 年文旅“双创”的产品和商业模式中，亲子与研学旅游占 57%，文化创意占 52%，旅游大数据、人工智能、区块链等占 48%，定制游占 43%，景区（自然及人文）及主题公园占 36%，旅游小镇及房地产占 34%，精品民宿占 32%。文化创意和博物馆等较高比例，表明文旅融合趋势作用的显现，如图 2－4 所示。

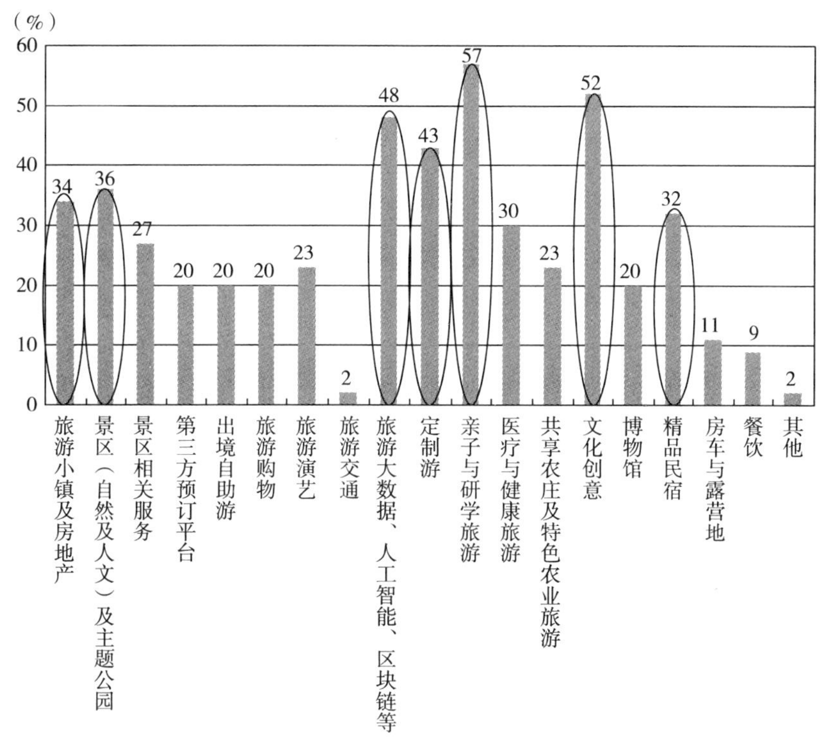

图 2－4　文旅“双创”的产品与商业模式集中领域预期

（二）文旅“双创”的驱动力预期

2020 年，在文旅“双创”驱动力方面，消费者需求的比例为 77%，政策的比例为 61%，资本与技术的比例分别为 55% 和 48%，两者对文旅“双创”的驱动力同样不能小觑；竞争的比例为 45%，在几种驱动因素中占比最低。与 2019 年旅游“双创”驱动力对比分析，“消费者需求”驱动力作用在下降，且降幅较大，表明对文旅“双创”企业对 C 端（顾客端）的需求驱动作用的预期在下降。认为“政策”驱动力作用在增加，但“政策”的信心指数在减小，进一步表明对“政策”红利的预期在减小；对“资本”驱动力作用在增加，但“资本”信心指数在下降，进一步表明资本的“寒冬”期仍然存在，如图 2－5 所示。

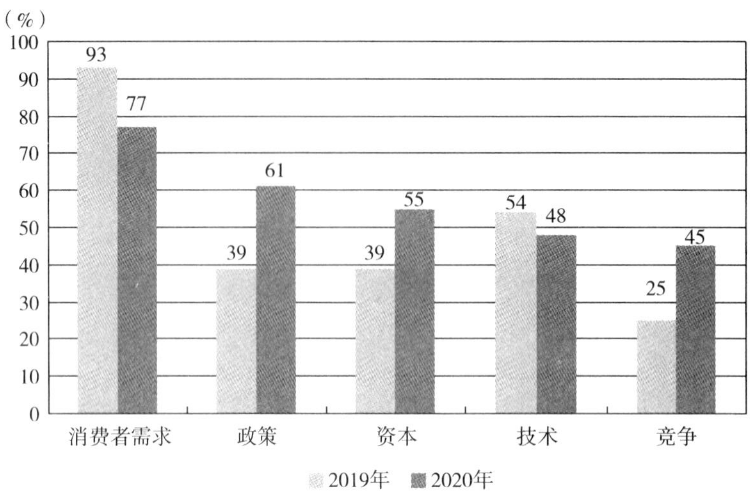

图2－5　文旅“双创”的驱动力预期

（三）资本投资文旅“双创”领域的前景预期

2020年，资本投资文旅“双创”前景呈现“谨慎乐观”的态度，“比较好”的和“一般”占比较大。与2019年相比，预期不太乐观，“非常好”占比下降，“不太看好”开始上升，表明资本对文旅“双创”前景的不太乐观的预期在增加，如图2－6所示。

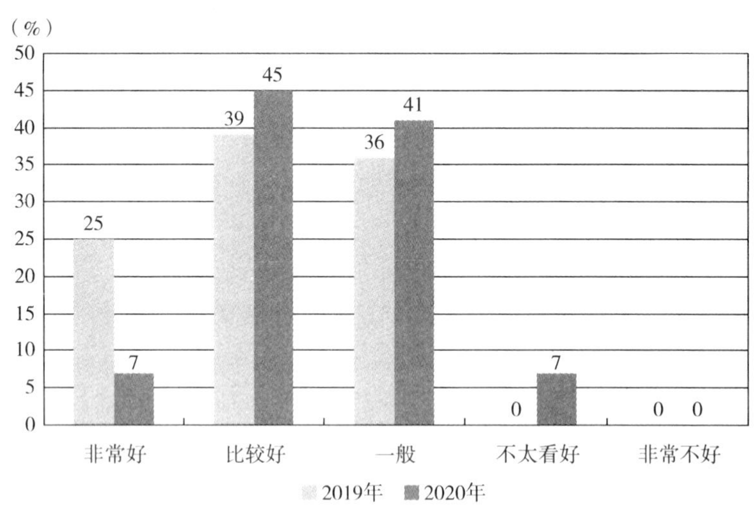

图2－6　资本投资文旅“双创”的市场前景预期

（四）资本投资文旅“双创”领域的市场环境预期

2020年，资本对投资文旅市场环境的预期，“比较好”占比较大为55%，“一般”次之为32%，表明是“谨慎乐观”的预期。与2019年相比，“非常好”“不太看好”比例在增加，表明资本对投资的文旅“双创”市场环境的乐观预期在下降，如图2－7所示。

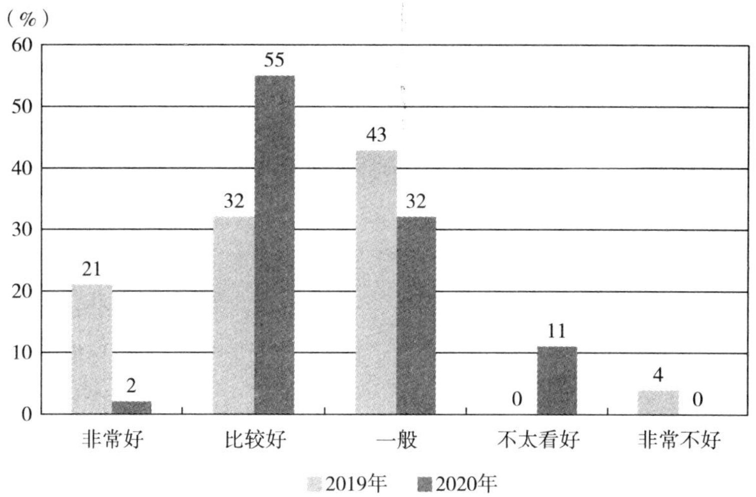

图 2－7　资本投资文旅“双创”领域的市场环境预期

（五）文旅“双创”政策的支持力度预期

2020 年，由于“非常好”“比较好”占比较高，表明文旅“双创”政策对政策的支持力度的预期较为乐观。与 2019 年相比，“非常好”有小幅下降，“比较好”上升较大，“不太看好”下降，说明“政策红利”的预期较为稳定。但由于 2017－2020 年呈现下降趋势，说明文旅“双创”企业对“政策红利”的预期在下降，政策红利的影响可能在减弱，旅游“双创”企业应在“政策红利”消退前，主动创新、积极应对，找寻突破口，如图 2－8 所示。

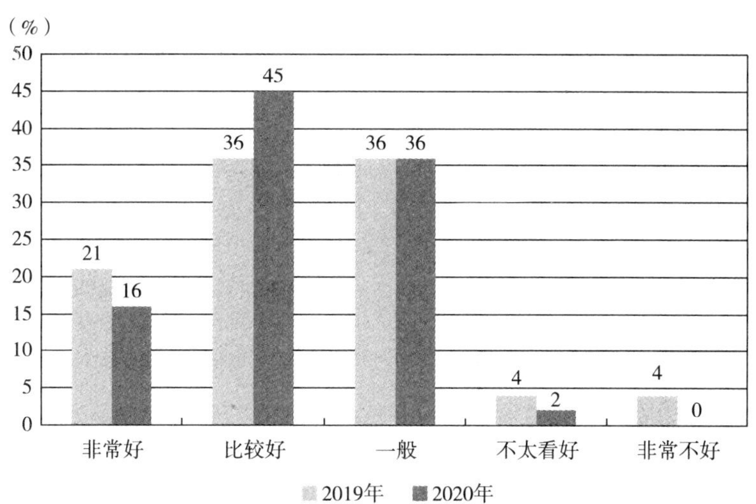

图 2－8　文旅“双创”政策的支持力度预期

（六）进入文旅“双创”领域的人才趋势预期

2020年，对文旅“双创”人才趋势预期呈现谨慎乐观态度。与2019年相比，“比较多”大幅上升，“特别多”下降，“不会有大变化”下降，表明2020年进入旅游“双创”的“人才”趋势预期仍保持较为平稳的态势，如图2－9所示。

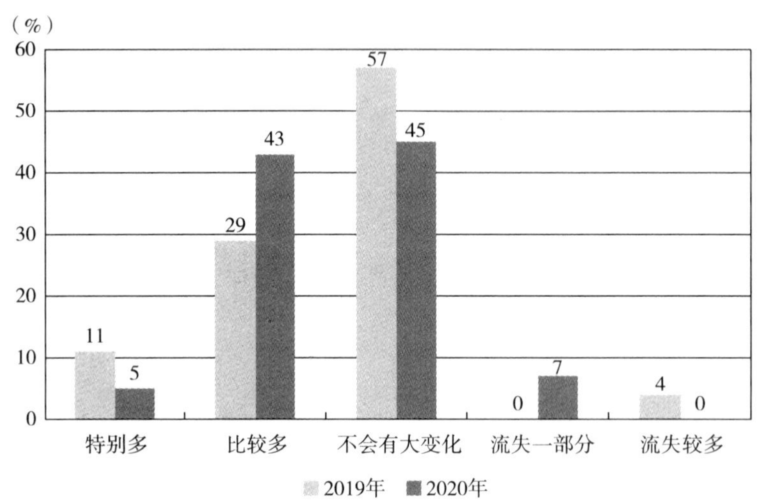

图2－9　进入文旅“双创”领域的人才趋势预期

（七）大型文旅企业收购中小创业企业倾向的预期

2020年，旅游收购倾向预期“比较强”和“不会有太大变化”的比例相同为36%，呈现谨慎乐观的预期。与2019年相比，“非常强”小幅增加，但“不会有太大变化”有大幅下降，“比较小”上升，表明乐观预期在下降，如图2－10所示。

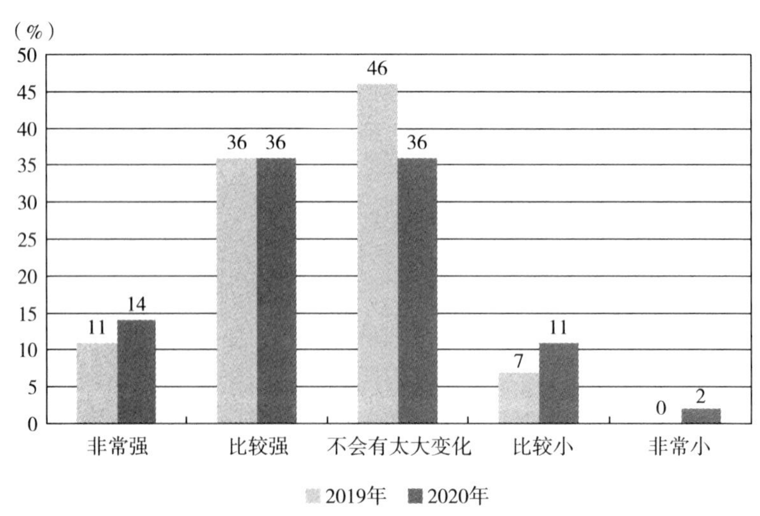

图2－10　大型文旅企业收购中小创业企业倾向的预期

（八）文旅企业创业成功率预期

2020年，在文旅企业“双创”的成功率指数中，“比较高”“一般”比例较高，为谨慎乐观。与2019年相比，“比较高”增幅较大，“非常高”“比较低”和“非常低”都在下降，说明对“成功率”的乐观预期增加，如图2－11所示。

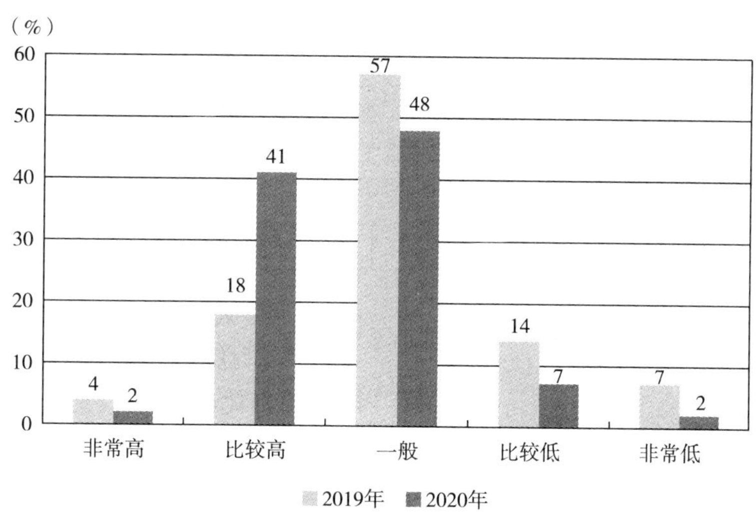

图2－11　文旅创业企业成功率预期

（九）文旅“双创”领域的未来趋势预期

本题是让受访专家填写未来一年文旅“双创”领域可能发生的重要趋势的关键词。如图2－12所示，本次预测的2020年的关键词为“产品创新、跨界融合、品质升级”。可以看出，文旅“双创”领域处于发展探索的初步阶段，“文化”和“旅游”两大产业跨界融合后必将带来新的发展机遇和挑战，中小企业在机遇和风险并存的环境下应该尝试突破自我、创新发展，为消费者带来更多升级换代后的产品和服务。

图2－12　文旅“双创”领域的重要趋势预期

五、受访专家的特征分析

（一）身份类型

在本次调查中，48%为创业公司创始人与高管；16%为大公司高管；14%为高校教师与研究人员；11%为政府、事业单位及协会领导等（见图2－13）。受访专家结构：以创业创新公司人员为主，兼顾其他利益方。这些身份类型也表明本次信心指数的分析，既考虑到了近半数的旅游创业公司的创始人意见，也融合投资人、文旅创业企业的高管、高校教师和科研人员、协会领导等多方面的意见。

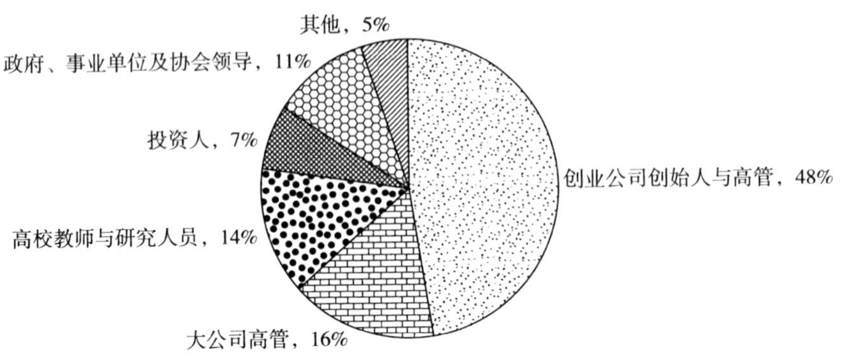

图2－13　身份类型

（二）受教育程度

受访专家的文化程度普遍集中在本科以上，研究生及以上学历占55%，本科学历占43%，如图2－14所示。

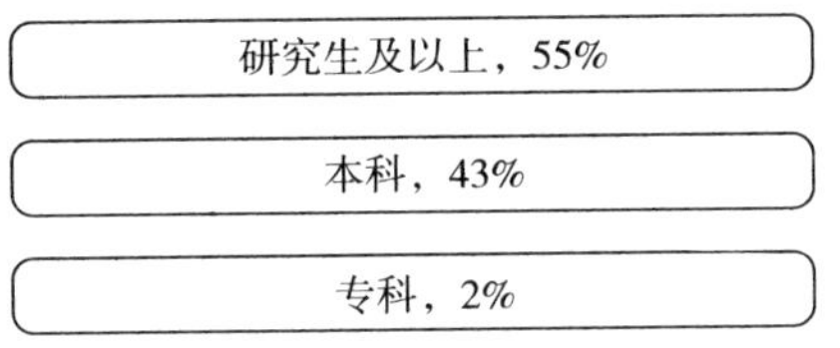

图2－14　受访专家学历分布

（三）海外受教育经历

受访专家中有59%无海外学习或工作的经历，占到一半以上，有海外学习或工作经历的则占41%，如图2－15所示。

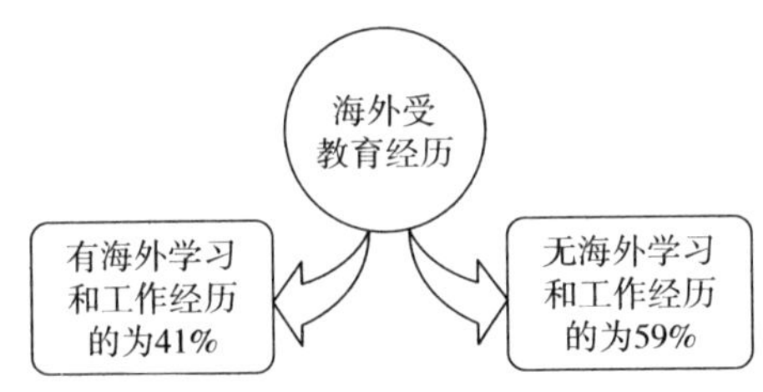

图2－15　受访专家海外学习或工作经历情况

（四）专业背景

创新创业企业的创始人学科背景分布较集中，其中经管类（非旅游）较多，占39%，

理工类占23%，旅游类占16%，文史哲类最少，占11%，如图2-16所示。

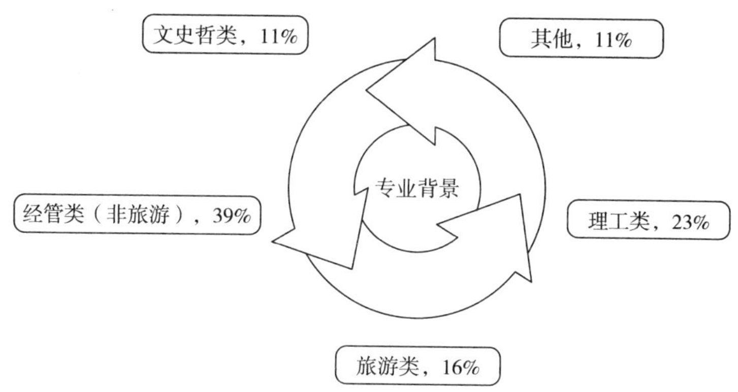

图2-16　受访专家专业背景

（五）创业者的创业次数（仅限创业者及高管回答）

25%的创业者在此之前有过一次创业经历，有过两次创业经历的占20%，14%的人有过三次及以上的创业经历。没有创业经历的占比最高为30%，如图2-17所示。

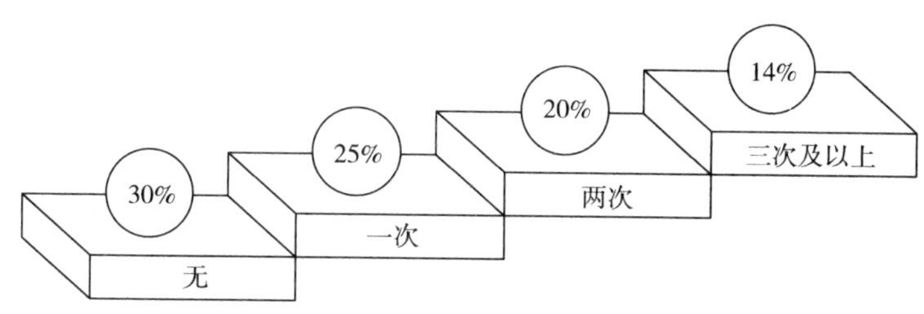

图2-17　创业者创业次数

（六）创业者创业前与旅游相关工作的经验年数（仅限创业者及高管回答）

创业者在创业之前与旅游或目前工作相似的经验的年数为6年以上的人数最多，占36%，其次是3-5年的经验占16%，工作经验1-2年的人数较少，占5%，之前没有创业经验的占比同样也比较高，占23%，如图2-18所示。

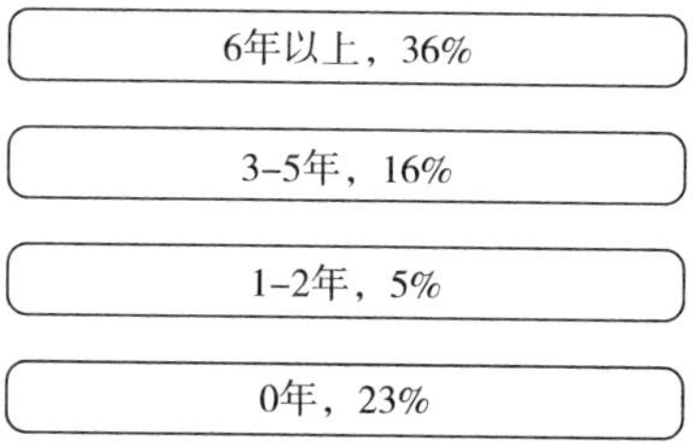

6年以上，36%

3-5年，16%

1-2年，5%

0年，23%

图2-18　创业者创业前与旅游相关工作的经验年数

（七）创业者创业前的职业（仅限创业者及高管回答）

创业者在创业前普遍任职于公司或者企业的占41%，创业前是教师或科研人员的占7%，军人占5%，其余的工人、学生、公务员或事业单位职员、农民的比例一样，分别占2%，如图2－19所示。

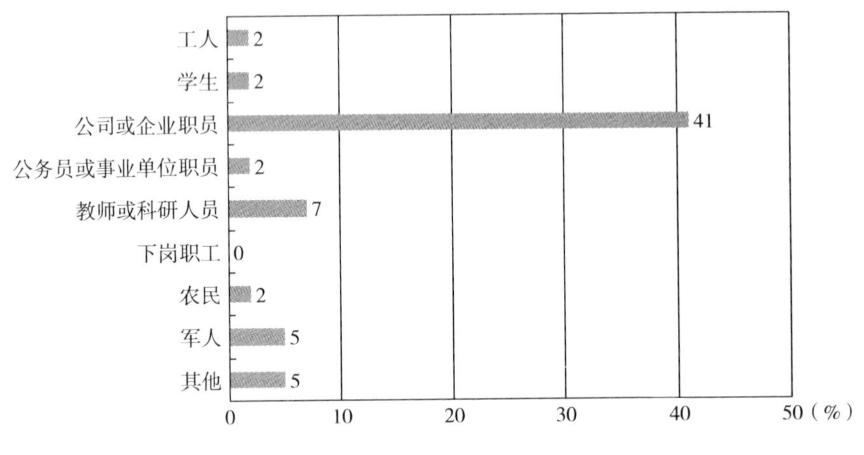

图2－19　创业前的职业

六、总结

综上所述，2020年文旅“双创”信心整体指数为69.78，预期呈现谨慎乐观，同时几个子维度都在下降（除成功率维度外），表明文旅“双创”领域可能尚处在“低谷期”，但信心指数有微小幅度上升（或者说保持不变），也表明至少预期是较为稳定的，且没有下降；消费者需求仍是文旅“双创”的主要驱动力，但对政策红利的预期在减弱，资本的“寒冬”仍在继续。在产品与商业模式方面，亲子与游学、文化创意、旅游大数据、定制游等产品较受关注，博物馆、共享农庄等文旅农跨界产品的出现，表明文旅融合大势的作用开始显现。另外，专家对未来趋势预测由关注“用户体验、深度运营、苦练内功和服务”转为“产品创新、品质升级和跨界融合”，体现出了文旅融合对“双创”领域的影响。

总之，2020年的文旅“双创”的信心预期仍然处于“波谷”期，但文旅融合大势给“双创”带来的一定的新动能，使预期没有继续下降。在文旅融合背景下，“双创”需要新的产品模式、服务模式和商业模式，跨界融合成为必然。同时，高质量发展和品质升级也是文旅“双创”的必然要求，这也是旅游“双创”走向更高阶段、实现转型升级的必经之路。

（执笔人：李彬，北京第二外国语学院旅游科学学院副教授；哀佳，北京第二外国语学院旅游科学学院2018级饭店管理专业硕士研究生）

附录

受访专家名单

（共45位）

旅游创业创新公司专家

序号	专家	单位	职位职务
1	喻晓江	携程集团	副总裁、旅游玩乐事业部CEO
2	蔡景晖	穷游网	总裁
3	罗　军	途家及斯维登集团	联合创始人、CEO
4	齐春光	途牛旅游网	助理副总裁
5	程小雨	路书科技	创始人、CEO
6	贾建强	6人游	创始人
7	蔡　韵	无二之旅	联合创始人
8	赵新宇	世界邦	联合创始人
9	丁根芳	要出发	创始人
10	王京凯	明德未来国际营地	世纪明德联合创始人、董事长
11	张海峰	中华户外网	创始人、CEO
12	陈长春	隐居乡里	创始人
13	戴　政	环球悦旅会	创始人、董事长
14	林忠益	吐鲁番欢乐盛典旅游文化有限公司	董事长
15	耿云鹏	旅行故事	创始人
16	陈　罡	马蜂窝	创始人

投资机构专家

序号	专家	单位	职位职务
1	董长破	赛伯乐投资集团	大旅游产业合伙人
2	何士祥	达晨创投	合伙人
3	蒋　涛	戈壁创投	管理合伙人
4	刘　锋	华侨城旅游投资管理有限公司	巅峰智业创始人、董事长

文旅集团专家

序号	专家	单位	职位职务
1	段冬东	雪松文旅集团	董事长、总裁
2	王高超	山海文旅集团	董事长
3	李国栋	博雅方略文旅集团	副总裁
4	徐小波	大地风景景区管理有限公司	董事长

续表

序号	专家	单位	职位职务
5	徐道明	万年基业文旅集团	执行总裁
6	萧去疾	畅行文旅集团	董事长
7	李成荣	同心圆文化产业集团	董事长
8	童德军	布兰顿文旅	创始人、CEO

社团协会专家

序号	专家	单位	职位职务
1	张德欣	旅游创业创新研究院 中关村智慧旅游创新协会	执行院长 创会会长
2	唐金福	亚太旅游联合会	秘书长
3	阚　跃	中国旅游景区协会	监事长
4	李尊敬	北京旅游学会	秘书长
5	刘军萍	中国国土经济学会	秘书长
6	郑　俊	法国 SQU 高校质优联盟	中国办事处负责人

科研院所专家

序号	专家	单位	职位职务
1	厉新建	中国旅游改革发展咨询委员会 北二外旅游科学学院	副秘书长 教授
2	徐　虹	南开大学旅游与服务学院	党委书记、教授
3	殷红梅	贵州师范大学国际旅游文化学院	院长
4	李仲广	中国旅游研究院	副院长
5	李　彬	旅游创业创新研究院 北二外旅游科学学院	中心主任 系主任

民间智库专家

序号	专家	单位	职位职务
1	叶一剑	方塘智库	创始人
2	李　智	易观智库	智慧院院长、副总裁
3	周鸣岐	景鉴智库	创始人
4	应丽君	和君集团文化旅游产业研究中心	主任、教授
5	李　阳	新旅界	创始人、CEO
6	孙　晖	腾讯文旅产业研究院	秘书长

第二章　中国文旅创新创业信心指数(2021)

创新创业是我国文化旅游发展的重要驱动力。在2017－2020年连续四年推出“中国文旅企业创新创业信心指数报告”（以下简称报告）后，我们继续推出2021年报告。本报告邀请来自文化旅游领域的头部企业、创新创业公司、投资机构、旅游学界、政府及行业协会、民间机构智库等50名专家参与问卷调查，调查主要包括3个部分：文旅“双创”信心指数评价、文旅“双创”发展趋势以及受访者信息。通过分析专家们对2021年文旅“双创”发展的预期，旨在以信心指数的形式来反映文旅“双创”领域的发展趋势和前景。需要说明的是，本报告采用专家意见调查法，通过对专家意见的综合分析，给出对文旅“双创”未来发展的预期与判断。

一、2021年中国文旅创新创业信心指数

本报告仍然沿用2017年到2020年信心指数计算公式：

信心指数＝资本×10＋人才×10＋政策×10＋并购×10＋成功率×20＋前景×40

其中，具体的维度及权重设置可参考之前报告，这里不再论述。计算结果如下：

$$信心指数 = (3.36\times10+3.20\times10+3.63\times10+3.32\times10+3.17\times20+3.39\times40)/5 = 66.82$$

通过计算结果可以看出，2021年我国文旅“双创”整体信心指数为66.82（满分为100，2020年为69.78），下降了2.96。在资本、人才、政策、并购、成功率和前景等信心指数的各个子维度中，“政策”分值最高（3.63，满分为5），表明专家对我国文旅相关政策的支持力度具有较高预期。其他五个维度的数值相对降低，其中资本、人才和并购分别获得3.36、3.20和3.32，而对2021年文旅“双创”成功率预期信心不足（3.17），如图2－20所示。

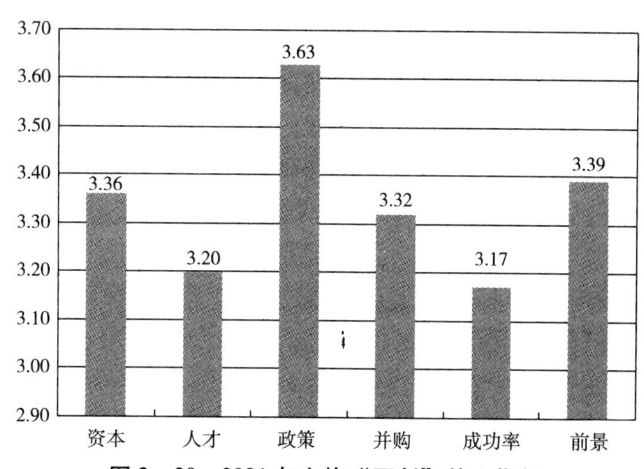

图2－20　2021年文旅“双创”信心指数

二、2021年中国文旅创新创业信心指数各子维度分析

（一）文旅“双创”的业态与产品模式预期

专家认为，2021年文旅“双创”的业态与产品模式中，乡村旅游与乡村振兴占63%，大数据、人工智能、5G、区块链等占46%，亲子与研学旅游占44%。可见，这几个领域是未来文旅“双创”关注的热门和前沿领域。同时，定制游、文创产品和文旅融合所占比例也相对较高（39%），表明专家认为基于文化赋能的文旅融合、文创产品以及基于个性化新消费需求下的定制游类等业态和产品同样也有较好的发展预期，如图2－21所示。

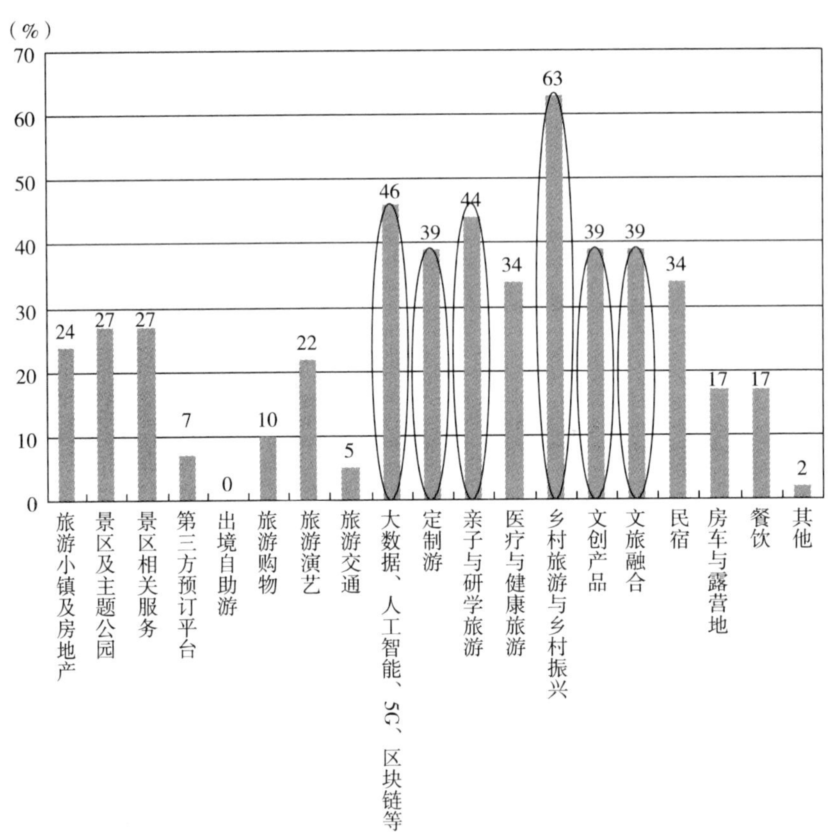

图2－21　2021年文旅“双创”的业态与产品集中领域预期

（二）文旅“双创”的驱动力预期

2021年，在文旅“双创”驱动力预期方面，消费者需求因素得分最高为3.56，技术因素次之为2.85，政府与政策因素和资本因素的得分分别为2.51和1.51，市场竞争因素得分最低为1.05。与2020年文旅“双创”驱动力相比，消费者需求因素和政府与政策因素基本持平，降幅不大。资本因素出现显著下跌趋势，但技术因素显著上涨。由此可见，专家认为受疫情和全球经济下行压力影响，文旅“双创”领域中的资本“寒冬”形势将更加严峻。但与此同时，对技术因素的驱动力作用的预期得到强化，如图2－22所示。

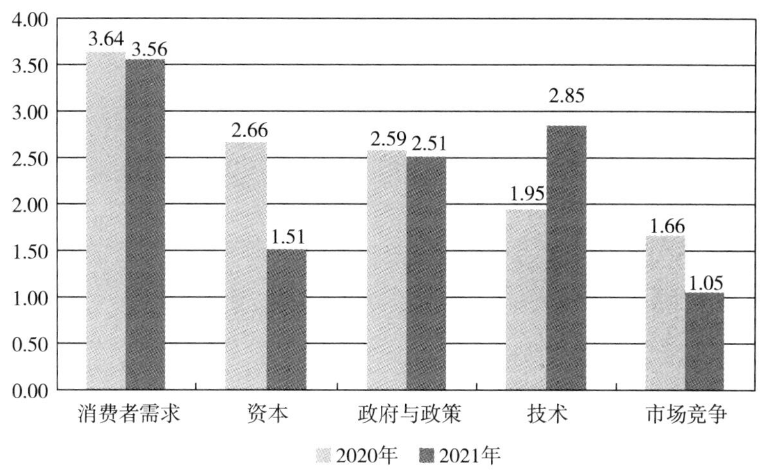

图 2－22　文旅“双创”的驱动力预期

（三）资本投资文旅“双创”领域的前景预期

在资本投资文旅“双创”的市场前景预期方面，尽管 2021 年“非常好”选项比去年略高 5%，但总体来看，2021 年持“比较好”和“非常好”态度的占比为 46%，低于 2020 年的 52%；2021 年持“一般”“不太看好”和“非常不好”态度的占比为 54%，高于 2020 年的 48%，且首次出现“非常不好”（2%）。由此可见，专家认为 2021 年资本对文旅“双创”市场的投资前景较 2020 年相比，乐观程度的预期有所降低，资本市场对文旅投资前景持更加谨慎态度，如图 2－23 所示。

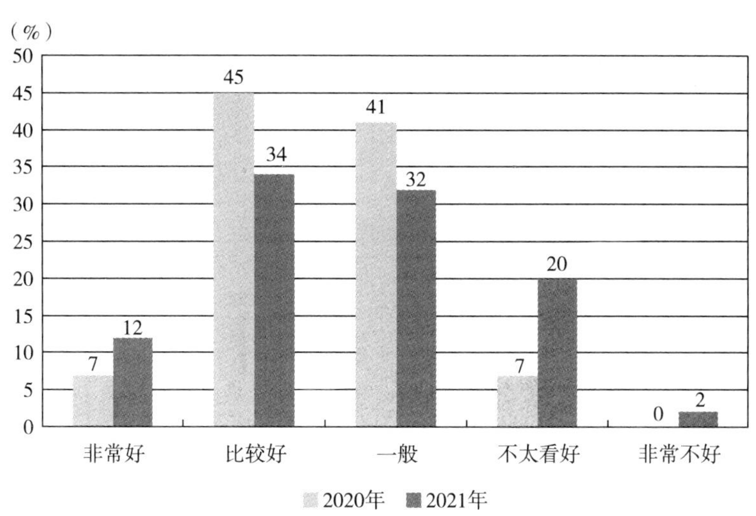

图 2－23　资本投资文旅“双创”的市场前景预期

（四）资本投资文旅“双创”领域的外部市场环境预期

在资本对文旅“双创”的外部环境预期方面，“比较好”占比最高为 39%，其次是

“一般”占比29%，但“比较好”和“一般”的态度占比逐年下降，其中，持“比较好”态度的比例大幅减少（下降16%），“不太看好”的比例大幅增加（上升11%）。这表明与2020年相比，专家认为2021年资本对文旅“双创”外部环境的乐观预期减弱趋势更加明显，如图2－24所示。

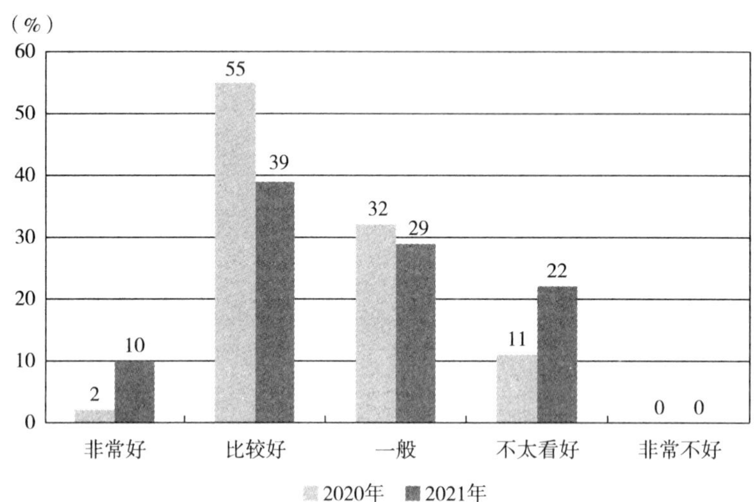

图2－24　资本投资文旅“双创”领域的外部市场环境预期

（五）文旅“双创”政策的支持力度预期

在文旅“双创”政策的支持力度方面，2021年相比于2020年总体变化不大。与2020年相比，2021年“非常好”占比基本保持不变，“比较好”占比下降6%，“一般”和“不太看好”占比分别上升5%和3%，各项数据稳中略降。由此表明，专家认为2021年文旅“双创”政策的支持力度仍然较强，但与2020年相比会略有所下降，反映出在后疫情时代应更加关注政策的支持力度和效果，如图2－25所示。

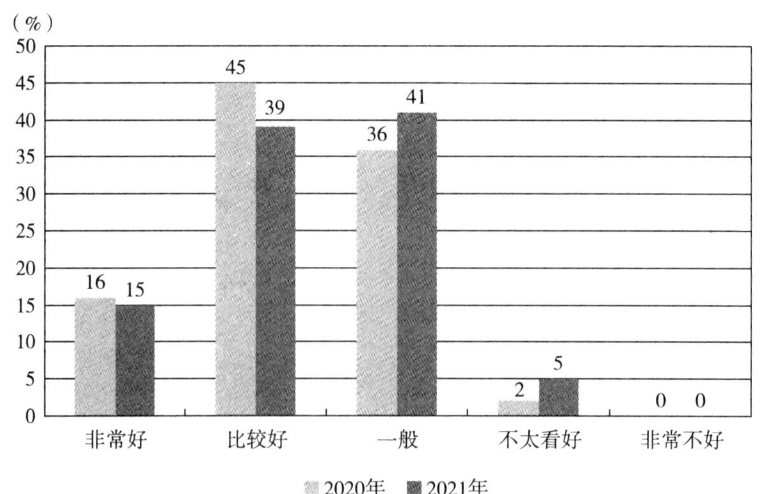

图2－25　文旅“双创”政策的支持力度预期

（六）进入文旅“双创”领域的人才趋势预期

在文旅“双创”领域人才趋势方面，2021 年有 41% 的专家认为“不会有太大变化”，34% 的专家认为“比较多”。与 2020 年相比，“比较多”选项所占比例减少了 9%，“流失一部分”选择所占比例增加 8%。值得注意的是，有 5% 的专家预测 2021 年文旅“双创”领域的人才会“流失较多”。总体而言，专家认为 2021 年进入文旅“双创”领域的人才可能会出现进一步流失的趋势，反映出当前文旅“双创”领域应更加关注对创新创业人才的引进，如图 2－26 所示。

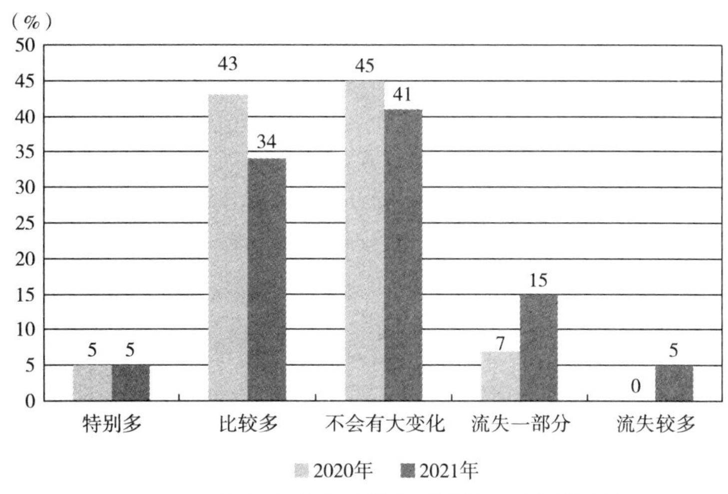

图 2－26　进入文旅“双创”领域的人才趋势预期

（七）大型文旅企业收购中小创业企业倾向

在大型文旅企业收购中小创业企业方面，有超过半数以上的专家认为收购倾向“比较强”，呈现谨慎乐观预期。与 2020 年相比，2021 年持“非常强”态度的人锐减为 0，持“比较强”态度的人与 2020 年相比上涨 18%，持“比较小”态度的人上升 6%。总体来看，专家认为，2021 年对大型旅游企业收购中小创业企业的倾向仍然较强，但与 2020 年相比则有下降趋势，说明后疫情时代文旅“双创”领域的收购活动仍将继续，但将更加谨慎，如图 2－27 所示。

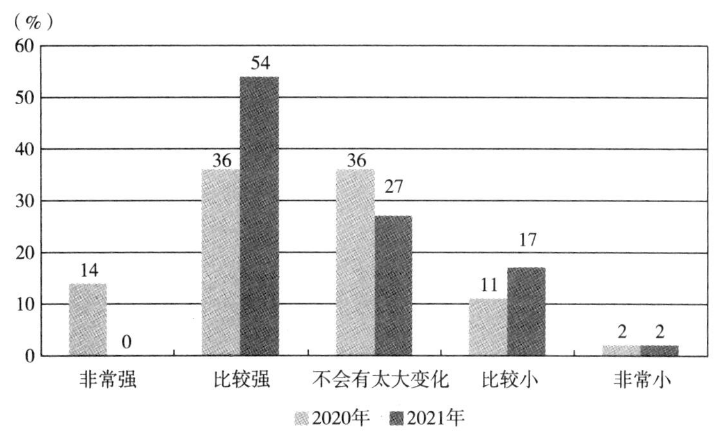

图 2－27　大型文旅企业收购中小创业企业倾向的预期

（八）文旅“双创”成功率预期

在文旅“双创”成功率方面，2021 年“非常高”和“比较高”的选项占比和去年持平，分别为 2% 和 41%，但“一般”的比例下降了 16%，“比较低”的比例上涨了 13%。可见与 2020 年相比，文旅创新创业成功率预期将有下降趋势，创新创业的难度在加大，如图 2－28 所示。

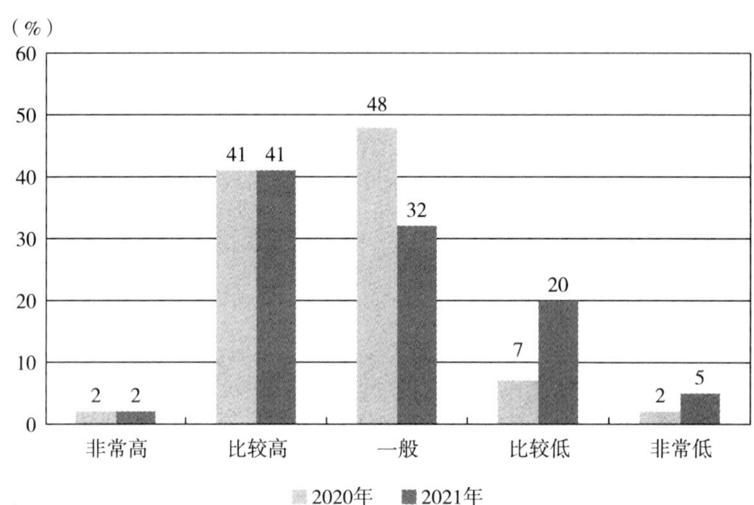

图 2－28　文旅“双创”成功率预期

（九）文旅企业创业前景预期

在文旅企业创业前景方面，2021 年“比较有信心”占比最高，高达 41%，表明专家对文旅创业总体预期呈现乐观态度。但与 2020 年相比，“信心很强”降幅较大（13%），“信心不足”上涨 11%。表明专家对 2021 年文旅“双创”前景的乐观预期在下降，如图 2－29 所示。

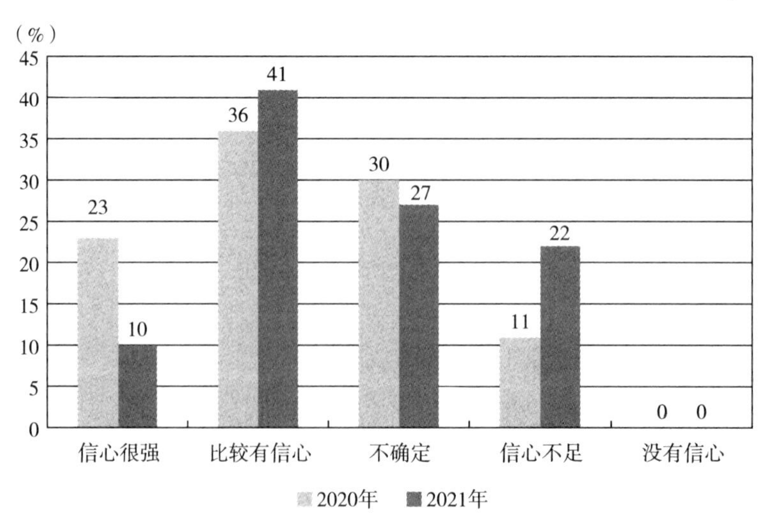

图 2－29　文旅企业创业的前景预期

（十）文旅“双创”领域的未来趋势预期

本题是让专家给出2021年文旅“双创”领域可能发生的重要趋势的关键词。2021年的关键词为“文旅融合、技术创新、内循环”，2020年关键词为“产品创新、跨界融合、品质升级”。可见，在2020年的“跨界融合”基础上，2021年更加聚焦“文旅融合”，这是“十四五”期间文旅“双创”领域的重点话题。同时，在后疫情时代和全球经济持续下行背景下，以新兴科技为代表的技术创新是驱动文旅“双创”的增长点，“互联网+旅游”和“数字文旅”下的技术创新将为文旅“双创”提供更加高效和智能的解决方案。同时，“内循环”则是新格局下的新要求，文旅“双创”领域更加关注国内需求市场变化、探索新消费模式、在下沉市场中进行创新，如图2-30所示。

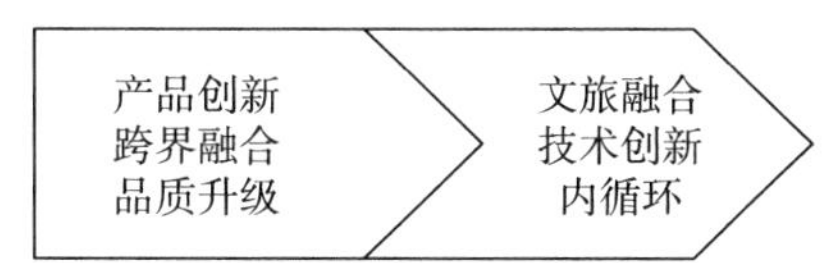

图2-30　文旅“双创”领域的重要趋势预期

三、受访专家的特征分析

（一）身份类型

在本次调查中，46%为创业公司创始人与高管；17%为大公司高管；20%为高校教师与研究人员；10%为政府、事业单位及协会领导等。受访专家结构：以创业创新公司人员为主，兼顾其他利益方。这些身份类型也表明本次信心指数的分析，既考虑到了近半数的旅游创业公司的创始人意见，也融合投资人、文旅创业企业的高管、高校教师和科研人员、协会领导等多方面的意见，如图2-31所示。

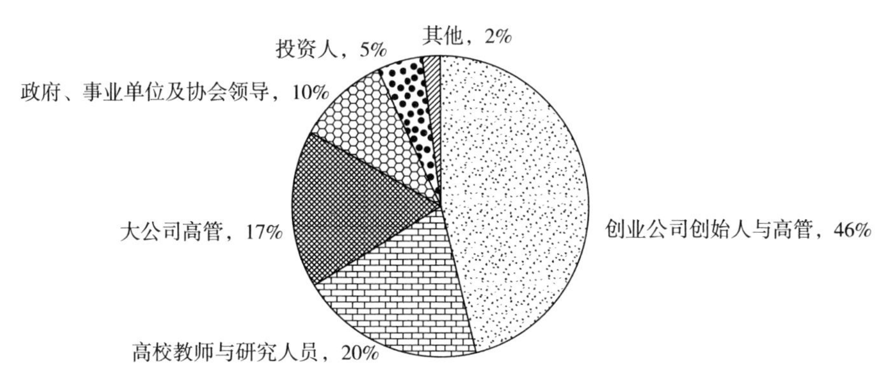

图2-31　身份类型

（二）受教育程度

受访专家的文化程度普遍集中在本科以上，研究生及以上学历占49%，本科学历占46%，如图2-32所示。

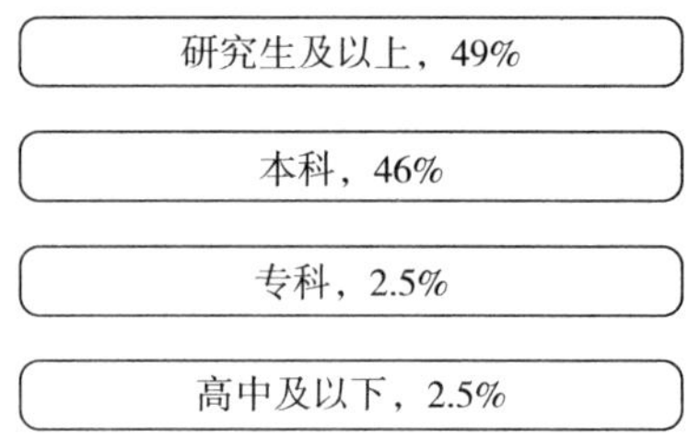

图2－32 受访专家学历分布

（三）海外受教育经历

受访专家中有66%无海外学习或工作的经历，占到一半以上，有海外学习或工作经历的则占34%，如图2－33所示。

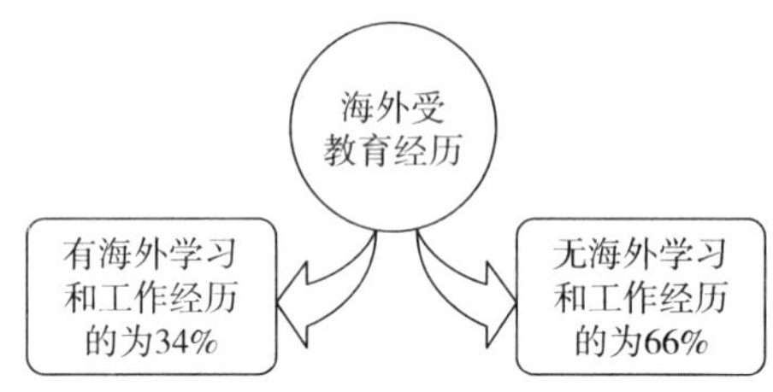

图2－33 受访专家海外学习或工作经历情况

（四）专业背景

创新创业企业的创始人学科背景分布较集中，其中经管类（非旅游）背景较多，占34.2%，旅游类、理工类、文史哲类人数相同，均占19.5%，如图2－34所示。

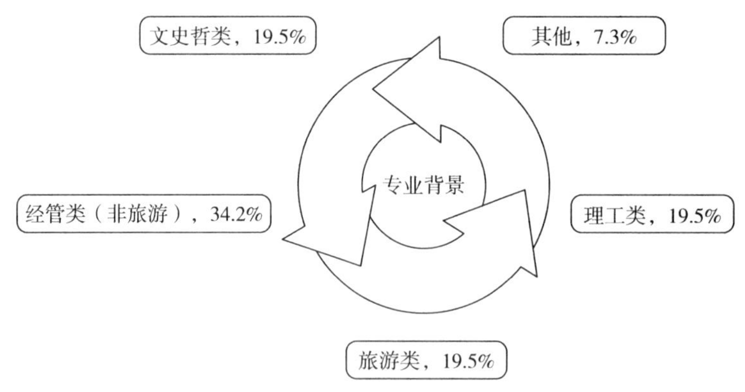

图2－34 受访专家专业背景

（五）创业者的创业次数（仅限创业者及高管回答）

32%的创业者在此之前有过一次创业经历，有过两次创业经历的和有过三次及以上的创业经历的均占17%。没有创业经历的占比最高为34%，如图2－35所示。

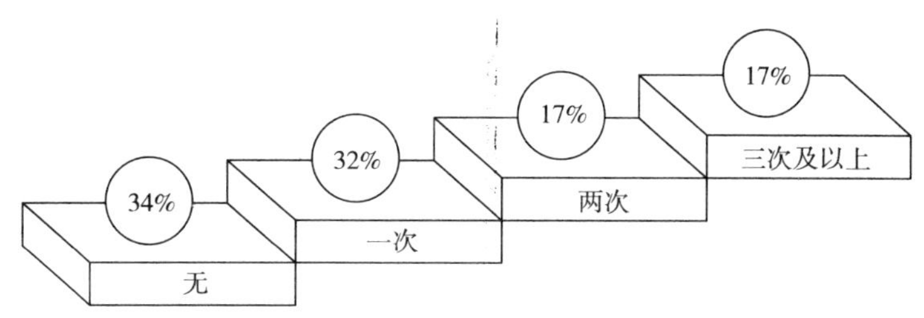

图 2－35　创业者创业次数

（六）创业者创业前与旅游相关工作的经验年数（仅限创业者及高管回答）

创业者在创业之前与旅游或目前工作相似的经验的年数为 6 年以上的人数最多，占 46%，其次是 1－2 年的经验占 12%，工作经验 3－5 年的人数较少为 7%，之前没有创业经验的占比同样也比较高占 17%，如图 2－36 所示。

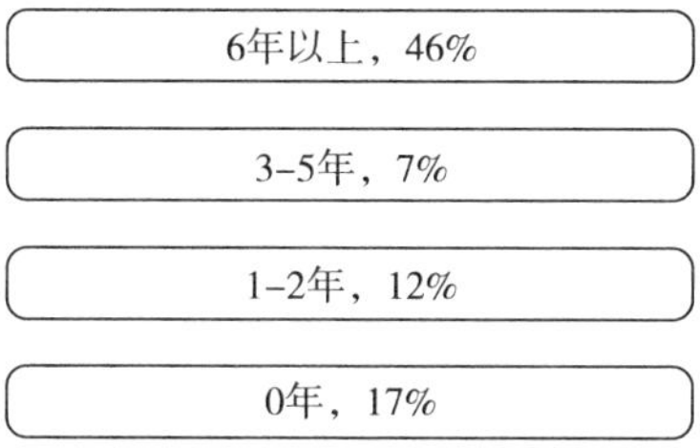

6年以上，46%

3-5年，7%

1-2年，12%

0年，17%

图 2－36　创业者创业前与旅游相关工作的经验年数

（七）创业者创业前的职业（仅限创业者及高管回答）

创业者在创业前普遍任职于公司或者企业，占 46. 34%，创业前是教师或科研人员、公务员或者事业单位职员的比例一样，均为 4. 88%，军人占 2. 44%，其余的学生、工人的比例一样，都分别占 2. 40%，如图 2－37 所示。

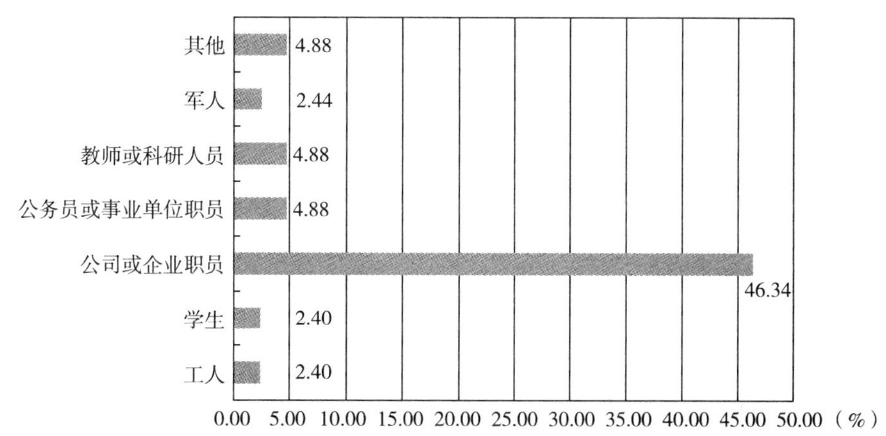

图 2－37　创业者创业前的职业

四、总结

通过对专家意见分析可以看出，2021 年文旅“双创”信心指数整体呈下降趋势。从 2017－2021 年的信心指数变化趋势来看，2021 年仍将处于下降周期的低谷期。

从信心指数各子维度来看，“消费者需求”维度仍是文旅“双创”领域主要驱动力，这反映出专家对我国文旅消费需求仍然有较强信心。同时，专家对“技术创新”“政策支持”两个维度的驱动作用的预期较为显著，特别是对“技术创新”维度所起驱动作用的预期更为突出，表明以新兴科技为代表的技术手段将会为文旅的创新创业继续提供新的动能。在文旅“双创”的业态与产品模式方面，乡村旅游、乡村振兴和数字文旅类是重点关注领域，而亲子研学、文旅融合和文创产品等也有较好的预期。资本、人才、并购、成功率和前景等几个维度的预期出现不同程度的下降趋势。此外，专家给出 2021 年文旅趋势的关键词为“文旅融合、技术创新、内循环”，这是在新格局大背景下，后疫情时代文旅发展的时代主题，同时也是 2021 年文旅创业创新领域的新机遇。

新格局下的文旅融合发展将为文旅“双创”提供新的“风口”。2021 年是我国“十四五”开局之年，“以国内大循环为主体、国内国际双循环相互促进”的新格局正在成为时代发展的主轴。这一背景为文旅“双创”领域提振信心、找到突破口提供了重要的指导思想和巨大的“风口”。文旅“双创”领域应把重点聚焦到国内市场、本土需求、下沉市场，立足国内文旅新消费需求，在“双创”领域的新业态和新产品中突出文化底蕴和鲜明文化特色，同时还可以通过时尚化、国际范儿的表达形式来展现，强化时代特色、国际标准。各级行政主管部门则更要倍加珍惜和重视文旅市场主体的创新创业行为，通过政策引导、机制改革、资金支持、营商环境改善和现代治理能力提升等手段，切实保障创新创业的实施和落地。

（执笔人：李彬，北京第二外国语学院旅游科学学院副教授；王倩文，北京第二外国语学院旅游科学学院 2019 级饭店管理专业硕士研究生）

附录

受访专家名单

（共 50 位）

旅游创新创业公司专家

序号	专家	单位	职位职务
1	周　舟	携程集团	副总裁兼定制旅游 CEO
2	齐春光	途牛旅游网	副总裁
3	刘少军	皇家驿栈	创始人、董事长
4	蔡　韵	无二之旅	联合创始人
5	陈长春	隐居乡里	创始人、CEO

续表

序号	专家	单位	职位职务
6	罗　军	途家及斯维登集团	联合创始人、CEO
7	耿云鹏	旅行故事科技有限公司	创始人、董事长
8	戴　政	悦商集团	创始人、董事长
9	贾建强	6人游	创始人、CEO
10	蔡景晖	穷游网	总裁
11	程小雨	路书科技	创始人、CEO
12	丁根芳	要出发	创始人、CEO
13	王京凯	明德未来国际营地	世纪明德联合创始人、董事长
14	张海峰	中华户外网	创始人、CEO
15	林忠益	吐鲁番欢乐盛典旅游文化有限公司	董事长

文旅集团专家

序号	专家	单位	职位职务
1	萧去疾	江苏畅行文旅集团有限公司	董事长
2	段冬东	中国文旅集团（开曼）	执行总裁
3	杜丽芬	呼伦贝尔文旅投资集团	总经理
4	童德军	浙江布兰顿文旅科技有限公司	创始人、CEO
5	王高超	北京山海文旅集团	董事长
6	徐道明	山东水发文旅投资集团	总经理
7	董艳丰	北京寒舍文旅集团	总裁
8	朱胜萱	伊犁乡伴文旅集团	创始人、董事长
9	李成荣	宁夏同心圆文化产业有限公司	董事长
10	李国栋	北京博雅方略文旅集团	副总裁

社团协会专家

序号	专家	单位	职位职务
1	武国櫟	全联旅游业商会	秘书长
2	刘军萍	北京观光休闲农业行业协会	会长
3	张德欣	中关村智慧旅游创新协会 文旅创新创业研究院	会长 执行院长
4	唐金福	亚太旅游联合会	秘书长
5	李德新	中国旅游景区协会外联合作部	部长
6	常月红	华夏文化促进会非物质文化遗产分会	会长
7	秦兆祥	内蒙古旅游学会	会长

科研院所专家

序号	专家	单位	职位职务
1	李　彬	北京第二外国语学院旅游科学学院 文旅创新创业研究院	院长助理 副院长
2	徐　虹	南开大学旅游与服务学院	教授、博导
3	卜希霆	中国传媒大学文化产业管理学院 文化和旅游部公共文化研究基地	院书记 主任
4	厉新建	北二外旅游科学学院 中国旅游改革发展咨询委员会	教授 副秘书长
5	王琪延	中国人民大学	教授、博导
6	李仲广	中国旅游研究院	副院长

民间智库专家

序号	专家	单位	职位职务
1	郑敏庆	中国台湾亚太休闲创意产业智库	执行长
2	叶一剑	方塘智库	创始人
3	孙　晖	腾讯文旅产业研究院	秘书长
4	周鸣岐	景鉴智库	创始人
5	李　阳	新旅界	创始人、CEO
6	陈青松	青松智库	创始人

投资机构专家

序号	专家	单位	职位职务
1	刘　锋	巅峰智业、华侨城旅游投资管理有限公司	创始人、董事长
2	马培瑞	紫荆花控股集团	董事长
3	李刚强	无穹创投	合伙人
4	何士祥	达晨财智	合伙人
5	韩　彦	光速中国	创始合伙人

第三章　中国文旅创新创业信心指数（2017－2021）综述

一、2017－2021 年总体信心指数变化趋势分析

从 2017－2021 年的信心指数变化趋势可以看出，文旅创业创新领域的信心指数整体处于下降趋势。尽管 2017－2018 年出现了小幅增长，达到最高值（76.06），但随后在 2019 年出现大幅度下降（69.58），之后 2020 年与 2019 年基本持平，依然处于下降趋势，进入后疫情时代的 2021 年则下降至 66.82（见图 2－38）。这表明，在 2017 年、2018 年和之前几年蓬勃兴起的文旅创业创新浪潮达到巅峰后，由于受到全球经济下行、“双创”领域资本市场“寒冬”、同质化竞争等因素的多重影响下，开始出现大幅下滑。到 2020 年受到疫情影响则更加“雪上加霜”。后疫情时代的 2021 年仍有诸多挑战和压力，存在较多不确定性和风险，因此，专家对 2021 年的预期仍然不乐观。

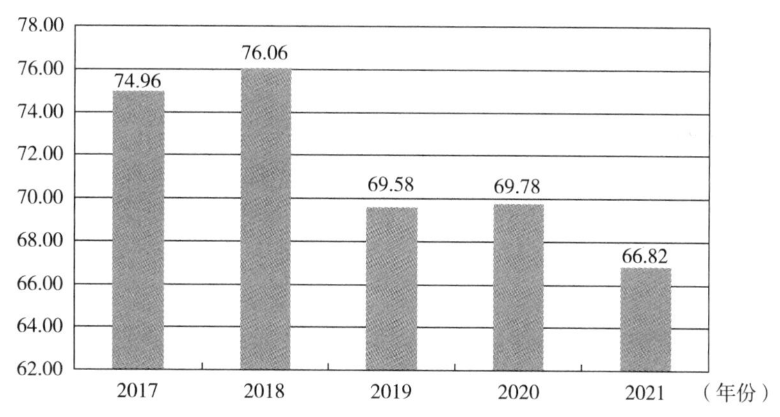

图 2－38　2017－2021 年整体信心指数对比

从图 2－38 可以看出，对文旅创新创业的信心并不是与文化和旅游发展“同频同振”。尽管文化和旅游发展的环境不断优化、发展态势逐渐向好，但发展中的创新创业这一因素却没有很好地同步跟上，特别是整体趋势在逐渐下降。因此，创新创业这一因素作为文旅发展的驱动力需要得到各方面的重视。

二、2017－2021 年信心指数各子维度变化趋势分析

通过对比 2017－2021 年信心指数六个子维度，能对近五年间的国内文旅“双创”发展趋势有更加清晰的认知。整体来看，除了“成功率”在近五年间有较大波动，其他五个

子维度变化均较为平稳，且处于下降趋势，如图 2－39 所示。

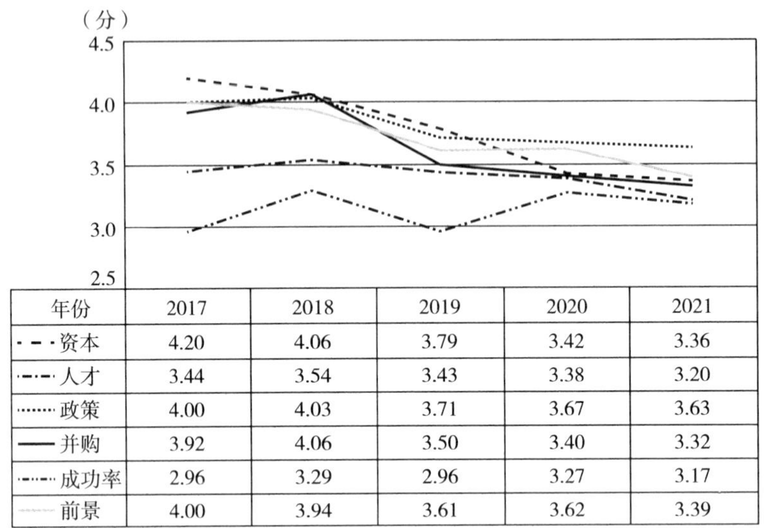

年份	2017	2018	2019	2020	2021
资本	4.20	4.06	3.79	3.42	3.36
人才	3.44	3.54	3.43	3.38	3.20
政策	4.00	4.03	3.71	3.67	3.63
并购	3.92	4.06	3.50	3.40	3.32
成功率	2.96	3.29	2.96	3.27	3.17
前景	4.00	3.94	3.61	3.62	3.39

图 2－39　2017－2021 年信心指数各维度对比分析

具体来看，“资本”维度在六个子维度中跌幅最大，从 2017 年的 4.20 分（是 2017 年各个维度最高分），跌至 2021 年的 3.36 分，表明关于文旅创新和创业方面的“资本”“寒冬”到来且依然持续，突如其来的疫情更使“寒冬”更寒。

“人才”维度在 2017－2020 年相对平稳，但 2021 年受疫情影响，专家对进入文旅的“人才”预期持谨慎乐观态度，表明进入文旅创新创业领域中的人才不足问题一直较为严重。

“政策”维度总体表现为缓慢下降，2017 年、2018 年“政策”分值较高，2019 年开始，“政策”的预期骤然下跌，在近三年间均呈现缓慢下降趋势，降幅不大，相比其他维度相对平稳。值得一提的是，2021 年，“政策”预期得分为六个维度中最高。表明专家们预期政策“红利”将逐步消失，在文旅“双创”整体态势走低情况下，各级各类文旅行政主管部门需重视相关政策引导，加大政策扶持力度。

“并购”维度的趋势与整体信心指数趋势高度一致，2017 年、2018 年得分较高，2018 年出现峰值后，2019 年骤然下降，近三年也一直呈现下降趋势。表明自 2018 年后，文旅业并购与整合浪潮退去，文旅“双创”的活跃度减弱，预期未来一年文旅行业整体格局不会出现太大变动。

“成功率”维度在近五年呈现不稳定的波动趋势。表明“成功率”受多种因素影响，存在不稳定性和不确定性，在文旅“双创”各个维度指数走低态势下，更加剧了文旅“双创”预期“成功率”的不确定性和风险。

“前景”维度的预期逐年走低，近五年间一直为下降趋势，在 2018－2019 年、2020－2021 年都出现下降，表明专家对文旅“双创”“前景”的预期持不太乐观的态度。

三、2017－2021年未来趋势关键词分析

2017年的关键词为“服务升级、细分化、资本驱动和技术驱动”，2018年的关键词为“消费升级、创新化、细分市场和技术革新”，2019年的关键词为“用户体验、深度运营、苦练内功和服务”，2020年的关键词为“产品创新、跨界融合、品质升级”，2021年的关键词为“文旅融合、技术创新和内循环”（见图2－40）。可见5年来专家对文旅“双创”趋势预测也有较大变化，2017年的“细分化、资本、技术”及2018年的“消费、市场、技术”，均是关注旅游“双创”的外部环境中的因素，这说明在这两年旅游外部环境中可能存在较多利好因素，“大众创业、万众创新”政策和资本、技术、市场等因素成为了驱动旅游“双创”的重要因素，也说明旅游“双创”的发展是从外部环境因素的驱动开始的。

图2－40 文旅“双创”领域的重要趋势

2019年则出现了“体验、运营和内功”，开始关注旅游“双创”企业的内部运营，2020年则是关注“产品、跨界和品质”，关注为以用户为核心提供更加新颖、个性和高品质的旅游产品，可以看出旅游“双创”的重点开始出现从外向内转化的特征，这说明旅游“双创”的外部环境因素的“红利”正在减少，以至于专家们更加认为旅游企业的内部运营才是旅游“双创”的重要驱动力。2021年则较为特殊，由于受疫情影响和全球经济下行压力较大，出现了“技术、内循环”等特征，主要是疫情导致的无接触服务及技术的广泛使用。

四、总结

对于2017－2021年文旅创新创业信心指数变化，我们可以从以下两个方面进行认识：

第一，这五年是文旅创新创业发展历程中较为曲折但关键性的时期；这五年是文旅“双创”的曲折发展时期。2017－2021年，文化和旅游领域出现了很多“大事件”，其中一些大事件是对“双创”领域有正向影响的大事件，如全域旅游的发展、“乡村振兴”战略的实施、优质旅游和高质量发展、新兴数字技术应用不断涌现、文化和旅游部的成立、文旅融合等，还有一些是有阻碍作用的大事件，如全球经济下行压力、“双创”领域的资本“寒冬”以及2020年出现的疫情等，文旅“双创”正是在这样的大背景下曲折发展。

这是因为，创新和创业是较为特殊的企业行为，体现在：一是这些行为需要“企业家精神”突破原有发展路径，探索新的商业模式、管理模式等；二是需要有相应的政策、环境、资金等配套支撑。两者是相互影响、相互支持的关系。企业家精神是一种相对稀缺的资源，当后者的支撑切实有效，企业家精神就会应运而生并且势如破竹，而后者如果只是表面上的“支撑”，没有将政策、资金等有效落实到创新创业营商环境优化、知识产权保护、良性竞争市场治理等方面，就会使创新创业行为出现无序，最终缺乏后劲。五年来，尽管外部的利好事件不断出现，但由于创新创业所依赖的资本、大的经济环境正在面临压力，加之自2013－2017年出现的大量资金涌入文旅“双创”领域出现的“泡沫”使诸多中小创新创业企业消亡的“惨痛”现状，使文旅“双创”并没有与整个文旅发展大环境“同频共振”。

这五年也是文旅“双创”领域发展的关键性时期。不管是全域旅游、优质旅游，还是后来的文旅融合、数字文旅和“互联网＋旅游”等，外部大环境中不断出现的“风口”，意味着文化旅游正在进入一个大的转型发展时期。走向高质量发展是文旅“双创”的最终目标，包括创新创业的理念、目标、模式、路径等都要站在未来高质量发展的高度来看待，而不是走传统的、低端的、原始的创新创业老路。在这五年内，凡是能够抓住这样的机遇，并在经历了经济下行压力、疫情等大风大浪后仍能顽强生存的创新创业企业，将是未来文旅“双创”领域的主力军。正如本研究中“双创”的“成功率”虽然出现较大波动，但整体的趋势还是在上升，说明专家对文旅“双创”未来的发展仍有一定的乐观预期，这也使我们有理由相信未来文旅“双创”在这五年的“阵痛期”后能够逐渐走出阴霾，探索出新的发展路径。

值得关注的是，2020年党的十九届五中全会提出的“双循环”新发展格局，又为文旅融合发展下的“双创”领域提供新的“风口”。2021年是我国“十四五”开局之年，“国内大循环为主体、国内国际双循环相互促进”的新格局正在成为时代发展的主轴。这一背景为文旅“双创”领域提振信心、找到突破口提供了重要的指导思想和巨大的“风口”。文旅“双创”领域应把重点聚焦到国内市场、本土需求、下沉市场，立足国内文旅新消费需求，在“双创”领域的新业态和新产品中突出文化底蕴和鲜明文化特色，同时还可以通过时尚化、国际范儿的表达形式来展现，强化时代特色、国际标准。

第二，从长期来看，当前阶段只是处于文旅“双创”领域周期性发展的一个阶段。“风物长宜放眼量”，按照发展规律，未来将会从周期性波动的谷底走向波峰。在这一过程中，“信心比黄金更加重要”，要更加注重提振文旅信心。因此，在文旅新消费需求的引领、新消费模式创新过程中，创新创业的作用将更加凸显，需要政府、协会、文旅行业更加重视。文旅市场主体对创新创业的坚守和不断探索是文旅“双创”乃至整个文旅产业事业可持续发展的“定海神针”。如果说，在周期性波动的“波峰”阶段，文旅“双创”会存在同质化竞争和“泡沫”；而处在靠近“谷底”的当前阶段，则需要大浪淘沙后真正贴近市场需求的创业创新。文旅市场主体应充分抓住后疫情时代“转危为机”中的机会，在不断升级的周边游、微度假、康养、数字化创新、文化赋能等方面进行探索，在顽强生存中谋发展、求创新。各级行政主管部门则更要倍加珍惜宝贵的文旅市场主体的创业创新行为，通过政策引导、机制改革、资金支持、营商环境改善和现代治理能力提升的手段，切实保障创业创新的实施和落地。

（执笔人：李彬，北京第二外国语学院旅游科学学院副教授；袁佳，北京第二外国语学院旅游科学学院2018级饭店管理专业硕士研究生；王倩文，北京第二外国语学院旅游科学学院2019级饭店管理专业硕士研究生）

第三部分

中国文旅企业创新创业案例分析

第一章 文旅集团案例

一、复星旅游文化集团

（一）企业简介及发展历程

复星旅游文化集团（以下简称复星旅文，也称为 FOLIDAY）作为全球家庭休闲度假的引领者，是复星“健康、快乐、富足”三大战略业务之一“快乐”板块的重要组成部分。2016 年复星旅文正式成立，并于 2018 年在香港联交所主板上市（01992. HK）。以 2019 年收入计，复星旅文 FOLIDAY 是聚焦休闲度假的全球领先综合性旅游集团之一，也是全球最大的休闲度假村集团（引自于独立国际咨询公司弗若斯特沙利文行业报告）。

复星旅文的业务涵盖度假村、旅游目的地和休闲度假服务及解决方案三大板块。其中，度假村业务由源自法国提供一价全包休闲度假体验的 Club Med 地中海俱乐部、野奢精品度假酒店 Casa Cook、新世代潮流度假酒店 Cook's Club 等高端品牌组成。旅游目的地则包含了高端“一站式”娱乐休闲及综合旅游度假目的地 Atlantis Sanya 三亚·亚特兰蒂斯，综合型国际休闲度假目的地 FOLIDAY Town 复游城、旅游目的地专业运营商 Albion 爱必侬等品牌。在收购了世界上历史最悠久的旅游品牌之一 Thomas Cook，并成立了托迈酷客生活方式平台及旅行社后，FOLIDAY 休闲度假服务及解决方案板块得到了极大提升，联合旗下文化及娱乐活动提供商 Fanxiu 泛秀、国际亲子玩学俱乐部 Miniversity 迷你营以及全球会员俱乐部 Foryou Club 复游会等品牌产品共同为消费者提供高品质旅游产品及服务。

秉承着“让全球家庭更快乐”的企业愿景，复星旅文致力于将 FOLIDAY 打造成为家庭休闲度假体验的代名词，主张“Everyday is FOLIDAY”生活方式，旨在将高品质、多样化的旅游休闲概念融入每天的生活。打造品质旅游生态，实现 FOLIDAY 生活方式贯穿复星旅文整个发展历程。

从 1950 年，首家 Club Med 度假村的开业，为日后复星旅文在休闲度假领域的发展奠定了基础。2009 年，复星成立商业事业部（即复星旅文的前身），专注于旅游和商业领域，并于 2010 年对 Club Med 进行投资，从而正式进入旅游文化产业。2013 年，Club Med 在中国亚布力开设首个度假村。2015 年，复星完成对 Club Med 的收购，并将其私有化。作为度假村酒店领域首屈一指的品牌，Club Med 所拥有稳定的忠实客户群和广泛的社会影响力不可估量，这是复星旅文发展过程中的关键一步，有助于复星旅文作为中国企业在海外市场的积极拓展。就度假村数目而言，Club Med 是欧洲最大的滑雪度假村经营者。截至 2020 年末，Club Med 在全球超过 26 个国家和地区拥近 70 座度假村。Club Med 以其精致的一价全包服务，包括住宿、各种体育及休闲活动、贴心周到的 Gentils Organisateur（G. O）服务、开放式酒吧和晚间娱乐活动、儿童看护以及各类美食等，成为世界知名的以家庭为中心的休闲度假服务供应商。2018 年，Club Med 以快速发展的中国市场为目标推出 Club Med Joyview，旨在为游客提供精致的短途假期，目前中国已有三家 Club Med Joyview 度假村。

2014 年，复星旅文投资 110 亿元在三亚海棠湾开始兴建亚特兰蒂斯。三亚·亚特兰蒂斯于 2018 年 2 月试营业，并于同年 4 月正式开业，这是中国第首家亚特兰蒂斯。作为三亚旅游升级 3.0 的标杆项目，亚特兰蒂斯是一个“一站式”旅游综合体，具有非常鲜明的海洋特色，酒店建有“失落的空间”水族馆，游客可观赏到数百种海洋生物。亚特兰蒂斯还设有 21 家寰球美食餐厅，涵盖了欧陆自助、中式自助、日式料理等国际美食，游客可在海南感受世界美食文化。这是一座能够带来惊喜的适合全家度假的胜地，并非简单的 1314 间客房的酒店，更是一个旅游体验产品和内容丰富的旅游目的地。

在亚特兰蒂斯获得极大成功后，2019 年 11 月，复星旅游文化集团正式发布全新旅游目的地品牌“复游城 FOLIDAY Town”，作为 FOLIDAY 生活方式的场景载体，复游城体现了 FOLIDAY 的 3F（Family、Friend 和 Fun）核心理念。复游城是 FOLIDAY 生活方式的线下场景，代表了复星旅文打造未来社会家庭休闲度假生活方式的核心理念。复游城·丽江地中海国际度假区和复游城·太仓阿尔卑斯国际度假区均于 2019 年开工，2020 年双双实现可售物业开盘，两个度假区分别计划于 2021 年和 2023 年相继开业。

2015 年，复星旅文开始投资世界上历史最久的领先旅游集团之一 Thomas Cook 并成立合资公司 Thomas Cook 托迈酷客，为来到中国以及从中国前往世界各地旅游度假的人们提供丰富多样的旅游产品和“一站式”旅游服务。2019 年 11 月，复星旅文完成对 Thomas Cook 品牌及旗下酒店品牌 Casa Cook 和 Cook's Club 的收购。此后，经过近 8 个月的打磨，Thomas Cook 托迈酷客生活方式平台正式向全球发布。这一基于复星 FC2M 生态系统打造的数字化生活方式平台的上线，将进一步完善复星旅文 FOLIDAY 生态体系。2020 年 11 月，第三届国际进口博览会上，中国首家 Casa Cook 宣布落地珠海桂山岛，预计 2023 年开业。2020 年 1 月，中国首家 Cook's Club 确定在桂林呈现。截止到 2021 年 1 月，Casa Cook 及 Cook's Club 品牌在全球拥有 8 家酒店。

此外，复星旅文旗下旅游目的地专业运营商爱必依于 2016 年正式成立，其为中国其他旅游目的地的业主及特许权持有人协同复星旅文在全球范围内的旅游资源，为项目进行整体规划、产品设计、品牌输入、内容制作、线上线下客源导入的全程化目的地管理服务。

2017 年和 2018 年，复星旅文旗下的娱乐演艺品牌泛秀和亲子品牌 Miniveristy 迷你营分别成立，他们以丰富多元的核心产品加上本身的创新属性助力完善 FOLIDAY 旅游休闲生态系统，强化和满足了家庭度假生活和城市生活多场景和个性化需求。

（二）复星旅文打造 FOLIDAY 品质度假生态的战略与策略

复星旅文在全球范围内倡导 FOLIDAY 全新品质生活方式，为此，复星旅文积极打造创新的、富有产品力的优质文旅生态及产品，尤其是休闲度假升级产品，助推中国旅游文化产业提质升级。复星旅文作为一家专注服务全球家庭休闲度假需求、提供休闲度假的“一站式”服务的专业休闲度假企业，将度假与社交、教育、娱乐等不同内容相结合，形成一个有机的生态系统，满足客户“一站式”综合解决方案。其运用新的商业模式将更关注消费者需求，并且重视消费者和产品的直接打通，也是复星倡导的 FC2M 模式。

度假村业务 Club Med 是复星旅文目前营收的主要贡献者，在复星控股后第二年就迅速实现扭亏，盈利快速提升。同时，新度假村的数量也在迅速增加，为今后业绩进一步提升提供了更大的想象空间。从在中国亚布力建设 Club Med 第一家度假村，正式将休闲度假带入中国并通过法式元素的融入结合中国消费市场需求，创造了以家庭为主的休闲度假形态。2018 年，更是针对中国短途度假产品缺乏的特点开发了全新品牌 Club Med Joyview，给予短途游客更大的旅行自由度和选择上的灵活性。

而复星旅文打造的另一高端“一站式”海洋主题的娱乐休闲及综合旅游度假目的地——三亚·亚特兰蒂斯，已经成功成为海南旅游目的地升级 3.0 版的标杆。作为国内知名的综合旅游度假目的地，三亚·亚特兰蒂斯汇集酒店、水世界、水族馆、国际会展、餐饮、娱乐、购物、演艺八大丰富业态于一体，吸引了来自全球各地的宾客莅临，畅享“一站式”度假目的地带来的丰富体验。

中国旅游市场正在经历深刻的变化，复星旅文看准了三方面的变化给行业带来的机会。

第一，从“无差别”到“细分市场”。传统旅游的景区、酒店、旅行团都是无差别地服务所有游客，现代旅游的特征之一就是分化成了家庭、亲子、户外、康养、婚拍、会展等细分客群，围绕垂直领域的产品设计、体验升级是市场创新的机遇所在。

第二，从“远程低频”到“近程高频”。在后疫情时期，出于安全等因素考虑，国内旅游将在一段时期内替代长途出境游，同时“城市群”的人口红利逐渐释放，旅游经营的核心挑战不再是让游客只来一次，而是如何让游客愿意来第二次、第三次，并且实现更多的旅游消费。

第三，从“旅游”到“旅游+”。传统的旅游产业，利润率低，市场集中度弱，抗风险能力差，投资回报期长；而未来的旅游业，将会是以“旅游+”为形态的产业融合的时代，旅游会和地产、金融、养老、教育等多个产业深度融合，形成新的消费场景和生活场景，推动商业模式的变化。在此次疫情下，居家办公成为了一种新的生活方式，复游城项目（FOLIDAY Town）正是在居家办公需求下，适应消费者对旅游消费升级而逐渐流行的产品，是实现新的生活场景和商业模式的“旅游+产品”的代表。

复游城（FOLIDAY Town）是国内代表性的创新型旅游产品。复游城的初衷就是将度假和日常生活融为一体，打破工作和度假的物理界限，通过倡导 3F（Family、Friend 和 Fun）生活理念，实现让家庭游客更快乐的一种全新生活方式的线下场景。

Thomas Cook 托迈酷客生活方式平台在中国以全新面貌登场，成为了 FOLIDAY 生态体系里的数字中枢平台，进一步完善 FOLIDAY 旅游生态系统。让复星旅文完成了从线下场景资源到产品内容再到客户的垂直生态系统的打造，为全球家庭对度假和生活多元化的需求，提供了丰富多元的核心产品和优质会员权益服务，对于推广 FOLIDAY 品质生活方式及复星旅文全球化布局具有重要意义。

FOLIDAY 生态体系里的品牌不是简单的组合，而是通过创造大量的协同性产生“1+1>2”的效应。复星旅文在传承旅游的古老历史和文化内涵的同时，复星旅文不断地加速将新的科技成果及内容 IP 融入旗下品牌的产品研发与制作，在娱乐演艺、亲子教育以及运动体验方面不断提供丰富的内容产品，如国际玩学俱乐部——迷你营、文化及娱乐活动提供商——泛秀、全球会员俱乐部——复游会、城市综合滑雪品牌——复游雪等品牌强化和满足家庭度假生活和城市生活多场景和个性化需求。未来随着消费者需求的变化，复星旅文将不断地更新换代、升级丰富品牌及产品，复游城也将从中继续开发与优化以迎合未来的趋势，让更多消费者体验到 FOLIDAY 的品质生活方式。

坚决围绕 FC2M 战略，始终贯彻 C 端置顶，复星旅文通过打造优质的 FOLIDAY 生态，通过多样化的市场推广和服务，直接触达消费者的 C 端入口，提升 C 端运营和服务能力，强化和满足家庭度假生活和城市生活多场景和个性化需求。得益于复星旅文的极具稀缺优势的产品力和品牌力、家庭用户定位、全球化经营布局及 FOLIDAY 生态体系，目前，复星旅文的核心业务框架及战略方向非常稳定、清晰，核心业务的积极发展使盈利质量始终保持稳定。

（三）核心竞争力

对于未来的发展，复星旅文采取“产业运营＋战略投资”的内生外延双轮驱动，历经初始投资发展、资源整合运营、全产业链发展三个阶段，构建了以度假村、旅游目的地、服务及解决方案三大业务为主的辐射文旅全产业链。外延扩张与内生增长齐头并进，打造 FOLIDAY 度假方式。同时，依靠“产品力、资源掌控力、全球布局”，助力打造文旅生态系统。秉承着实现我国休闲度假市场全球化首先要升级国内旅游产品，把海外的成熟品牌引进来，再根据我国消费者的需求，做更好的优化升级，为市场输送更多高品质有特色旅游产品的思想理念。复星旅文的全球化布局能够更好地平衡旅游淡旺季，在不同的季节推出不同的旅游产品，满足全球家庭的度假需求。

复星旅文的 FOLIDAY 生态系统，复星的品牌和产品力，都是其核心竞争优势，是复星旅文不同于其他文旅企业的地方。其中的全产业链覆盖、全球化运作，都具有一定的竞争壁垒。而且重点注重产品和模式的创新，挖掘和关注消费者的真正需求，坚持和落实“以消费者为中心”的运营理念。复星旅文的产品力和品牌力、全球客户和会员系统、全球化的人力资源这三个方面是其保持强盛竞争力的核心，也是能使复星旅文的产品不同于其他产品的根本原因。

复星旅文认为，疫情后国内会加速形成强大的国内旅游市场，未来 10 年将是中国文旅市场的高速发展期。中国疫情的控制、城市化进程以及“十四五”规划明确提出的文旅产业升级都是驱动中国文旅市场快速发展的主要因素。复星旅文旗下众多国际一流品牌，像 Club Med 地中海俱乐部，Casa Cook、Thomas Cook 加上自主打造的复游城（FOLIDAY Town）、迷你营、泛秀、复游会等品牌将加大在中国的拓展速度。

复星旅文董事长兼 CEO 表示，“复星旅文是文旅产业的后来者，但我们通过收购兼并，很快成为了全球休闲度假的领先企业，业务覆盖 40 多个国家，拥有全球多个著名品牌，包括全球最古老的旅游企业品牌 Thomas Cook。所以我经常说复星旅文既年轻又古老，我们年轻的企业里流淌着全球旅游业最古老的‘血液’，我们希望通过在吸收全球化优秀企业的‘养分’的基础上，创新进取，打造新的文旅产品，让行业在继承中创新前行。尤其是中国，我们更希望通过复星旅文的产品能帮助中国提升文旅产业的国际影响力并能有更多的像三亚·亚特兰蒂斯和 Club Med 地中海俱乐部的独特产品服务中国消费者。我更希望通过我们的 FOLIDAY 品质生活方式，通过打造 FOLIDAY Town（复游城）能为全球家庭提供一种全新的快乐的生活方式。我们的价值更多地会体现在上述这些目标的实现中”。

（四）创始人及管理团队

钱建农——复星全球合伙人、复星旅文董事长、执行董事兼首席执行官及 Club Med Holding、Club Med 及三亚·亚特兰蒂斯董事。钱建农先生在旅游及零售行业拥有逾 20 年经验，他在 2009 年 10 月加入复星，他带领团队完成了对法国 Club Med、三亚·亚特兰蒂斯、中国台湾维格饼家、马来西亚食之秘、中国国旅、西班牙 Osborne 及英国 Thomas Cook 等一系列投资项目，被誉为“中国动力嫁接全球资源”第一人。复星旅文于 2018 年 12 月在香港联交所成功上市。钱建农先生还曾担任中国海王星辰连锁药店有限公司首席执行官，并主导该公司在纽约证券交易所上市。钱建农先生于 1983 年 7 月获山东大学颁授经济学学士学位。于 1992 年 7 月在德国获埃森大学（其后重组为杜伊斯堡 - 埃森大学）颁授经济学硕士学位，并曾于 1993 年至 1997 年参加杜伊斯堡 - 埃森大学的经济学博士课程。

Henri Giscard d’Estaing——复星全球合伙人、复星旅文副董事长、执行董事兼副首席执行官、Club Med 总裁及 Club Med Holding 董事。Henri Giscard d’Estaing 于 1997 年 7 月加入 Club Med，先后担任 Club med 的多个职位，开启并落实了由 Club med 度假村到世界知名的以家庭为中心的全包假期体验供应商的转变。此外，Giscard d’Estaing 先生亦为复星国际全球合伙人。Giscard d’Estaing 先生是 Casino，Guichard - Perrachon（巴黎泛欧交易所上市一股份代号：CO）监事，亦是 Randstad N. V.（阿姆斯特丹泛欧交易所上市，股份代号：RAND）监事会成员、博鳌亚洲论坛咨询委员会成员和世界旅游联盟（WTA）副主席。Giscard d’Estaing 先生于 1977 年毕业于巴黎政治学院（Institut d’Etudes Politiques de Paris），并于 1979 年 7 月毕业于巴黎第二大学（University Paris Ⅱ Pantheon - Assas），获经济学硕士学位。

（五）疫情应对措施

作为一个负责任的企业，如何助力旅游复苏是复星旅文的重大责任。在疫情初期，复星旅文利用全球化优势，助力积极筹集物资，建立安全防线。

复星旅文利用旗下品牌 Club Med 海外渠道，支持复星集团抗疫“战役”，第一阶段，从欧洲采购 22.5 万件防疫物资，支援武汉前线；第二阶段，又从中国采购物资向海外捐赠大致 10 万多件防护用品。

2020 年 3 月初，复星旅文就启动复苏计划，三亚·亚特兰蒂斯在活动以及营销上，持续性地进行多点布局，打响了业务恢复“第一枪”。3 月 23 日，三亚·亚特兰蒂斯和携程董事局主席梁建章一起，在波塞冬水底套房做了一场直播带货的活动。这也是梁建章为提振携程业务、对抗疫情影响的首次直播尝试。双方一拍即合，直播掀起国人广泛关注，一小时带货达 1025 万元，活动总 GMV 达 4400 万元。

2020 年 6 月 6 日下午，复星旅文三亚·亚特兰蒂斯为 100 对因奔赴抗疫一线而错过婚期的新人们献上一场浪漫的集体婚礼。

经过两个月的沉寂，三个月的业务恢复，三亚·亚特兰蒂斯换来了暑期以来业务的一飞冲天，这对三亚旅游业的恢复也提供了强大的动力。

疫情之后，提供健康和安全的品质产品成为旅游恢复的关键点，正是有复星旅文的强力支持，旗下品牌 Club Med 地中海俱乐部和三亚·亚特兰蒂斯迎来强劲复苏，10 月 1 - 8 日，旗下三亚·亚特兰蒂斯酒店净房价同比 2019 年国庆黄金周增幅达到 35%，度假区总收入同比增长34%，高峰期2020年10月4日入住率达99%。

2020年7月16日，Thomas Cook托迈酷客生活方式平台上线，作为全新FOLIDAY生活方式的数字化平台，同时也是直接触达消费者的C端入口，截止到今年“双十一”，App下载量已经突破40万。

自2020年7月以来，全球Club Med陆续重启运营，复星旅文实施了一系列全球拓展和恢复手段，引领旅游业复苏。国庆期间，Club Med位于中国的五家度假村平均入住率接近90%，同比去年增长6个百分点。其中，Club Med Joyview三家度假村在国庆期间的平均入住高达95%。从全球范围来看，亚太复苏脚步加快，近期，Club Med已重新开放亚布力（中国）、北大壶（中国）、北海道Tomamu（日本）、Kani（马尔代夫）和珍拉丁海滩（马来西亚），并于2020年12月28日重新开放Finolhu（马尔代夫）。截至2020年末，Club Med亚太区容纳能力恢复至去年同期的近七成。12月重启开放的度假村入住率表现优异，其中重启后的马尔代夫Club Med Kani在圣诞新年期间预定接近爆满。而在欧洲，2020年夏天装修扩容后的Club Med La Palmyre Atlantique重启后广受欢迎，夏季平均入住率达到近九成。虽然2020年9月欧洲发生第二波疫情，但Club Med没有停下开发的脚步，依旧蓄力长远发展。阿尔卑斯滑雪度假村Club Med La Rosière已于2020年12月13日竣工落成，印度洋上的Club Med Seychelles度假村亦几近竣工，于2021年对外营业。伴随重启提速，Club Med也在不断满足游客的需求，Club Med于已经重开的度假村内推出Safe Together计划，例如让每人有更多的空间以保证社交距离和加强危机前已经采取的健康和安全措施等，让游客对健康及安全放心，提供更丰富的度假村体验。

复星全球合伙人、复星旅文董事长兼CEO钱建农对此表示，“我们看到集团国内业务在疫情受控后迎来全面复苏，目前新冠肺炎疫苗已在一些国家开始接种，我们相信随着各国疫情趋于稳定，全球休闲度假行业将迎来稳定复苏期，集团将继续完善现有良好的商业模式和旅游生态系统，把握机遇，坚持创新，开发更多文旅升级产品，进一步提升产品力，为海内外游客带来更丰富的产品选择”。

随着全球多国发布疫苗时间表，疫情防控已现曙光，为抓住旅业复苏浪潮中的机会，复星旅文将进一步加速国内业务发展势头，不断加快海外拓展脚步，以实现未来新发展。

（执笔人：葛中天，北京联合大学旅游学院2019级旅游管理专业本科生；刘铮，北京联合大学旅游学院讲师）

参考文献

［1］复星旅文：复星旅游文化Club Med亚太加速恢复多品牌发力海内外市场［EB/OL］.［2020－12－18］. http：//www. fosunholiday. com/news? code = FOLIDAY_ NEWS&id = news_ detail&detailId =5FSVK94A5J5hzYGqE6i906&ind =0.

［2］复星旅文：复星旅文公布2020年中期业绩：现金充沛，强势迎疫后复苏［EB/OL］.［2020－08－25］. http：//www. fosunholiday. com/news? code = FOLIDAY_ NEWS&id = news_ detail&detailId =32xoxiHFaukXBvx7gmJnna&ind =0.

［3］环球旅讯：复星旅文钱建农：聚焦区域旅游市场，疫情后将迎兼并高峰［EB/OL］.［2020－08－04］. http：//wap. traveldaily. cn/article/139612.

［4］复星旅文：复星旅文助力长三角融合　打造旅文好产品　推动消费复苏升级［EB/OL］.［2020－07－27］. http：//www.fosunholiday.com/news？code＝FOLIDAY_NEWS&id＝news_detail&detailId＝30bsBgxuiCtylP6kDlbhUd&ind＝0.

［5］新浪财经：复星旅文钱建农：中国文旅产业要改变“重房产、轻文旅”现状［EB/OL］.［2020－11－23］. https：//finance.sina.com.cn/stock/relnews/hk/2020－11－23/doc－iizncte2874342.shtml.

［6］环球旅讯：复星旅文钱建农：中国旅游市场正从观光向休闲度假转变［EB/OL］.［2020－07－22］. https：//www.traveldaily.cn/article/139315.

二、无锡灵山文化旅游集团有限公司

（一）企业发展历程

1. 初创期——另辟蹊径，“无中生有”筑胜境

无锡灵山文化旅游集团有限公司（以下简称灵山文旅）的历史可以追溯到1994年，那时主题公园建设狂野发展，众多相同主题、相同文化的主题景区纷纷投入建设。当时恰逢1992年，当地政府希望振兴经济，灵山人没有盲目上马，在综合考虑了当地的自然资源、历史文化、旅游需求后，决定以地方志中记载的唐代“玄奘法师赐禅无锡小灵山”故事为缘起，建设无锡灵山大佛。

该项目得到时任全国政协副主席、宗教界名人赵朴初多方襄助，朴老亲临马山现场视察、指导，多次为灵山大佛赋诗题词。1994年，祥符寺、灵山大佛先后奠基，经过3年建设，形成了如今的灵山胜境的一期工程。

灵山景区在初期便一鸣惊人，灵山大佛高88米，佛体79米，莲花瓣9米。由1560块6－8毫米厚的铜壁板焊接而成，焊缝长达35千米，使其外型达到“天衣无缝”的程度。大佛铸铜约700吨，铜板面积达9000多平方米，约一个半足球场大小。这里还有“江南第一钟”美誉的灵山祥符禅钟。按当时的市场需求，灵山景区主要将功能定位为观光，凭借高级别的旅游吸引物及较完善的基础设施，灵山景区开展促销活动，游客量与景区效应迅速上升。

2. 发展期——提升文化内涵，“有中生好”铸精品

20世纪90年代末期，人民生活水平不断提高，人们在旅游方面的追求不仅是观光游览，有的人造景区已经出现了“旺不过三年”的现象。灵山景区适时改变，2000年灵山实业有限责任公司挂牌成立，正如时任总经理吴国平所说，从“经营景区”向“经营品牌”转变，由“小旅游”向“大旅游”转变，由“小灵山”向“大灵山”升级。

公司的大本营——灵山胜境要“由原先单一展示型景区转变为互动体验型景区”，公司开始实施“灵山胜境文化园区”建设，这个项目组织了总共300多位院士、教授、设计师和艺术家，用200天的时间完成了建设，九龙灌浴、菩提大道等文化旅游景观相继建成。2003年6月7日，灵山胜境文化园区首次公开展示，当天全省各地有5万多人来到灵山，灵山景区重焕新生。这一时期的典型作品就是九龙灌浴，九龙灌浴是全国首创的、获得国家知识产权局外观专利的大型动态音乐群雕。

3. 成熟期——跳出旅游做旅游，“好中生优”做典范

灵山文旅这一阶段的代表作是灵山梵宫。2008年11月23日，灵山梵宫竣工。总建筑

面积达 7 万余平方米的灵山梵宫汇集了总装设计院、南京晨光、上海宝钢、广州励丰等参与建设北京奥运场馆的团队。同时，也吸引了林兆华、何训田、易立明等国内顶级舞台演出创作团队，陆光正、王树文、周锦云、张宇、言恭达、张松茂等中国工艺美术大师、国家级非物质文化遗产传承人，可以说在灵山梵宫一步一个惊喜，一步一个惊奇，时任国家旅游局局长邵琪伟赞叹其为“绝对精品”。自此灵山胜境拥有三大奇观：灵山梵宫之“特”与灵山大佛之“大”、九龙灌浴之“奇”。

2012 年，灵山文化旅游集团揭牌成立，也是在这一年“尼山圣境文化旅游项目”在孔子诞生地尼山省级文化旅游度假区举行奠基仪式。可以说，灵山文旅已经跳出旅游做旅游。凭借灵山胜境的成功，灵山文旅打造了“胜境”品牌，可以进行以创意策划为核心的“投智”，“尼山圣境文化旅游项目”便是最好的例子。

拈花湾是这一阶段的集大成者，2015 年 11 月 14 日，禅意小镇・拈花湾正式开放。通过对中国传统“禅文化”的创新性解读和运用，与休闲度假相融合，创造出适合现代人的时尚生活方式，由灵山胜境培养出的强大执行力将其迅速落地，最终建成了拈花湾小镇，第二年拈花湾现金流入便达 7.26 亿元，并在 2019 年入选首届“小镇美学榜样”名单。未来，拈花湾将“打造超强 IP 度假旅游目的地，就是要把目的地景区 + 目的地商业 + 目的地住宿这些事情要真正的做好”，继续跳出旅游做旅游，“好中生优”做典范。

（二）商业模式

无锡灵山文化旅游集团是一家以“文化、旅游、投资”为核心业务，涉及酒店、餐饮、工艺品、出版等多元化经营的国有文化旅游产业集团。

在初期，即灵山胜境以旅游和文化为切入点，推动经济发展，灵山没有局限在旅游业中，而是以旅游业为龙头、积极介入相关产业，如旅游纪念品、素食、烟草、纯净水等。

而发展期投资建设灵山胜境文化园区，主要是迎合游客需求变化，延长旅游时间，增加旅游消费，商业模式基本不变。

而从成熟期至今，灵山文旅商业模式变化巨大，如新增业务文化、出版等。凭借灵山胜境的成功打造，灵山文旅成立了以创意策划为核心的“投智”平台，进行创意输出、资本投资。在目的地运营方面，灵山文旅又打造了拈花湾模式，拈花湾背靠灵山胜境景区，与其形成“景区 + 休闲度假小镇”的商业模式。拈花湾既为灵山胜境景区提供配套服务，又可自成一体，与景区形成良好互动。如果说灵山胜境是吸引人，那么拈花湾就是留住人，凭借优质的食住行游购娱服务，拈花湾将观光旅游变为度假旅游。

（三）运营管理模式

1. 文化灵魂，科技赋能

从灵山胜境到拈花湾，文化都是灵山文旅最显著的标记。吴国平在总结灵山胜境的成功时说过：“灵山胜境，之所以能够得到消费者普遍认同，就在于我们以弘扬传统文化、传递文化价值认同为使命，精心打造中国优秀传统文化的精神空间、精神建筑，将中国传统文化的‘和’‘善’‘美’传播给游客，激发心灵共鸣。”如今游客追求的早已不是简单的观光，而是体验、互动、参与，唯有厚重的文化才能承载这些东西。

灵山文旅坚持文化这个内核，而其表现形式却多种多样。1998 年，灵山胜境景区成为无锡市首家引入全自动检票系统的景区；在建设灵山胜境文化园区时组织了总共 300 多位院士、教授、设计师和艺术家，运用了最前沿的航天技术，建设了一批既有丰富文化内涵、又融合了现代科技文明手段的宗教文化新景观。2002 年，灵山胜境先后与中央电视台《周末喜相逢》《让世界了解你》合作，通过电视荧屏扩大影响力。

灵山文旅正是这样始终坚持文化内核，做深做透，但它又不拘泥于具体的表现形式，充分利用现代科技让其表现力更为逼真，让游客更易理解，从而不断发展超越昨天。

2. 超越昨天，不断创新

2002 年，实施了灵山二期工程建设，首次公开展示当天全省各地有 5 万多人来到灵山。

2008 年，建设的灵山梵宫竣工，这座集文化、艺术、旅游、会议等功能于一身的灵山梵宫正式开启大门。

2015 年，禅意小镇·拈花湾正式开放，吴国平称其“把准时代的脉搏、找对了消费人群、首创独一家”，凭借创新的旅游经营模式，拈花湾第二年现金流入便达 7.26 亿元，并入选首届“小镇美学榜样”名单。

世界是变化的，唯一不变的是世界在变化，而灵山文旅获得巨大的成功，便是它的变化超过了消费者的变化，引领了消费者的变化。

3. “文旅 +”

国家这几年出台了很多关于“文旅 +”的政策，比如“文旅 + 大健康”“文旅 + 大教育”“文旅 + 职业”等，而且 2020 年疫情暴发，旅游业受到巨大打击，危与机并存，旅游业需要打开新的思路，“文旅 +”显得更为重要。

“疫情过后，利于健康的好产品之需求将会更大”。灵山文旅对未来的预判是这样的，2020 年 11 月 20 日，大拈花湾文化旅游康养项目正式签约，即在拈花湾对面建设大拈花湾项目。将“心灵疗育、生命保养”理念全面融入“吃住行游购娱，养商学闲情奇”的度假十二要素中，打造疗育与度假完美融合的心灵高峰目的地。除此之外，在孔子的诞生地尼山，灵山文旅正在准备打造一个鲁源小镇，结合游学、修学的产品谱系，甚至引进几所全国著名的一流名校和全国教师的培训基地，做“文旅 + 大教育”。

在新时代下，好产品更要创新、创意、创造，要做“文旅 +”。这是灵山文旅的选择。

（四）核心竞争优势

1990 年，美国密西根大学商学院教授普拉哈拉德和伦敦商学院教授加里·哈默尔在其合著的《公司核心竞争力》提出了核心竞争力的概念，发表在 1990 年 5 - 6 月的《哈佛商业评论》中。他们对核心竞争力的定义是“在一个组织内部经过整合了的知识和技能，尤其是关于怎样协调多种生产技能和整合不同技术的知识和技能”。灵山文旅的核心竞争优势可以总结为文化解读能力、产品设计开发能力、产品精准定位、营销能力与运营模式，接下来主要以灵山文旅创新力作拈花湾来说明灵山文旅的核心竞争优势。拈花湾是灵山文旅打造的一个自然、人文、生活方式相融合的旅游度假目的地，于 2010 年进行拈花湾概念设计，历时 5 年，2015 年 11 月 14 日开放，第二年拈花湾现金流入便达 7.26 亿元，盈利能力令同行羡慕，然而其核心竞争优势却学不来。

首先是产品设计开发能力方面。“处处是景、处处可以留影”是董事长吴国平对拈花湾的评价。拈花湾的每个项目都借助了“外脑”，汇集众智，只为追求自然而然的禅意境界，体现“会呼吸”的设计理念。在具体施工上，拈花湾的一片瓦、一丛苔藓、一堵土墙、一块石头、一排竹篱笆、一个茅草屋顶都经过了数十种备选方案的精心选择，均经过了严苛的户外测试，只为最好的品质。比如说拈花湾最复杂的工程——竹篱笆，浙江安吉、江苏宜兴、江西宜春等，只要是能想到的国内著名毛竹产地的工匠都来试过了，然而结果并不让人满意，空灵的禅意、艺术的质感、天然的美感、竹制品的韵律感、建筑需要的功能性总是不能握手言和。拈花湾主事者将视线放大到国外，几经寻找找到了两位七十多岁的匠师，拈花湾花了30万元将两位老先生请到拈花湾，手把手教自己编竹篱笆。选竹、分竹、烘竹、排竹，编织手法、竹节排布技巧、结绳技法，全流程下来又经过100多天的反复操练、印证、强化、完善，最终形成丝毫也不准走样的标准流程。这套标准流程规定：这里的竹篱笆搭建，共需使用29种标准工具。普通竹篱笆建造有29道标准工序，竹丝竹篱笆有43道标准工序，而这不过是一排竹篱笆。除此之外，拈花湾还坚持“商业即景点”，拈花湾致力于把每一家店都打造成独特的旅游吸引物，让商业成为景区内一道靓丽的风景线。灵山团队赶赴世界各地，招商洽谈，挑选了近两百个全球最顶尖的旅游商业品牌，包括零售、餐饮、禅意文化、文创产业、休闲品牌等众多旅游商业业态，最终形成了以住宿、餐饮、零售、休闲为主，搭配娱乐、文化艺术体验业态，包括零售购物、餐饮美食、酒店会议、文化节点、休闲娱乐、酒吧会所、演艺演出、度假物业、配套服务九类业态，共有商家近160家。其中“商业即景点”最为典型的就是拈花湾的30个客栈，每一个客栈都不同，有不同的韵味、不同的格调、不同的体验，30个客栈的名字都是用禅的诗命名的。这些客栈无论在现实中还是网络上都很受欢迎，拈花湾也因此被誉为无锡民宿界标杆，“现在客栈基本上是四星级到五星级标准，但是有一种生活的气息，而且有一种文化的品味”，这是董事长吴国平对拈花湾客栈的评价。在拈花湾，每一个客栈都是一个旅游吸引物，也是一个能够自负盈亏的商业单位。正是通过“商业即景点”的业态，拈花湾正在从门票经济蜕变为产业经济。拈花湾还致力于将禅意文化融入生活，拈花湾的禅意生活设计和囊括食住行游购娱的旅游休闲体验，将“禅文化”表达与游客消费体验相结合，让游客更自然地体验禅意文化，获得深刻的禅体验和禅觉悟。不仅如此，拈花湾在设计建造时，无论是山水构景、街道景观、楼阁建筑、屋顶栏杆，还是一砖一瓦、一草一木，均体现了极致的禅意美学，而且避免了重复与单调，从而让游客体验到最精致的禅意文化。拈花湾也注重禅意文化的体验，拈花湾旅游景观节点的设置、游戏组织、游戏活动与产品都是精心设计的，让人步入禅境，渐入佳境。禅意表达、旅游体验、商业设计，在在拈花湾建造运营中文化贯穿始终，拈花湾将禅意文化表达得淋漓尽致，当之无愧是中国禅意文化旅游的巅峰之作。

其次是产品的精准定位。拈花湾定位精准，拈花湾背靠灵山胜境旅游景区，凭借20余年的发展，灵山胜境旅游景区每年吸引逾300万人次的旅游流量，作为禅文化休闲度假小镇，拈花湾可以为灵山胜境景区提供配套，当然也可以自成一体，与景区形成良好互动，两者共同形成“景区＋休闲度假小镇”的商业模式。在灵山文旅官方的定义中拈花湾即“通过对中国传统‘禅文化’的创新性解读和运用，与休闲度假相融合，创造出适合现代人的时尚生活方式”。的确如此，拈花湾精心打造的禅意生活方式精准捕捉到了都市焦虑人群渴望回归自然的心态，直抵游客内心。与此同时，拈花湾定位为集旅游度假、会议酒店、商业物业于一体的禅意特色世界级禅意旅居度假目的地，在国内是第一个以禅意文化为主题的特色小镇，在千篇一律的旅游小镇中独具特色。

最后是营销能力。拈花湾的营销策略主要分为五类：新媒体平台推广、热点事件推

广、名人效应推广、低价促销推广以及免费体验推广。当前微博、微信公众号、BBS 论坛等新媒体吸引越来越多用户，占据越来越多时间，拈花湾主动在这些新媒体阵营上发布讨论话题，吸引用户主动参与，并开放粉丝社区，让游客在平台上分享游记和心得，激活广大用户的创造力和积极性。拈花湾也积极利用大事名人来推广，如与《奔跑吧》合作、借势超人气“萌和尚”延参法师等。拈花湾也会主动联系游客，如向社会招募游客免费体验，希望进行口碑营销，或者让利于消费者，进行低价促销推广，满足不同消费者的需求。

关于未来，灵山文旅对拈花湾的目标是“打造超强 IP 度假旅游目的地，就是要把‘目的地景区 + 目的地商业 + 目的地住宿’这些事情要真正的做好”，主要包括两方面：一方面是在 3 – 5 年时间内，在拈花湾的住宿、商业业态、演艺以及活动等各个方面都要探索出新的模式；另一方面是把拈花湾做成一个知识管理的载体，董事长吴国平这样解释，“就是全部量化，拈花湾所有的做组织管理，做组织管理以后准备输出管理方法”，未来做“中国文化旅游目的地的运营商”，从创意到规划到设计。

灵山文旅的核心竞争能力是过去 20 余年积极从事旅游行业的经验总结以及积累的资源，在未来核心竞争能力将帮助灵山文旅更上一层楼。

（五）疫情应对措施及未来发展方向

1. 疫情应对措施

2020 年疫情暴发，敏感的旅游业受到重大影响，灵山文旅也在积极应对。

在疫情刚刚暴发时，灵山文旅积极安抚员工，号召全体员工“服从大局，坚定信心，共克时艰”。

在疫情总体被控制后，灵山文旅又谨慎地组织了复工复产，2020 年 2 月 21 日，灵山胜境恢复开园。在复工的同时也兼顾了疫情防控，包括管理有序，复工安全有保障；严格防控，安心游园有措施；党员先行，筑牢堡垒当先锋；守土有责，开园准备扎实充分；科学防疫，有序入园层层把控；宣传前置，防疫信息精准触达，做到了为游客负责，为员工负责，为社会负责。

针对疫情期间游客量骤减，灵山文旅积极自救，尝试了降价预售、打包促销以及更贴近年轻消费者的直播带货，灵山文旅取得了显著的成绩。2020 年 4 月 25 日，“清平”组合一小时销量超过 3000 万元。拈花湾景区携手四大旅游电商创造了累计观看人数 2670 万人、同时最高在线人数 40 万人、交易总金额突破 400 万元、总订单量突破 1. 52 万单的战绩。

疫情对于旅游是一场危机，当然，危与机并存。“疫情过后，利于健康的好产品之需求将会更大。”灵山文旅在疫情中找到了新机会，2020 年 11 月 20 日，大拈花湾文化旅游康养项目正式签约，即在拈花湾对面建设大拈花湾项目。将“心灵疗育、生命保养”理念全面融入“吃住行游购娱，养商学闲情奇”的度假十二要素中，打造疗育与度假完美融合的心灵高峰目的地。据悉，大拈花湾项目占地约 3250 亩，总投资约 200 亿元，建设周期为 6 – 8 年，一期力争于 2023 年建成开放。项目全部建成开放后，年游客量将达到 500 万人次，提供近 1. 2 万个就业岗位，集聚 3 万 – 4 万产业人口。

这是灵山文旅面对疫情的举措。

2. 未来发展方向

吴国平曾总结过当前的文旅市场，“中国市场容量越来越大，游客要求越来越高，项目成功越来越难”。

在过去，灵山集团围绕“文化旅游”产业核心，积极开展多元化经营，形成了“有限灵山，无限产业”的大文化、大旅游、大品牌、大产业格局，面对新的环境变化，灵山集团正通过文化创意、创新研发打造极致精品景区、产品、服务和活动，提炼满足现代人特定内涵文化需求的生活方式，带动园区经济、投智经济持续发展；同时，借助资本力量，启动重组上市，打造文化旅游生态圈。短期目标是从“国内知名文化旅游景区”向“国内一流、国际知名的创意文化旅游产业集成服务商”转型，长期目标是全力打造中国著名文化旅游产业集团。

（执笔人：侯宇轩，北京联合大学旅游学院2020级旅游管理专业硕士研究生）

参考文献

[1] 黄震方，俞肇元，黄振林，祝晔，徐波，袁林旺．主题型文化旅游区的阶段性演进及其驱动机制——以无锡灵山景区为例［J］．地理学报，2011，66（06）：831－841.

[2] 马彦．以文化旅游为理念的休闲度假综合体规划研究——以无锡灵山小镇·拈花湾为例［J］．中国园艺文摘，2018，34（03）：162－163＋190.

[3] 赵建．全域旅游视角下旅游风情小镇开发策略研究——以无锡灵山禅意小镇·拈花湾为例［J］．度假旅游，2018（12）：21－22＋24.

[4] 拈花湾小镇：不靠门票，却能从0到年入6亿［EB/OL］．［2021－01－24］．https：//mp.weixin.qq.com/s/hrO01Jg20eNC1VhvOQBDrQ.

[5] 吴国平代表：将禅文化引入休闲小镇建设［EB/OL］．［2013－03－18］．http：//www.chinalingshan.com/web/infoc/42－161.html.

[6] 大拈花湾文化旅游康养项目正式签约［EB/OL］．［2020－11－20］．http：//www.chinalingshan.com/web/infoc/30－3937.html.

[7] 四大头部旅游电商为灵山胜境、拈花湾“直播带货”［EB/OL］．［2020－05－18］．http：//www.chinalingshan.com/web/infoc/30－3898.html.

[8] 疫情防控常态化下，本地游、周边游唱主角，景区旅企亟待转变运营思路、深挖周边富矿［EB/OL］．［2020－05－17］．http：//www.chinalingshan.com/web/infoc/30－3895.html.

[9] 疫情防控“不放松” 开园复工“进行时”［EB/OL］．［2020－03－16］．http：//www.chinalingshan.com/web/infoc/30－3886.html.

三、寒舍文旅

（一）企业发展历程

1. 初创期——多元化领域探索、摸索方向

创始人殷文欢系北京第二外国语学院西班牙语专业毕业，1993年创办北京互润商贸有限责任公司，之后又相继成立了北京密云互润生态园有限公司、北京互润农业科技有限公

司。他所率领的互润公司，是一家集原料基地建设、食品及生物制品研发、生产销售、乡村旅游于一体的民营企业。自 1993 年 3 月创办至今，公司从代理销售单一产品起步，逐步发展壮大成为一家集团化企业。北京密云干峪沟村有 30 多年的红果栽种历史，但是干峪沟村地处偏远，且路况狭窄，每到冬季，红果销售就成了“靠山吃山”的干峪沟人的“心病”。为了让红果能销售出去来维持生计，干峪沟村人联系到了殷文欢，希望他们能收购山里的红果，了解情况后的殷文欢带队去了山里进行考察。结果，当他踏进这座山的时候就震撼了。看到干峪沟村的原生态景象，促使他做出了从事民宿行业的决心。2008 年，与搜狐集团共同创建“寒舍·搜狐农场”；2009 年，成立北京大型连锁便利超市 366 都市农场；2010 年，旗下北京山里逸居正式营业；2011 年，开发山里乐活系列项目；2012 年，创建“寒舍·山里有机超市”；2013 年，旗下北京山里寒舍大型田园综合体项目正式营业。

2. 发展期——“山里寒舍”成为行业标杆代表作，版图扩张

2014 年，寒舍文旅投资创建“山里中国”项目。其中，干峪沟村因山里寒舍项目荣获国家农业部颁发“中国最美休闲乡村”称号；2015 年，与首旅集团共同创建北京首旅寒舍酒店管理公司；与苏州市吴江区政府合作共同打造古镇项目，版图扩张至长三角地区；2016 年，其旗下精品酒店加入 Interval International；旗下项目加入全球奢华精品酒店联盟（SLH）；与红树林签署合作协议；与富力集团在海南正式展开文旅项目合作；2017 年，获得中国东方资产管理股份有限公司的强力注资；与全球泛文旅行业最高端学府瑞士洛桑酒店管理学院共同成立实训学院；与绿地集团在天津正式展开文旅项目合作；与华夏幸福基业在嘉善正式展开文旅项目合作；加入世界顶级小型奢华酒店联盟 SLH（中国仅有四家顶级酒店入围），拥有强大境外旅游度假交换系统资源。山里寒舍（北京）、山里逸居（北京）、绿地寒舍（天津）、水岸寒舍（黎里）及水岸寒舍（震泽）荣获 2017 年最受欢迎客栈民宿，水岸寒舍（震泽）荣获首批中国精品民宿客栈示范店。寒舍致力于发展高端生态度假旅游产业，倡导将乐活生态与自然完美融合，传递天人合一的生活理念，旗下拥有北京山里寒舍、山里逸居、山里生活；天津山里寒舍·绿地盘山；苏州黎里水岸寒舍、震泽水岸寒舍、同里水岸寒舍；水岸寒舍西塘越里；海南海岛寒舍·富力红树湾、日本小樽寒舍等多家生态精品度假酒店。寒舍集团屡获国内外文旅大奖，山里寒舍将一个凋敝的空心村变成北中国民宿标杆，荣获农业部颁发“中国最美乡村”称号，震泽水岸寒舍入选世界顶级小型奢华酒店 SLH。另外，寒舍（国际）度假酒店集团旗下酒店在 2016 年 4 月正式加入全球奢华精品酒店联盟（SLH），标志着寒舍（国际）度假酒店集团的“奢华精品”品质得到了国际权威机构的认可。为了表彰寒舍品牌的市场业绩，2016 年中国饭店业协会授予寒舍品牌最高奖——水晶奖。2017 年寒舍集团更是荣获多项大奖。2018 年，寒舍集团进入快扩张阶段，旗下湖畔寒舍、同里米仓等 30 多个项目进入建设期；同时注重打造客家客侨文化，集团版图扩张至珠三角地区；与吉林省辉南政府共同打造金川特色小镇。

3. 成熟期——国企加持，运营模式趋于成熟

2018 – 2020 年，寒舍通过多种形式迅速发展，不仅在数量上实现百家连锁，而且在打造寒舍品牌特色上下功夫，计划将文化时尚、农耕美食、野外拓展、亲子培训、禅修养生等活动引入进来。通过与国内外电商平台的密切合作，将寒舍的资源优势和品牌优势发

挥，为人们旅游出行提供一处“住进旧时光”的超凡体验，也为新时代乡村“青山绿水”“扶贫攻坚”的国策贡献自己的力量。2019～2020年中国旅游住宿业MBI颁奖盛典暨高峰论坛在上海阿纳迪酒店盛大举行，寒舍文旅凭借其超高的品牌影响力，荣获“2019年度精品酒店影响力品牌金航奖”殊荣。集团目前主要集中经营于七大板块：文旅投资板块、设计咨询板块、建设工程板块、文化传媒板块、文化旅游板块、酒店管理板块、精品民宅板块。近十年来，寒舍集团拥有百万级忠实的高净值用户，曾与首旅集团共同成立首旅寒舍，并和红树林度假酒店共享会员资源，为项目带来了稳定高消费客流，目前已成功投资、设计研发、开发建设、运营管理近百个标杆项目，已跻身国内非标度假品牌Top5。

（二）商业模式

1. 顶层设计，运营规划，轻资产合作

寒舍文旅联合世界酒店管理最高学府——瑞士洛桑酒店管理学院，在江苏同里成立了瑞士洛桑实训学校，为其项目输送国际化专业人才；瑞士洛桑酒店管理学院是世界上历史最悠久、专业声誉最高的国际酒店管理人员培训学院，百余年来“洛桑模式”成为国际公认的酒店管理人员培养的成功模式，学院培养出来的中、高级管理人才是世界上各酒店最欢迎的才俊。2018年4月20日，第二十二届中国·吴江同里之春国际旅游文化节在江苏省苏州市吴江区同里古镇举行，会上寒舍（北京）旅游投资管理有限公司与瑞士洛桑酒店管理学院，正式签署协议，协力打造寒舍&洛桑酒店管理同里实训学院。在苏州的吴江同里古镇，寒舍将拿出一万多平方米的酒店，做非标酒店的实训学院，计划招收民宿从业者、民宿爱好者以及旅游客人来此体验学习，全力培养非标酒店管理人才与洛桑酒店管理学院（世界顶级酒店教育院校）的合作，依靠寒舍（北京）旅游投资管理有限公司的丰富运营管理经验和LHC体系化的先进教育理念，根据酒店行业的特点和不同层次人才的培养需求，提供具有针对性的、从短期到长期、从职业技能认证到管理学历教育的多种培训方案，建立全方位管理培训体系，为社会培养“国际化、标准化、高素质”的非标酒店管理人才。2021年，寒舍主要的运营模式就是针对乡村不良资产属性的老旧学校、厂房、乡企办公楼进行改造，将其打造成微缩版的文旅小镇，然后进行运营托管，通过渠道引流、分时度假体系、会员换住权益等方式，吸引高净值客户分享寒舍提供的度假生活方式。以山里寒舍为例，运营规划中，必须平衡和当地农民的相关利益关系，注重合作，实现双赢。一方面充分调动农民积极性，另一方面让农民充分参与其中。优先考虑本地现有居民以及返乡居民就业，并积极组织农民培训，调动农民的积极性；项目开发充分利用乡村现有资源，在力求不改变居民生产生活方式的基础上，为农民带来收益，让农民真正获得收益。从农民角度出发，制定切实满足农民利益的相关政策，进而激发农民参与旅游开发的热情。

2. 项目投资，乡村更新，物业增值

疫情更加坚定了寒舍文旅商业模式的突破创新，也更加关注自身的薄弱环节，真正做到创新求变，提升项目品质。疫情过后，人们的生活方式会发生一些改变，在乡村拥有第二居所的意愿会变得十分强烈，谁能为市场提供这样的产品，谁就抓住了市场的需求。“为城市居民提供除城市住所以外的第二居所”，就是寒舍目前发展的目标。寒舍的优势在于有中国东方资产管理股份有限公司的国企背书，让其更便于与政府沟通；在民宿和非标度假酒店领域的品牌效应，足够支撑起在市场中的领导地位；通过多年发展，已拥有像山里寒舍、水岸寒舍、老家寒舍这样一批样板项目，这些项目可以带来巨大的 IP 流量。目前，寒舍拥有全球 200 多万会员，也是国际最大度假酒店交换平台成员，可以为会员提供全球 3000 家知名酒店换住需求。对于合作伙伴，寒舍选择了政府。个人一般很急于收回成本和盈利，而政府会允许前期亏损，政府更看重品牌项目对旅游和区域经济的带动作用。在和一些地方政府签署的协议中，政府已经明确承诺，寒舍只要保证第三年持平即可，前两年可以亏损。寒舍既是整个项目的运营商，又是政府与项目、企业之间的桥梁，寒舍可以帮助政府选择设计规划方、施工方等其他供应商。在寒舍的商业模式中，民宿是流量、品牌、客户数据等的入口，运营服务商是最后的目标。以山里寒舍为例，山里寒舍生态旅游项目于 2013 年 4 月开始建设，当年 8 月一期建设基本完工并进入试营业阶段。仅用了几个月时间，将北庄镇干峪沟这个昔日常住仅十几口人的村庄，变身为一家乡村酒店聚集地。现可提供 30 套院落供居住，每个庭院都包括至少两个标准间，可以提供 24 小时热水，并采取地暖供暖；中餐厅、咖餐厅、停车场、儿童娱乐设施、泳池、庞巴迪等配套设施也修建完善。并已完成了 24 小时监控系统、Wi－Fi 无线宽带的全覆盖，客房与总台的电话等。由于山里寒舍项目的开发，古老的干峪沟村焕发了新的活力，还被农业部评为 2014 年“中国最美休闲乡村”。

3. 项目代建，轻奢度假产品采购，原创 IP 孵化

寒舍强大的营销活动团队和诸多战略合作伙伴，能量身策划品牌营销活动，能为项目导入多样化 IP，实现多元化盈利。寒舍不仅有运营公司也有管理公司，“两权分离”的模式使其合作方式更加自由。寒舍集团一直以来积极响应国家号召，加快适应国际社会的竞争标准，为日益开放、需求多样化的中外民宿客户提供优质服务。此外，寒舍品牌开发 IP 的要点十分清晰，一般是距离中心城区车程 2 小时以内；有文化和历史内涵的古老村落、美丽乡村重点打造村落；村落独立且 70%－80% 院落空置，不低于 30 套院落；配套设施完善；自然风景优美、生态环境好；景区周边、国家公园、湿地附近。按照寒舍的标准商业模型，以 30 个院落为测算单位，包括 30 个院落的装修改造，预计投资约 1000 万元，不包括经营区域以外的道路、水电等投资，5 年内收回成本。通过山里寒舍、水岸寒舍、老家寒舍这样一批样板项目，为寒舍带来巨大的 IP 流量。目前，寒舍拥有全球 200 多万会员，也是国际最大度假酒店交换平台成员，可以为会员提供全球 3000 家知名酒店换住需求。

4. 运营托管，管理输出，品牌输出

寒舍文旅具有丰富的酒店运营经验以及十多年民宿酒店运营经验，能为地方政府的文旅项目进行项目运营托管和标准化管理，为国有资产进行增值；寒舍能为特色小镇、产业振兴、城市更新、新城新区项目嵌入高端民宿业态或精品酒店业态，丰富项目内容，提升项目品位。但是寒舍做的不仅是托管，还是政府与项目、企业之间的“桥梁”。作为整个项目的运营服务商，寒舍可以帮助政府选择设计规划方、施工方等其他供应商。在这个过程中，寒舍也可以获得一些佣金收入。这种发展方式只适合具有一定规模，在资本市场和政府方面具有一定品牌知名度的企业，单体民宿要想突破盈利“瓶颈”，单纯依靠住宿来盈利会很难，这些单体民宿会被收购重组或者消亡。甚至在疫情期间，现在已经有一些单体或者小型连锁民宿面临着被并购的局面，因为经营困难，员工工资已经要靠借钱才能发出。相较于实现盈利，山里寒舍扮演的更多是案例展示和流量获取的角色，寒舍文旅集团希望能在托管业务上获得更大收益。有舍方有得，寒舍在疫情期会把民宿作为“舍”的一

部分。中国的民宿市场近几年说“蓬勃向上”的有，说“一哄而上”的也有，随之而来的是很多有关民宿问题的披露，缺乏良好的管理能力、缺乏清晰的商业模型、缺乏有力的监管、缺乏资源配套，以致各种新闻见诸报端。“民宿，不等于农家乐”，寒舍相对普通民俗而言，不仅拥有运营和资源优势，而且能够提供完备高端的服务。寒舍文旅通过有意识地进行度假品牌培育和塑造，以成功特色的项目开发，打造乡村旅游度假品牌，以完善的运营管理，塑造品牌，并逐渐实现品牌延伸和品牌输出，在一定区域内进行品牌复制。

（三）运营与管理模式

1. 市场定位

以寒舍代表作山里寒舍为例，山里寒舍是从民宿行业中跳脱出来，重新定位，塑造成为乡村度假精品酒店。同时，寒舍品牌也定位为精品度假酒店，这一定位的确定，给日后寒舍品牌在全国的布局指明了方向。山里寒舍的整体形象就是保持原汁原味的乡村风情。从北京市中心驱车百余千米便可抵达位于密云区干峪沟村的山里寒舍，只有一条盘山公路通往那里，没有公共交通。在山里寒舍建成之前，这里是一个与世隔绝的小山村，炊烟袅袅，鸟鸣山涧，因为隐匿于大山之中，鲜有外人前来，自然和旅游也搭不上边。直到2013年，寒舍文旅集团创始人殷文欢的到来，让事情发生转机。凭借着敏锐的商业嗅觉，殷文欢觉得这是一块风水宝地，距离北京市中心一个半小时的车程，并且有着原汁原味的乡村风貌，很适合发展乡村民宿，于是着手进行山里寒舍项目打造。经过几年时间的打磨，目前，山里寒舍已经有32个小院，60余间客房以及百余个帐篷房子。这些小院均是村里人留下的，随着山地高低起伏，错落有致地沿着山间的小路分布开来。从外观上看，这些小院可以说是原汁原味的乡村建筑，院墙就地取材，用山里的石块堆砌，显得粗糙而自然，漫步庭中，可以看到自然生长的枣树、山楂树、桃树等，坐在院里的小木椅上，可以看到院墙外绵延的高山，别有一番情趣。山里寒舍的小院一般会有两三间客房，很适合家庭或者朋友一起居住，每个院子的价格则为1000－4000元。客房同样是在原来村民的房屋基础上稍加改造而成，保留了许多乡村元素。例如，房间的地板是由许多长方形的石板铺就、存放衣服的柜子是很古朴的红漆老式立柜、屋内的桌子则被类似古代镖局用的大木箱子替代、晚上睡觉的床直接摆在了石砖砌成的炕上。

2. 运营机制

寒舍文旅在运作具体项目的时候会考量的因素，寒舍集团特别成立了北京首旅寒舍酒店管理有限公司与北京首旅寒舍文化旅游发展股份有限公司这两家企业，前者负责管理，后者负责投资。这样的模式也蕴含了社会化管理、多品牌运营的未来。寒舍有专业的管理方式——资产运营管理。首先专业的运营管理公司对闲置资产进行统一整理和开发的基础上，引进专业的酒店运营管理公司进行运营管理。这类公司对酒店有着专业的运营管理理念，能有效、专业地管理乡村酒店，以获取相应的收益。如山里寒舍专门引入了马来西亚雪邦黄金海岸酒店管理公司对其进行日常管理和运营。在此基础上，村集体统一运营管理村集体可以通过合作社的形式，对度假乡居进行统一经营管理。由合作社统一进行结算，统一分配客源，在利益分配上以逐年递增的形式，为入社的闲置农宅合作社农户分配红利和租金，从而防止恶性竞争。一般是新项目刚开业会利用携程、京东这些平台来引流，客户入住后，寒舍就会引导他们关注自身的平台。如果项目经营的比较好，就会关掉这些渠道。就依赖程度而言，刚开业的店导流可能占50%，后期运营常规化，占比在30%左右。

在利益分配问题上，以山里寒舍为例，采取的是三方效益共赢机制：第一，投资开发商，经济效益与品牌效益双管齐下。度假乡居的成功开发建设，不仅可以获得相应的经济回报，而且随着项目的投资、开发、运营管理及营销推广的系统化运作，会形成自身的度假品牌，在一定的区域内会逐渐形成品牌号召力，形成连锁运营模式，通过模式复制获取更大的品牌效益。第二，农民作为最直接的受益者，通过租金、分红、工资来获得收入。其中，租金收入就是农民将闲置土地（宅地）、房屋等资产以租赁的形式流转，果园、农园等的经营权也可一并外包，农民每年收取租金。山里寒舍提供给农民的每个宅院年租金为6000 元，每亩耕地年租金 1000 元，每五年递增 5%；果园等的租金每五年递增 20%。分红收入就是村民可通过房产、土地等方式入股，成为股东，每年不仅有固定的租金，年底还能按入股多少和项目的效益获取一定的分红，入股分红有助于社区居民的持续参与。工资收入则是度假乡居模式的开发建设为当地居民提供大量的就业机会，推动村民就地就业的进程。随着大量工作岗位的释放，如客房服务、安保巡逻、卫生保洁、农场耕作、果树管护等，为村里的原住居民和在外打工的农民提供就业岗位，成为挣工资的新型农民。第三，推动乡村升级发展，促进可持续发展。在度假乡居模式的建设过程中，会同时推进乡村公共交通、供水供电、垃圾和污水处理、通信信息和劳动就业服务等体系的建设，推动乡村公共基础设施升级，使现代、文明的生活方式与农村田园牧歌式的传统生活方式得到有机的融合，促进乡村的可持续发展。未来寒舍主要的运营模式就是针对乡村不良资产属性的老旧学校、厂房、乡企办公楼进行改造，将其打造成微缩版的文旅小镇，然后进行运营托管，通过渠道引流、分时度假体系、会员换住权益等方式，吸引高净值客户分享寒舍提供的度假生活方式。

3. 运营资金保障

寒舍隶属东方资产旗下，是一家国资背景的托管运营企业，方便通过国有资产审计，同时，东方资产 6 万余名员工具有强大内需消费能力和品牌传播能力；目前，寒舍集团是国内唯一一家拥有央企投资的民宿企业，除了需要国企做背书，国企的 SOP、KPI 标准化管理，利用国企大数据来打造产品，更需要央企强大的资金作为支撑，以便获得强大的发展动能，将助力寒舍品牌全国布局提速。民宿前三年一般无法直接盈利，需要雄厚资金支撑，寒舍集团直接投资 100 家民宿就可以看出其背后有强大的资金保障。

（四）核心竞争能力

1. 项目开发运营能力

寒舍文旅集团现在已发展了多种业态模式，接手策划、设计、运营了众多文旅小镇和民宿集群，如南京溧水投资 4 个亿的“凉棚下”文旅综合体项目、竹溪夯土小镇综合体项目、连云港民宿集群项目等。寒舍连续多年入选文旅行业精品度假酒店品牌 Top5，屡获国内外文旅大奖。旗下“山里寒舍”获得农业部颁发的“中国最美乡村”“水岸寒舍”震泽店入选世界顶级奢华酒店联盟 SLH。习近平总书记曾于 2012 年 12 月 30 日到访的阜平骆驼湾村如今已经被打造成“阜裕寒舍”，并成为旅游带扶贫机制的最好典范。截至目前，寒舍文旅全球累计会员已经超过 200 万人。寒舍文旅自创建以来，与超过 6000 家企业保持长久的团建产品合作，寒舍为国际上最大度假酒店交换平台（Interval International 旗下拥有万豪、喜达屋、喜来登、四季、安娜塔娜等 3000 家知名酒店）成员，能为项目带来国际客源，树立国际品牌，支持超过全球 3000 家知名酒店的全球换住；寒舍十年来积淀了百万级忠实的高净值用户，并与红树林度假酒店共享会员资源，能为项目带来稳定高消费客流；寒舍为世界级小型奢华酒店联盟SLH（中国仅有四家顶级酒店入围）成员，能为项目创建国际化口碑，树立国际品牌；寒舍目前已经成功投资、设计研发、开发建设、运营托管近百个标杆项目，依托中国东方资产央企信用背景，面向中国银行、中华保险公司及其他基金公司的高净值客户，为项目提供高质量文旅产品导流。寒舍所运营的项目自带流量标签，是众多明星和导演常常光顾的取景地、拍摄地和度假地，众多核心项目多次获得各级政府领导参观、访问和赞许。2008年至今，寒舍通过自有中央预订系统已经沉淀出强大的客户导流能力，依托寒舍强势的运营托管能力与品牌知名度，可为项目进行线上线下全渠道引流。

2. 战略规划能力（集团连锁、业务扩展）

无论从高度、政治、资本、未来，寒舍都有自己的特性。寒舍打造的不只是酒店产品，更是一种生活方式。企业想快速做到连锁品牌，需要有一套相配套的标准，但是想要长期保有高入住率，需要做出差异化。相同品牌也可以根据地方的特色，寻找出属于它自己的调性。比如2018年寒舍文旅所发展的其他项目，就是围绕56个民族的因素来设计的。在开发阶段，寒舍就考虑在云南、浙江、广东等地寻找有文化代表的一些村落，也希望在未来3－5年有一个56个民族特色的寒舍的连锁产品。

近年来，人口老龄化、亚健康、生态循环等问题备受重视，国家也全力推进“健康中国”战略和“美好生活”建设，人们也愈加追求健康和精神享受，康养已然成为一个热门话题。此次疫情使人们将对健康更加关注，以乡村旅游、度假、康养旅居为代表的康养旅游也将成为新的发展方向。面对突如其来的行业大考，寒舍文旅集团积极探索新型文旅模式，着力发展康养旅游市场，全面引领文旅行业复苏。2020年11月10日，在苏州市同里古镇、望月桥畔即将装修完工的同里米仓精品酒店，寒舍集团旗下海南医养康旅企业发展有限公司召开股东会议，进行股东结构优化调整及重大经营计划会商。股东结构调整后，公司将由三方股东组成——寒舍集团、旅城资产、视野股份。行业领军企业、团队强强联合，具备成为全国疗愈酒店城市综合体、医养康旅行业，首家集资产管理，运营管理，品牌管理于一体，实现投资、运营、营销导流、社群管理，全产业链闭环、综合服务能力的企业。此次会议将公司战略发展方向定位为：大资产管理行业内容、模式的创新实践者、新物种、新场景、新业态的研发创建、运营管理服务商、医养康旅行业品牌运营、新商业模式的创建者。海南医养康旅企业发展有限公司将在三方股东的鼎力支持下、适时引入战略投资人，制订上市计划、依托股东方现有业绩和项目案例，在乡村振兴领域、重点在城市近郊乡村的集体土地入市、乡村低效闲置资产改造运营文旅、康养田园综合体，在一线城市、经济发达城市的不良资产，低效资产改造提升运营等重点拓展；将重点面向地方政府、国企央企、上市公司、实力民企集团等合作伙伴，通过市场化运营团队的整合，通过资产盘活及运营、内容、产业价值赋能等方式，结合资产证券化、资本运作等方式，提供“投资能力＋运营能力”、品牌研发能力的整合及赋能合作。

（五）创始人

殷文欢——寒舍集团创始人、总裁。中国高端旅游十大人物，北京市劳动模范，北京市“新三起来”典范，中国饭店协会民宿委员会理事长（负责行业内民宿客栈评级及行业标准的约定）。1969年4月出生于北京；1989年7月北京第二外国语学院西班牙语专业毕业；2010 年 3 月清华大学职业培训中心资本战略研修班结业；1993 年 3 月成立北京互润商贸有限责任公司；2002 年 12 月成立北京密云互润生态园有限公司；2009 年 3 月成立北京互润农业科技有限公司；2009 年 6 月成立北京密云北庄旅游开放有限公司；2013 年 4 月寒舍公司旗下北京山里寒舍开始兴建，9 月正式营业；2013 年创办山里寒舍乡村酒店，成为北京市“新三起来”的典范，被评为北京高端旅游十大人物；2014 年，发起成立中国饭店协会民宿委员会，任执行理事长；2015 年，与首旅酒店集团成立北京中瑞寒舍酒店管理有限公司，任副董事长，并荣获“北京市劳动模范和先进工作者”称号；2017 年荣获年度优秀人物；2018 年，任中国饭店协会民宿委员会执行理事长（负责行业内 6 万多家民宿客栈评级，及行业标准的制定）；2019 年，荣获社会责任企业家奖。

（六）疫情应对措施及未来发展预期

2020 年伊始，疫情来势汹汹。禁足、封城的防疫措施，让原本指望春节档期拉升全年业绩的文旅行业，遭遇了百年一遇的订单“退、改、停”风暴，整个文旅行业几乎陷入停摆状态。功成名就之际，寒舍创始人殷文欢，不忘响应国家扶贫号召。为了实现精准扶贫的目标，殷文欢考察并挖掘了很多落败的乡村，将这些乡村改造成寒舍精品酒店，助力当地扶贫事业，并成为当地扶贫事业的新标杆、新范本，多次吸引相关部门领导前去考察。这场突如其来的特大疫情，加速了行业洗牌过程，许多抵抗力弱的中小企业颗粒无收、惨淡经营，不少企业轰然倒下。危难时刻文旅行业最大的依靠，还是企业的品牌和深厚的运营能力。文旅行业要想更好地生存下去，必须实施升维战略，从“抖床单”的低端业务中解脱出来，做更高层次的事情。虽然民宿和非标度假酒店业务很火，但是盈利难一直困扰着众多企业和民宿主，大多数民宿和非标度假酒店处于淡旺季明显、经营压力巨大、投资回报遥遥无期的状况。寒舍的运营虽然不亏损，但是要想盈利也很难，只能保持收支平衡。民宿和非标度假酒店亏损的背后要匹配一些其他业态，或者创新的商业模式，光靠单一业态住宿来盈利很难。寒舍虽然拥有诸多成功运营案例，具有强大的运维能力，但是疫情期间依然面临着严峻的考验。未来预期寒舍将成为民宿行业的如家，完成 IPO 上市的战略目标，成为全球高端生态度假酒店最受欢迎品牌。未来三年，寒舍公司计划通过自投、并购、托管、品牌加盟等方式，在全国发展 100 家寒舍系列民宿连锁精品度假酒店；到 2025 年，这一目标预计将达到 800 家，打造中国高端民宿精品连锁酒店第一品牌。

（执笔人：薛卓晶，北京联合大学旅游学院 2020 级 MTA 学生）

参考文献

［1］殷文欢．乡村酒店如何独辟蹊径［N］．中国旅游报，2014－03－26（007）．

［2］陈永慧．全力冲刺 IPO，做民宿行业的如家　寒舍集团总裁殷文欢［J］．安家，2018（07）：46－47.

［3］刘士莉，吕吉．干峪沟村山里寒舍［J］．北京农业，2014（22）：50.

［4］新物种、新场景、新业态的实践创新：在同里米仓酒店，寒舍医养康旅项目新布局［EB/OL］．［2020－11－12］．https：//mp. weixin. qq. com/s/aE66FFZ－nDG6lhbXqKrwag.

［5］寒舍主人殷文欢：激情点燃了梦想　坚持成就了情怀［EB/OL］．［2019－11－04］．https：//mp. weixin. qq. com/s/cNncuuMXKWBLiCtqnajBIw.

［6］从我到我们——小镇生态链006号联合发起人、寒舍文旅创始人、总裁殷文欢：在危机中探索新型文旅发展模式［EB/OL］．［2016－06－04］．https：//mp. weixin. qq. com/s/kMv12y－Y1cWS－J－md31MEA.

［7］山里寒舍——为您诠释高端化乡村度假模式［EB/OL］．［2016－10－25］．https：//mp. weixin. qq. com/s/EXzDE2EbI42lm9VrJ6irEg.

［8］寒舍文旅殷文欢：做乡村改造大项目一定要和老百姓利益共享｜成长营30课［EB/OL］．［2018－10－12］．https：//mp. weixin. qq. com/s/1dnGWrWexj1kUUrjoNeuSQ.

［9］殷文欢：在危机中探索新型文旅发展模式——寒舍［EB/OL］．［2020－06－14］．https：//www. sohu. com/a/399182762_120710391.

［10］"空心村"上建起来的山里寒舍，如何突破盈利瓶颈？［EB/OL］．［2019－02－17］．https：//www. jiemian. com/article/2900800. html.

［11］一文读懂成功的农文旅项目打造思路！［EB/OL］．［2019－08－13］．https：//mp. weixin. qq. com/s/k－ac9E_fi0RJn_0coCREOg.

四、猴开心旅游（北京山海文旅集团）

（一）企业发展历程

猴开心旅游是北京山海文旅集团文旅产业的核心资产运营公司，成立于2018年1月，是一家极具创新性的旅游新零售公司。

1. 初创期——审慎投资，奠定基业

山海文旅集团在2014年进军旅游业，成立北京山海旅游有限公司，以旅游景区投资、开发、运营及管理作为核心业务方向。山海文旅集团投资400亿元，与河北省兴隆县人民政府签订兴隆县六里坪旅游景区开发经营合作协议，投资、建设、运营六里坪旅游度假区。

度假区集有氧健身、滑雪度假、休闲购物为一体，是华北第一运动小镇。为扩大知名度，提高旅游目的地的吸引力，由亚太旅游联合会、国际休闲产业协会等单位联合打造的，中国首档户外全情景竞技节目《爱尚旅行》，在六里坪旅游度假区完成拍摄。同时，它还与海口玉龙泉湿地公园签署战略合作协议，打造海南三公里高尔夫旅游度假区。度假区规划总投资200亿元，是"旅游＋体育＋地产"一体的综合性旅游度假区。

2018年1月，北京山海国际旅行社有限公司成立。4月更名为猴开心（北京）国际旅行社有限公司。猴开心旅游以整合旅游资源，打造"旅行社＋景区＋酒店＋旅游大巴"的产业运营模式，致力成为国内规模最大的"一站式"旅游服务平台和全球领先的旅游集团。

2. 发展期——猴开心节奏，持续推进商业化进程

2018年北京山海文旅集团与中信国安、融创中国合资成立国安融创（北京）置业发展有限公司及临汾市委市政府成功签署临汾古县"天下第一牡丹园"旅游景区合作协议；还与安顺市西秀区人民政府签署"云峰文化旅游产业小镇"项目的合作协议，对推动商业化发展做出了很大贡献。

作为"全域旅行社"的发起者，猴开心现已在全国建立了45家旅行社分公司和2500多家旅游实体门店，并利用互联网技术和交易平台，整合、优化、升级、赋能全国范围内

数量庞大的地方旅行社。它通过统一的品牌、统一的平台、统一的标准为合作伙伴赋能，提升传统旅行社的获客能力、资金使用效率及盈利水平。

猴开心自创立以来，获得中国旅行社协会颁发的"2018 年度新锐旅行社""2019 年最具潜力旅行社十强"等殊荣，并以"坦桑尼亚游猎之旅"荣获"特色旅游线路"的单项奖；以"北京航天研学之旅"荣获环球时报颁发的"年度科技与文化推广旅游线路奖"。

猴开心旅游致力于为市场提供高品质的产品，让用户享受更优质、更完善的服务，满足人民日益增长的美好生活需要。它全新推出的旅游产业运营链更是整合了旅游各环节资源，使出游便捷化，让用户切身感受"猴开心，让旅途更快乐"。

（二）商业模式

猴开心旅游拥有极高的创新性，它通过建立完全自主知识产权的 P2B2C 互联网技术系统平台加速驱动上下游整合，为区域运营中心、社区店和门店赋能，为其提供丰富稳定的产品选择、完善的收客系统、专业的销售能力培训以及更多的业务场景，打造出旅游行业新一代的智能新零售模式，通过打造环环相扣的产业链构成行业竞争壁垒。

通过事业合伙人模式加速分销渠道整合，以多合伙人模式解决"管理最后一公里难"的问题。

自营产品项目制模式加速供应链整合，以项目专项投资资金投资区域合伙人的"产品＋团队"，实现共赢。

（三）运营管理模式

猴开心旅游立足于文旅及资本市场，在国内投资景区和酒店等优质旅游资源，积极开拓旅行社营销网络。据了解，猴开心旅游以区域运营中心为平台，在整合自身旅游资源的同时，突破"旅行社＋景区＋酒店＋旅游大巴"的产业运营模式，形成多维度、全产业链的旅游行业布局。

对于猴开心而言，渠道和产品运营是旅游产业发展的灵魂，它的开拓和建设作用不可小觑。猴开心旅游根据各地旅游市场不同的需求，有针对性地为区域运营中心、分公司及营业部提供与之最匹配的分销商、供应商、服务商等资源，力求通过多方资源，共同推动区域旅游产业发展，提升区域运营中心市场占有率。

猴开心的渠道开拓并不是以大区或者单独以北方、南方为单位，而是在深入分析和了解市场差异的基础上，对北方和南方同时"开疆拓土"，与当地成熟旅游企业战略合作，不忽略任何一个地域特有的旅游文化需求。这样不仅可以更好地融合当地特色文化，还可以根据精准的市场分析，为游客提供丰富多彩的特色旅游产品。

猴开心旅游是旅游"新零售"模式的践行者。通过"产品供应链平台化"机制，将区域运营中心、分公司、营业部纳入平台机制中，加入旅游顾问、订单运营、采购管理、供应链管理这四类标准角色。这样的做法实现了赋能分公司和营业部，专注提升服务水平，践行了"猴开心让旅途更快乐"的美好初心。

此外，猴开心旅游不是简单地将 Online 和 Offline 相结合的"O2O"模式，而是实现两者水乳交融、通过相互借势，最终优化旅行者的现场体验感受。同时，倡导一种"同生共长"的合伙人机制，携手共建"事业共同体"，增强彼此的关联度和影响力，相互依存，彼此需要。平台本着"开放、共赢"的理念，除了为各位合伙人提供资金、资源等多方面支持外，还积极帮助合伙人突破区域边界化的限制，实现"资源共享、跨界发展"。

（四）核心竞争力

1. 科技赋能 R2B2C 技术平台，助力下沉市场数字化发展

猴开心旅游希望通过自主研发的 R2B2C 旅游资源交易平台，针对下沉市场，打造整个旅游行业的“产业连接器”。

R2B2C 中的“R”是指旅游业中的各方资源，即通过大数据、AI 和区块链技术，在帮助旗下分公司、营业部实现供应链平台化、财务管理管理电子化、渠道服务个性化、运营管理规范化、产品打造精品化的基础上，并为其在猴开心大品牌平台上赋能立体化品牌营销，匹配精准销售渠道、高效对接旅游客户资源。

猴开心所针对的下沉市场并不是单纯意义上的二三线城市，而是围绕各个城市的中等收入人群所展开的市场，目标是惠及普通消费者，带动旅游业发展数字化，从而实现旅游人跨平台跨区域实现全球旅游数字一体化。

2. 科技赋能 R2B2C 技术平台，打造旅游产业连接器

猴开心技术团队自主开发的 R2B2C 旅游资源交易平台，完整地连接了旅游产业上游的供应链资源和下游的分销渠道。通常，人们比较熟悉阿里做新零售所提的 S2B2C，其中“S”指的是供应链。而猴开心系统的“R”是在供应链“S”基础上的升级创新，意为 Resources。所以，R2B2C 的平台模式，意味着把旅游业产业互联网端的资源、资金、数据交互都连接在一起，即可定义为旅游产业的连接器。这个平台可同时支持 2 万多家旅游产品供应商和上百万条旅游线路及相关旅游产品，并支持超过 10 万家的旅游门店产品分销。目前，平台已有超过 5 千家优质旅游产品核心供应商的 10 多万条 SKU 跟团游线路，同时支持 10 多万款碎片化旅游产品。

猴开心线下营业部快速扩张的动力主要来自两方面：一方面是技术平台赋能，通过大数据、AI 和区块链技术，在帮助旗下分公司智能的同时，并为其在猴开心大品牌平台上赋能立体化品牌营销，匹配精准销售渠道、高效对接旅游客户资源。另一方面是各地事业合伙人的模式，实现“轻资产，快落地”，能够投资各地优势性产品，加速品牌落地、实现共享收益。

在大数字经济的助力下，新基建的赛道刚刚开启，而猴开心旅游 R2B2C 交易平台早已领航。其利用大数据、AI 和区块链技术，致力于打造一个“开放、共赢、智慧、透明”的旅游产业链交易生态体系，实现旅游产品链的交易各方实现资源共享、渠道共享、信息共享和资金共享，使旅游资源端和分销端形成相互依存的良性生态化供需关系，并通过减少多重交易环节使用户获得更高性价比的产品，提升综合服务水平和服务效率。

3. 事业合伙人模式打造事业共同体，实现超大规模私域流量

猴开心旅游从创立之初始终秉持“合作共赢”的理念，通过“合伙人项目制”与旗下分公司、供应商一起建立“事业共同体”，通过统一品牌、统一平台、统一标准及严格的管理制度，既有品质的保障又使猴开心旅游身“轻”如燕，大幅提升抗风险能力，仅用一年时间就发展了实体门店 2500 多家，未来 3 年将超过 1 万家门店。猴开心旅游凭借其强大的旅游产品分销能力，真正实现了用最少的资金投入获取最大化的市场份额扩张。

4. 旅行业资金周转率提升

众所周知，旅行社是一个高现金流周转的行业，但长期碎片化的现状，导致大部分旅行社都不能从银行等金融机构获得资金支持，旅游行业里“三角债、四角债”的问题也非

常严重，当“黑天鹅”事件发生时，很容易发生现金流断裂倒闭的情况。针对这种情况，猴开心为上游生产和中游销售提供了一套系统。所有环节的角色都有独立账户，成为了全国唯一一家可以实现“T+1”结算服务的旅行社，极大地提高了行业的资金周转效率，为提高整个行业的信息化程度树立了出色的榜样，这种解决方案也有利于在中长期解决融资问题。

5. 数字时代下打造旅游业的行业标准化

2019年旅游市场规模超过6000亿元，但行业却非常分散，头部几家旅行社的市场占有率不到5%，4万家中小旅行社仍是市场主流。它们在供应链、流量等方面能力较弱，行业存在整合和升级的巨大空间。

总体上看，这些区域性的中小旅行社有几个痛点：一是没有品牌，缺少品牌溢价；二是缺少供应链的整合能力，而且服务能力也较差，难以满足用户多种多样的需求；三是信息化程度低，在业务、财务、运营等方面效率低下。针对这些痛点，猴开心为合作的旅行社提供三方面服务：一是全国统一的品牌和VI体系，包括所有店铺的装修风格等，增强旅行社的品牌力；二是打造一个R2B2C平台；三是统一的服务标准体系，包括产品、服务、管理等方面。

经过管理体系优化升级，猴开心旅游获得国际“ISO9001质量管理体系”“ISO14001环境管理体系”“ISO45001职业健康安全管理体系”三大权威认证证书。这充分验证了猴开心旅游已达到国际化的质量管理、环境管理、职业安全管理等综合管理标准，在同业内具备超强的竞争力及国际化的发展期潜力。

6. 三层盈利模式赋能营业部营收

猴开心投资运营的生产线，成为猴开心工业游运营模式基点之一。通过逐步打造“基地+周边游+产品+跨省游”的运营模式，实现了猴开心门店的三层盈利，大大提高猴开心营业部营收盈利能力。

2020年，猴开心打造的《北京老字号非遗文化体验》工业游为营业部展现了三层盈利模式的模型。工业游通过专业生动的讲解、沉浸式的参与体验等，帮助旅游者感受文化精神、民族情怀，在这过程中也推动了非遗文创化。同年推出的“小小非遗传承人志愿者”项目，增加了非遗文化体验活动和客户之间的黏性。2021年，猴开心旅游面向广大旅游同业招募工业游项目，计划投入资金2000万元。

7. 布局新营销，助力个人品牌增长

猴开心注重内容营销，借助社群、直播、短视频等渠道，利用社群、平台、电商等消费者熟识的方式，孵化IP产品，助力营业部个人品牌增长。它首创直播营销以变为破局，多方获益。

它创立了R2B2C直播营销平台——“开心帮你卖”，这个平台所做的最大变革就是只帮助营业部完成宣讲，而不直接卖货。猴开心旅游只为营业部赋能、不直接对游客销售。

同时还建立了“线上营业部”加盟制度，解决营业部经营成本问题，解锁价值洼地产品，调整产品结构，完成“一箭三雕”的赋能模式，即：

（1）帮助资源方解决客源问题，提前预售更有助于统筹协调、更好地服务；

（2）多元的产品结构，帮助营业部增加市场竞争力，同时也能吸引更多的客户群体；

（3）获取高性价比产品，帮助游客清晰地规划行程、更好地了解产品信息。

不论是线上还是线下，布局营销战略，实现“破圈”增长。

8. 产品纵深双向发展，多种产品组合打造市场差异化

目前，猴开心的产品库产品类型包括：跟团游、周边游、一日游、两日游、自由行、酒店、门票、用车、单项等多品类产品体系，其中跟团游包括：家庭游、爸妈游、亲子游、红色旅游、房车游、火箭发射观礼、走进名企参观交流等多种主题产品。

产品库产品品类齐全，产品丰富，产品库总跟团游 SKU1164916 个；门票 SKU2187088 个。2020 年 9 月猴开心旅游开始打造品牌产品线“开心专线”，主打高端定制游，多种产品组合，随时根据行业及政策变化调整产品策略，打造市场中产品的差异化，延长产品生命曲线。

（五）创始人及团队

1. 王高超——猴开心（北京）国际旅行社有限公司董事长

王高超，猴开心旅游董事长，融创山海（北京）置业有限公司董事长，北京山海文旅集团董事长，清华大学社科院校友会理事，民建中央委员会人口医药卫生委员会副主任，清华大学五道口金融学院研究生高级工程师，曾任南山集团执行总裁兼南山地产集团总裁。

王高超是北京山海文旅集团主要创始人，主要负责企业发展方向、企业战略等，有 20 多年工作经验，有精准的市场判断及产业投资经验，有专业的项目运营及落地能力。

2. 王涛——猴开心旅游科技联合创始人、总裁

王涛，北京山海文旅集团执行总裁，清华大学 MBA。他创造性地提出并践行旅游新零售模式（R2B2C）、事业合伙人模式、“产品＋金融”的新供应链金融模式，用互联网思维和互联网技术整合、赋能、升级传统线下旅行社，在短时间内改变了国内传统旅行社格局；兼具互联网和传统行业的跨界背景，拥有“互联网＋”、O2O、B2B、B2C 等模式的实际操盘履历、具备超过 20 年的销售、市场、运营及综合管理经验。

3. 王巍——猴开心旅游科技核心创始成员、执行总裁

王巍，思科认证网络高级工程师（Cisco Ccnp），辽宁工业大学通信工程专业毕业。他负责猴开心旅游科技渠道和供应链的整体构建和运营，擅长业务模式创新和打造狼性团队，以超强执行力著称；曾任盈科旅游副总裁，是核心创始团队的 002 号成员，任职期间带领团队在全国设立分公司 220 家，发展签约营业部超过 8000 家，年营收额超过 10 亿元，他曾组织策划了盈科旅游独家冠名的山西卫视《人说山西好风光》和央视二套《魅力中国城》节目活动。

4. 张俊——猴开心旅游科技技术研发中心总经理

张俊，北京航空航天大学工商管理专业毕业。他曾任中青旅控股集团技术总监，有 6 年旅游行业的从业经验、12 年系统平台架构经验。他独立主导架构设计了常青藤平台、机票平台等大型互联网旅游产品项目，擅长大型平台架构与技术团队管理。

5. 王庆冰——猴开心旅游科技平台运营中心总经理

王庆冰，清华大学工学学士、MBA。他是原易点租、彼岸教育的联合创始人，有丰富的互联网行业经验，15 年 To B 市场线上和线下销售、营销和客户服务实践；带领团队多次实现从 0 到 1 突破及从 1 到 100 爆发；善于总结提炼方法论，指导团队提升绩效。

6. 黄炜——猴开心旅游科技运营管理中心总经理

黄炜，清华大学 MBA 毕业。他拥有 IT 产业背景，对主流信息技术及其应用有着全面的了解，深刻理解智能运营、人工智能以及传统行业的数字化改造，接受了传统行业公司和互联网企业不同岗位的磨砺，对公司运营、项目执行、流程管理具有十数年的经验体会。

7. 冯杨——猴开心旅游科技产品运营中心总经理

冯杨，吉林农业大学艺术设计专业毕业。他从事旅游行业十四年，曾任途牛旅游网销售高管、金恪控股集团互联网旅游事业部总裁；拥有深厚的线下旅游和 OTA 的双重产业背景，在供应链管理、爆款营销、渠道管理等方向拥有多年的实操经验，曾主导多个大型行业知名项目，如关岛包机项目、美西包机项目、欧洲万人游项目、点亮梦想旅游公益项目、乡村振兴文化旅游项目等。

（六）疫情应对措施

猴开心总经理王涛表示，“疫情期间，我们第一注重自身的成本节流，第二通过 API 的方式，引入其他供应端的优势产品，延长自身品牌供应链。第三疫情发生前，我们主要通过线下推介，但在疫情发生后，也‘倒逼’平台持续创新，通过线上直播的方式拓展门店”。

1. 疫情管理制定行业标准化

2020 年 1 月，猴开心旅游总部发布相关指导意见，积极妥善处理有关事宜，尽力将损失降到最低，疫情期间猴开心调动资金，确保资金充足，解决了现金流的难关，从而很好地协助了后续售后工作。在疫情全球影响的情况下，猴开心展开多边及双边合作，保障百万出入境游客的安全和身体健康，保障广大营业部安全运作。在签证、航空、海关、公安和旅游业部门各领域协调合作，退款“T + 1”达成和解，快速有效地解决了供应商难题，使猴开心营业部在疫情期间无后顾之忧。

不论是疫情肆虐的 2020 年，还是后疫情时代经济的复苏，猴开心凭借其充足的资金储备、完善的风控管理、超前的危机意识，依然安全运营。

2. 直播打破“0”收入困局

在疫情期间，旅游行业面临停摆的不利局面，头部旅游企业面临生存压力，猴开心旅游面对突如其来的危急，展现出卓越的应变能力。他们迅速调整战术，将过去线下的招商和产品推荐会改为线上直播的方式，首创“开心帮你卖”商城模式，协助营业部售卖商品。上线首日，订单超过 1.8 万单，总销售额超过千万元。他们通过帮助营业部宣讲，为营业部赋能，实现旅游业行业内的创举与突破；通过立足旅游内循环，为旅游门店寻获营收新拐点，解决后疫情时代复苏难题。疫情期间累计直播 220 场，累计在线人数 500 万人。

疫情期间猴开心旅游发动各地区合伙人团队连线互动，实现了签约加盟超过 200 家门店、产品预售 2 万人次的超预期成绩，这也是猴开心旅游迅速应变市场变化的最好证明。

3. 自驾 + 互联网 + 旅游

随着 5G、VR、AR 等数字技术的发展和成熟，各种线上营销推广方式在旅游业得到应用和普及，为旅游资源的呈现和传播引入新载体。“互联网 + 旅游”的新业态将迎来更大的发展机遇，线上方式成为旅游行业宣传展示、交流合作、吸引游客的重要方式，为激发旅游消费潜力发挥了不可估量的作用。在“互联网＋”的背景下，加大线上营销力度、发展“云旅游”，可以提前“种草”游客、培养潜在受众，突破更多时空限制。

猴开心旅游顺应“互联网＋旅游”的行业趋势，利用互联网技术和新媒体平台，打造优选产品，为合作伙伴赋能，实现了全域资产数字化。

近年来，自驾游已经成为旅游者重要的出行方式之一。猴开心旅游紧跟发展趋势，于2020年11月联合马蜂窝平台多位金牌主播进行了16场直播，通过“自驾游＋直播＋旅游线路”的模式，多角度直观展示了江西的美丽风光以及车友的旅行体验，直播间观看人数超过10万人，呈现出“互联网＋旅游”的新业态。

4. “开心帮你卖”寻获营收新拐点

猴开心旅游将秉持通过资金、技术、资源三方赋能的原则，持续推出各项政策助力营业部提高同业竞争力、解锁价值洼地、寻找营收新拐点。

旅游市场上有海量的产品，客户看到的产品太多、信息量太大，工作人员遇到不熟悉的线路和产品在所难免，销售人员不知道如何为客户推荐、如何介绍线路，就导致了“最后一公里销售”难的问题。门店通过邀请客户进直播间，客户在直播间了解产品详情，再回到营业部下单的流程，形成了闭合循环。“开心帮你卖”只推荐、讲解产品，并不直接对客户销售——这是猴开心旅游赋能营业部销售旅游产品的一大行业创举与突破。

另外，传统旅游门店亟待解决的问题有：产品结构单一、热门产品资源获取不畅、产品趋同、市场竞争力不够等。猴开心旅游采取解锁价值洼地产品，将景区门票、特色酒店等传统观念中的“难卖”产品转变为“热销”产品，通过多元化的产品结构解决了产品单一的问题。同时利用猴开心自主研发的技术平台链接各大OTA，解决了热门产品资源获取不畅的问题。

5. “开心专线”产品，拓展产品深度

2020年，猴开心旅游推出小而精的高端定制游产品——“开心专线”产品体系，主打高端定制游，力图做到从产品到服务全部升级，精益求精，解决了产品趋同市场竞争力不够的问题。

6. 短视频培训模式

在疫情期间，猴开心旅游孵化了“娟娟说旅游”IP，借助短视频风口，推出1分钟专业培训视频，让营业部提高风控意识，普及更多的旅游安全知识，让各营业部通过碎片化时间，获取更专业的知识。

7. 五千万融资旅游业行业逆袭

2020年6月15日，猴开心正式宣布完成5000万元A轮融资，由五岳资本N5Capital独投。本轮融资将用于升级完善R2B2C数字化系统升级，扩张全国范围的线下实体店市场份额，以及高端人才引进。

王涛总结称，猴开心能够获得五岳资本认可的最主要原因在于：双方都是长期主义者。他说，“我们不奢望能够迅速爆发在行业中取得霸主地位，更希望做一些长期正确的事。五岳资本的投资也是基于对行业发展趋势的长期认可以及对团队的信任，所以双方的合作并不会受短期‘黑天鹅’事件的影响”。

8. 多合作模式

2020年，猴开心上线“开心商城”。猴开心营业部可成为开心到家商城的供货商；同时可以享受售卖商城产品的销售权，并赚取高额佣金。

2020年，猴开心与中免集团战略合作，猴开心营业部可享受售卖中免集团旗下产品并获得对应佣金的权利。

2021年，猴开心与京东、美团合作。猴开心优秀营业部可作为京东、美团团长计划扶持的门店享受其对应的佣金。

多合作模式让“新零售”旅游业成为现实，实现优势互补、共赢发展。

（七）未来发展预期

猴开心旅游着重发展视频营销，用“短视频+直播”模式，助力营业部跨入个人品牌时代，实现流量赋能，帮助营业部低成本对接消费者，扶持营业部“个人品牌”。

同时，还借助技术工具“游客多”，实现营业部分销渠道裂变，“获客+锁客”全场景私域运营，提升营业部效率。

在产品组合策略上，猴开心优化了“周边工业游+单资源组合+预售产品包”，扩大了产品组合广度，发展产品组合深度，实现动态平衡，提高营业部利润。

猴开心联合创始人兼CEO王涛强调，“猴开心凭借‘事业合伙人模式+互联网技术赋能模式’，弹性强、成本可控性强，所受到的影响远低于同行业其他企业，表现出了商业模式独特优势和超强的抗击打能力。在行业‘寒冬’之际，保证现金流安全，抓住低成本扩张的战略机遇期，逆势加速全国布局，力争在2022年发展完成150家分子公司和1万家营业部，形成超大规模旅游私域流量入口和旅游‘新基建’体系”。据王涛透露，近期猴开心还将正式与几大OTA展开合作，完成线上线下互相赋能，资源共享、渠道共享、信息共享，使旅游资源端和分销端形成相互依存的良性生态化供需关系，并通过减少多重交易环节使用户获得更高性价比的产品，提升综合服务水平和服务效率。

猴开心旅游董事长王高超表示，猴开心旅游将抓住低成本扩张的战略机遇期，努力成为文旅行业的新标杆企业，通过不断提升旅游产品品质及行业服务水准，让用户真正享受到“猴开心旅游，让旅途更快乐”。同时为中国从旅游大国升级为旅游强国贡献力量。

（执笔人：葛中天，北京联合大学旅游学院2019级旅游管理专业本科生；刘铮，北京联合大学旅游学院讲师）

参考文献

[1] 百度百科：猴开心（北京）国际旅行社有限公司［EB/OL］.［2021-02-25］. https://baike.baidu.com/item/%E7%8C%B4%E5%BC%80%E5%BF%83%EF%BC%88%E5%8C%97%E4%BA%AC%EF%BC%89%E5%9B%BD%E9%99%85%E6%97%85%E8%A1%8C%E7%A4%BE%E6%9C%89%E9%99%90%E5%85%AC%E5%8F%B8/22629254.

[2] 腾讯网：“猴开心”宣布完成五岳资本独投的5000万元A轮融资［EB/OL］.［2020-06-16］. https://new.qq.com/omn/20200616/20200616A042DI00.html.

[3] 北京山海文旅集团：猴开心旅游［EB/OL］.［2020-08-04］. http://www.chinashanhai.com.cn/category/Category/index/cid/104.

第二章 文旅“双创”企业案例

一、6 人游旅行网

对 6 人游的跟踪调研一直持续，发展历程、商业模式和核心团队在前面的报告中均有连续介绍，因此，本案例专注于分析其疫情下的战略调整和应对措施。

（一）疫情下的旅游市场

2019 年，我国的出境旅游市场发展稳中向好。根据中国旅游研究院 2020 年发布的《中国出境旅游发展报告（2020）》，2019 年我国的出境旅游市场仍然保持增长态势，规模达到 1.55 亿人次，相比 2018 年同比增长了 3.3%。正常情况下，我国的出境旅游市场将会有很大的发展空间。然而，几乎没人能预料到一桩“黑天鹅”事件、一场席卷全球的疫情会改变世界。一年多来，疫情在对我们的日常生活造成巨大影响的同时，还在深刻影响着全球市场和产业的发展。其中，旅游业是遭受重创的行业之一。

自疫情暴发以来，全球旅游人数和旅游收入呈现断崖式下降，很多国家和地区不得不采取关闭景点、航班停飞、关闭海关等管制措施，这对旅游业尤其是对出入境旅游造成了巨大的冲击。

根据世界旅游组织 UNWTO 的相关数据，2020 年上半年全球入境游客减少了 50%，其中亚洲地区更为严重，减少了 72%。中国的出境旅游市场在疫情影响下也急剧收缩。2020 年 1 月 24 日，文化和旅游部办公厅下发《关于全力做好新型冠状病毒感染的肺炎疫情防控工作暂停旅游企业经营活动的紧急通知》，要求“全国旅行社及在线旅游企业暂停经营团队旅游及‘机票 + 酒店’旅游产品”。2020 年全年，我国的出境旅游发展基本停滞。《数说文旅》的数据显示，2020 年第 3 季度，北京市旅行社组织出境旅游情况惨淡，出境旅游人数仅 0.1 万人次，同比下降 99.9%；2020 年第 1 - 3 季度，北京市旅行社组织出境人数为 47.1 万人次，同比下降 87.1%。全国的出境游数据同样不乐观。在多个国家和地区为应对疫情而采取管制措施后，如洪水般的退订涌向了酒店、航班和 OTA 平台，许多旅游企业陷入困境、举步维艰。对以做出境旅游为主的企业而言，更是如临“寒冬”。由于资金流转困难，入不敷出，难以为继，很多旅游企业甚至不得不宣告破产。根据启信宝查询结果，截至 2020 年 12 月 17 日，中国的旅行社在过去一年里注销了 2 万余家，存量比 2019 年同期减少约 4000 家。

6 人游旅行网是一家专注于做中高端定制游、主打出境游的旅游企业。《中国旅游企业创新创业发展报告（2017 - 2018）》还曾对 6 人游的发展历程、商业模式、运营和管理模式等进行了深入的分析。其笔者在报告中指出，6 人游凭借其独特的出圈方式、运营思维和价值理念等，在旅游行业开辟出了一条属于自己的道路，未来可期。然而，6 人游也同样受到了疫情的冲击。对此，6 人游创始人贾建强表示，“中国的旅游业，我相信会是一种百花齐放的状态”。虽然疫情带来了打击和伤痛，但是疫情后期市场的变革也是值得期待与探索的。疫情之下，6 人游开始了一场既属于自己、又属于每个旅游人士的“战争”：直面疫情，与疫情抗争；活下去，还要活得更好。

（二）冷静思考，疫情冲击下新的看见

面对疫情的冲击，6 人游并没有被击倒，而是作为一线市场主体积极担当、主动作为，不断在思考、在探索。不仅思考疫情中，更是在思考疫情后。贾建强在访谈中表示，“疫情结束后，我们是不是还像原来那样做旅游？如果继续‘搬砖’，旅行社的价值就会在互联网、移动互联网的变化中越来越被弱化。因为信息极大透明，渠道极大便利，所有空间‘搬砖’人的价值都会下降。而且谁‘搬砖’也不会比一个拥有 3000 人技术团队、已经搬了 21 年砖的携程搬得更好。‘搬砖’的价值永远不会太高”。

旅行社存在和发展的主要原因之一是由于旅游者和目的地之间存在信息不对称。在信息传递不太发达的时代，旅行社作为中间媒介，一方面可以为旅游者提供目的地信息并推出相关的旅游服务，另一方面可以为目的地提供旅游者需求及相关信息。旅行社作为中间媒介为解决双方的问题起到了很大的作用。但随着互联网的传播与普及，尤其是近年来信息技术的发展，信息传播速度极大提高、传播范围越发广泛、传播内容更加丰富。各种“种草”App、网站也大大拓宽了旅游者了解目的地信息的渠道。自疫情发生以来，消费者获取目的地信息的方式和信息传播路径更加多元化。当大家因为疫情而足不出户时，多家平台，如抖音、哔哩哔哩等，纷纷推出了“云旅游”“在家云游世界”，通过网络直播、短视频传播等方式来传递旅游信息。这不仅帮助人们更直接、更直观地获取目的地信息，更为人们提供了一种新奇的旅游体验。如今，AI 技术的发展、人工智能在景区中的运用更是大大丰富了旅游者的体验。

面对不断发展变化的旅游市场，贾建强重新审视 6 人游的发展方向。他指出，疫情之下，旅游业的脆弱性凸显。虽然大多数旅游从业者和专家都认为旅游是一个朝阳产业，旅游市场很大，但又不得不尴尬地承认，旅游业的毛利润率在各行业中几乎是垫底的。“旅游行业被吐槽了 30 年。尤其在疫情期间，节前拼命收款，节后拼命退款，剩下的几个月拼命找供应商退钱。所以我认为，旅游是一个不太能赚钱的行业，如果你不是旅游业的爱好者，或者没有主动参与、更多思考、建立长远价值，那么旅游真的不是一个适合做生意的行业”。在贾建强看来，旅游业看似美好，但是从业者如果没有一颗积极去做的心、不能长久地坚持下去，那么旅游业可能就不是一个好的选择。

2020 年，旅游行业迎来了数位重磅的跨界选手，越来越多的企业开始纷纷布局旅游业，旅游内容的战线被更多入圈者拉长。抖音、快手、微信视频号等纷纷接入旅游产品预订通道，试图进行流量变现。本来就面临生存困境的旅游企业现在又要面临来自跨界者的“围猎”，发展空间受到进一步挤压，可谓难上加难。

然而在贾建强看来，无论是被“大头”围猎，还是面对疫情的冲击，都需要做好自身的沉淀与准备，要做好企业自身定位。旅游市场本身就很分散，定位是为了让企业能更好地找到目标人群，提供精准服务。中国的任何一个细分市场都值得好好去做。他说，“企业的实力来自产品的实力，来自产品在潜在客户心智中所占据的定位。企业犯的最大的错误就是试图满足所有人的需求，即‘人人满意’陷阱。一种产品若想让所有人都喜欢，最终只会落得个无人问津的下场”。做好细分市场，挖掘用户需求，为用户提供更好的产品与服务，是企业尤其是服务型企业发展的重要基础。

疫情的确对旅游行业的发展造成了沉重打击，带来了难以预料的变化，但在疫情面前低头不应是旅游人士的回应。对行业不断地深入思考，对自身认真进行总结反思，使贾建强对市场有了新的看见，这也为6人游在困境中谋发展迈出了重要一步。

（三）多措并举，看6人游如何积极自救

1. 国内旅游市场够大够蓝，6人游发力国内定制游

2020年7月21日，习近平总书记在企业家座谈会上指出，“在当前保护主义上升、世界经济低迷、全球市场萎缩的外部环境下，我们必须集中力量办好自己的事，充分发挥国内超大规模市场优势，逐步形成以国内大循环为主体、国内国际双循环相互促进的新发展格局”。对旅游企业来说，在出境旅游市场短时间内难以恢复的情况下，国内市场将会是其主战场。

受疫情影响，人们的消费心理在悄然发生变化。如今，更多的人愿意和亲人、熟悉的同事、朋友们出去旅游。“一家一团”、2－4人的小团精品游，凭借着更高质量的服务、更加安全的旅游环境，受到越来越多的消费者欢迎。在贾建强看来，对大多数做出境业务的旅游企业而言，这是一个机遇。但是，由于出境游和国内游细分业务差异很大，所以这个机遇对很多出境游企业来说就像是“强扭的瓜”，不仅难甜，而且还会有不良反应。

贾建强认为，大众市场会被多维度地切割与瓜分，尤其是在做惯标品的旅行社行业，客人很难分辨出不同旅行社的差别。在一个没有绝对差异化优势的行业里，企业要尽可能进入一个细分市场。那些还抱着能在主流市场“小富即安”想法的小公司，很可能会成为大公司火拼的炮灰。

“国内旅游消费人群相对比较分散，而每一种消费人群都有不同的消费特征。旅游企业应该努力获取自己的细分用户，如果真正想做好服务，必须要清楚用户到底‘长什么样子’。有所选择，减少目标，集中精力。”贾建强相信，国内的细分市场很多，每个细分市场都有很大的市场空间。6人游要做的就是选好细分市场。所有品类里，6人游拥有了一个可以平滑转移到国内市场的定位，因为高端客户对于小包团的需求会一直存在。对选择定制游的用户来说，传统旅游企业和OTA平台在提供服务以满足个性化需求方面都存在着短板，这就给了6人游“突围”的机会。

2020年8月，贾建强在发布的公开信中写道：“面对所有旅游人异常艰难的2020年，庆幸的是，国内疫情在所有人的努力下得到了控制，6人游在经历积极自救之后，开始全面开展国内定制游业务。”

说干就干。6人游官网将首页的目的地全部换成了国内热门目的地，并开辟了“当季热门目的地”专栏，将不同地区的热门目的地推荐给消费者（见图3－1）。同时，6人游推出了面对不同群体的定制游，涵盖了父母、孩子、同事、朋友等多个群体，为消费者提供了多样的选择空间。

在定价方面，定制游的整体价格处于高端定制游和跟团游之间。高性价比且专业的精细服务是6人游追求的方向，对顾客的专注和专业是6人游杀出重围成为消费者首选的重要因素。

图 3-1　6 人游官网首页

资料来源：6 人游旅行网官网：http：//www. 6renyou. com/。

在市场区域分布上，6 人游不仅布局一线城市，也瞄准了二线城市。近些年，二线城市的经济发展速度很快，人们的收入水平不断上升，而生活压力又没有一线城市那么大，二线城市居民的旅游消费需求不断攀升。同时，二线城市提供新消费的企业相对不多，竞争压力较小。对此，贾建强表示，二线旅游城市定制游消费不容小觑，6 人游会在二线城市进行布局，将在比较中心的二线城市开设分公司。下沉二线城市甚至三线城市是目前很多企业都在进行的部署，6 人游希望在下沉中抢占更多的发展空间。虽然国内游并不能覆盖出境游业务上的缺口，但毕竟是目前企业可以为用户提供的旅行服务。尽管收益并不高，但能够维持业务，锻炼团队，强化客户关系。

2. 用心做营销，让私域流量的“星星之火”燃烧

私域流量是与公域流量相对应的概念，指的是通过微信群、公众号等沉淀下来的企业可以自己掌握的流量。其特点是反复利用、无需付费。私域流量兴起的背后，暗含着旅游企业面临着流量增长的困境。疫情引起的“蝴蝶效应”，让本来在获客上就长期面临痛苦的旅游企业雪上加霜，这也是私域流量“星星之火”越烧越旺的原因。

6 人游曾在故宫建成 600 年的大展之际做了一款名叫“开课了博物馆”的产品，售价 268 元/人。很多人有疑问，故宫还有可做的吗？毕竟已经发展得很全面了。但在该产品出来之后，一个多月有 1 万人购买。贾建强说，“这样一座举世闻名的宫殿，门票紧俏到三分钟‘秒光’，所以我们还提供了抢票工具帮助用户实现他想要的服务。这就是疫情期间 6 人游做的属于自己的可以开垦的地”。

贾建强认为，在国内游市场基础盘足够大的情况下，企业要想有稳定的客流和成交量，一定要培养自己的粉丝群体。“平台流量虽多，但不会均衡受力。”在过去 6 年里，6 人游积累了超过 200 万人的潜在客户，服务了超过 10 万人的高端客户出行，这是 6 人游只做私域流量的根本底气。“任何一个旅游人，都要长期考虑未来 10 年、20 年，当高品质服务被接受的时候，我们应该干什么？就像故宫的产品，我们可以做成一个系列，未来

还能做‘开课了博物馆’的 IP。有了这个 IP，就可以做任何想做的产品，前提就是你建立了一个品牌，有了巨大的想象空间。”

好的营销方式无疑是培养自己的粉丝群体、让观众们记住自己的绝佳途径。比如丁真的爆火就离不开后期工作人员全面到位的营销。所以，做好营销是6人游非常重视的工作内容。贾建强在回顾企业发展历程时说：“6人游在行业被广泛认知，是因为2017年的‘脱携大战’，我们当时顺势就推出了‘脱携行动’。最早我在360工作，一开始他们与雅虎PR大战，后来跟卡巴斯基合作，再后来与腾讯‘叫板’，结果用户一下突破3亿人。这些都是低成本借势营销，还会让行业觉得你有创造力。这点很关键。”

6人游进行了一些营销型产品的打造。从最初在北京发起的“帅哥送加班妹子回家”，到“无网之夜”，再到和北戴河 Clubmed 联合打造的“姥姥来了”活动，6人游一直强调，声誉和形象比任何单一的产品特点更重要。“所以我们强调去哪里旅游不重要，跟谁出去旅游很重要。每年花点时间陪爱人，陪父母，陪孩子，这就是6人游一直鼓励的‘为爱出行’”。在贾建强看来，营销只是一种手段，更在意消费者的体验和感受，让他们有所收获、有所触动，在旅行中让身体和心灵都在路上才是最重要的。

当然，对于私域流量的培养，贾建强认为还需要构建企业品牌的核心价值，让粉丝知道他们所关注的企业的核心价值是什么，让粉丝群体认同或欣赏企业的核心价值，因为粉丝群体本身也是企业口碑的创造者和传播者。

6人游的官网首页上有这样一句话，“不跟团、不自助，定义旅游新方式”。简短的一句话传达了你需要什么、6人游想要为你做什么、能为你做什么的信息——为你定制一段有特别意义的旅行。在官网的“定制行程”一栏中，人们能看到“5秒提交旅行需求，10分钟旅行顾问一对一沟通，24小时私属行程方案发送到手机”。简短的承诺表明6人游愿为每一位客户提供精细化、及时性的定制游服务，彰显着6人游精益求精、用心为每位客户做好服务的价值观念。

6人游的这些努力，为其在私域流量的发展塑造了良好的口碑和形象，也让其客户更愿意去选择这个品牌并乐于分享给他人。自从业以来积累的粉丝群体，也给了6人游在疫情期间放手拼搏的勇气和底气。6人游精细的服务和用心的营销，使私域流量之火越烧越旺。

（四）疫情后期的市场策略

1. 以国内游打磨定制服务的差异化

随着消费升级，旅游形式逐渐从以前的观光游过渡到度假休闲式旅游、体验旅游。人们不再满足于出去旅行，更重要的是旅游的体验感，是旅游的品质。疫情后期，旅游者对安全、私密、个性化愈发关注，定制游特别是高端定制正迎来新的发展机会。

市场上做定制游的企业越来越多，定制游产品也越来越丰富，尤其是在出入境旅游停摆之后，旅游从业者纷纷将目光放到了国内。面对国内市场情况，贾建强认为，国内游要想体现服务的价值，需要在差异化资源和体验上下更大的功夫。国内各地都拥有自身独特的旅游资源，6人游通过专业的旅行顾问，挖掘国内目的地独特资源，为顾客提供独一无二的国内定制旅行。通过发力国内定制游的业务，强化公司在线路差异化上的挖掘，提高沟通接待水平，提供更加细致周到的服务，为出境游恢复后，提升定制线路的深度、提高服务的品质打好基础。

2. 满足多元需求，建立新场景

在疫情期间，6 人游发布护肤新品牌“雪愈”，正式进入护肤品领域。雪愈成立于2018 年，是6 人游进行的战略布局，进军护肤品行业主要是考虑到6 人游这些年积累的客户以品质和理性消费为主，而且女性用户占70%。在低频的休闲旅游消费基础上，如果能够满足用户更多元的消费需求，可以更大程度地提高客户粘性。此时发布新品牌，固然是主营业务受疫情影响驱动，但也是顺势而为，是对服务的有效延展。

在满足多元需求的同时，6 人游也致力于建立新场景，刺激消费者消费欲望满足消费需求。6 人游不仅涉及群众心灵的旅行，还开始关注人们的餐桌。公司选址北京昌平和黑龙江五常两地，建造了“6 人游农场”。北京周边农场种植蔬菜、水果，主要满足北京消费者对于新鲜水果和蔬菜的需求；黑龙江五常种植优质大米，面向市场销售。通过种植、销售人们餐桌上的常见必备的食物，既面对专属小众市场，打造培养私域流量，同时也布局大众市场，托住底盘。坚持“6 人游农场直供餐桌”，保证产品新鲜直供，不经中间商流转，保证了产品的安全品质。

在疫情后期消费市场发生更多变化的背景下，贾建强表示，将会围绕6 人游农场这样的轻型资源，给用户找到匹配的高频消费产品，跟旅游这种低频消费的产品互补，搭建目标客户的新场景，布局多元化，着眼于客户而不是商品，为增加客户粘性、拓宽服务的广度打下坚实的基础。

3. 提升品牌壁垒

品牌对于顾客来说代表了熟悉和安全。品牌的打造与传播是企业发展壮大的重要推动力。疫情导致很多旅游企业被淘汰，这也是6 人游在定制旅游领域建立领先优势的机会。

6 人游也在尝试跨界合作。在疫情期间，6 人游与抗摔旅行箱品牌舒提啦合作，通过协助舒提啦进行线上直播策划推广，让更多人发现和了解6 人游，挖掘潜在客户群。与舒提啦的合作不仅缓解了疫情对企业的打击，还推动了品质消费在人们心中的觉醒。6 人游联合舒提啦提出“让世界看见中国品牌”计划，得到了行业和用户的高度认可。舒提啦创始人张铭庭认为6 人游是品质旅行的标杆，和舒提啦抗摔旅行箱有着共同的品牌理念和企业价值观，未来会在很多营销合作上携手，共同为中国品牌的崛起努力。

无论是雪愈还是6 人游农场，在这些新业务领域当中，6 人游坚持品牌直营和一对一服务，致力于客户的高品质消费体验。6 人游团队的细心、用心和专心，让客户看得见品质、感受得到诚心。在提到6 人游时，不仅有好山好水的定制旅行，还有生活中6 人游能够参与的其他方面。疫情期间，公司对品质的坚持令客户的口碑不断发酵，让“定制旅游就找6 人游”深入人心，品牌厚度和广度都得到了增强。

（五）未来展望

2021 年2 月，中国旅游研究院统计调查所发布的《2020 年旅游经济运行分析与2021 年发展预测》研究报告指出，在大众旅游新阶段、小康旅游新时代，2021 年旅游经济将从全面复工复业走向消费、投资全面复苏，大众旅游新需求、智慧旅游新业态推进产业迭代和服务升级，全年发展预期相对乐观。

随着新冠疫苗的开发和投入、国内完备的疫情防护措施以及国家之间边境的开放等，旅游业正在从“凛冽寒冬”走向“暖阳春天”。中国旅游研究院院长戴斌表示，融入国家和区域发展战略，扩大国内旅游消费，一手抓市场下沉，一手抓消费升级，是活下来的旅游企业需要关注的事情。当然，更重要的是了解客户需求，给予消费者们安全、满意的旅游产品，让消费者获得独特的体验，注重服务品质。以人为本是旅游企业疫情后期发展的重要方向。

作为旅游市场上以服务品质为价值主张的企业，贾建强希望，度假服务领域能够停止价格战，踏踏实实做好服务，让消费者得到真正好的旅行体验，同时让旅游服务的从业者能够回归真正的价值。追逐理想是长期的过程，在定制游这条赛道上，6 人游如何“从优秀到卓越”，是值得期待的事情。

对于整个旅游行业，对于资源的升级，需要更多看重品质的体验感。现在是供给侧改革的重要时期，谁能做出好的产品谁就能获得市场认可。对服务型企业而言，需要共同引导“服务”的价值认可，从之前的零团费、负团费、购物店自费项目等业务模式中走出来。

正如雪莱在诗中写道“冬天来了，春天还会远吗?”一切过往皆为序章，我们相信旅游企业的春天将在不久后到来。

（执笔人：罗宏伟，北京联合大学旅游学院 2019 级旅游管理专业本科生；黄莉，北京联合大学旅游学院讲师）

参考文献

［1］中国旅游研究院官微．从全面复苏走向高质量发展——2020 年旅游经济运行分析与 2021 年发展预测（中国旅游经济蓝皮书 No. 13）［EB/OL］．［2021－02－22］．https：//mp. weixin. qq. com/s/bkH2n4MG－_zJfP7mfVQ_2A.

［2］环球旅讯官微：舒提啦 200 万采购 6 人游旅游产品，作为客户奖励计划［EB/OL］．［2020－03－17］．https：//www. traveldaily. cn/article/136477.

［3］中国旅游研究院官微．《中国出境旅游发展报告（2020）》在线发布［EB/OL］．［2020－11－10］．https：//mp. weixin. qq. com/s/Hy0QPyeffgGJ68QRPmxTdA.

［4］在线旅讯：2020 世界旅游发展报告［EB/OL］．［2020－11－24］．https：//mp. weixin. qq. com/s/7GukTDNHlmVQ8jNIACEMig.

［5］北京市统计局网站．旅行社组织出境旅游情况［EB/OL］．［2020－10－21］．http：//tjj. beijing. gov. cn/tjsj_31433/yjdsj_31440/ly_32068/2020/202010/t20201021_2116899. html.

［6］环球旅讯：出境游“寒冬”凛冽，旅游人的春天还有多远［EB/OL］．［2020－12－19］．https：//www. traveldaily. cn/article/142390.

［7］环球旅讯：陈罡请回答：人人都在布局旅游内容，马蜂窝如何守住高地？［EB/OL］．［2020－11－23］．https：//www. traveldaily. cn/article/141855.

［8］环球旅讯：二线城市定制游消费旺盛，或成业务快速增长点［EB/OL］．［2019－12－05］．https：//www. traveldaily. cn/article/133369.

［9］Travel 星辰大海：爆火的“私域流量”，对旅游企业意味着什么？［EB/OL］．［2019－06－27］．https：//mp. weixin. qq. com/s/6bI4lFjV27FB8pEtxfDrOw.

二、微景天下

（一）企业发展历程

1. 初创期——借“互联网+”的风口，创办微景天下

2010年，导航市场的竞争已经相当激烈。从武汉大学摄影测量与遥感专业毕业后一直从事导航工作的宁永强，选择换个方向重新开始。而彼时在互联网领域，地图这块“蛋糕”才刚刚上桌。基于对行业发展的判断，他选择了加盟中国互联网三大巨头之一的腾讯。进入腾讯后，宁永强首先考虑的是如何实现腾讯地图与现有地图产品的差异化发展，如何实现创新；如何让腾讯地图与腾讯的产品进行紧密结合。对测绘行业多年的观察和实践，给了宁永强很多灵感，2010年10月，他和他的团队最终将方向确定在做“街景地图”。2011年12月，经过了一年多的努力，腾讯街景地图正式上线。2013年，是互联网的大时代。互联网从窗口变成了引擎，给人们的生活带来了巨大的改变。随着手机用户成为中国新增网民的第一来源，手机端应用已成为2013年中国互联网应用发展的主要驱动力。2013年8月，在此背景下，宁永强一边继续负责街景地图项目，一边选择参加腾讯代号“梦工场”的内部创业，开发一个叫作“腾讯实时公交”的纯粹移动互联网产品。在开发这个项目期间，宁永强感受到了政府对交通互联网化的管理和运营有着极强的诉求。这个项目，让宁永强有了非常明确的思考，互联网其实可以帮助政府和企业进行运营与管理。这期间，腾讯提出加大开放平台战略，从集中平台到产品化，国家也开始对“互联网+”投入政策支持。也是在这时，宁永强选择离开腾讯，借“互联网+”的风口，确定了“全景三维化”创业方向。创业伊始，宁永强决定把定位技术和全景展示结合起来，并选定了旅游行业作为切入口。而旅游是“景”，图片是“景”，行业也与“景”有关，于是，宁永强和他的合伙人思来想去就定了下“微景”二字。在2015年8月12日，微景天下（北京）科技有限公司正式成立。

2. 发展期——完成大天使轮融资，建立广泛的战略合作伙伴关系

2015-2017年为发展期。2015年12月在“资本寒冬”前完成当年业界大笔天使轮5000万元融资，估值超过5亿元。公司定位“互联网+”的“+”号企业，专注于“互联网+旅游”解决方案，把以BAT为代表的互联网平台能力创新升级为全新的技术应用，为政府、企业和个人用户提供“三位一体”的移动互联网服务。2015-2016年，微景天下推出了针对政府、企业和个人三位一体的高技术移动端产品和服务。对政府，微景天下提供旅游及景区应急管理系统，运用空天检测、位置大数据、图像识别等技术，完成对景区人流、密度、危险的监控、分析和警报，降低突发事件的概率，提升精确管理水平。对景区，微景天下提供景区商业生态移动互联整体方案，集合全景、地图、导航、支付、解说、定制等功能，系统解决景区展示、推广、交易、服务的所有需求。同时协助景区突出文化价值，打造影响力，塑造品牌。对个人（游客）利用轻应用提供旅行的全方位协助，合作景区遍及北京、重庆、江苏、浙江、安徽、湖南、四川、西藏等省份，2016年，在全国一半以上省区建立技术和服务中心。在微景的服务名单里，既有故宫、洲际酒店，也有农家乐、偏远山区等。微景天下基于自有知识产权的全景拼接和三维重建技术，为政府、企业、个人提供服务。2017年，微景天下与故宫、新华社、美团网、洲际集团、歌华有线、绍兴旅游集团等建立战略合作伙伴关系。微景天下在这一阶段先后斩获了“2016中

国互联网＋旅游最佳产品奖”“2016中国最具投资价值公司百强”“中国创客40强”和“京东天工计划人工智能3D建模大赛一等奖”。

3. 成熟期——技术应用愈加成熟，标杆项目确立行业地位

2017年至今，在其业务中，主要是运用到了定位技术。比如，在为故宫提供全景三维化服务时，需要某个宫殿的具体位置和宫殿本身的图片结合。即用位置来界定它的产品化管理、产品化交互、产品化体验，并建立一个数据库来管理导航。微景天下提供的不是图片，是视觉，是可以互动的视觉，没有互动就没有未来，不论是为景区、酒店、政府的解决方案，还是全景相机都将互动作为一个重要因素。在视觉方面，目前微景天下也在利用倾斜摄影技术为古建筑、文物等进行3D形式的数字化，呈现的物体不仅是可测量的，同时还是完全真实的，其高精度可以让物体的纹理、结构、材质感都得到最大程度还原。由于掌握了独家的拍摄技术和后期处理技术，倾斜摄影从拍摄到成果输出至移动端的时间大大缩短，成本大幅降低。这其中拥有大量的社会价值与商业机会。宁永强在导航领域已经沉浸了将近十年，他丰富的导航经营，让微景天下从原先高成本、低效率的应用到如今低成本、高效率的大面积人群覆盖。微景天下组建由数十位在BAT等知名企业工作4年以上的业务技术骨干组成的“黄金技术团队”，自主研发的全景VR制作和三维重建平台，应用于文化旅游、文博文保、智慧城市、数字乡村、智慧会展等领域。微景天下凭借技术优势深度参与住建部中国传统村落数字博物馆建设项目，定制专属的创意VR应用及行业解决方案，帮助实现震撼的传播效果、更沉浸的互动体验，现已成为数博会、藏博会等国家级展会的战略合作伙伴；凭借高技术门槛、不断迭代的产品体系以及稳健的商业发展步伐，斩获了“2017年国际创新创业博览会金奖”，国家文化和旅游部“2019年度国家文化和旅游科技创新工程项目”“2019年度内地与港澳文化和旅游交流重点项目”“京东天工计划人工智能3D建模大赛一等奖”，国家文物局“互联网＋中华文明”示范项目等殊荣。基于“5G＋XR”等先进技术，微景天下致力于“科技＋文化”的产品服务体系研发和创新。公司自主研发的全景和三维重建平台，是展示传播中国优秀传统文化，构建融合传统文化和现代科技的可视化富媒体产品体系的基础技术支撑，融合服务新型数字城市、数字乡村、文化旅游、文博文保、数字会展等产业领域。凭借技术和产品优势，微景天下现已长期为新华社、新华网、中国文物报社、中国建设报社、中国传统村落数字博物馆、故宫博物院、中国国家博物馆、南通博物苑、中国地图出版集团、歌华数媒等文化主管部门和企事业单位提供服务。通过XR多终端沉浸交互传播系统，陆续为中华文物云、新华云展、博灵展等文博行业性平台提供技术和产品服务。凭借深厚的技术积累、层次丰富的产品体系以及稳健务实的商业发展策略，2020年初，公司产品入选“中关村发布首批抗击疫情的新技术新产品服务清单”，北京经信局发布的《齐心协力，抗击疫情——北京信息消费应用指南》，同时入选腾讯战“疫”联盟。公司是中国紫禁城学会理事单位、中国地理信息产业协会旅游工作委员会主任单位、北京市海淀文创协会副会长单位。

（二）商业模式演变

1. 以To B为主的“互联网＋”创业企业，采取项目服务

与以To C为主的互联网创业企业不同，微景天下是以To B为主的“互联网＋”创业企业，采取项目服务。微景天下定位于为旅游行业提供移动互联网解决方案，主要帮助旅

游景区、酒店及农家院实现“互联网+”的落地。也是对国家旅游局下发的《关于实施“旅游+互联网”行动计划的通知》中关于智慧旅游的落地实施。微景天下为故宫、长城、千岛湖等多个著名的景区提供服务，同时，也与多地旅游管理部门达成了合作意向。与O2O的创业企业不同，微景天下由于采取项目服务收费的方式，因此尽管成立时间不长，已经积累了一定的现金流。虽然一直以来投资机构对移动互联网创业企业并没有现金流的要求，大部分创业公司前期都是在“圈用户”“烧钱”，但在资本“寒冬”中，显然这种“烧钱”的商业模式很难再赢得投资人的青睐，反而像微景天下这种靠技术立本，并且有相对充裕的现金流的企业会成为受追捧的对象。商业价值的实现需要有技术后台，对数据的处理能力，也需要接入其他服务的能力，而在微景天下的商业模式中，全景照片只是其中一环。通过基于全景展示的产品应用，微景天下可以为景区、酒店做出更直观、更有深度的营销解决方案，甚至是对地方整体的旅游资源做“整合”。在产品方面，微景天下追求的是“由泛到精”，与互联网地图提供的通用地图相比，微景天下将在地图基础功能之上与行业进行结合，提供更精细化、更准确的行业应用。比如地图与旅游行业相结合，将为游客提供精细化导航，游览路线规划。基于这一个运用，公司可以把当地附近相关的旅游项目整合其中，所有的需求在这一个运用中同时满足。将来也会有更多类型的服务，如停车位实时状况、购物模块等，在版本的不断更新中添加进去。微景天下的商业模式是开放的，公司主要在技术、产品、服务标准方面不断研发，和各地战略合作伙伴开发市场。到目前为止，公司在重庆、西藏、浙江等省份都有合作伙伴。

2. 以S To B（To C）的形式发展

微景天下其技术目前专注于与旅游全景相关的产业，因此总体来说，微景天下商业模式以S To B（To C）的形式发展。微景天下目前主要为“To B”——即面向政府和企业的商业模式，但是也有发展“To C”即面向消费者的意向。未来计划通过服务“B”端，进而发展为对“C”端提供服务，规划个人服务，两者的服务标准一致。微景天下与大部分互联网创业企业针对个人用户的“To C”模式不同，其以To B为主，公司定位于“互联网+”企业，为政府、企业和个人用户提供“三位一体”的移动互联网服务。利用360度全景技术、大数据、技术平台帮助各个行业实现“互联网+”的落地。不过，目前微景天下重点切入的领域是旅游，主要为旅游行业提供移动互联网解决方案。在政府方面，微景天下希望实现旅游局的互联网化，为政府部门建立一个集景区管理、动态监控、数据监管为一体的管理平台，借助手机定位功能，旅游部门还可以监控和预测游客的密集程度和流向，并提前发出警告，从而避免类似上海滩踩踏事件。而在景区端，微景天下将利用360度全景摄影技术为景区、酒店开发全新的展示页面，包括品牌宣传、营销支撑等。在游客端，游客无论是在景区游览、酒店预订还是餐厅订餐，都能够通过全景照片感受“所见即所得”身临其境的感觉。这样，政府端、景区端、游客端三个平台形成一个良好的正向循环。

（三）运营管理模式

现在互联网的平台，不管云的平台、全景、导航等基本要素都有，需要做的就是把互联网技术与政府的管理需求、企业的经营管理需求进行对接，微景天下就是要在中间层面做这样的对接。把新的技术“加”在传统的产业当中，这种经营模式的优点在于把技术和垂直运用相结合。

1. 平台能力和产业加起来，对接互联网技术与政府的需求

微景天下在后台会有一套专门的管理系统，可以解决很多问题，如广告投放精准度，游客情况的分析等，在做出用户分析之后，做精准营销会更有用。除此之外，微景天下基于大数据做景区游客的管理系统，通过这样的管理系统，可以直观掌握地区游客的变化情况。在政府管理方面，微景天下基于大数据可以找到问题解决方法的数据依据及支撑。用大数据解决旅游行业的问题使政府决策判断有据可依。

2. 产品定位清晰，系统开发和运维环境高标准化

微景天下定位为从事“AI 图像计算与虚拟现实（VR）”相关行业的企业，这在当时意味着成立即要面对来自科技巨头的竞争压力。创始人宁永强认为，一是要将一个技术变成真正的产品，这段路径还要走很久；二是从事多年相关领域，对市场需求有着敏锐的嗅觉。事实证明，最初微景天下的定位是正确的。2016 年开始，虚拟现实产业开始蓬勃发展，经过不到两年的时间，产业规模已经接近千亿元。据中国信息通信研究院发布的《中国虚拟现实应用状况白皮书（2018）》显示，虚拟现实产业未来还会保持 70% 以上的年度增长率。在需求侧，全国博物馆每年参观人数已超过 10 亿人次，且每年以 30% 速度增长。为此，微景天下将一条业务线设定为“中华文物云”，具体服务于全国 5136 家博物馆等文博文化机构以及每年举办的各类展览。另一条业务线则主打“实境城市”，宣传展示每个城市自有的特色。以北京落地的“实境海淀”为例，团队以全景技术为基础，采集海淀区三山五园、著名高校、知名科技园区的全景，创新性地将海淀航拍全景作为目录，再以更直观的“沉浸式”交互方式，增加了海淀的文旅资源禀赋传播力度。

作为国内第一代“互联网＋旅游”的解决方案提供商和运营商，微景天下从成立开始就非常注重企业自身与客户的信息安全。网络信息安全已经上升为国家战略。对企业来说，很多时候信息安全就是企业的一条生命线。例如，在服务器安全方面，微景天下使用云主机，并采用“一用户一账号”策略，各业务机器之间“逻辑隔离”，线上机器禁用高权限用户，并定期更换密码；在应用安全方面，每个业务系统都有权限控制模块，有异常访问会即刻上报给监控系统，同时对第三方服务（短信、第三方支付接口、微信相关接口）进行统一封装，集中管理等。在不断的摸索和实践中，微景天下已经逐渐构建了一套行之有效的信息安全防护体系。微景天下的全景技术目前处于国内领先水平，能够做到将全景相机拍摄的照片，在 120 秒内可以在用户的移动端生成实时应用的产品。全景图片让用户拥有了一个平时看不到的视角，包括对建筑文物等采取实景 3D 技术建模，未来人们看到的景色或者任何一个物品，将可以实现全方位地查看，有了更直观的选择权。

3. 渠道推广在线协同，实现多元化交互

微景天下从数据、产品、运营多角度、丰富的交互形式，对数字化三维数据内容进行深度价值挖掘和展现。一方面，通过融合数据、产品、视觉、多维度交互等形式，将三维故事性深度挖掘展现；另一方面，打通了产品与微信、微博、公众号等自媒体渠道入口。微景天下在与政府企业合作的同时，通过他们的渠道，使其协助自身进行推广。例如，微景天下在与腾讯微校合作时候，让更多人在微校认识与了解微景天下；与故宫博物院合作“全景故宫”，游客体验全景故宫的同时，也是一种宣传与推广；与央视新闻、新华社合作登月模拟项目，互惠互利；与县、乡政府合作，丰富当地旅游的同时，还能让使用者进行传播。

（四）核心竞争能力

1. VR 高新技术应用能力

微景天下的整体产品技术能力在业界处于领先地位。企业的核心技术优势在于自主研发的三维全景拼接重建算法和独立自控的渲染引擎，已获得 30 余项专利和软著授权。其中，包括全景三维生产流程上的技术创新、技术难点的突破以及行业应用创新等。基于对全景三维核心技术研发的持续投入，平台沉淀了强大的数据内容生产能力和产品服务定制化能力以及大量行业经验。具备从全景三维内容大数据快速获取，到高精度自动拼接计算、分布式存储、高比压缩、分级简化渲染、发布审核安全可控、人性化交互展示和灵活封装调用等全流程研发能力；同时支持多终端同步在线内容编辑、海量全景三维数据存储、数据产品多端适配调用和展示。微景三维平台通过智能计算和云端处理能力，实现工业级三维全景生产。通过在线协同，平台提供了便捷的内容展示工具，用户可以在几分钟内容将自己创作的三维全景内容快速整合、编辑、发布，真正实现了低成本、高定制、轻管理的实现自身定制化产品 VR 化体验。

2. 科技赋能旅游产品研发能力

科技赋能旅游，能够以更加及时、准确、智能的方式为游客、旅游企业、旅游管理部门提供各种信息化应用和服务，形成“处处皆景点、随地可旅游”的线上线下全域旅游格局。目前，旅游新技术的应用面越来越广，电子信息、航空航天、智能装备制造、新能源汽车、北斗产业等领域新技术的应用将大大拓宽旅游新空间，科技投入的增加已经成为繁荣旅游市场的基本途径。微景天下通过科技赋能旅游，在业态、产品、商业模式、技术等各方面进行创新，将文化遗产、文化资源、文化要素转化为深受旅游者喜爱的旅游产品，融合在一起，产生出“1 + 1 > 2”的效果。科技赋能使旅游市场的外延和空间不断扩大，延长了部分旅游产品的生命周期，大大提高了旅游产品的安全性和体验指数，让旅游服务越来越完善。微景天下以三维全景为数据展示基础，针对三维全景背后的产地、历史、文化等丰富信息设计具体的展示介绍脚本，根据脚本聚合丰富的图像、文字、音频、视频信息，以沉浸的方式将历史故事展示传递给公众。在产品研发能力方面，微景天下真正做到了以数据技术为基础，为客户提供从数据制作，产品应用研发，数据管理，品牌运营的“一站式”高标准化的系统服务，如表 3 – 1 所示。

表 3 – 1　微景天下与竞品公司对比

名称	技术	技术方向	产品	商业模式
微景天下	全景和三维建模技术	全景景区（故宫、长城等） 乡村文物保护（古村落建模） 博物馆（导览）	全景故宫、互联网 + 西藏文化旅游体验馆、全景相机“皓景”	S To B
全景客	全景和 VR 技术	VR + 文化旅游、VR + 企业品牌营销、VR + 可视化特产电商	虚拟漫游、朱雀山虚拟旅游、清江画廊虚拟旅游、武当山虚拟旅游	S To C
百度地图	地图导航技术、GPS	景区地图导航	景点的 3D 虚拟旅游的路线	B To C

续表

名称	技术	技术方向	产品	商业模式
玖的	5G 和 VR 技术	5G + VR 文旅景区、5G 数字博物馆、5G 科技展厅、5G + VR 公共安全培训、5G 智慧党建、5G + VR 看房	全球首个移动 VR 体验馆“吧迪乐”	S To B To C
全景映画	全景和动画技术	360 全景 VR 拍摄制作	无	S To B 或 To C
		VR 宣传片、纪录片制作		
		全景应用软件开发服务		

（五）创始人及合作团队

1. 创始人

宁永强，腾讯街景创始人之一，原腾讯项目通道委员会委员、腾讯地图顾问。中国长城学会数字工程委员会副主任，中国紫禁城学会理事，中国地理信息产业协会旅游工作委员会主任委员。文化科技创新是国家科技创新的重要组成部分，是社会主义文化强国建设的关键支撑力量。2013 年起，宁永强作为发起人之一，联合中国长城学会、中国文物保护基金会、腾讯发起长城保护基金，担任长城保护基金理事，被中国长城学会聘为“长城数字工程委员会副主任”，主导数字长城保护。基于宁永强在长城保护和长城文化传播上的贡献，2017 年 10 月，微景天下的“数字长城博物馆”项目被授予国家文物局“互联网 + 中华文明”示范项目，进一步扩大长城保护的工作范围和贡献。基于深度参与故宫博物院“互联网 +”的创新，宁永强 2018 年 3 月当选为中国紫禁城学会第五届理事会理事，任期五年。成为联络国内外中国古建筑及有关历史、艺术、自然科学等相关学科研究的力量之一，志在促进国内外学术交流，以利加强对中国紫禁城（即明清故宫）的保护，使这一体现中华民族的传统文化进一步发挥在社会发展中的作用。

2. 合作团队

微景天下团队里有深耕地图领域多年的技术专家，还有网络与社会问题研究的专家。核心团队中，90% 以上的成员来自 BAT 公司，拥有很强的技术能力。乐雄杰，公共服务中心总监，武汉大学测绘工程硕士，曾任腾讯高级项目经理；马志刚，前端首席构架师，北京大学计算机博士，任职于斯伦贝谢、腾讯；程秀超，技术委员会主任，北京理工大学软件理论硕士，曾先后任职于亚信科技、腾讯；都人华，设计总监，清华大学工业设计硕士，曾任腾讯高级交互设计师。

（六）未来展望

目前，国外的 3D 虚拟旅游非常发达，有一款风靡了整个欧美的在线 3D 虚拟游戏——第二生命。第二生命是一款模拟人们日常生活的游戏，在游戏中可以交谈、玩游戏、做一些日常生活中不敢做的事情，就像玩家拥有了另一条生命一样。玩家总数在 2007 年已经突破了 100000 人，2009 年 9 月，用户在线时长已经超过 10 亿小时。在虚拟游戏中，玩家可以随意更改人物长相，注册多个虚拟人物，甚至赚取虚拟游戏币，当然，虚拟游戏币是需要真实货币购买的，同时国外也有相似的线下虚拟游戏“模拟人生”。国内的

3D 虚拟旅游行业也正在蓬勃发展，一些知名企业已经开始制作相关软件，部分企业已经推出了属于自己的网络旅游项目。一些著名的国家景点比如北京故宫、武当山、张家界等已经推出了虚拟旅游的业务，以此来展示、宣传自己。其中，最著名的就要数北京故宫博物院于 2008 年推出的一个名为“超越时空的紫禁城”的 3D 虚拟旅游项目，利用 3D 虚拟技术，为那些不能实地到紫禁城的游客，在网上打造了一个虚拟的环境。“全景客”也是网络上较为出名的一家 3D 虚拟旅游网站，已经拥有多处景点的虚拟旅游资格。网友可以轻松游览北京、上海、西安、三亚等多个著名旅游城市的经典景点而不用面对拥挤的人群和变幻莫测的天气以及支付高昂的费用。近几年，百度公司的手机应用“百度地图”可以提供各个城市，各个景点的 3D 虚拟旅游的“路线”。与此相似的是“城市吧”虚拟旅游网站中，该网站注重的是和“百度地图”相似的街景，而不是景区景色。

微景天下的盈利模式为数据处理模式。数据处理模式是指通过运用数字技术，为客户设计新型价值理念，提供解决方案，发现、创造并获得利润的盈利模式。数据处理模式的意义在于：一方面，它为企业降低了运作成本，提高了工作的效率和准确性；另一方面，它也给企业搭建了一个更大、更广的竞争平台。与企业资源规划和企业资源再造不同，数据处理模式关注的不仅是企业自身所在的产业价值链，它还可以通过自己强大的数据处理能力，为处于不同产业中的企业提供服务。目前，一些欧美 IT 企业所研制的网络产品，就是一个大型的“数据处理器”。可以预见，作为网络时代的基础设施，这些产品将会成为未来所属企业重要的利润源泉。微景天下以自有知识产权的全景拼接和三维重建平台作为支撑，拥有强大的信息源网络，构建了完备的数据库。由于客户来自不同地域、不同文化，所以数据的处理过程和处理结果在突出人性化的同时，还保持了友好的界面。此外，还能保证数据库的及时更新和数据处理技术的及时升级，为用户提供最贴心、最高效的产品服务。微景天下收取的费用有平台服务费、内容版权和标准产品服务费、技术服务费，通过这些费用达到盈利。

随着疫情防控工作的逐步深入，为避免人员聚集引发交叉感染，切断病毒传播途径，各地博物馆相继闭馆，多项原定在春节期间推出的文化展览也临时取消。为了丰富人民群众在疫情防控期间精神文化生活，充分发挥博物馆文化展览作为精神文化产品在传播知识、解读文化、弘扬精神方面的积极作用，在国家文物局博物馆与社会文物司指导下，中国文物报社协调各地文博单位积极参与，微景天下（北京）科技有限公司作为国家文物局“博物馆网上展览平台”技术支持单位，紧急上线 200 余个博物馆数字展，并基于此联合中国文物报社研发“中华文物云博灵展”手机端 VR 应用产品。截至目前，产品运营团队共收到 200 多家博物馆提交的 353 个项目。国家文物局和“博物馆网上展览平台”先后分六批推出了 300 个网上展示项目，其中，包括在线虚拟展览项目 81 个、数字全景展厅项目 55 个、博物馆大数据平台和文物数字化展示项目 14 个及前期发布的在线虚拟展览，“中华文物云博灵展”发布的网上展览项目现已达 270 余个，并将持续增长。产品及线上展内容上线后就得到了网络受众普遍欢迎。平台浏览量快速增长，平均每天浏览量突破 4 万人次，平台总浏览量已超过 60 万人次。人民日报、新华社、中新社、北京日报、凤凰新闻、腾讯新闻、今日头条等数十家传统媒体和互联网媒体纷纷对“博物馆网上展览平台”新发布的展览内容进行报道或转发。美国有线电视新闻网也以“疫情没难倒中国的博物馆”为题介绍了国家文物局推送博物馆网上展览的信息，文章认为，“这将推动新一代互联网技术发展成果与中华优秀传统文化的传承发展相互融合，通过虚拟化的‘云展览’集中整合各个博物馆的资源”。“这些新的在线资源为文化爱好者提供了机会，能够参观位于不常去的城市博物馆”。为避免人员聚集引发交叉感染，对切断病毒传播途径起到了一定的作用。

总体来说，微景天下具备工业级、轻量化三维全景内容生成能力，并在互联网多终端展示应用产品创意创新、技术革新、产品制作质量、定制服务满意度方面，都具备了很高的行业水准。微景天下定位于为政府、企业和个人提供“三位一体”的“互联网＋旅游”行业整体解决方案，推动旅游行业解决方案的移动互联网化进程，希望能在“互联网＋旅游”行业的转型中带来更多的改变——新的安全标准、服务标准、产品标准。在这样一套体系下，好的资源、好的酒店就会有先发优势，以此带动服务标准的更新换代。当前，微景天下服务的合作伙伴超过3000个，涵盖部委及各级政府、互联网及各类大型企业，并在此过程中积累了手机移动端、PC端、大屏端强大的互联网技术产品研发能力及丰富的产品设计和内容运营服务经验。随着资源、技术和资本的不断累积，团队综合能力优势将更加明显。微景天下拥有全自主研发的完整闭环系统的全景技术，技术应用范围非常广，有非常好的延展性。微景天下基于国内领先的360度全景摄影、倾斜摄影、地图绘制、导航以及大数据应用等技术，为政府、景区、酒店、个人用户提供移动端解决方案。当前市场同质同类的竞争企业本来就少，加之目前国家出台多项政策支持科技创新企业发展，推动全景技术的进步，政府也提供宣传及推广渠道，因此，微景天下的市场广阔，前景良好。

（执笔人：薛卓晶，北京联合大学旅游学院2020级MTA学生；马玉蘅，北京联合大学旅游学院2017级旅游管理专业本科生；杜雨琪，北京联合大学旅游学院2017级旅游管理专业本科生）

参考文献

［1］司马宏昊，宁卓妍．智慧旅游视域下VR与旅游融合发展研究［J］．中小企业管理与科技（下旬刊），2020（08）：46－47.

［2］张配豪．微景天下的“视觉商业”［J］．人民周刊，2017（09）：44－45.

［3］腾讯“街景之父”辞职创业，微景天下获5000万天使投资［EB/OL］．［2015－12－03］．https：//mp.weixin.qq.com/s/t2VQ5FU8vNe1tuImnoT74g.

［4］【专访】微景天下CEO宁永强：从0到1，测绘人的创业情怀［EB/OL］．［2017－08－17］．https：//mp.weixin.qq.com/s/16wWKGL3bjLnkjp8o6MyOA.

［5］微景天下：打造更安全的移动互联网解决方案［EB/OL］．［2016－12－13］．https：//www.sohu.com/a/121399509_494409.

［6］农晓锋．3D虚拟旅游的现状及发展前景［J］．大众科技，2016，18（08）：5－6＋12.

三、亲子猫

（一）企业简介及发展历程

亲子猫，实践教育专家，专注研学旅行和劳动教育。公司成立于2015年3月，总部位于中国教育创新硅谷——中关村互联网教育创新中心。教育部“1+X”研学旅行培训评价组织，教育部“十三五”职业教育国家规划教材组织单位，工业和信息化部研学标准起草单位，中国科学院“求真科学营”执行单位，北京师范大学教育基金会投资企业。

亲子猫现拥有国内首家沙漠研学营地、首家无人机研学基地和12家中科院研学基地，每年为中小学生提供研学服务超80000人，沙漠研学超6000人。

开办新时代研学旅行管理培训班（原“全国研学旅行指导培训班”）84期，研学培训学员超4300人，当地知名中小学、研学机构、营地代表参加。已发展23个省级行政区合伙人，40多个城市合伙人，实现学员全国全覆盖。

举办新时代研学旅行论坛（原“中国研学旅行论坛”）5次。这是国内举办最早、参与人数最多的研学论坛，论坛学员超8000人，对外演讲70余次，听众超过35000人。

“1+X”研学旅行策划与管理（EEPM）职业技能等级证书试点院校共有564所，申报学生人数达122819人，已设323个研学EEPM证书（初级）考点（含10个临时考点），举办职业院校初级师资培训35期，3000多人参加；举办EEPM职业技能等级证书初级考评员培训26期，2000多人参加。

研学猫云课堂自2020年2月上线以来，推出课程889个，用户76316人，遍布全国463个城市。截至2020年底，10个月的访问量已逾190万次。

1. 初创期——我和我的倔强，在沙漠中飞翔

“亚沙是结束了，但真正的历练才刚刚开始，我们的友谊之路也刚刚开始。大家仍然要定期训练，保持良好的身体状态，以后还要一起征战亚沙，一起旅行，一起成长。”（摘自魏巴德博客）

2015年，亲子猫创始人魏巴德从中科院辞职，转身投入创业的新赛道并于当年注册创办了亲子猫（北京）国际教育科技有限公司。在当时，不仅外人难以理解这种“离经叛道”的做法，魏巴德本人也表示“从一个赛道转换到另一个全新的赛道，中间有太多的波折和不易”。

创业初期，亲子猫致力于为父母解决“周末去哪儿”的问题，通过微信平台组织主题活动。随着业务不断扩大，魏巴德想转型做互联网亲子产品交易平台，将公司改名为亲子猫（即亲子MALL），并开始融资。

2015年3月，魏巴德奔跑在融资、拉风投的前线，但所见的投资人几乎都在第一时间否决了他的构想，他整整一个月一无所获。在崭新的赛道上，他一没资源，二没相关的行业知识储备，自己也陷入了迷茫期。后来，他参加了沙四，走进沙漠，与八百多人徒步旅行。“对我个人来说，亚沙更是在我人生最低谷的时候拯救了我，治愈了我，让我找到一些人生的答案，获得创业灵感，以及人生再出发的勇气。”

魏巴德再次整装出发，改做线下实体的亲子出行活动。当时，公司主要在周末组织家庭团出行，参与人数在50－60人，地点一般选择在有特色的郊区。尽管利润较低，但脚踏实地的运营线下亲子活动是更符合实际的做法。

2016年4月10日，亲子猫国际获得了中国最大的教育基金会——北京师范大学教育基金会领投的天使轮投资数百万元，并于同年10月完成天使轮融资。这为魏巴德继续坚持亲子猫的发展注入了强大的信心。

城市里的当头一棒曾让魏巴德失去了方向，但沙漠中的徒步却给了他飞翔的翅膀。正

如一句歌词所唱，“我和我的倔强，握紧双手绝对不放”，迷茫中仍坚守初心、寻找希望，终于让魏巴德从创业初期的泥潭中艰难脱困。

2. 发展期——整装再出发，最美的风景在徒步

其实在完成天使轮融资之前，亲子猫就面临着严峻的市场考验。当时，旅游市场深入垂直细分，越来越多旅行机构将焦点转向亲子游，一时间亲子游项目遍地开花。与其他做亲子游的企业相比，亲子猫的特点与优势何在？魏巴德不断思考着这个问题，更何况提供传统的亲子游项目也不是他创业的初衷。

魏巴德重新深入市场，对当时旅游行业、旅游市场的运行模式及现状进行了调查分析。他发现不同地区、不同规模的旅行社之间大打价格战，推出各种名目的优惠或特价，实行消极的定价策略。对亲子游市场而言，市场根基被不断侵蚀，市场空间被不断压缩。面对这样的市场状况，魏巴德从自己的沙漠徒步旅行中汲取经验，他决定在融入自然体验式教育的基础上，聚焦以徒步教育为主题的亲子出行产品。

魏巴德及其团队对徒步教育进行了深入思考与研究，注重安全与知识体验并重，不断采取各种方法增加徒步教育的趣味性和科学性。不一样的市场切入方式和经营视角使亲子猫与市场上其他亲子游公司区别开来，标志着亲子猫正式进入新的发展阶段。

（二）商业模式

亲子猫的商业模式经历过几次变化。从最初立足亲子教育、徒步教育，聚焦客户的坚毅教育，到后来发力研学旅行，推动中小学研学旅行和研学实践教育基地的搭建，再到如今积极推动构建“研学旅行职业教育＋研学旅行平台＋研学实践教育基地”的研学教育商业模式。

2015 年 3 月，在创业之初，亲子猫只是在小范围内通过微信平台组织以“胡同游”“郊外行”为主题的活动，希望通过家长们身体力行的教育来激发孩子们的好奇心和求知欲，同时，通过亲子教育中彼此的陪伴为孩子和家长带来更多精神上的满足与欢乐。

魏巴德曾表示，“要把我们同旅行社的亲子游区分开很简单，亲子猫产品的核心是教育”。在确定了机构的教育行业定位和专业优势之后，亲子猫将目标消费者聚焦于高学历、高收入、高职位的“三高”人群。这些人往往能够接受教育产品较高的溢价，也更容易对亲子猫所秉持的徒步教育理念形成认同。在跨界融合教育、旅行、体育和互联网的基础上，亲子猫成功举办了亲子徒步雨林、沙漠、雪山和草地等活动。

2017 年 4 月，在经过深入的市场调研后，亲子猫决定进入研学领域，并选择了科学主题研学旅行这一细分市场。亲子猫在发展过程中，始终保持对国家相关政策的高度关注，并及时做出相应的调整，确保企业朝着正确的方向发展。

进入研学领域后，亲子猫团队通过打造科研团队、建立研学基地、全面发力“To B 端”等方式，不断丰富教育资源储备，完善客户体验，提升研学旅行能力。经过长时间的探索和努力，亲子猫形成了“科学主题营地＋科学教育课程（线上、线下）＋研学旅行培训论坛”的“三驾马车”。其产品以研学项目为主线，自然项目和人文项目为补充。其合作方不仅专业，也日趋多元，例如与中小学合作开展“中小学研学旅行”。一方面为消费者提供了全方位、多元化的户外教育产品，另一方面也丰富了行业生态。

2020 年初，面对突如其来的疫情，亲子猫迅速做出反应，对商业模式进行了调整。经过反复论证和思考，亲子猫团队决定正式组建“研学猫”平台。谈起研学猫，魏巴德表

示，线上研学旅行培训，我们数次论证，多次推迟。这次疫情“倒逼”着我们“仓促”做出了决定，被动地进行“创新”。从2020年2月8日第一堂线上培训课程正式开讲，到2月10日正式更名为“研学猫”平台，再到后来的宣布研学猫云课堂正式运营，发布六大系列课程，研学猫不断发展完善。

至此，亲子猫已经形成了“研学旅行职业教育+研学旅行平台+研学实践教育基地”的商业模式。通过不断探索与拥抱变化，亲子猫的商业模式愈加成熟和丰富，在为客户提供专业化、有温度的产品与服务这条道路上越走越好。

此外，在亲子猫发展过程中，创始人团队创建了“北京新时代教育科技研究院”，与亲子猫（北京）国际教育科技公司并行运营。研究院的业务范围主要是：主办劳动教育、研学旅行、综合实践、职业体验、志愿服务等实践教育公益论坛和公益培训，承接劳动教育、研学旅行、综合实践、职业体验、志愿服务等实践教育课题，制定劳动教育、研学旅行、综合实践、职业体验、志愿服务实践教育相关标准，参与劳动教育、研学旅行、综合实践、职业体验、志愿服务实践教育基地或营地课程策划、研发、运营与管理等。研究院的建立为企业持续盈利提供了动力，使亲子猫内外部和其经营系统进行了有机的整合，形成了一个较为完整、高效、有特色的运行系统。这不仅为亲子猫的客户提供了价值最大化的保障，也为与其合作的中小学校提供了教育资源。

（三）运营管理模式

1. 供应链整合优化

供应链整合优化可以解决消费者对户外教育高水准的核心需求，整合优化的方向应该是丰富的教育资源、科学的内容设计以及专业的导师匹配。

亲子猫首先以素质教育为出发点，组织开展有趣、有益、向上、向善的户外徒步活动。然后在对孩子们进行教育的同时，打造亲子公益活动，构建“学习+亲情”的教育模式。在后来的发展中，亲子猫不断整合优质的教育资源，积极和中小学合作，把研学课程引入课堂，推出“再游北京胡同”等户外课堂活动，在游玩中提升学生们对知识的感性认知。

在产品设计上，亲子猫创始人魏巴德力求在每个细节上精益求精，注重研学线路设计和课程开发的互动性、趣味性、专业性。亲子猫跨界整合了不同学科专业的优质资源，坚持以“用户思维”的设计理念来进行产品的打造与推广。正如魏巴德所言，“亲子猫是要让消费者有好的体验，让孩子在不知不觉中获得知识”。这也是亲子猫越做越专业、越走越远的法宝之一。

2. 事业部制结构

公司采用事业部制的组织结构，便于统筹资源，促成目标更好的实现。公司设置了职业教育事业部、工业研学事业部、中小学事业部、劳动教育事业部、中台（含运营部、课程中心部）、财务部、人力行政部。公司吸引了很多高学历年轻人才。全员均是本（专）科及以上学历，31.2%的员工有硕士及以上学位；平均年龄29岁。

（四）企业核心竞争力

现在的消费者越来越趋于理性，需求越来越明确，对产品的要求和期待也越来越高。尤其对与孩子教育成长相关的产品更是高标准、严要求。市场上的徒步教育、亲子教育产品种类琳琅满目、质量参差不齐，亲子猫是如何在激烈的竞争中凸显特色、奋勇争先的呢？

1. 用户导向，全方位打造产品能力

亲子猫初创时让其在迅速崭露头角的徒步教育产品，就充分展现了其全方位开发和打造产品的能力。

亲子猫团队对产品内容即徒步教育内容上进行了深入思考。在产品设计上，一方面，从孩子的角度出发，考虑徒步的趣味性，专注于孩子的想象力和课程教育的科学性。在徒步过程中，引导式教育渗透其中，贯穿全程。这也符合魏巴德“让徒步教育从心出发”的初衷，“针对中小学生的户外课程或是探险、教育或者是研学，你不能让它成为一种累赘，或者说觉得下次打死我都不来了，不能让忽然发现的一个本来很好玩的事情变得特别没有意义”。另一方面，从家长的角度出发，亲子猫引入中科院及多所高校的专家，联合为参与徒步活动的家长们开发了名为“科考手册”的知识手册（在进入研学领域后改名为“研学手册”）。

亲子猫团队从用户需求出发，将“课程设计融入沙漠”，建立起了一套成熟的沙漠动植物科考、沙漠观星、沙漠野外生存、荒漠化治理研究等研学课程的标准，全方位激发、促进孩子们的探险精神和想象力。他们还十分注重细节，例如在沙漠中，为了配合夜行观察银河的活动，团队把天文望远镜等专业设备搬运到营地，用来配合老师讲解天文知识。对于家长们最关心的安全问题，在每次户外教育活动时，亲子猫都会配备专业的安保团队，以防意外情况发生。

亲子猫一直很重视与用户的互动。在旅行前，亲子猫通过合理安排，使教师、家长、学生和机构之间形成良性互动。旅行后孩子们的发展，亲子猫也很重视，通过在线交流分享、结果评估和行后追踪等方式来提升客户的体验感。

从用户需求出发，用专业的团队来设计产品，以负责的态度来保证品质，保持与用户的良性互动，这是亲子猫获得孩子喜爱和家长信赖的重要法宝。

2. 强大的科学教育资源整合能力

亲子猫创始人魏巴德在中国科学院工作的数年为亲子猫的发展奠定了深厚的教育资源基础。

自创立以来，亲子猫与中科院及多所高校、高职院校、中小学保持紧密合作，整合教育资源。先后推出了科学翅膀、科学小院士、研学猫三个品牌，分别致力于线下走进中国科学院、播下科学的种子、插上科学的翅膀，为全国中小学生提供科学研学实践活动；为中小学校提供线下和线上科学实践教育课程；为中小学校、研学机构（旅行社、教育机构、营地）提供研学旅行教育培训、论坛、研学课程输出和项目咨询。

为推动科学教育，亲子猫还多次整合各方资源，组织科学教育相关的公益活动，仅2015年一年就举办了三次公益活动。5月，联合平安星、恐龙岛和公益巷在北京历险恐龙岛举办了“国家防灾减灾日——儿童科学地震逃生生命体验”活动；6月，亲子猫第一期儿童心理公益沙龙在中关村互联网教育创新中心举行；联合青苗口腔，在北京奥林匹克森林公园启动“为爱牙亲加油，亲子一起跑”公益活动。

3. 出色的研学生态打造与运营能力

亲子猫近几年开始调整战略进军研学领域，通过自身出色的产品打造和运营能力，创建了具有自身特色的研学生态系统。亲子猫在此基础上不断丰富研学产品，提高客户的体验感与获得感，为其在研学领域的发展打下了坚实基础。

在产品打造方面，亲子猫推动建设了属于自身的研学基地产品。截至目前，亲子猫已有国内首家无人机研学基地、国内首家沙漠研学基地和12家中科院研学基地。在组建研学基地的同时，亲子猫还推动举办了“新时代研学旅行论坛”（原“中国研学旅行论坛”），成为国内举办研学论坛最早的企业。

与此同时，亲子猫打造了属于自己的研学人才培育产品。亲子猫积极响应国务院、教育部、发改委等对国家职业教育改革的要求，开设了新时代研学旅行管理培训班，为推进研学人才培养的正规化和职业化提供全方位帮助。

在产品运营方面，亲子猫依托合作方的技术、课程和人才优势，根据中小学生的身心特点，与专家联合研发了针对不同年级的系列研学课程，实现了潜在客群的大面积覆盖。研学论坛从一年一次到一年两次，范围也从北方拓展到了南方。高频次和大范围的论坛举办，既提升了客户黏性，也利于形成与推广自身品牌。

为了推动研学旅行管理培训班的升级发展，研学猫积极和诸多旅游院校合作，开设了“‘1+X’研学旅行策划与管理（EEPM）职业技能等级证书（初级）”师资培训班。在产品目标人群上选择了最有潜力的旅游相关专业学生，并且随着自身发展不断放宽培训准入规则，放大产品的实际利用价值。亲子猫团队还编写了相应的培训教材——《研学旅行实操手册》，入选“十三五”职业教育国家规划教材。这在研学领域尚属首次。

4. 面对危机的迅速反应能力

2020年初疫情爆发后，魏巴德提出要“拥抱互联网，将线上教育和线下教育结合起来”。2020年2月，亲子猫团队开办线上培训课程，打造“研学猫”系列公益讲堂。搭建国内最大的研学旅行人才供需网，同时搭建中小学研学综合素质评价成长记录网站。此外，还推出了研学VR装备，为实现VR线上研学助力。

尽管线上教育发展势头强劲，但魏巴德的团队对此有清醒的认识。线上教育固然有许多优势，但也存在服务时间长、效率较低等问题。特别是线下教育面对面的体验教学、师生之间的情感沟通和互动等优势，是线上教育难以取代的。研学更重要的还是在于体验感。所以亲子猫在发力线上的同时，继续做好线下研学服务，线上为主，线下补充。

（五）创始人及其团队

1. 魏巴德——亲子猫董事长、研学猫创始人

魏巴德，河北大学新闻学本科毕业，北京师范大学教育运营MBA。曾在中国科学院从事科学传播工作18年，这为他在教育领域的创业积累了宝贵的经验。与孩子的相处让他认识到陪伴对于孩子成长的重要性，亚沙的徒步旅行坚定了他创办亲子猫的信心。作为中国户外探险联盟北京理事，他被媒体称为“中国首发亲子徒步沙漠”第一人。魏巴德是亲子徒步教育的首倡者和践行者，“1+X”研学旅行策划与管理（EEPM）职业技能等级证书标准起草人、实践教育（研学旅行、劳动教育、综合实践等）专家。曾荣获第十届中国MBA领袖年会组委会颁发的“中国MBA领军人物”称号。

2. 邓青——亲子猫国际教育创始合伙人 & COO

邓青，北京师范大学毕业，曾赴美国拉文大学进修。北京师范大学科学传播与教育研究中心研究员。日本NEAL自然体验活动指导者。先后在咨询公司和互联网企业从事项目运营、互联网运营工作，擅长企业运营管理、O2O运营、项目管理等。

邓青不仅是资深运营专家，也是实践教育专家。他是中国旅游协会旅游教育分会理

事，北京新时代教育科技研究院副院长，研学标准协同创新中心秘书长。曾主持或参与起草多部标准，包括《“1＋X”研学旅行策划与管理职业技能等级标准》《中小学生航空研学实践教育基地、营地建设与管理标准》《工业文化研学实践教育基地评估标准（试行）》等，还是文化和旅游部《研学旅行管理与服务》专业标准研制工作组成员。主编《研学旅行实操手册》并出版。

（六）疫情应对举措

疫情给很多行业造成了巨大冲击，旅游业首当其冲。对此，魏巴德说，研学人很焦虑，但是焦虑和迷茫并不能帮助我们走出泥沼。面对疫情，亲子猫团队反应迅速，多措并举，脱离泥潭。

1. 信心——风雨过后是晴天

面对疫情的冲击，企业不能手忙脚乱，而要准确地感知环境、把握大势。魏巴德表示，疫情的影响已经远超2003年的“非典”。虽然疫情形势严峻，但是拐点很快会到来。根据国内严格的疫情防控措施和群体防疫意识，我们有信心期待打赢这一场疫情攻坚战。

仍在坚守的旅游人需要更多的信心来面对挑战。尽管线上上课、居家学习对于研学旅行市场是个沉重的打击，但亲子猫始终坚定信心，未曾放弃。正如魏巴德所言，“实践教育是落实立德树人根本任务的三大路径之一，研学旅行是实践教育的重要内容。研学行业经过3年多的发展，受到越来越多中小学校的欢迎，越来越多的中小学生从中受益。我们有足够的理由相信，我们的行业在疫情之后会越来越好”。公司上下同心同德，感知环境，顺势而为，开启了亲子猫的保卫战。

2. 行动——亲子猫的保卫战

疫情发生后，魏巴德号召团队开展远程办公，既保障员工健康安全，又保证事业继续发展。

为了保证团队工作效率，公司制定并推行了新的制度，每天晨会、晚会，随时保持沟通。同时推出了激励机制，对积极行动者、业绩贡献者给予褒奖，对无故退缩和逃遁者进行适当惩罚。为了共渡难关，亲子猫实行全员营销，跨部门协同合作。职能部门和产品部门（课程中心）与销售部、市场部的员工一起，成为销售的一支生力军。所有的服务、所有的产品都指向销售。同时，根据情况临时组建行动小组，便于跨部门协同。应该说，最好的团建是战“疫”。

秉承“最好的投资是给员工”这一理念，亲子猫在疫情期间组织团队，系统安排培训项目，给员工及时“充电”。此外，亲子猫在疫情期间利用更多的时间来优化运作流程、提高运营效率、梳理研学课程体系、研究课程标准等。

在疫情期间，与行业和客户的连接尤为重要。亲子猫团队迅速反应，于2020年2月10日推出“研学猫”平台，并组织了国内第一次行业线上论坛——首届研学猫实践教育在线论坛，提出“研学共享计划”。研学界同人一起在“研学猫”公益讲堂上分享经验，总结教训，树立行业的信心，探讨研学的出路。研学猫在2月16日正式上线了“研学猫”云课堂，推出了六大系列课程，引起了强烈反响。

魏巴德还表示，我们要拥抱一些新的互联网平台，特别是短视频（比如抖音），为中小学校提供一些与疫情相关的探究式课题，为客户提供一些战“疫”的视频，这些都是很好的连接方式，也利于研学企业的品牌传播。

3. 开源——活下来才能逆风翻盘

亲子猫在疫情期间做了一份关于行业的调查报告，报告显示，由于产值少，利润低，研学行业中小企业的抗风险能力很低。疫情下，企业如何活下来是一个急迫的现实问题。只有能找到破局点的研学企业才可能逆风翻盘。

在疫情期间，之前所有的研学活动课程全部停摆，原有产品都无法销售和落实，开发新产品成了当务之急。面对这种情况，亲子猫团队从开源端入手。厘清自身的产品思路，跨部门合作研发，通过既有验证过的模式，用有限的成本“试”出正确的新产品。某种意义上说，疫情倒逼着亲子猫进行产品转化和升级。

同时，亲子猫也搜集各种渠道资源，进行跨界合作。在研学无产品可卖的情况下，团队基于线下培训班的经验开启了线上论坛，又开通了研学猫云课堂，开展线上研学旅行培训，开发新课程，盘活原有的渠道资源。亲子猫曾推出过新高考研学产品，也转为线上进行，推出的新高考线上课程让无法进京的小伙伴们“足不出户就能听到北师大专家讲授新高考政策解析、学习规划、生涯教育等精品课程”。针对很多研学机构无课可上的局面，亲子猫迅速推出了无人机研学在线课程包，在研学猫平台上展示合作研学企业的无人机STEM 课程。

4. 节流——挑战极限式降低成本

研学企业普遍底子薄，因此，在节流方面更要下大力气降低成本。魏巴德认为，研学企业要保证充分的现金流。目前最大的成本是人力成本和房租成本。

尽管在国家利好政策的支持下，亲子猫所在办公场地的房租获得了一些减免，但企业仍面临现金流困难的局面。魏巴德本人甚至还通过变卖自己的个人房产来缓解现金流紧张，帮企业渡过困难。

在疫情期间，国家出台了很多相关政策为企业发展“造血”助力。很多银行针对疫情推出了“小微速贷”或“小微循环贷”等贷款优惠，可解燃眉之急。此外，有关部门还提供文化项目补贴、会议论坛损失补贴等。对此，魏巴德建议，研学企业专人专管，搜集补贴政策，准备材料，办理申领。对这些中小企业来说紧紧抓住国家政策支持，跟紧大方向是恢复和发展的重要举措。

疫情对企业而言是个巨大的挑战，对行业而言是优质资源的整合。活下来的企业不只是活了下来，疫情后还将活得更好。

（七）未来发展预期

日本的修学旅行数据显示，中小学生参与的比例达93%以上，而中国的学生参与研学旅行比例2016 年为14.71%，2017 年为16.31%。可见，国内研学旅游市场发展潜力巨大，还有相当大的市场空间有待挖掘。

从宏观层面上看，研学旅行越来越多地被国家和地方政策、文件和重要讲话所提及。从国家提倡研学旅行，到地方试点先行并积累了较多的经验，再到近几年中国教育改革发展转型与呼唤，各种研学相关政策的出台，为研学教育、研学旅行释放了良好的信号，提振了市场信心。

在代际演化和家庭可支配收入增加的情况下，家长们越来越重视早期教育、终身学习、全面发展。亲子猫徒步教育的定位符合市场的期待。

亲子猫现在正处于企业的成长期，发展后劲十足。魏巴德表示，公司未来将会集中发力实践教育平台，做交流平台，做互联网公司。用心做徒步教育，发力 To B 端，致力于研学旅行的打造，践行自然体验式教育。独具特色的产品定位、初创团队的用心设计，都为亲子猫未来的发展提供了源源不断的动力。

亲子猫将会保持“研学旅行职业教育＋研学旅行平台＋研学实践教育基地”的商业发展模式，发展研学培训和论坛，不断深入研学市场，为培育研学人才贡献力量。2020 年，亲子猫成立 5 周年。创始人魏巴德这样说，“经过疫情的沉淀，研学旅行将回归初心，回归教育初心。作为北京师范大学教育基金会投资的企业，亲子猫一直致力于守住教育的正统，将研学旅行放在中国教育改革背景之下进行思考，与国家教材、综合素质评价、新高考、生涯教育等有机地结合起来”。不忘初心，满怀希望。经过疫情洗礼的亲子猫，未来将会有更好的舞台、更广阔的空间、更喜人的发展。

正如亲子猫创始人魏巴德所言，“做一些理性、建设性的事情。这些事，只要对行业健康发展有帮助，只要对研学人成长有帮助，就值得去做”。

（执笔人：罗宏伟，北京联合大学旅游学院 2019 级旅游管理专业本科生；黄莉，北京联合大学旅游学院讲师）

参考文献

［1］钱婧，杨梓蔚，王斌．亲子猫：徒步教育从心出发［J］．清华管理评论，2017（03）：107－112.

［2］中国探险协会官网：《牛人》魏巴德：最好的风景在户外，最好的教育是陪伴［EB/OL］．［2019－04－23］．http：//www.chinacaa.cn/content/20/290.shtml.

［3］亲子猫官微：亲子猫简介［EB/OL］．［2020－07－03］．https：//mp.weixin.qq.com/s/aidqSDoHOt－DbN3he47DnA.

［4］亲子猫官微：60 年后，孩子们会回忆起怎样的童年？［EB/OL］．［2017－03－02］．https：//mp.weixin.qq.com/s/Ytwmi92FmTADK2Y90Ay7Uw.

［5］亲子猫官微：研学世界，行知天下——写在亲子猫成立 3 周年之际［EB/OL］．［2018－03－02］．https：//mp.weixin.qq.com/s/Z－2lpE5hY_sOGQgUCfymAw.

［6］亲子猫官微：研学旅行，勇毅前行——写在亲子猫成立 4 周年［EB/OL］．［2019－03－02］．https：//mp.weixin.qq.com/s/VTwwJEWzq9iF5fijEYbwsA.

［7］亲子猫官微：守正创新，笃行致远——写在亲子猫成立 5 周年［EB/OL］．［2020－03－02］．https：//mp.weixin.qq.com/s/qCpKTBncqhbkbS9VkHDbXw.

［8］亲子猫官微：在不确定中寻找确定——写在亲子猫成立 6 周年［EB/OL］．［2021－03－03］．https：//mp.weixin.qq.com/s/kuegKsl0－jNiJhZYy35mtA.

四、传 PLUS 非遗传二代平台

（一）企业发展历程

传普拉斯（北京）文化艺术发展有限公司成立于 2018 年，致力于非遗传承、保护、创新、发展，以非遗产品开发、非遗品牌打造、非遗经纪、非遗展览展示为主要业务。同时，成立传 PLUS 非遗传二代联盟，以非遗传二代为主体，以非遗当代传承为己任，以工

艺互通、设计共享、教育体验、展览展示、产销联合为主要路径，致力于让非遗及相关场景重回人们美好生活。目前联盟汇集来自北京、河北、河南、浙江、江苏等省份的三十余位传二代，旨在展示新时代非遗青年风采，传播非遗传承正能量。未来，传 PLUS 非遗传二代联盟将联合包括北京市东城区在内的全国非遗青年，共促非遗当代传承。

经过四年发展，传 PLUS 在工艺互通、产业联合、品牌跨界、线上线下、非遗助残等方面均有良好成果。如 2019 - 2020 年，在设计北京、北京国际设计周、嘉德典亚艺术周以创新理念为基础，以“仿佛若有光”“宫廷新造办”等为主题进行非遗跨界展；2020 年，基于金镶玉技艺、曲阳石雕技艺两项国家级非遗项目进行工艺跨界，定制“大象无形”限量嵌金双色佛；2020 年旗下金镶玉高级定制品牌相伯居与宫喜礼合作，推出限时众筹项目；2018 - 2020 年，连续三年为北京顺义国际学校的师生家长提供充满中国味道的非遗新春体验；2019 - 2020 年，连续两年为望京街道的残疾人提供非遗艺术教学；2021 年春节，在王府中环为广大公众及商场会员提供时尚潮酷的非遗新春体验。这些项目践行着非遗贯穿于时时处处，非遗让生活更美好的理念。

（二）商业模式

传 PLUS，音“传家”，传承家传技艺，又意“传加”，以“ + 非遗”的方式让一切空间皆是非遗，一切非遗皆可消费。打造中国非遗经纪第一综合平台，提供针对文化遗产与文化产业的文化经纪服务、文化内容供给、文化产品开发、文化教育普及、文化空间打造。传 PLUS 打破线下线上概念，将“ + 非遗”理念深入平台建设之中。打破消费、传播，打破时间、空间，打破艺术、商业，打造非遗及其文创的全沉浸式空间。

1. 非遗经纪模式

非遗经纪模式公式为：非遗经纪人（经纪平台） + 传二代（N + 1） = 新品牌（N + 1）

经纪平台与传二代非遗品牌公司交叉持股，当前非遗资源特别是传统手工技艺类非遗资源丰富，传承人、从业者数量众多，为非遗经纪模式的广泛复制提供了可能。

目前，平台联合金镶玉技艺、曲阳石雕、南通蓝印花布、泰山皮影等的传二代、传三代，通过奢侈品牌跨界、集合展览、市集、培训、活化，培育或转型升级了“相伯居・金镶玉高定珠宝系列”“集・石”“致雅定瓷”等品牌。

每一个非遗品牌，都由非遗经纪人（或经纪平台）加一个传二代组成，如图 3 - 2 所示。

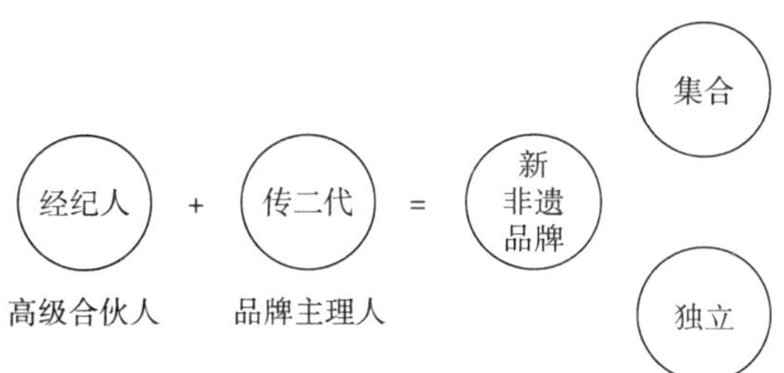

图 3 - 2　非遗品牌由非遗经纪人（或经纪平台）加一个传二代组成

每一个非遗品牌，都由非遗经纪人（或经纪平台）加一个传二代组成。以项目制或公司制运营，成立新非遗品牌。这些品牌既集合又独立——集合模式可以形成展览、市集、概念店等线下品牌，在互联网上进行传播销售。同时，每个品牌可以拆分，成为各个非遗项目的自有品牌，在经纪人的共同努力下培育品牌，重回现场。集合成的品牌矩阵内部可以进行跨品类的跨界合作。

2. 品牌复制输出

基于经纪模式，形成非遗集合品牌，输出文化产品、服务、展览、市集、概念店等；并向商业地产、商学院、酒店集团等空间，输出集合品牌，打造沉浸式非遗体验、消费空间——一切空间皆是非遗，一切非遗皆可消费，如图3－3所示。

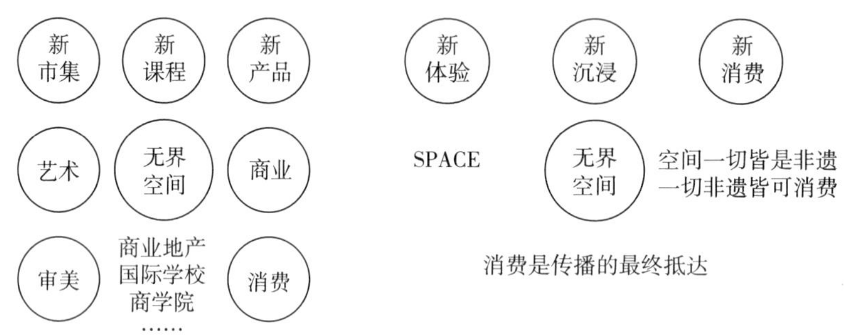

图3－3 品牌复制输出

（三）运营管理模式

传PLUS坚持以社会效益、经济效益并举的经营思路，带动人才齐聚、产品集聚、服务集聚和品牌集聚，以非遗策展（数字非遗馆展览建设、数字非遗展策展、商业跨界展策展）、非遗经纪（策展咨询、品牌咨询、跨界咨询）、非遗产品开发（高级定制、线上线下大众消费）、非遗体验教育（公众教育、专业教育）为业务模块，旨在通过新视野、新思路、新技术，依托创始团队及外部跨界资源（如多样化的展览展示平台、国际知名品牌跨界、知名设计团队、学术顾问资源）科学、专业、系统、立体地服务于非物质文化遗产的传承发展、产品开发、对外交往、展示传播、产业带动、转型升级。

（四）核心竞争优势

非遗因时代发展，面临非遗当代价值挖掘、从文化资源向文化产业发展等问题。以传承保护为基础、以品牌为引领、以模式创新为方式、以产业发展为永续动能，以非遗展示传播为窗口，以非遗产品创新设计为做法，建立立体的非遗保护、传承、发展体系。未来我们销售的不再是简单的商品，而是一种情感，一种体验，一种场景性营销。传统商业空间场景的变革与未来非遗消费场景有高度的一致性。非遗将在新的场景之下，成为新的增长点。

1. 学术创新——让非遗回归现场（理论优势）

文化遗产（特别是非遗），自古至今一直存在于我们的生活中。时代前进，经济文化不平衡发展阻碍了非遗跟随历史一同前进的脚步，非遗渐渐离场——这个现场是审美现场、消费现场、时尚现场、生活现场、话语现场。重回，不是简单的照搬，而是以“供给侧改革”的方式，让非物质文化遗产符合当下的审美语境和生活方式。正如刺绣，百年间经历了从“身上到墙上再回到身上”的过程，而如何“回到身上”？就需要当代织绣类非

遗传承人及从业者，根据现代人的生活方式、行为习惯、审美意趣、身材特点等以古老技艺重新定义中国时尚。每一次对美的探索都是重新出发。回归审美现场，是让非遗回归大众审美，以当代审美意趣，进行审美改革；回归消费现场，是让非遗通过文化消费的方式进入千家万户；回归时尚现场，是通过艺术再造、时尚表达，进行“+非遗”将非遗作为生产资料寓于时尚产业中；回归生活现场，是让非遗走进生活，将符合当代生产生活方式的文化产品与文化内容；回归话语现场，是在学术研究层面，以非遗为视域，进行跨界研究。

2. 行业创新：引入职业非遗策展人、经纪人概念（人才优势）

“策展人”：一词源于英文“Curator”是指在艺术展览活动中担任构思、组织、管理的专业人员。在西方语境中，“Curator”通常是指在博物馆、美术馆等非营利性艺术机构专职负责藏品研究、保管和陈列，或策划组织艺术展览的专业人员，也就是常设策展人。近二十年来，策展人这一职业在中国艺术领域得到快速发展。同样，承载中华优秀传统文化艺术的非遗研究、展示、传播、弘扬，也需要专门人才。非遗策展人需要从文化资源挖掘、主题策展、审美提升、整合营销等角度，依托策展人传播学研究、非遗研究、文化产业研究的学术背景，从理论建设到策展实践，全方位的通过审美的角度，让非遗及其相关场景重回人们的美好生活。

“经纪人”：经纪人、经纪公司的商业模式，在当下市场环境中，较早且较为成功的案例是“明星经纪商业模式”。体育经纪人、艺人经纪人等已经发展成熟，拥有完整的经纪模式和产业链条。而随着行业分工的细化，更多行业（特别是非遗行业）呼唤经纪模式，细化社会分工，让传承人得以专注于传承及艺术创作。传承人是非遗技艺的持有者。目前，我国非遗的品牌建设与打造80%以上依赖于传承人自身，集技艺传承、产品生产、企业管理、品牌运营等多位一体，映射到文化产业企业管理中，传承人既是“企业家”又是“艺术家”，不利于企业与品牌的长效发展。因此，非遗企业亟须详细分工，将传承人“企业家”的身份剥离，进而促进技艺传承的同时，“让专业的人做专业的事”。

演艺产业、体育产业以及影视产业的发展离不开明星经纪。明星经纪的商业模式基本上属于产品增值型的模式。其产品及盈利形态是将某个具有提升潜力的人物进行策划、提升、包装和营销，使明星称为高附加值的文化产品，或者代理明星的商业谈判和实现价值延伸，这是典型的服务类商业模式。明星经纪的商业模式只有一种，就是帮助明星提高身价或者盈利能力，从而获得更高的佣金报酬。在许多产品形态中，明星属于附加价值的主要来源，因而明星经纪对于文化产业许多领域的经营管理具有深远影响。因此，借鉴明星经纪商业模式，可以对非遗经纪模式起到“他山之石可以攻玉”的效果。

3. 方法论创新：“+非遗”（方法论优势）

“+非遗”正是以审美再造、功能重构、设计转化、品牌跨界为方法，以其他行业的优势资源、品牌理念、设计构想，打破消费、传播，打破时间、空间，打破艺术、商业，打造非遗及其文创的全新未来。非遗策展人李媛媛组织的系列展览中涉及的展品包括：日本设计大师喜多俊之先生将目光聚焦中国汝瓷，设计出“无问西东”的汝瓷咖啡杯——不论是中式生活方式，还是西式生活方式，都能享受非遗之美，从以茶汤养开片到以咖啡养开片，不同文化背景对话之下，非遗带来的体验是共同的；法国设计师着迷于中国的金镶玉技艺，用仙鹤这一中国意象为动物原型，运用中国传统马蹄戒的戒形，设计出爱情主题的“鹤鸣指尖”对戒，把“一颗钻石恒久远”的西方意象转化为“金童玉女配金玉良缘”

的中国主题；圣诞节是西方的节日，雪花是其重要的节日元素之一，选取中国传统的缠枝雪花纹，以金镶玉技艺为载体，打造出既有西方风格又包含中国意趣的耳钉首饰；红点奖获奖灯具，用天然大漆和传统铜脱蜡工艺赋能，将当代风格融入东方意味。

4. 模式创新：“+科技”（模式优势）

（1）从线上到线下　从传统到时尚

“非遗触网”已不是新词，然而在近年来“非遗+互联网”的实践热潮中，众多从业者发现，互联网并不是非遗产业发展之路上的救命稻草。纵观在互联网上获得成功的非遗企业，无一不是线上线下齐头并进。线上更多的营销推广、购买渠道，配合线下多样的消费场景、体验，才是非遗未来的产业发展之路。

策展人李媛媛联合寺库名物，在前门大街83号开设“寺库名物”线下店，以创新展陈方式提供了非遗与商业结合的新思路，社会效益和经济效益双丰收。在场景革命的同时，基于非遗是活态的，还提供了多样的非遗体验、交流、讲解等活动。全方位、多角度让非遗被世界看见。未来，非遗传二代、非遗品牌将与寺库名物品牌深度合作，打造“东方奢品”，让传统技艺重回时尚舞台。

（2）传统技艺　当代表达科技赋能

用当代艺术表现手法，结合当代艺术、后现代主义表现手段，善用镜面、不锈钢、亚克力等材质，运用多媒体技术，打破传统非遗展陈范式，以沉浸式、多媒体融合、五维感官联动等方式，将传统技艺与未来展陈材料相结合，是场景革命背景之下非遗面向商业需要的新理念。从场景出发，激发民众对于非遗的新理解、新认知，进而转化为文化消费。策展人李媛媛着力打造“仿佛若有光”IP展、“无界之境”IP展、以廊坊非遗为核心的“宫廷新造办”“流淌在生活”系列IP展。以非遗令场景更生动、城市因非遗更美好、商业因非遗更活力、乡村因非遗更鲜活、科技让非遗更活态、文旅因非遗更融合等方面，很好地展示了非遗在城市文化传播和商业场景中的重要作用，探索出一条面向艺术与商业的非遗之路。

5. 可持续性商业创新（商业优势）

（1）沉浸式展览及商店IP的可复制性逐步形成宫廷新造办、流淌在生活、无界之境、中国礼物、婺风遗韵、光影城市等展览IP，并形成线下快闪店，具有极强的可复制性；

（2）文化+科技的可复制性

运用全息技术、VR技术、雷达交互技术、数字媒体技术等科技手段，再现文化内容，具有极强的可复制性。

（五）创始人及团队

1. 李媛媛——非遗策展人，非遗经纪人

李媛媛，毕业于中国传媒大学，就职于中国艺术研究院。中国中小商业企业协会专家咨询委员、北京市非物质文化遗产技艺传承协会理事、中国艺术人类学学会刺绣专业委员会副秘书长。2019年艺术北京·设计北京特别项目策展人、文化和旅游部中央文化和旅游管理干部学院和苑非遗展策展人、国家“一带一路”重点文化贸易项目成果展策展人、米兰国际手工艺博览会中国展区策展人、成都国际非遗节无界之境鬏饰天下策展人、博鳌国际旅游展策展人、入选2019年“中国非遗年度人物100人”候选名单。

2. 刘亚蒙——曲阳石雕传二代

刘亚蒙，毕业于英国伦敦艺术大学 UAL 中央圣马丁艺术学院，曾任职于鸟巢文化中心，自幼受其父刘红立先生（中国工艺美术大师、国家级非物质文化遗产传承人）影响，酷爱中国传统艺术。2018 年创立品牌集石，致力于通过全新的当代设计语言，让传统手工艺重新焕发出新的光彩。

3. 刘亚雷——曲阳石雕传二代

刘亚雷，毕业于北京工业大学。父亲刘红立是非物质文化遗产曲阳石雕国家级传承人，自幼受曲阳雕刻文化熏陶，对艺术有着自己的见解，希望能将现代科技的精华加入到传统艺术中去，以理性的思维去看待艺术。

4. 杨晓雅——金镶玉｜北京玉雕传二代

杨晓雅，毕业于英国约克大学，回国后在多家知名外企工作，2016 年杨晓雅回到由父亲杨根连先生（中国工艺美术大师、非物质文化遗产传承人）创立的玉雕品牌相伯居，全面接手家族企业运营，传承华夏玉魂。2009 年相伯居与东城区残联共建相伯居职康站，已非遗助残十余年。

5. 葛京涛——金镶玉｜北京玉雕传二代

葛京涛，毕业于英国埃塞克斯大学，曾任职于英国金融时报集团（Financial Times）热爱中国传统文化及手工艺，励志促进中国传统文化及手工艺的国际交流，文明互鉴，让古老的中国手艺与传统文化登上更广泛的国际舞台。

6. 刘颖——定瓷传二代

刘颖，毕业于加拿大阿卡迪亚大学，曾任职大型国企。从小热爱中国传统文化，2018 年创立集石品牌致力于倡导传统工艺与现代设计相结合，开启文化传承与创新，励志促进中国传统文化及手工艺登上更广阔的舞台，让大家了解、熟知。

（六）疫情应对措施及未来发展方向

1. 反思

对自然资源的掠夺、傲慢，让 2020 年的开端艰辛异常。山火、蝗灾、疫情等在长达一个世纪的资源狂欢过后集中爆发。牺牲生态平衡而带来的经济飞速发展，置于历史的长河中，无异于饮鸩止渴。耗尽、狂欢对资源的浪费又岂止自然？文化资源也是如此。近年来，文化热、非遗热，这狂热背后也有隐忧。人潮散去、潮水褪去、热度冷却之后，资源被掠夺、被耗尽，非遗本身、文化自身又该如何自处？这与利润无关、与资本无关，与人类有关、与文明有关。

2. 重构

继续坚持审美再造、功能重构、设计赋能、品牌跨界、IP 缔造的核心理念，坚持以非遗传二代为核心。以非遗产品开发、非遗品牌打造、非遗经纪、非遗展览展示为主要业务。以非遗当代传承为己任，以工艺互通、设计共享、教育体验、展览展示、产销联合为主要路径，致力于让非遗及相关场景重回人们美好生活。

（执笔人：李媛媛，国家对外文化贸易基地北京国际文化贸易服务中心副主任、北京博物馆学会展览推介交流专委会副主任）

五、绝艺非遗交易平台

（一）企业发展历程

1. 初创期——热爱与商业交织，科技为非遗赋能

“科技是代表我们要走向什么地方，文化代表我们的根在哪儿。”科技和文化，是两块最有发展前景的领域，这是绝艺非遗创始人肖书阳的想法。在这之前，肖书阳在一家关注非物质文化遗产产权投资的金融企业海德拉担任董事长。2016 年，投资人肖书阳注意到了非遗艺术品行业的价值，“市面上 98% 的公司，都在挖掘非遗的使用价值。我们挖掘的是非遗的收藏价值而非使用价值”。

就在同一时期，肖书阳的清华校友胡启明也注意到了这个领域，中文系出身的他对非物质文化遗产很有兴趣，希望非遗产品市场化，从而帮助非遗手艺人。就这样，两人一拍即合，组成了一个几乎清一色是清北出身的内部创业小团队，决定做一个非遗垂直领域的实物交易平台。

胡启明认为，非遗行业有三个驱动力：一是设计驱动力，即手艺人的审美需要跟上时代；二是金融驱动力，需要有人去认可和交换；三是科技驱动力，比如多边拍卖，让价值交换每分钟都在发生。“我觉得现在的非遗手艺人，最多只拥有第一个驱动力，有些甚至还跟不上第一个”，胡启明说。为了解决第一个设计驱动力，绝艺非遗做了一个名为“爱梦中国”的品牌，专门把非遗匠人和一些年轻化的设计趋势相结合，口号是“老手艺、新设计、酷玩法”。而后两个驱动力则由区块链技术来解决，非遗艺术品制作完成后便可直接上链，流转、交易等信息均在链上记录。

2. 发展期——需求供给同行动，用互联网拥抱非遗

2018 年 4 月，绝艺非物质文化遗产艺术品交易所有限公司推出首款艺术品交易、电商 App——“绝艺”。

据媒体报道，自从我国 2006 年启动国家非物质文化遗产的保护后，目前全国已经有 10 大类 1372 个国家级非物质文化遗产代表性项目，绝艺只针对其中传统美术和传统技艺两个类别。而绝艺商务拓展团队行走全国，拜访在册的非遗传承人，邀请他们入驻平台，至今共签约国家级/省级非传承人 581 位。作为绝艺最为宝贵的资源，绝艺为非遗手艺人提供：第一，知识产权保护与管理；第二，内容输出与线上粉丝运营（MCN）；第三，产品销售渠道（绝艺 App）。

而在需求端，绝艺非遗也做了商业化的尝试，包括 ToC 与 ToB。在 ToC 方面，如线上非遗艺术品电商，平台发展迅猛，当前拥有近十万垂直电商用户，30 余家非遗品牌，电商 SKU5000 以上；还有别具一格的非遗无人零售，当前有 130 种非遗 IP 授权产品，落地近 20 个景区；为了更好地连接消费者，宣传非遗文化，绝艺非遗已构建了 MCN 矩阵，入驻平台包括新浪微博、抖音及头条生活，当前线上粉丝超过 200 万人，旗下手艺人内容阅读超 1000 万次。在 ToB 方面，绝艺非遗利用非遗 IP 资源跨界动漫 IP，跨界游戏《诛仙手游》《梦幻新诛仙》，新事物老传统互相赋能，扩大受众范围；绝艺非遗也利用非遗 IP 资源赋能科技产品，与国货代表 HUAWEI P20 合作打造“新国货”；绝艺非遗也积极与互联网平台合作输出内容，如与百度知道非遗独家合作栏目《遗知伴解》，通过 2 分钟短视频介绍非遗手艺，当前总浏览量超 1000 万人次。

（二）商业模式

1. 非遗垂直电商

2018 年 4 月，绝艺非物质文化遗产艺术品交易所有限公司推出首款艺术品交易、电商 App——“绝艺”，绝艺致力于打造非遗内容与 IP 综合服务平台。

在入局非遗产业前，绝艺首席运营官胡启明认为过去的艺术品交易有诸多限制，单品价格高、艺术品的真假难以辨别、作品的艺术水准很难评估、购买前不能直观体验、较高的物流成本、额外的担保费用、复杂的退换货流程；而当前互联网发展迅猛，人人都可以利用手机、网上购物等无线终端就可以实现随时随地购物交易的方式便捷了人们的生活。

绝艺致力于非遗艺术品与互联网的结合，专业地评估所有上架艺术品，用平台为艺术品做信用背书，打造可靠安全的物流体系，从而解决了传统商家时空限制、高额佣金等不利因素，大大降低了艺术品收藏的成本。

在具体措施方面，绝艺通过商城、交易为用户提供了囊括雕刻、锻造、家居、雕塑、文房等丰富多样的中高端艺术品，同时通过 App、微信、网站等渠道，能让消费者以超值的价格，便捷的移动在线交易方式轻松获得藏品，当前主要是年轻艺术爱好者参与其中，也有一些资深藏家进入。

通过非遗垂直电商，绝艺盈利模式有两种：一是电商服务费；二是非遗商品溢价。当前绝艺线上垂直电商承载的是高客单价产品，人群定位精准，经过两年的方法，线上垂直电商已形成了“老手艺 + 新设计 + 酷玩法”的格局，“老手艺”即非遗艺术品，“新设计”也就是结合当前市场需求，针对性地帮助传承人改进设计、做品牌化包装，“手艺人的审美需要跟上时代”，“酷玩法”则采用年轻人更乐意的参与方式，如“守艺”战队联盟，如同游戏战队一般，一群玩家主动集合在一起互相竞争互相交流，激发用户的参与感。

2. 景区无人零售

如果说线上垂直电商承载的是高客单价产品，人群定位精准，那么线上无人零售承载的则是低客单价产品，人群覆盖面广。

无人零售，定义为无人情形下进行的零售消费行为。2017 年，无人零售发展迅猛并被资本界青睐。2017 年 7 月 1 日，F5 未来商店完成 3000 万元 A + 轮融资；7 月 3 日缤果盒子完成超 1 亿元 A 轮融资；7 月 8 日阿里巴巴无人超市“淘咖啡”的落地亮相 2017 年淘宝造物节。无人零售之所以成为热点，主要原因是线上流量饱和和人力成本上升的零售业大背景。与传统的实体零售相比，以无人零售为代表的新零售不只是对线下门店在形态上的升级改造，更是对包括供应链端、购买流程，直至最终消费场景在内的整个消费链条的全生命周期变革。考虑无人零售，主要从买什么、怎么买、在哪儿买三个层面进行考虑。

作为用科技赋能非遗的创业团队，绝艺也注意到了这个风口。关于买什么问题，绝艺确定的是 15 - 500 元价格区间的非遗 IP 授权产品，当前拥有 130 种非遗 IP 授权产品，为了更好地启动无人零售市场，绝艺将产品包装为非遗彩蛋盒子，举办“28 元百分百抽中非遗匠作”活动，更好地吸引消费者，尤其是对非遗艺术品有浓厚兴趣的年轻人。关于怎么买的问题，绝艺主要是通过移动支付，当前移动支付在社会接受度上非常高，采取移动支付更加符合消费者消费习惯，降低消费者购买成本。关于在哪儿买的问题，绝艺的答案是景区，当前已落地近 20 个景区，原因主要有二：一是景区流量大，许多游客有购买旅游纪念品的习惯；二是结合景区场景，绝艺可以销售有地域特色的非遗工艺品，传播当地非遗文化。除了销售渠道的功能，无人零售积累的线上数据更有价值，无人零售可以接触更广泛的消费群体，通过对更多消费人群的分析，绝艺可以更加精确自己的发展方向，甚至预测消费者的新需求。

3. IP授权/IP跨界

绝艺在IP授权/IP跨界也有诸多尝试，主要包括手艺人经纪和非遗IP孵化及变现。

手艺人经纪的中心是内容经纪，当前拥有新浪微博、抖音、头条生活手艺人MCN，线上粉丝超200万人，旗下手艺人内容阅读超1000万次。MCN矩阵的重要作用是引流，让人们认识非遗艺术品，多平台多渠道地投放内容可以最大限度地影响用户，帮助手艺人形成自己的自媒体品牌。

绝艺也在尝试IP跨界，比如跨界IP动漫。绝艺非遗IP曾牵手腾讯动漫人气IP“狐妖小红娘”，推出了“二次元的一次缘”，在浙江余姚诞生了余姚油纸伞，在陕西华县诞生了华县皮影，在河北蔚县诞生了蔚县刻纸，在新疆哈密诞生了新疆哈密刺绣，在陕西凤翔诞生了凤翔泥塑，以传统工艺品为载体，打造“狐妖小红娘”最强周边。一方面让“狐妖小红娘”受众了解到非遗艺术品，另一方面使非遗爱好者看到非遗的新生命，是传统非遗艺术品一个新的方向一个新的生命。

IP授权也曾尝试牵手科技产品。HUAWEI P20首发时，HUAWEI P20与稷山螺钿漆器斗笠盏联合。之所以采用稷山螺钿漆器斗笠盏，主要是因为其制作工艺，螺钿漆器以黑漆为底，七彩螺片为纹，经过上千万次的打磨、镶嵌、雕刻、敲打，几十道工序、几十个日夜的极致工艺，才一点一点把脑中构思的璀璨画面通过薄如蝉翼的螺钿片勾勒出来，而且上万张螺片前后衔接出图案，让人几乎看不出一丝接缝，达到浑然天成，宛如笔绘的效果。虽然宣发的主角是手机，但非遗艺术品也可通过这一渠道为世人所知。HUAWEI P20首发全球宣传片在23国播出，总计PV达1.5亿次，其中，5位非遗传承人制作的100件不同的非遗藏品定制礼盒，在天猫旗舰店8秒便被抢购一空。

非遗IP也曾赋能游戏，在《梦幻新诛仙》中，蜀绣非遗传承人王晖为游戏设计专属蜀绣时装。通过精湛的针法与明丽的色彩，展现游戏中蜀地服饰的清秀与细腻，更为游戏增添了独特的仙侠风韵；油纸伞非遗传承人毕六福为两大主角分别绘制专属油纸伞，用108道工艺将两把纸伞1∶1复原为实物。绝艺也曾携手《诛仙手游》，联合景区举办游园活动，带着游戏内的“京味宝藏”去寻找每一个宝藏代表性的民间匠人，一起探索这些宝藏所承载的文化内涵，活动吸引近千名粉丝参与体验。

绝艺也尝试非遗IP内容授权，作为第一家服务于全球投资者的中国非遗传承人艺术品及知识产权交易平台、目前估值最高的非物质文化遗产交易平台，绝艺与百度知道合作成立百度知道非遗独家合作栏目《遗知伴解》，栏目通过2分钟短视频介绍非遗手艺，当前总浏览量超1000万次。

4. 非遗政府服务

文化传播是政府的一项使命，绝艺一直在帮助政府推广非遗。

首先，非遗线上电商平台对于地方非遗其最大的希望就是“走出去”，这些地方信息闭塞，没有充足的资源与潜在消费者构建联系，而互联网打通了时空的限制，将地方非遗放置在互联网上，通过线上电商平台助力地方非遗“走出去”。

其次，搭建非遗线下体验馆，当前地方非遗一大问题是，当地不重视甚至不知道当地非遗，绝艺非遗可以通过先进的展示技术，结合当前消费者的需求，对地方非遗进行展示，一方面唤起当地人对地方非遗的兴趣及保护意识，另一方面对于非当地人，也可以作为特色资源吸引游客。绝艺非遗将搭建地方专属的非遗线下体验馆，结合地方非遗特色，设计、规划特色非遗体验馆，为地方文旅产业赋能的同时，带动地方经济增长。

再次，还有线上数字博物馆，互联网没有时间空间的限制，世界各地的人都可以通过网址进行访问，绝艺非遗将通过互联网数字化技术，搭建线上数字非遗博物馆，为地方非遗文化提供更广阔的展示平台。结合当前的消费者需求，非遗将尝试突破“次元壁”，如与数字网络技术交互，优化博物馆管理的信息与交互，将地方非遗文化从单一的实物展示到信息化交互展示，增加互动性和体验性，从而有利于地方非遗文化破圈而出。

又次，绝艺非遗也将致力于地方非遗传承保护合作，主要有两项措施，一是签约地方非遗传承人，帮助地方非遗传承人搭建 MCN 体系，协助传承人进行授权服务，推动非遗 + 跨界合作服务，扩大地方非遗文化的传播，让非遗传承人获得相应的收益，让其有动力将地方非遗传承下去。二是孵化非遗特色景区 IP，凭借在非遗领域的强大资源储备，绝艺非遗可以为地方打造非遗特色小镇，协助景区策划非遗特色活动项目，针对当前火热的研学市场开发特色非遗文旅研学项目。

最后，还有地方非遗广告宣传片拍摄，当前已形成绝艺影视制作 V 形框架模式，可以稳定输出制作精良的非遗广告宣传片。

（三）运营管理模式

当前绝艺非遗的使命是“让非遗传承下去”，理念是“以产业化实现非遗活态传承”。在使命和理念的指导下，绝艺非遗有三项主要手段，分别是“传播 + 赋能 + 成交”。

传播的作用主要是让大众知道和了解非遗，绝艺非遗通过三种措施来完成：内容、教育、体验。当前内容的核心是 MCN 矩阵，通过内容宣发可以普及非遗知识点并培养吸引非遗爱好者，也可与其进行互动维护关系，但因其太碎片化，最主要的功能还是宣传、代言人。相较于内容传播，教育传播更加深度更加专业，不仅可以进行非遗活态传承，而且可以开发非遗课程，以此作为盈利模式。而体验传播主要功能是宣传，其比内容传播更加逼真，体验传播需注意与政府官方的合作，共同宣传非遗。

赋能主要作用是让大众认识到非遗的价值，绝艺非遗通过三种措施来完成：非遗 IP 孵化、MCN 经纪、跨界营销。通过非遗 IP 孵化，非遗可以通过更受大众欢迎的方式与大众互动，更有生命力，从而扩大影响力。MCN 经纪则是通过 MCN 矩阵集群增大影响力，帮助非遗手艺人打造自己的自媒体，与受众直接沟通接触。跨界营销则是通过跨界接触新的受众，传播非遗，扩大影响力。

成交则是让非遗产品及 IP 得以变现，绝艺非遗将通过三种方式来完成：IP 授权、无人零售、垂直电商。通过成交，非遗手艺人可以获得部分收益，从而让手艺人有动机坚持下去，也吸引更多人参与到非遗的传承与创新。

传播、赋能、成交，其核心资源均是非遗传承人。绝艺非遗连接非遗传承人的方式是签约，主要方式包括产品与知识产权。关于产品，绝艺非遗将在线上线下重整非遗供应链；关于知识产权，绝艺将打造头部 IP，赋能传统手艺。

正是通过以上运营思路，绝艺非遗希望做到“传承历史，投资未来”。

（四）核心竞争优势

1990年，美国密西根大学商学院教授普拉哈拉德和伦敦商学院教授加里·哈默尔在其合著的《公司核心竞争力》提出了核心竞争力的概念，发表在1990年5－6月的《哈佛商业评论》中。他们对核心竞争力的定义是：在一个组织内部经过整合了的知识和技能，尤其是关于怎样协调多种生产技能和整合不同技术的知识和技能。绝艺非遗的核心竞争优势可以总结为非遗资源整合能力、非遗产品策划与开发能力。

关于非遗资源整合能力，据媒体报道，自从我国2006年启动国家非物质文化遗产的保护以来，目前全国已经有10大类1372个国家级非物质文化遗产代表性项目，2007年、2008年、2009年、2012年、2018年，国家文化主管部门先后命名了五批国家级非物质文化遗产代表性项目代表性传承人，共计3068人，而绝艺商务拓展团队行走全国，拜访在册的非遗传承人，邀请他们入驻平台，至今共签约国家级/省级非传承人581位。非遗传承人就是绝艺非遗最重要的资源。而在当前非遗市场，产品跟不上市场认知，仅在小区域内有市场；非遗价值被低估，甚至出现乱象即传承人去世后价格飞涨，针对这些痛点，绝艺非遗为非遗传承人提供知识产权保护与管理、内容输出与线上粉丝运营、产品销售渠道，而且是第一家服务于全球投资者的中国非遗传承人艺术品及知识产权交易平台，绝艺非遗在供给端对非遗进行了整合。而在需求端，除了传统的非遗IP产品，绝艺非遗还进行了知识产权（IP）的经营，非遗IP跨界动漫、游戏，甚至是科技产品，让更多人认识到了非遗。

关于非遗产品策划与开发能力。绝艺非遗COO胡启明认为，非遗行业有三个驱动力：一是设计驱动力，即手艺人的审美需要跟上时代；二是金融驱动力，需要有人去认可和交换；三是科技驱动力，比如多边拍卖，让价值交换每分钟都在发生。针对设计驱动力，绝艺非遗做了一个名为“爱梦中国”的品牌，专门把非遗匠人和一些年轻化的设计趋势相结合，口号是“老手艺、新设计、酷玩法”。而针对后两个驱动力，绝艺App则引用了最新的区块链技术。在非遗产品策划与开发能力，绝艺非遗让非遗接轨年轻文化，用科技为非遗赋能。

（五）创始人及团队

绝艺非遗是金融企业内部孵化的创业团队，创业团队主要包括CEO肖书阳和COO胡启明。

肖书阳，清华大学管理学博士，法学学士，在绝艺非遗之前多次创业，也做过天使投资，管理过市值30亿元的艺术品基金和1亿元的证券基金。2016年，他发现非遗艺术品行业是一个价值洼地，“市面上98%的公司，都在挖掘非遗的使用价值。我们挖掘的是非遗的收藏价值而非使用价值”。胡启明，清华大学人文学院硕士，在绝艺非遗之前曾任职微软中国、腾讯互娱，在腾讯工作时胡启明参与过“二次元的一次缘”这个项目，将中国的传统手艺与动漫手办做结合，再以公益形式售卖，所得返还非遗手艺人，在此过程中胡启明开始热爱非物质文化遗产，希望有机会帮手艺人们做更多事，帮助促成非遗产品市场化的进程。就这样两人一拍即合，决定做一个非遗垂直领域的实物交易平台。当前创始人肖书阳是绝艺非遗CEO，主要负责产品迭代、公共关系、法务、人力资源等。胡启明则作为绝艺非遗COO，主要负责非遗项目合作、商务拓展、市场营销与品牌管理。作为一个非遗垂直领域的实物交易平台，技术是基础设施的存在。联合创始人张军挺填补了绝艺的这个空白，担任绝艺非遗 CTO，张军挺是中国科学技术大学计算机硕士，曾任华为杭州研究所手机软件开发总监，曾领导团队参与华为 Mate10、华为 P20 和荣耀 Play 的操作系统优化开发。

高级合伙人李承鸿是绝艺最懂非遗艺术的那个人，李承鸿毕业于北方民族大学绘画系，后毕业于清华美术学院高研班，主攻艺术市场。现主要从事博物馆学、中国文化创意产业发展研究及文化艺术市场投资。当前担任绝艺执行总裁。

（六）未来发展方向

1. 加密溯源技术

艺术品交易有着由来已久的问题，如作品的真伪难辨、艺术水准难以评估，绝艺非遗未来将专注于加密溯源技术。

绝艺应用了区块链技术解决产品溯源问题。绝艺基于微软开发的 Hyperledger 技术开发的联盟链，使非遗传承人可以将亲手制作的非遗艺术品直接上链，在链上记录流转、交易等信息。每一件产品都会被区块链打上“时间戳、品质戳、传承人戳”，确保每一件产品的真实有效性，产源、流通过程清晰，利用 RFID 技术解决了链上产品的识别性和唯一性。通过 RFID 技术，将芯片内置入作品中，芯片与验证系统分配的密码一一对应，可通过 Token 对任意作品进行验证，每次流转作品都会被在链上更新状态。一旦通过暴力取出芯片，该产品下链同时芯片作废，因此不会有人有动力取出该芯片。该技术理论上可解决多年困扰艺术品市场的造假问题。造假问题一直扰乱着艺术品交易市场，投机分子为了利益以次充好以假乱真，扰乱市场秩序，“劣币驱逐良币”，恶性循环，最终损害的是真正非遗手艺人的利益，破坏整个行业的生态。如果加密溯源技术解决了造假问题，可以让市场更透明，让假货次品无处遁形，最终降低了交易成本。

2. 非遗教育

2007 年、2008 年、2009 年、2012 年、2018 年，国家文化主管部门先后命名了五批国家级非物质文化遗产代表性项目代表性传承人，共计 3068 人，随着时间的流逝，其中一些人已经过世，部分未能完整传承，这一事实令人悲痛、更令人遗憾。

未来绝艺也将着眼于非遗教育，如非遗课程标准化、非遗进校园等。作为第一家服务于全球投资者的中国非遗传承人艺术品及知识产权交易平台，目前签约 581 位非物质文化遗产传承人，绝艺在非遗艺术品有着较为权威的影响力，凭借当前资源，绝艺可以将非遗系统化、文字化，对相关课程进行标准化。与此同时，还可以与广大教育机构合作，共同传播非物质文化遗产。

非物质文化遗产只有传承下去才有生命力，非遗传承人艺术品及知识产权交易平台才得以存在。

（执笔人：侯宇轩，北京联合大学旅游学院 2020 级旅游管理专业硕士研究生）

参考文献

［1］赵悦，石美玉．非物质文化遗产旅游开发中的三大矛盾探析［J］．旅游学刊，2013，28（09）：84－93.

［2］宋俊华，王明月．我国非物质文化遗产数字化保护的现状与问题分析［J］．文化

遗产，2015（06）：1－9＋157.

［3］刘锡诚．“非遗”产业化：一个备受争议的问题［J］．河南教育学院学报（哲学社会科学版），2010，29（04）：1－7.

［4］李华成．论非物质文化遗产传承人制度之完善［J］．贵州师范大学学报（社会科学版），2011（04）：81－85.

［5］邹文兵．由“非遗”资源到文化产业——泉州提线木偶戏产业化发展路径研究［J］．武汉理工大学学报（社会科学版），2018，31（06）：136－143.

［6］拜访两百多位传承人后，绝艺做了一款非遗艺术品交易平台［EB/OL］．［2018－04－18］．https：//www.sohu.com/a/228689642_100001551.

［7］绝艺非遗交易平台获清华大学基金支持［EB/OL］．［2018－06－17］．https：//www.pintu360.com/a54385.html.

［8］北京电视台报道绝艺非遗平台　区块链溯源或成行业新趋势［EB/OL］．［2018－12－19］．http：//biz.ifeng.com/c/7ikxLj4VbFN.

第四部分

中国文旅创业创新高峰论坛会议实录（2018－2019）

第一章　第五届中国旅游创业创新高峰论坛（CTEIS2018）会议实录

论坛主题：文旅融合　创赢未来

自2014年党和政府提出“大众创业、万众创新”的号召后，我国的“双创”事业持续推动并继续深化。2017年党的十九大报告指出：我国进入新时代，需要创新引领发展，需要激发和保护企业家精神，鼓励更多的社会主体投身创新创业。现在，“双创”的理念正日益深入人心，随着各地文化与旅游部门认真贯彻落实，业界学界纷纷响应，各种新产业、新模式、新业态不断涌现，有效地激发了社会活力，释放了巨大的创造力，成为文化与旅游经济发展的一大亮点。相信未来中国将进一步优化文化和旅游创新创业生态环境，充分释放全社会创新创业潜能，在更大范围、更高层次、更深程度上推进全国“大众创业、万众创新”。

2018年，适逢国家部委大调整，文化与旅游部合并，“诗和远方终于在一起了”，这标志着文旅融合的进一步发展。这一大背景下，文旅融合有何变化，文旅如何与“双创”相结合，成为又一热点与前沿问题。本届峰会，将聚集文化与旅游业界领袖、权威专家、知名投资人等，聚焦文旅融合与创业创新，探讨前沿话题，发布旅游“双创”信心指数，为旅游业“双创”助力，相信唯有创，才能赢未来。

指导单位：亚太旅游联合会

主办单位：中关村智慧旅游创新协会
北京联合大学旅游学院

协办单位：北京观光休闲农业行业协会
南开大学 MTA 教育中心
北京内蒙古企业商会
中国地学旅游联盟
北京第二外国语学院 MTA/MBA 教育中心
北京第二外国语学院酒店管理学院
北京第二外国语学院旅游管理学院
北京市旅游行业协会旅行社分会地接专业委员会
北京天合产业发展研究院

承办单位：北京联合大学旅游学院旅游管理系
北京鹏游天下旅游文化有限公司
特别支持：任我游（厦门）科技发展有限公司
独家直播：非遗星球
协同支持：旅游创业创新研究院、佳乡学院、清控文旅
中国青年旅游学者联合会
山西省互联网＋旅游产业升级协同创新中心
媒体支持：《中国国家旅游》、《中国城市报》、《旅游世界》、
《旅伴》、人民网、凤凰网、新旅界等
会议时间：2018 年 12 月 16 日（周日）
会议地址：北京联合大学 1B 南报告厅

会议日程

时间	内容	嘉宾
◆ 12 月 16 日上午　主持人：李媛媛　北京非物质文化遗产技艺传承协会理事 中传云集（北京）文化传媒有限公司创始人		
8：00－9：00	签到、暖场	
9：00－9：10	主持人介绍与会嘉宾	
9：10－9：20	主办方致辞	严旭阳 北京联合大学旅游学院常务副院长、教授、国家智慧旅游重点实验室主任、中国旅游协会高等教育分会副会长
		张德欣 中关村智慧旅游创新协会会长、旅游创业创新研究院执行院长、MTA 产业导师 & 创业导师 & 客座教授
9：20－9：40	创新和未来	杜一力 著名旅游专家、原国家旅游局副局长、北京联合大学旅游学院客座教授
9：40－10：10	创新和坚守	厉新建 北京第二外国语学院教授、浙江工商大学 兼职特聘教授、世界旅游城市联合会专家 委员会特聘专家
10：10－10：25	北京一流专业——旅游管理创业创新人才培养基地揭牌仪式	揭牌嘉宾： 张德欣、严旭阳
10：25－10：40	中国旅游创业创新信心指数 2019 发布	李彬 旅游创业创新研究院研究中心主任、《中国旅游企业创新创业发展报告》作者

续表

时间	内容	嘉宾
10：40－11：00	区块链与 IP 旅行	戴政 环球悦旅会创始人兼首席领队
11：00－12：00	研讨议题：中国文旅融合之现状与未来	主持嘉宾： ➢ 刘啸 北京联合大学旅游学院教授、旅游管理系主任、MTA 中心主任 研讨嘉宾： ◇ 王兴斌　北京第二外国语教授、《旅坛忧思录》作者、国务院特殊津贴专家 ◇ 许　涛　中国地学文化旅游联盟秘书长、中国地质大学（北京）经管学院地质旅游研究所所长 ◇ 张　环　意大利文化旅游专家、意大利环意旅行社创始人 ◇ 王高超　北京山海文旅集团董事长
12：00－13：30	午休	
◆ 12 月 16 日下午　主持人：钟晖　山水股份副董事长、北京导游协会副会长		
13：30－14：00	大众旅游时代的文旅融合	陈晔 南开大学旅游与服务学院副院长、教授、研究生教育主任、中国旅游研究院旅游市场与目的地营销研究基地执行主任
14：00－15：00	文旅融合与智慧旅游 & 大数据	主持嘉宾： ➢ 邓　宁　中国旅游信息化与大数据产学研联盟执行秘书长 研讨嘉宾： ◇ 黎　巎　北京联合大学旅游学院国家智慧旅游重点实验室副主任 ◇ 郎清平　清博大数据 CEO ◇ 孙　晖　腾讯政务业务部文旅中心运营总监、腾讯文旅产业研究院秘书 ◇ 付　饶　成都中科大旗理事
15：00－15：20	盘活闲置农房，共建共享农庄	张志成　农汇网总裁
15：20－16：20	研讨议题：文旅融合与乡村振兴	主持嘉宾： ➢ 刘军萍　著名休闲农业专家、北京市城乡经济信息中心主任、北京市农村经济研究中心党组成员 研讨嘉宾： ◇ 李燕琴　中央民族大学教授、博导 ◇ 黄相gen　蜜塘·且曼民宿创始人，佳乡学院天津分院院长 ◇ 李克俊　京西民宿联盟会长、中国妇女十二大代表、槐乡石舍文旅董事长 ◇ 李　龙　宿州学院管理学院教师、博士、《互联网＋时代的乡村旅游创客》作者 ◇ 张志成　农汇网总裁

续表

时间	内容	嘉宾
16：20－17：20	研讨议题：文旅融合与女性旅游创客	主持嘉宾： ➢ 朱迎波　中华女子学院副教授、《互联网＋时代的中国女性旅游创客》作者 研讨嘉宾： ◇ 蔡　韵　无二之旅联合创始人、首席旅行家 ◇ 刘　霞　兴博旅投规划设计院董事长、中华环保联合会理事、中国妇女旅游委员会委员 ◇ 杨慧琦　延庆葡语农庄董事长、2018 北京市创业导师、“90 后”好青年 ◇ 梁　晴　老友季精品民宿创始人
17：20－17：30	会议闭幕	闭幕致辞 ◇ 钟　晖　山水股份副董事长

2018 年 12 月 16 日上午会议实录

主持：李媛媛　北京非物质文化遗产技艺传承协会理事

中传云巢（北京）文化传媒有限公司创始人

尊敬的各位领导和来宾，旅游创业创新高峰论坛的新朋友和老朋友们：大家早上好！欢迎来到北京联合大学参加旅游创业创新高峰论坛。一路走来，今年已经是第五届，感谢在座各位对我们的大力支持。

2018 年，对于旅游行业来说是意义非凡的一年，因为我们常说的“诗和远方终于在一起了”。中华民族崇尚“读万卷书，行万里路”，无论古今中外，人们都认识到文化和旅游的密切相关性。而当两者结合在一起时，对于旅游创业创新又有怎样的启示与发展？就在 12 月 10 日，文化和旅游部党组书记、部长雒树刚同志参加 2018 旅游发展论坛时，明确了“宜融则融，能融尽融，以文促旅，以旅彰文”的工作思路，而这 16 字方针也是我们旅游创业创新的 16 字方针，所以再次感谢大家今天来到这个论坛和我们共襄盛举！

本次峰会由亚太旅游联合会指导，中关村智慧旅游创新协会及北京联合大学旅游学院主办，由北京观光休闲农业行业协会、南开大学 MTA 教育中心、北京第二外国语学院 MTA/MBA 教育中心等协办，由任我游（厦门）科技发展有限公司提供特别支持，非遗星球提供独家视频直播，旅游创业创新研究院等单位提供协同支持。

首先为大家介绍一下今天上午到场的嘉宾，他们是：

北京联合大学旅游学院常务副院长、教授：严旭阳

中关村智慧旅游创新协会会长：张德欣

著名旅游专家、原国家旅游局副局长：杜一力

著名旅游农业专家、北京城乡经济信息中心主任：刘军萍

亚太旅游联合会秘书长：唐金福

任我游（厦门）科技发展有限公司董事长：林绍青

北京第二外国语学院教授：厉新建

南开大学旅游与服务学院副院长、教授：陈晔

北京联合大学旅游学院教授、旅游管理系主任：刘啸

北京第二外国语学院教授、国务院特殊津贴专家：王兴斌

旅游创业创新研究院研究中心主任、《中国旅游企业创新创业发展报告》作者：李彬

环球悦旅会创始人兼首席领队：戴政

中国地学文化旅游联盟秘书长：许涛

意大利文化旅游专家：张环

北京山海文旅集团董事长：王高超

欢迎各位嘉宾和各位朋友们的到来！下面有请峰会主办方，北京联合大学旅游学院常务副院长、严旭阳教授致辞。

严旭阳：尊敬的杜局长、张会长，各位教授、专家、各位嘉宾：首先我代表北京联合大学旅游学院作为主办方之一，对大家来到北京联合大学参加第五届旅游创业创新高峰论坛表示热烈的欢迎。

经过近40年的发展，北京联合大学旅游学院拥有教职员工近300人，已成为全球大学体系中规模最大的旅游教学与科研团队。

今天论坛的主题是：旅游的创业创新。中国经济发展到现在，已经进入到一个新常态，要稳增长、调结构、转动力。在这样一个非常关键的历史时期，创业创新是经济下一步发展非常重要的方向，旅游又是一个经济发展中充满活力的领域，今天论坛的主题非常符合当今中国发展阶段中的这一重要命题。

旅游创业创新最关键的是面向未来，如果能对未来的分析有更好的把握，创新创业就可能更加成功。今天谈“赢创未来”，意味着把握了未来就能获得创业成功。

如何才能把握未来？这需要我们具有批判性思维和创新性思维，需要有独到的眼光和独立的分析。今天的峰会，各位专家、学者、嘉宾会共同激荡思想，形成对未来发展的描绘和构想。在此基础上，旅游的创新创业就能得到更好的指导。

最后，作为主办方之一，再次对各位的到来表示衷心的感谢和热烈的欢迎！谢谢各位！

主持人：感谢严院长。我叫李媛媛，也是从事与旅游文化相关的行业和企业。面向未来，文化和旅游正在以无比开放的姿态拥抱着我们，也欢迎更多的有识之士加入到文化旅游创业创新的发展之中。

下面有请主办方：中关村智慧旅游创新协会会长张德欣先生致辞。

张德欣：特别开心在这样一个冬日里能够与大家有这次相聚。我们的旅游创业创新高峰论坛，今年已经是第五届了，我们不妨对这么多年的坚持，做个总结。

从2013年到2018年，我一直在旅游行业关注旅游的创业和创新，六年当中我们做了一点工作，可以简单理解成“9＋1”。

1. 一个组织：我们做了一个社团，专门专注于旅游行业的创业和创新。分成两个阶段：2013－2015 年是中国旅游创业家协会，2016 年正式在民政局注册了中关村智慧旅游创新协会。

2. 一个智库：建立了一个旅游“双创”的民间智库——旅游创业创新研究院，依托于这个智库做了一些相关科研和产学研结合的工作。

3. 一套丛书：《中国旅游创业创新智训丛书》是目前在旅游行业或在整个“双创”领域里唯一以旅游创业创新为主题和内核的丛书，既包括每年一度的蓝皮书，也包括以旅游案例集为主的旅游创业启示录，相信对关注及正在旅游业创业创新的人们有所启发和思考。

4. 一个大赛：中国青年旅游创业设计大赛，上一周在威海市南海新区正式落下帷幕，通过大赛方式能够发动全国青年，特别是大学生的力量，为地方旅游经济发展贡献出他们的聪明才智。

5. 一个峰会：从 2014 年开始到现在办了第五届旅游“双创”峰会了，作为旅游行业内唯一一个大型公益性“双创”峰会，希望能够推进产学研进一步结合。

6. 一个榜单：中国旅游创业创新先锋榜，这个榜单现在做得还不够好，希望下一步能够联合一些更加有权威的机构共同推介优秀的创业创新相关人物。

7. 一个讲座：全国高校旅游“双创”公益巡讲，近三年时间里，差不多巡讲了 93 所高校，既有本科院校，也有高职高专。当初订的目标是在今年年末之前完成 100 所任务，但很抱歉的是只完成了 93 所，希望能够在明年 Q1 继续把这个事情持续推动下去。

8. 一个课程：研究生的旅游创业创新课，今年首次和首都经贸合作，给研究生上旅游创业创新选修课，在全国高校里也算是首创。

9. 一个指数：做了一个中国旅游创业创新信心指数，今年是第三年了，稍后李彬老师会给大家做详细的说明。

这是以往六年在旅游行业为创业创新做的一些工作，与此同时，也收获了一些荣誉：

2014 年，在“北京对话”中获中国旅游创新奖，2016 年和 2018 年分别在《中国国家旅游》杂志榜单上获得“双创”、文创最佳服务机构奖，也是对我们工作的鼓励。

创业和创新的初心还离不开情怀、责任和使命。

最后，我向大家推荐两部电影和两部书：《七十七天》《冈仁波齐》，《活着》《平凡的世界》。从 2016 年到 2018 年的资本“寒冬”虽然还将继续，但是也隐约看到了 2019 年春天的曙光。

再次感谢各位，期待跟各位能有更多交流的机会。

主持人：感谢张会长的精彩分享。在平凡的世界活着，在这个资本“寒冬”，在座各位就不再那么寒冷了。张会长是我认识的很少数的非常勤奋的一位会长，我分享一个他的朋友圈，他说：“办会五届，坚持不易，作为旅游业唯一以创业创新为题的大型公益峰会，突出产学研用结合，搭建旅游学界与业界互通平台，践行国家深化‘双创’号召，助力行业协调发展。”也正是像张会长、北京联合大学以及在座同人们不断地努力，中国旅游行业以及中国旅游行业的创新创业才能够勇攀高峰。

创新总是面向未来的，下面有请著名旅游专家、原国家旅游局副局长杜一力女士作题为“创新与未来”的主题演讲。

杜一力：祝贺第五届旅游创业创新高峰论坛的召开，会长跟我说你讲点什么？我说六个字：无创新，不未来。临近开始时，我觉得不要这么网络化，还是说得更严肃一点，所以题目是“创新和未来”。

我对主办者创造今天这么一个场景，让大家从创新角度来看未来，非常有意义。

关于未来，我们正在等待新成立的文旅部对未来战略拿出系统的分析和战略。但是对于创业创新永远就看一个方向，即看市场。这是我一直对旅游行业经验总结中坚持的一点。

旅游业 40 年来发展最重要的经验就是看趋势。看实践不如看趋势。现在已经进入资本“寒冬”，也不要看具体实践，而要看趋势，看社会发展的趋势，看经济发展的趋势。上一周在北京联合大学旅游国民经济动力论坛上，大家谈过这个观点。

旅游领域看市长不如看市场，现在市长也好、部长也好，大家一起看市场。市场到底如何？首先要看国家经济发展的整体状况。

未来十年，国民经济发展动力转换最关键的十年，这十年，紧紧扣住八个字进行理解，即“创新驱动，消费支撑”。上一次论坛上，我特别认真，比较全面地讲了我对这个问题的认识。对于创新和消费，我个人做了一些浅层次的思考，得出了一个对旅游未来十年基本的判断。当时我说：给出两个数据来预测旅游业的未来。

1. 在未来的十年，旅游总休闲人数每年要破 100 亿次，今年可能是 60 亿次，在十年发展中达到这个规模，应该没有问题。

2. 中国年旅游消费支出将破 10 万亿元。

一个 100 亿人次，一个 10 万亿元，确实是大市场，不是红海，不是蓝海，而是一片生产生活和创业的沃土，这就是趋势。

旅游创业最大的趋势就是在当前社会发展阶段，人民生活水平提升的新要求。创业最大的捷径，就是旅游需求全面再现。大家都会关注旅游业创业创新的机会何在？下一个旅游投资的风口到底在哪里？继续发展还有什么新的战略会出现？主题公园在中国到了顶峰期还是到了衰落期，民宿还是不是乡村旅游？康学养有前景，还是继续做游购娱？这样的讨论在旅游行业每日都在发生，做研究和创业创新的领域每天都在思考，启示结论是都可以。

为什么？因为到处都是呼之欲出的需求，只要你有能力提供好的创意、新的技术、好的产品，处处都可以成功。对于创业创新，旅游业有一个特点，旅游业创业创新的生发点是多点，用现在的词是分布式、交付式、广泛的、多点的，应该与旅游产业综合产业的性质（综合性、复合性、开放性、联动性）的规律是相关的。可以多点生发。产生我们意想不到的好服务和好产品。如果一定要有重点，可以概括为四句话：科技创新、文化创意、品质创牌、旅游创业。

一、科技创新

要在科技运用的领域中创新旅游业的价值，希望产生新的 TT 族时代。未来十年，我们国家的攻坚、国家的发展最根本还是科技创新，而且国家实施创新驱动的战略正处于关键阶段，我们每天都能感到我们的国家在突围、在突破这个“天花板”的过程中所受到的围剿、打压，而我们的“反围剿、反打压”，是一个艰苦卓绝的奋斗阶段。旅游有什么创新呢？其实旅游是在一个科技应用领域的创新，因为科技旅游的运用场景是十分广泛的。

我认为对科技创新的运用会促进科技生产力的发展，最终决定科技转换为社会生产力的能力是科技运用的能力。在这方面，社会都需要对科技创新认识有一个鼎新。现在都认为科技创新核心薄弱环节在原创点上，缺芯少魂，没有原创核心技术，其实没有对科技运用的能力也不行。

我们看看那些科技已经领先的发达国家对科技创新中最重视的是什么。

美国在成为科技创新领头国家的进程中，认为科学研究是实验，科学发明是游戏，而最终科技的产业化、科技的商业成功化才是创新。《美国创新史》选取美国300年发展中53位创新性代表人物，其中真正的科学家只有几位，多数在历史上留下不灭印记的创新者是一般人，理发师、小商贩、农场主。如亨利福特，他不是发明家，但是他把汽车发展成大众商品，启动了一个商业时代，是美国工业时期的代表人物。所以创新特质在全面的社会发展看来只有实现大众化，才能真正推动社会前进。

在这个问题上，体现了我们对创新运用的理解。旅游业作为一个科技运用的大领域，都搞了四十多年了，我们对于旅游的科技创新得到了什么更新的价值，科技创新又为旅游业带来了什么新的价值？过去二十年是OTA时代，过去十年也是移动终端的舞台，这些技术对旅游业价值的创新到底在哪里，最值得肯定的价值又是什么，是谁创造的？应该说很多，但是未必都是中国创造的，因为数字技术确实创新了旅游业平台和产业链条，而且创新了共享、分享这样一些新的旅游精神文化价值。创新旅游业的连接能力，包括游客和资源的连接，资源和市场的连接，市场和市场的连接，资源和资源的连接，在新的科技中都比原来的产业实现了革命性的变化。未来十年是更先进的信息技术，包括人工智能、区块链，包括各种科技在旅游领域运用的实验。在这个过程中，希望中国能够产生新一代的TT族时代，不仅推动科技在旅游业的运用，还能使创新在旅游业的关键环节、薄弱环节的价值得到升华。不仅把旅游作为科技运用的一个场景，而且追求旅游业的价值创新，这就是旅游的进步，同时也是科技的成功。

二、文化创意

“文化创意”是现在文旅时代的热词，文化创意不是一份工作，不是点上的事情，应该覆盖产业全部，我们应该形成新的CC族时代。文化布局一直是旅游业发展过程中的一个痛点，文旅融合“宜融则融，能融尽融，以文促旅，以旅彰文”说明这是有针对性的，社会对旅游的批评经常聚焦在没有文化，还有一个大缺点是文而不化。所以不足明显存在，不足就是机会，下一个十年应该是文化旅游、旅游的文化品质彰显的十年，应该是文化补课的十年。对以文促旅、以旅彰文有五个层次上的理解：

1. 中国旅游经济高速发展这么多年，解决了很多关键问题、技术问题、基础设施的问题，有了相当的世界影响力，但是文化影响力并没有同步提升。所以下一个十年这个课必须要补。

2. 怎么补？十全大补，需要大力度、全方位的文化创新，而不仅仅是设计文创产品。在这个领域，不仅仅是建设一个主题公园，推动IP的建设，不单单是推出一些文化演艺或非遗等具体工作，而是在全产业链每个环节共同提升文化的价值，这就涉及这个行业发展方向的调整。

3. 需要文化创新的领域非常深广，推动 IP 建设、IP 落地，其实 IP 是文化创意，但是 IP 的落地、旅游产品的落地是完全另外一个创造，在这个创造过程中，可以有很大的作为，而且旅游产品落地以后，可以有继续第二次创造、第三次创造、第四次创造。近年来我们和很多景区密切合作，研究景区如何持续发展，研究景区为何缺乏创造，缺乏二次创造、三次创造、四次创造。旅游再次创造的空间很巨大，虽然还有困难，但是总会有企业和个人成为赢者。

4. 文旅融合是方向，但文化概念并不等于旅游产品，旅游产品的落地是完全的另外一个领域。所以在文化领域的创造中，不仅要文化创意的创，还要有产品落地环节的创，营运管理同样需要创造，服务升级同样需要创造。

5. 科技在运用中最高的境界是创造旅游的价值，文化创意的最高价值是什么？我认为是提升人们的生活品质和生活方式。所以旅游创新要依靠正在成长的中国的新的 CC 族，CC 族是美国对文化创意族的概括，而且他们有一句话说 5000 万人正在改变世界，是指 5000 万文化创意族，这个名词可以改造成我们需要新的 CC 族，就是中国的文化创意族，我们可能不是 5000 万人，可能是 1 亿人，也可能是 2 亿人，在我们的社会发展阶段，在未来十年可能会达到 3 亿人，这 3 亿人创造新生活、创造新的文化价值，改变生活、改变世界，所以说旅游是科技运用中非常重要的一个领域。

三、品质创牌

品质一直是中国旅游业的软肋，而未来的十年，软肋就是我们提升的重点，也是我们创业创新的机会。曾经通过技术创新如 OTA 领域的诞生，解决了旅游业很多曾经从法律法规和制度上难以解决的问题：如旅游信息的透明化，原来很难达到从供给端到需求端的信息实现全面透明，但是 OTA 在社会发展阶段比较成功解决了这个问题。下一阶段还有更多软肋需要解决：如现在服务的大条化，中国的旅游服务部分地方产品雷同、存在诚信不足等各种问题。而新的创新创业就是要创造新产品和新服务，既成为创造新品质的先锋企业，也成为解决这些软肋问题的探路者。

现在我们的状况应该用一句话来形容：新产品常有，但优质产品不常有。过去旅游习惯用各种牌，在 40 年的发展中，就是用等级手段衡量旅游产品的质量，今后这个东西大大不灵了。现在一个社会创意是多点生发的阶段，旅游的牌是要创的，但是是各自创各自的牌，各个环节都有自己的牌，这个牌也可以从几个方面理解：

1. 不是行政和习惯的那些牌，只要消费群认可，就是成功的牌。同时创新旅游产品的路径可以是技术的、可以是制度的，也可以是机制的，所以我们的品牌应该说最终是形成中国旅游的各种品牌。

2. 旅游行业品牌是不分大小的，现在一开行业峰会，评的都是大企业，它们就是强、它们就是品牌，其实未必，这些大企业有很多内在矛盾，有的很难解决。所以应该不分大小，大有大的优势，小有小的特色，要让小而美的精品越来越容易出现、生存和发展。

3. 同时品牌的出现并不是靠行政力量，也不是靠强包装和大推广，最重要的一个气质是潜心和坚持。互联网时代，好像所有品牌都是吹出来的，大家忽悠得好就是品牌，但是没有潜心和坚持，这些品牌就会匆匆而来、匆匆而去。

4. 在平常人的口头语中，大家认为创业就是自己当老板，但其实很多成功者往往都有更高的追求，就是要为国家和社会做事，要有家国情怀。而很多旅游产业的产品创造者也是这样的，钱已经不是他们需要考虑的首要问题，但是他们的内心希望做一个未来遗产，希望给这个社会留下一些什么。

美国53位创新者认为创新者往往具有救赎的品德。这是他们的语言。换成我们的语言，就是要为社会做奉献。要有情怀，创新者要是没有情怀，不如做个小买卖。把创新定位在一个为社会贡献的精神层面的追求上，就更能够潜心，更能够坚持。所以希望在新的时代，中国能够出现新的3S资源，而不是原来说的阳光沙滩。现在的时代、创新的时代靠的是人，人的精神才是最有价值的资源，希望我们的创新精神、工匠精神、服务精神最终能成就品质产业。

四、旅游创业

互联网企业说它们是平台企业，而我们旅游属于一个产业，在这个产业上有各种社会资源可以聚集。在旅游发展过程中，经常说大旅游、综合旅游、全域旅游，这一系列战略的底层逻辑就是要做大平台，要做一个集中资源的产业，这个战略需要调动社会各方面资源共同来实现，文化创新、科技创新、品质创牌都是要落到旅游业创业的大平台上来。

前面说两大指标，也是说旅游的大需求市场已经在线，大平台已经建立起来，下一步就是激发需求、实现需求，依靠所有创业者。在这个平台上可以有我们更多的创造，旅游的市场空间足够大，也有足够的消费市场愿意为我们的创新买单，所以对于科技，旅游业是一个场景；对于文化，旅游业是一个创新的载体；对于人民日益增长的对美好生活需求，是一种生活方式、生活品质的实现。现在旅游业缺资源、缺人才、缺创新产业的新一代。需要TT族时代，欢迎CC族时代，同时更需要有3S精神的新一代，就是旅游业的新一代。

借此机会感谢和赞赏张德欣会长，立足于创业创新这么一个点推进旅游业的发展，相当不易，没有任何资源，就是靠3S资源，感谢北京联合大学旅游学院，把创业创新作为己任，同时北京第二外国语学院旅游管理学院一直也在推进这项工作，专注于旅游创新创业领域，形成共同学习、共同交流、共同研究探索的场景，有利于培育新兴旅游业旅游创业者的成长和促进旅游业的发展。

谢谢大家！

主持人：感谢杜一力女士的精彩发言。刚刚杜女士有一句话，“我们做创业创新的人是离不开情怀的，要不然就做点小买卖，别受这个罪了”。所以我们旅游创业创新实际上离不开面向未来，同时更离不开潜心和坚持、创新和坚守。

下面让我们有请北京第二外国语学院教授厉新建先生作题为“创新和坚守”的主题演讲。

厉新建：我比杜局长要年轻一些，但是在学术研究上，开拓新词方面，杜局长比我厉害不知道多少倍。我经常看杜局长的公众号上能发明、概括出很多新的名词，刚才也听到杜局长讲到的TT、CC、3S、QT，对年轻人来说需要不断去努力，能够跟上杜局长开拓的这些新的词。本来这些词应该我们去创造的，杜局长给我们很多很好的引领。

我分享的题目是“创新与坚守”。

讲到创新，大家应该不陌生，这几年大家都在强调，包括领导人也在强调创新跟民族

的前途命运联系在一起，强调创新跟今天关注的社会经济发展全局联系在一起，强调创新过程当中怎么样激发和保护企业家的精神，强调创新是在引领发展过程当中怎么样起战略支撑作用，倡导创新过程中怎么样对知识产权加以保护、加以运用，去进一步创造。这些都是我们今天要思考创新问题时需要去了解的。

讲到创新时，我个人觉得在旅游领域中，最重要的是市场。今天讲创新，其实不可能所有的创新都一步到位的，创新需要有快速的迭代，创新产品出来之后需要有人去用，所以中国其实是创新最好的实验场，因为中国有这么巨量的需求，中国在不断转型发展过程中有很多问题需要创新去解决。所以在中国这个市场当中所有的创新创业的企业可以在中国市场上积累起足够丰富的临床经验，只要积累起足够丰富的临床经验时，"手术刀"才能够变得更加精准，才能够更好地为这个市场服务。所以，中国是最适合创新创业的一个空间。

讲到创新创业，会涉及很多具体环节，有产品的创新，有管理运营的创新，有技术的创新，有发展模式的创新，也有服务于前面这些创新的制度创新，而这些都需要有创新的环境、创新的能力、创新的文化，对于企业来说，可能还需要有创新的基因。

从整个大的发展阶段来说，既有阶段性创新、持续性创新，也有一些是延续已有工作基础之上的延续性创新，还有一些是就把以前都推翻掉的颠覆性创新。

一、创新

讲创新，会涉及的问题很多，我下面选几个方面与大家分享：

1. 所有创新都需要围绕市场。旅游的创新是基于我们对游客需求的分析，是企业家对需求的洞悉。但就需求来说，我们也需要分不同层次或不同阶段去看需求，有时候消费者的需求是在某个平台上的整理阶段，在此阶段，需要做的创新就是根据现有的在这个平台上的需求导向性的创新。如果今天面临的需求是从一个平台跳到另一个平台上时，还在问消费者"你需要什么东西，我来给你提供什么东西"，这种思路可能就不是创新的思路了。经济学讲到：需求在某种意义上来说也可以理解为附着在供给上的欲望。因为有供给产生之后，才知道还需要这样的产品。在创新认识上，虽然都讲市场，都讲需求，但需求可能需要不同的阶段来看。

2. 创新的方式。创新的方式有很多，但今天我们所做的很多创新可能主要方向就是旧的元素、新的组合。在这个时代要做出以前没有过的东西，不是没有可能，但可能会很难，如果用旧的元素、新的组合的方式去做创新时，可能相对来说就会比较容易，就像杜局长所讲的文创产品、产品文创。讲文创时，今天都会想到故宫的文创，大家仔细想一下故宫的文创走的路子是不是就是旧元素、新组合的路子。台历原来有，故宫这些产品原来也有，但是以前没有人把故宫的产品和台历结合在一起，没有把故宫的名画、书法作品印到台历上去，今天把两者整合在一起，60 元/本、70 元/本，经常脱销。

以前一听说开会，就会觉得很无聊。但是在旅游行业中，从 2003 年四川开始搞旅游发展大会以来，在某种意义上来说创新已经成为推动地方旅游发展的一种促进机制。从四川、云南、贵州、河北、山西，其实这种会议机制已经演变为推动地区竞争性发展的重要机制了。尽管都是大会，但是在旧的元素上做了一些新的整合，这可能是对我们来说更加容易实行的创新。

3. 我们讲创新时可能会涉及两个关键词的理解，做创新究竟是去找当前流行的需求，还是去抓稳定的未来趋势？流行和趋势怎么在创新过程中把握，也是我们在创新过程中需要去思考的。

我个人觉得创新面向旅游需求时，确实需要围绕需求变化做调整、优化、充实、提高，但对消费者的需求来说变化可能会很频繁，喜新厌旧是消费者的普遍特征，这个过程中只抓单向流行需求时，很有可能会面临着创新所面对的流行快速转化的风险。今天这个流行、明天那个流行，后天又变了，要追流行可能永远追不上。所以要学会抓趋势，而不是抓跟风流行。我们在做市场的过程中，在明确市场上要把一盘菜炒好之外，还要明确怎么样去用同一种原材料能够做出面向不同细分市场的不同的菜来，这才是面向未来做创新时需要关注的。

4. 模仿。之所以讲创新要有保护，创新需要尊重原创，目的是希望保护创新者的创新产品不再简单被别人无成本或快速模仿，而创新所支付的成本却无法通过创新垄断利润获取回报。一般讲创新和模仿是对立的两个方面，而我们希望创新是受到保护的，不希望快速被别人模仿，当然这肯定没有问题。

创新的价值可能也恰恰在于模仿。如果创新的背后没有模仿，创新的产品可能很难在整个社会面向更多消费群体时发挥其作用。这个社会如果没有创新和模仿交替的机制，这个社会经济的发展可能会面临很多问题，即便创新要保护时，保护也是有周期的。

在创新环境当中还有另外一个方面，就是要满足市场，最好的方式就是用市场化的方式来满足，所以创新的环境其实可能不是一味强调保护，创新环境可能还需要考虑怎么样给那些想创新的人、有创新潜力的人，能够激发他们的创新活力，给他们更开放的制度环境，他们想创新，他们就可以去创新，一个开放的制度环境也是我们在关注创新时需要重点理解的。

5. 关系的处理。今天来看中国的旅游行业，也有很多模式的创新，包括津津乐道的特色小镇的建设、旅游房地产的发展等。在创新过程中我们还需要考虑到主营业务和平衡业务之间的关系，以及战略考量和战术考量之间的关系。

中国旅游行业的发展与自 1998 年以来国务院深化住房制度改革有非常密切的联系，虽然两者可能不同步，但是两者之间关联紧密。在某种意义上来说，中国房地产的发展深刻地影响着旅游投资逻辑，也深刻影响了中国旅游发展模式的逻辑。恰恰也正是因为对房地产过度依赖，可能使旅游产业发展过程当中存在着比较严重的资源错配现象。本来房地产是平衡业务，但现在把太多的精力放在房地产上，把太少的精力放在旅游自身主营业务能力上。在这个过程中，如果与房地产有关的外部环境发生变化之后，还能否像以前创新当中所做的，把房地产作为主要业务，把我们主营业务荒废掉呢？未来如果还想真正做高质量增长时，究竟会面临什么样的困难？这也是未来创新过程中需要思考的大的问题。

6. 系统性。现在做的创新与以前创新可能不太一样，以前的创新，包括 20 世纪 80 年代时也有很多创新，那些创新叫拼缝，拼缝就是找市场当中有哪些缝隙，然后挤进缝隙中找找有什么关系、有什么门路，是我们在碎片化市场当中走的创新路子。今天要让市场发挥决定性作用时，经过若干年发展已经形成一定体系并进入市场化系统当中，而我们的创新与以前的创新路子是否应该不一样，包括往前看十年、五年，现在也有很多企业在创新过程中可能以打价格战作为主要的竞争手段，包括低工资、低成本、低价格去获取竞争优

势，这种路子能否继续走下去？未来是否需要在系统性市场当中找那些能够给企业带来持续发展动力的核心竞争能力的创新，包括学习能力、质量稳定、品质创牌等，而且品质需要有非常强的稳定能力，中国有很多企业会有创新，品质也会做得不错，但品质稳定能力比较弱，对于这群人，质量很好；对那群人，质量却不怎么样；在创造品牌时，品牌本身能否做更多资本化的文章，也需要关注；在创新过程当中，可能还需要考虑虚虚实实的问题：比如在资本市场当中，中国企业在国际市场上会有很多高歌猛进的收购，凸显出中国旅游企业国际化发展的强烈愿望和雄厚基础，但借助并购加快发展的同时，我们是否需要更好关注或更加关注和重视企业内在能力的建设，如果中国的企业只是一味依赖于控股投资或相关财务性投资，而不是立足于企业自身能力的创新，那么这样的对外投资，包括在国内旅游市场当中的并购都不是真正的对外投资，都不是企业的发展。

下一步发展过程中，可能需要从规模红利、资本驱动向能力红利、创新驱动转化。借当今时髦的话讲，我们需要从有没有到好不好去转变，从铺摊子到上台阶转变，推动旅游经济虚实平衡，避免旅游经济发展过程当中脱实向虚的趋势。这也是我们在创新过程当中需要关注的。

7. 讲创新时，跟创新、旅游消费结合时，会有很多新技术的出现，包括虚拟现实技术，以及 AR、VR 等各种各样的技术。虚拟技术未来的发展可以完全呈现多感官效应，一旦呈现的状态不是简单的视觉效应，而是多感官效应时，人们有没有可能会放弃旅游的在场体验。经常讲旅游就是自己到那个地方去身临其境的体验，但未来这种虚拟技术越来越发达时，触觉也是可以通过技术实现的，机器也可以实现触觉。

在这个过程中，面对虚拟现实的呈现应该如何思考？虚现实究竟是否会是一个真实世界的全部，还是只能是这个真实世界的局部，能否代替整体现实，如果虚拟能够代替现实时，是否会让体验变得标准化？我们经常讲旅游需求是个性化的，当虚拟可以代替现实时，体验是否会变得标准？当虚拟现实在整个旅游发展过程当中会起到越来越大作用时，全部世界还是不是你的世界，全部的世界是你的世界还是虚拟提供者的世界？

这个过程中，有很多问题需要去思考，包括现代技术对旅游体验的影响。如果深究下去，究竟是一种创新，还是一种异化。现在有很多人沉迷于虚拟世界当中，沉迷于游戏世界当中，在某种意义上来讲，游戏也是一种休闲，让这些人沉迷于游戏世界当中的这种休闲是一种创新还是一种异化，这种技术对人的全面发展来说究竟是创新还是异化，我们在思考时也需要关注到这些东西。

8. 互联网与市场创新。在技术创新里，现在大家更普遍接受的是互联网方向，那么互联网与旅游发展过程当中的市场创新又应该如何理解？人工智能、云计算、大数据、区块链等，有很多新的技术，这些技术当中，网络是让现有的旅游供求关系以更高效的方式来完成的，交易的频率更快，交易的效率更高。另外，网络其实也给了今天的供给足够多的市场，极大地开拓了新的市场。

在这个过程中，怎么样在既满足更广泛的市场需求，同时又能够带来极大的增收空间过程中，去促进企业扩大再生产和优化再生产的能力呢？

比如旅游演艺，一年收入究竟是多少？以现场去观看旅游演艺的观众数量和通过网络来进一步扩大市场时，利用网络所生发出来的网络市场空间去发展旅游演艺的话，旅游演艺和现在的旅游演艺所呈现的面貌会有什么样的不同？旅游演艺怎么样去学习一下类似于体育赛事等直播机制，利用网络市场空间来创造利润，相信这些在市场创新上都是需要去思考的。

游戏行业有一句名言：游戏行业之间互相抢生意没什么意思，需要向体育行业、娱乐行业去抢生意。在互联网时代，大家都在拓展市场、都在争夺消费者时，这种形式上的创新又应该怎么去做，旅游行业应该去抢谁的生意？这也是在创新时需要做思考的。

二、坚守

创新是一定要快速的往前走，往前走的同时又有一些东西需要沉淀下来，或沉静下来，慢慢去把握、思考、回味的。有这样几个坚守可以关注：

1. 坚守初心。旅游创新的初心是什么？包括家国情怀，我愿意去增进市场当中消费者的福利，让消费者有更多的消费便利、有更多的消费选择、有更好的消费体验。实际上作为企业来说、对于政府部门来说，在创新过程中，要为人民服务，而不是简单为人民币服务；我们要为消费者服务，而不是简单为消费服务。旅游领域科技创新也一样，是为了让科技服务于旅游消费，而不是把旅游消费或把旅游消费者卷入科技当中，把每一个旅游者都变成科技程序当中的某个主体。我们不希望我们是程序当中的某个场景、某个节点、某个字符，而是希望这些字符能够为这些人、这些主体来提供服务，这才是我们最重要的初心。

2. 坚守底线。创新可以有五花八门的创新，但有底线，所有创新的底线就是以质量为本。假设50亿国内旅游人次是真实、可信数据的话，这里就需要关注50亿人次的旅游质量如何去保障，我们不是简单的保障头部市场的消费人群，而是随着市场当中网红式创新的需要和情怀式创新的需要，来满足基本的质量要求。在满足质量基本要求基础之上，再去做服务的优化的文章、服务的深化的文章，去把握酷感科技在服务当中的价值，同时把握柔软的人性在服务创新当中的价值和意义，再去拓展空间、提升质量、扩展视野、做服务深化，这些方面在创新时都是有很多可以去做的。

前段时间在中国旅游协会一个论坛上讲过，中国其实有很多服务性的工作，也会看到某些现象，如曹冲称象，我们观察到这种现象并没有上升到理论上，没有在这个故事当中总结出阿基米德定律来。所以在服务具体措施创新上再进一步，就是服务理论的创新。

3. 坚守人性。在商业逐利市场当中如何坚持人性的光辉？因为在旅游行业当中，旅游信息不透明往往会造成旅游供给厂商机会主义的倾向性。当旅游供给厂商明确认识到存在着机会主义倾向时，能否坚持诚信经营？为消费者提供更多便利和智能推荐时，能否不做隐蔽的搭售？新的技术发展能够让消费者自己去服务其他消费者时，让消费者服务于消费者过程当中，我们怎么样保证在线评论信息的真实可信？在行稳致远和经济发展过程当中，怎么样取得积极的平衡，而不是像戏里所唱的，眼见他起高楼，眼见他迎宾客，眼见他楼塌了。

4. 坚守匠心精神，坚守商业规律。在技术创新领域中，我们是可以追求快速迭代的。在旅游项目和旅游作品上，能否像杜局长所讲的沉下心来有匠心精神，能够做一些流传下去的作品，能够给未来创造未来的文化遗产。我们在当前高大上项目层出不穷的时代，在投资建设上，能否跳出硬件建设的路径依赖。中国建设很厉害，搞建筑很好，搞小镇很快，能否跳出硬件建设的路径依赖，真正做到进物、进人、进内容，这个房子盖起来了，

还能看到游客，在这里旅游觉得非常不错，而不是门可罗雀的大项目，这也是我们需要去关注的。

5. 坚守社会责任。讲到旅游领域创新时，创新都是有不确定性的，创新都是有风险的，能否做好风险控制，就是我们是否坚持社会责任非常重要的前提。

围绕共享经济理念做的创新，ofo 押金退不回来，这种创新没有问题，但在创新时风险如何控制。旅行社领域当中也有一些创新，旅行社领域创新当中的进程可能会导致很多社会群体事件，在这个社会当中对创新中可能产生的风险如何把控，在创新过程当中有可能会对社会就业有挤压，创新对社会就业的挤出和就业的创造之间怎么平衡。今天的创新围绕乡村旅游进行创新，因为现在有“乡村振兴”战略，在乡村旅游创新过程中，怎么样把乡村看成是一个发展的主体，而不是资源的载体，我们也需要去思考。今天围绕乡村做创新时，不是再兴起一轮向乡村去攫取资源的创新。文旅融合创新当中，除了围绕着优秀的传统文化传承创新之外，还要想一想能否有自己的文化责任，基于文化责任去创新当代的文化。

谢谢！

主持人：刚刚听了杜女士的创新与未来，也听了厉老师的创新和坚守，实际上旅游的创业创新离不开的是人，这个人不但是消费者，见人见物见生活中的人，更是创业者、广大旅游创业创新的人才。因此，下面的活动是旅游管理创业创新人才培养基地揭牌仪式，有请北京联合大学旅游学院常务副院长、教授严旭阳先生和中关村智慧旅游创新协会会长张德欣先生为北京旅游管理创业创新人才培养基地共同揭牌！有请工作人员将牌匾拿到台上。

旅游管理创业创新人才培养基地是为适应国家发展现代旅游服务业的需要，大力促进旅游人才开发，充分发挥协会和学校优势，为社会、行业、企业培养更多高素质、高技能的人才，本着优势互补、资源共享、共同发展的原则，经友好协商，由中关村智慧旅游创新协会和北京联合大学旅游学院就人才培养、基地建设合作方面达成合作协议，面对区域与产业发展的需求，共同开展市场调查、产业定位、产品策划、营销推广等具有应用价值的旅游课题研究及书籍出版等活动。

今天，中关村智慧旅游创新协会将正式成立北京联合大学旅游学院北京一流专业旅游管理创业创新人才培养基地，也相信这个基地的成立有效提升旅游管理人才培养质量，真正将旅游行业的产学研合作推向深入。

刚刚厉老师对于坚守的阐述令我非常感动，因为不忘初心，才能方得始终，在这样一个资本“寒冬”，我们非常需要一些信心来让我们更加信心满怀。下面的环节是《中国旅游创业创新信心指数（2019）》发布。

有请旅游创业创新研究院研究中心主任、北京第二外国语学院酒店管理学院副教授李彬先生。

李彬：

尊敬的杜局长、严院长，以及各位嘉宾，来自各旅游企业、业界及各位同学：

已经连续第五次参加旅游创业创新高峰论坛峰会了，之前是发布创新创业报告，三年前开始发布信心指数，这是三年前在张会长和其他一些前辈、专家的指导下，说现在创新创业可能要有一些新的趋势、新的变化，让我们做一些相关方面的深入研究。我们发布的

《中国旅游创业创新信心指数》是其中研究之一。

听了刚才杜局长、厉老师演讲之后，后面可能我讲的就不多了，因为他们讲的很多内容跟我们研究的报告有一些高屋建瓴的指导，很多思想观点在报告里也都有体现。我们这个报告可能更多的是利用实证研究，有数据、有很多研究结论来佐证刚才杜局长和厉老师讲的观点与思想。

关于信心，今年我们做第三次信心指数遇到了一个问题，谈信心，是否能给我们很大的信心呢？坦率地说，今年信心不足，和前几年信心指数相比，今年信心指数会有一些变化。

报告从三个方面展开：一是对整体信心指数做分析；二是对信心指数各子方面进行分析；三是一些思考。

关于信心指数研究主要基于30名左右专家，通过设计问卷、设计关于旅游创业创新方面的问题，让受访专家进行回答，然后进行整理、提炼和观点总结。

受访专家名单，从四个方面的专家进行访谈和调查，包括旅游创新创业公司的专家、大型旅游企业、中小型和最近成长起来的旅游企业，不可或缺的是投资机构，即资本方一些专家，还有高校和协会的很多学者与专家给我们提供了智力支持，最后是一些民间智库专家，今年共30名专家来给我们提供支持。

从专家反馈和我们进行系统分析之后，今年信心指数是69.58分（100分满分），信心指数是从资本、人才、政策、并购、成功率、前景等几个方面展开的。数据显示：预测2019年旅游产业信心略显不足。

把最近两年作了对比，去年是76.06分，今年是69.58分，下降6个多点。在信心方面，有较大幅度下降，预期并不十分乐观。在资本、人才、政策、并购、成功率、前景等各维度都有不同程度下降。下降幅度最大的是并购层面，即大的旅游企业对中小企业旅游并购倾向下降最大，说明2019年在这个维度上可以显现出在旅游“双创”活跃度方面会有一定程度的减弱，旅游产业格局，尤其是在旅游头部公司巨头相对固定的产业格局下，可能对以前中小企业创新创业会有一定影响。

三年信心指数对比，整体呈现下降趋势，对2019年预期可以更好看到下降趋势正在滑向可能出现波谷的景象。特别是在资本维度方面，这三年从信心指数来看，也是下降的趋势。2018年，在很多维度上有小幅上升，所以去年我们发布信心指数时，还是相对较谨慎乐观，但到了今年预测明年时，却出现了较大幅度下降，这对在座旅游创业者们、旅游企业管理者们会有一定的借鉴作用，加剧了未来可能出现的一些不确定性。作为学者，需要跟大家把专家的意见做一个客观、科学的展示，并不是说整体的下降就是非常悲观，还没有到悲观，只是不是十分乐观，各方面有各自不同展现的具体结果。比如，在旅游“双创”产品集中领域，专家预期结果：其中在景区服务类，即以文旅融合为特点的景区、亲子游学两个领域增长幅度较大，预期较高；在娱乐、演艺出现小幅增长；在其他几个领域出现一些预期的下降，特别是在定制游类、出境自助游，以及旅游攻略等几个领域出现了较大幅度下降，也就是说对这些产品和商业模式的预期没有那么大了，正在逐渐下降。但在传统关注较多的民宿、人工智能，科技的创新方面，也没有大幅增长，这是和2018年一个较大的区别，2018年增长相对比较高，预期比较大，今年相对有一点点下降，虽然不大，但是可以看出来对技术相关的旅游产品的预期没有出现更多的增长，这个趋势向理性预期在发展。

从“双创”律动力因素来看，消费者需求层面、市场层面依然是最主要的层面。数据显示，在“双创”驱动力方面，消费者的驱动依然占比最大，资本和技术的驱动占比相对较大，可以看到下降趋势也比较明显。

通过驱动力指数可以看出，旅游“双创”正在以及将来很可能进入相对较长的转型期，这个转型期后面还有证据给大家展示。对于资本投资旅游“双创”市场前景、市场环境都可以看出虽然还是乐观的，但乐观的预期正在持续减弱，市场环境乐观预期也有一定减弱。

对政策支持是比较有意思的维度，前两年包括更早，都是对政策红利非常乐观，但从今年来看，政策红利的预期在相对减弱，政策红利相对消退前可能要寻找更好的突破口，找到自己更好的位置、更好的优势来应对出现的一些新的变化。

人才变化略有下降，但不是太大，进入旅游“双创”领域的人才可能会保持相对平稳的态势。

中小企业并购倾向，会有相对较大减弱的趋势，“双创”活动的活跃度也在减弱。从成功率来看，做了一个预测，专家给出的预测是成功创业机会没有像原来那么多了。专家对 2019 年创业的成功率持谨慎乐观的态度，而且这种乐观正在小幅下降，这是和两年前不太一样的一个趋势。

对整体前景的预测，发现整体上乐观预期正在下降，预期不确定性也在增强。

让专家为未来趋势提一些关键词，把 2017 年、2018 年、2019 年三年未来趋势关键词做了梳理，合并同类项，在 2017 年、2018 年经常谈到的资本、技术、市场、技术驱动等外部方面，从 2019 年开始转向了企业的内部，谈到了深度运营、用户体验、苦练内功和深化服务。刚才也提到了 2019 年可能旅游创新创业要迎来一个转折点或转折期、调整期。

从职业特点、受教育程度、海外受教育经历、专业背景、创业者创业次数、创业者相关经验、创业前的职业做了统计分析，不再重点说了。

对研究的结论和思考：

2019 年，“双创”信心指数客观上正在呈现下降趋势，预期并不十分乐观，从专家或从业者以及其他各方面心理层面上来看，“寒冬”真的到来了，并不只是说事实资本层面，在预期心理层面的“寒冬”也部分出现了。在资本与技术预期正在减弱，政策红利减少的预期也开始出现，但消费需求升级和服务升级依然是旅游“双创”当中最大的驱动力，这也是杜局长刚才谈到的趋势大的方向。

具体到产品类：景区、亲子、游学、演艺和文旅融合相关的产品、商业模式正在有所预期地增长，说明文旅融合大趋势可能产生一定作用，但对科技平台类的关注热度有所下降。

最后从未来发展趋势关键词来看：由外向内做了一个新的转型或转变，旅游创新创业未来趋势就是要进入新的转型期。

尽管是“寒冬”，尽管信心不足，但从学者角度来看，没什么大不了的，这是经济市场周期，尤其创新创业周期出现了，在创新创业学术领域当中，经常提到创业和市场周期并不是同步的规律，这是很重要的一个观点，2013 年年底、2014 年初开始办这个会，当时非常火爆，那时候出现了旅游创新创业的波峰，当然也带来了很多泡沫，到了 2015 年和2016年一直持续地进行消化，特别是到了2017年前后，对于资本盲目的逐利，对于政策崇拜，对于技术过度依赖，很多问题出现，当时很多优秀的创业公司逐渐都被市场淘汰了，在数据上显示未来也有另一份报告跟大家展现。可以看出旅游创新创业的波动逐渐显现。2019年，从专家反馈情况来看，可能逐渐向波谷趋近，冬天到了，春天要来了，“寒冬”压制了部分需求，也影响了部分信心，但同时也挤出了泡沫，这是一个“倒逼”的机制，会让更多旅游企业，就像更多专家给我们反馈一样，转向苦练内功，转向如何向市场、向管理要效益，这是以往更多所谓“烧钱”、过度关注一些商业模式等，这个过程对企业、对政府、对投资界等各方面都是良性的教育和学习的过程，能够“活下来、活得好”的企业，才是最终的赢家。

这次报告就到这里，希望文旅融合能够开创未来旅游“双创”的新未来。谢谢大家！

主持人：感谢李彬老师。这个大会真的是一个时代的大会，并没有盲目让大家觉得很乐观，而是用完整的一个分析来告诉我们到底未来该怎么做。但是“寒冬”又怎么样呢？收回拳头再次出击时才会最有力量。千淘万漉虽辛苦，吹尽狂沙始到金。在资本“寒冬”时才会更加冷静，真正苦练内功，真正想想创业是为了什么。2014年，我能想到在我们活动举办时是怎样的一个盛况，就像今天在这样一个波谷时，在座来了这么多有识之士和文化旅游创业者，这个“寒冬”就不会太长。

下面有请环球悦旅会创始人兼首席领队　戴政先生作题为“区块链与IP旅行”的主题演讲。

戴政：谢谢大家，谢谢德欣，以及在座各位领导！

我算是旅游的老人，但离开了一段时间，之前干了去哪儿，然后又回来做了悦旅集团，又做了区块链，所以跟大家分享一下我眼里看到的旅游未来的趋势。

先介绍一下我们实体业务。

实体业务方面，悦旅干的是微商。厉新建老师去年跟我们一起出报告时，其实当时我们规划是环球悦旅只是整个悦旅集团旗下2C的一个产品。

为什么讲微商？微商和电商之间是不同的两块，电商是在走没落的下坡路，阿里的各种数据，包括拼多多，上去以后，更多的GMV放到购物车都算，实际上微商是不同的，完全是介于陌生人和熟人之间的关系绑定，基于关系绑定产生的无论是旅游产品还有其他产品其实都是另外一套打法，完全不同。包括在三、四、五线城市发现如果用小程序让大家扫码做绑定，很多人是听不懂的，但越是听不懂，越是证明了用户下沉、消费升级。整个实体业务做的事情就是“自用省钱、分享赚钱、带好团队赚大钱”。实体业务底下有一块是悦旅达人，与旅游有关系，等一下会介绍。

区块链做的事情是做旅游的公链。区块链改变了最大的经济体，原有积分天天可以发，国航积分、电信积分、旅行社积分天天发，但是区块链的Token解决了积分不能做增发的问题，是3亿枚就是3亿枚，3亿枚的Token到底值多少钱，可以通过做落地的应用来解决，这就是做区块链最大的魅力。

我们认为旅游领域在未来都是从跟谁玩到跟谁买，曾经有一句话：雷军是目前最大的带货王。因为导游是非常完整的低频，比如去了一趟西藏，认识一个特别好的导游，每天都跟他聊天，但很难跟他再做一单与旅游相关的生意，但他给你寄一朵藏红花、一串手串等，所以跟谁玩到跟谁买是一个趋势，也就是说无论是IP旅行，还是KOL，未来都是带

货王。在未来三年，实际上任何一个人带货都会变成自己的微商，因为只要通过小程序做用户绑定都可以卖东西。所以导游也好、网红也好，都是这个趋势。包括现在悦旅达人的系统，也是跟抖音、快手上面更多 KOL 在做大量的沟通，我们 1 月 10 日有一个发布会，大概有几千个 KOL 会入驻到我们悦旅达人小程序里。通过晒一晒的高频，到跟我买的中频，到跟我游的低频，最后低频解决品质、解决基于带货到交友的一个最简单的逻辑。

在区块链方面我们干了三件事：

第一，基于布比系统在做公链开发。

第二，无论是在 ETH 还是在 EOS 上排名前十的应用都是游戏或博彩，吃住行游购娱，娱乐尤其是博彩，无论是竞猜的游戏还是游戏的休闲化，甚至包括猜硬币，都是在区块链上非常广的应用，原因是这个技术，最早做 PC 机的时代也是从游戏切入，移动端更是手游。所以每一个新技术或业态的改变都是从游戏开始，所以排名前十的应用都是在游戏，我们基于博彩游戏做了一个 GUESS，做了价格的竞猜。

第三，钱包。钱包是入口，很多人对区块链的理解都是币，没关系，币要有存的地方，就是钱包。目前在中国做得比较好的钱包是 IMTOKEN，我们认为钱包就是可以干出一个在区块链上的支付宝，只不过谁有用户，怎么往里进行用户的导入，以及包括最后钱包地址怎么样能够到交易所做变现，这是另外一套技术逻辑。钱包这个事我们也折腾完了，试试看，也许没准就干出一个支付宝，也不一定。

如何把传统业务和区块链业务做结合？最重要的是积分改革，通过积分改革解决通存通兑。比如我们最近和中联航交流，航空积分可以换里程，不想换里程怎么办？能够通兑到区块链上的 Token，Token 在里面有各种玩法，比如猜南极游、猜硬币，把它消耗掉，换 ETH，最后再跟稳币做提现，就是三套经济体做一套整合，这是我们认为区块链最大的魅力。

悦旅实体业务投资人是姚劲波和王东辉，区块链业务投资人是英诺等。助力于“区块链＋旅游产业”融合，希望大家多多指教。谢谢！

主持人：感谢戴先生的精彩分享。

接下来将进行峰会第一个圆桌论坛环节，将要研讨的话题是：中国文旅融合之现状与未来。

我是专门做非物质文化遗产保护研究的，在这个领域做了十几年时间，现在自己在创业阶段，今天我本来要参加这一场对话的，但是张会长觉得还是让我为大家做服务吧。借此机会，也表达一下我自己的观点，因为我虽然是这两年才开始把非物质文化遗产和旅游加在一起的，但是我在非物质文化遗产行业有非常多自己的感受，很多人问你们非遗商业模式是什么？这话问得我非常无语。我说：你觉得文物的商业模式是什么？提商业价值之前首先要有价值，因此在文化和旅游融合过程中间，对于非物质文化遗产产业方面也是有比较大的利好，文旅不断融合给非物质文化遗产带来了更多的机遇，我们认为非遗不仅仅是传说故事，也不仅仅是手工艺制成品，杯子、罐子、瓶子，一个又一个文创，更像是精神的象征，每一个民族、每一个城市都有自己这样的精神提炼。就像戴先生说的，“我们不断地把传统文化的 IP 象征应用到文化旅游中间来”。

下面有请本环节的各位嘉宾上场，他们是：

北京联合大学旅游学院教授、旅游管理系主任：刘啸

北京第二外国语学院教授、《旅坛忧思录》作者、国务院特殊津贴专家：王兴斌

中国地学文化旅游联盟秘书长：许涛

意大利文化旅游专家：张环

北京山海文旅集团董事长：王高超

这个环节的主持人是北京联合大学旅游学院旅游管理系主任刘啸教授，下面我把话筒交给刘教授。

刘啸：

各位领导、各位来宾：

非常荣幸今天能参与旅游创业创新高峰论坛。创业是社会发展的动力，创新是打开智慧财富的大门，高峰论坛是一个智慧的结晶，刚才听了杜局长、厉新建教授等几位专家发言以后，我信心满满。但听了李老师讲信心指数时，一下子又信心有所下降。不过能邀请到这么多重量级嘉宾在一起探讨旅游文化发展的现状和未来，我还是信心倍增，因为他们都是资深的专家。

文化旅游部合并以后，文化和旅游成了新话题，而且引起了很多专家和学者的关注。在座都是文化人，说到文化，大家都有一肚子话可以说，而且在座都是旅游人，说起旅游，肯定也有一系列经验。文化和旅游究竟如何结合？结合现状如何？今天想一起讨论一下这个问题。

王兴斌：2018 年快要过去了，《中国旅游报》过去每到年终时要发一个今年旅游十大流行词，我不知道今年还发不发？但如果要发的话，我想有四个字应该符合——文旅融合，文化和旅游到底是什么关系呢？

首先给大家做一个广告，《中国文化报》从今年文旅部成立以后，每星期六发一个“文化和旅游”版面，后来增加了两个版面，从 12 月份开始，每星期六《中国文化报》发四个版面的“文化和旅游”。已发的文章有戴院长的文章、厉新建院长的文章，也发了我几篇文章。这个月 8 日在文化观察版上发了我一篇文章，这篇文章是“变现文化与旅游关系的几个说法”，流行的几个说法：诗和远方；文化为魂、旅游为体；旅游没有文化就没有灵气；文化没有旅游就没有活力；文化是旅游最好的资源，旅游是文化最大的市场；文化产业一旦与旅游融合，就能赢得人民大众，也才能成为产业。文化如果不和旅游结合，不能成为产业。宜融则融、能融尽融，这是雒部长说的。当时我写这篇文章时，还看到后面八个字，就是“以文促旅、以旅章文”。旅游和文化到底是什么关系？我的文章没有回答。

我想用一句话来概括旅游和文化的关系，“旅游是异域文化体验”，这句话里有几个含义：

含义一：旅游是体验。所以我赞成厉新建院长说的，我认为 AR/VR 是宣传手段、传播手段、营销手段，但不是体验，我看了 VR 以后，还想去看真的东西。如果真能够代替旅游的话，旅游就没有希望了。但谁也不会看了故宫 VR 以后就不去故宫了，相反，更加想去故宫。所以旅游是体验，一定要亲身体验。

含义二：旅游是文化体验，不是一般的体验。只要是文化，去旅游了，不管理解或者没有理解，是否意识得到，都是文化体验。

含义三：不是一般的文化体验，是异地文化体验。我住在北京，到故宫去参观，不叫

旅游，最多叫游览。外地人来北京参观故宫是旅游，毕竟是异地。为什么不去三亚、巴厘岛？不是价格问题，而是文化不一样，那儿有印度教的文化体验，所以旅游是文化体验，是异域，某种意义上所有人的旅游必须去到跟工作生活场景不同的地方。

从古至今，所有的旅游活动回来得到的收获：看了很多风光，拍了很多相片，但是最根本的还是有没有得到新的文化方面的感受。

今年 3 月份，文旅部成立以后，北京市旅游协会的一次会议上，我提了“文化和旅游本质上是融合在一起的”，为什么现在又要提融合？因为过去有两个政府系统在管着，给人的印象是两个各管各的，现在合在一起了，就有融合问题。我在会上提了融合要摩擦，在摩擦中融合，现在还在摩擦之中。第一是观念上的融合，第二是机构上的融合，第三是统计上的融合，第四是工作方式、工作方法、活动范围方面如何配合。

我最近看到雒部长说的 16 个字，还是比较赞成的，讲的有分寸，“宜融则融、能融尽融”，这个说法比较客观。不一定都要融，也不一定都能融合，有些是不能融合的就不要融合。作为一个机构、作为一个单位、作为一个企业，可以尽量融合，但是不要硬融合，硬融合也不行。

例如，以前提产业链，所有产业都要跟我融，后来来了“旅游＋”，所有都要“＋”，有些是可以和旅游“＋”的，有些是不能“＋”的。所以我想改成“旅游＋是能＋则＋，能融则融”，不要勉强去做。

张环：我是实际做旅游行业的，我在专注意大利出境旅游是从 1998 年开始，只专注在一个国家，个人感受旅游和文化这两方面实际上是没有办法分开的。旅游，可能我们看到的是景点、风光，吃的是美食，这些都是有形的，但是在有形的背后就是文化，文化是无形的。很多人会容易看到有形的，吃什么、住什么、看到什么，可是有形背后的无形，就很难被游客去发现到。所以我们有这样一个高峰论坛来谈文化，实际上就是把有形的旅游背后无形的文化揭示出来了。

例如，我作为一名旅游工作者，在意大利一个地方，有一个游客当时说去购物，而不要在这个广场吃饭，无非就是广场上搭个棚子，有点晒，导游说到意大利就一定要去体验一下这个广场文化，在意大利广场吃顿饭，可以感受到吃饭时可能有鸽子落在你的餐桌上的感觉，可以晒太阳，也可以看到广场上来来往往的人群。结果这个游客感受一下后非常开心，他说：这次的旅行是不一样的，他似乎体验到了意大利旅游背后的文化。

作为旅游工作者，让讲汉语的意大利人来讲就不是讲景点，讲的是风土人情，讲的是美在他们生活中的价值。我写过一篇文章《提升审美的素养——意大利是道场》，也就是把吃住行游购娱这种有形的东西关注到无形的层面。

我们为什么要去旅行呢？我们为什么选择去意大利旅行？意大利这个国家在旅游背后对游客最大的价值提炼出来，是提升审美的素养。所以好像是我们给画了一条跑道，游客就会按照这个跑道去萃取旅游背后文化的精华，这也是旅游工作者的责任，把文化通过旅游这个载体呈现出来、揭示出来。

这是我的一点感想。谢谢！

许涛：

各位老师、各位专家：

大家好！感谢给我这个机会分享一下这个观点。我是中国地质大学的许涛，本科学地理，研究生做旅游规划，博士是研究地质的。目前国内存在最大的问题是旅游产品的同质化，无论特色小镇也好，农业观光村也好，都是同质化的东西，产品同质化在什么地方？我们自己观点：觉得是缺根少魂。很多人认为你说这话太绝对了，但是我们看了很多地方，觉得这话是客观实际的。

缺根少魂在什么地方？根，是没有把一个区域、一个地理、一个单元，地球科学这个根没有搞清楚其价值在什么地方。这个根是指的地球科学，地球科学不仅仅是地质的东西，也包括地理的东西。一方水土养一方人，水和土就是地球科学之根。但是这个根基上，人是文化。比如成因是什么，怎么氧化的，氧化过程中主要原因是什么？在此基础上，衍生了哪些文化现象？实际上根是科学的东西，是理性的，文化是软的东西，只有把地球科学之根和文化之魂贯通，任何一个景区、任何一个产品价值提炼出来，打造出来就行了。

观点一：跨界融合，就是把地球科学之根和文化之魂两个跨界融合起来，这是未来发展趋势。我们提出五层次模型：第一是景区的神话说，停留在80年代水平；第二是地球成因；第三是背后要讲好中国的地球科学故事；第四是人与自然的关系；第五是这个关系之上衍生出来的文化。

观点二：内容为王。未来的发展是内容为王的时代，不是靠原来的快速发展，内容为王是三个层次：普品、精品、极品。极品是把地球之根、文化之魂打通，外地人到北京来看故宫之长城，这就是我们的极品，极品看完以后，再看精品和普品，这就是产品链条。

观点三：形式要新颖，要融合科技。现在搞地质公园，搞旅游地学，也有很多AR/VR的东西，很好，但是缺乏内涵，一闪就过了，缺乏内容的知识，形式是为内容服务的。

观点四：主体统领。很多大的景区里，什么样的旅游产品、什么样的旅游类型都有，但是就没有自己景区里能够体现独特价值的主体统领。

观点五：模式创新。无论创新创业盈利模式是什么，运营模式是什么，都要模式创新。

谢谢！

王高超：我觉得传承经典的东西都属于文化，文化包含的内容太广泛了：琴棋书画，衣食住行、民宿等，而且文化的东西太多了，很宽泛，但是都是要把经典传承下来。旅游是在旅途当中观赏美景并体验衣食住行，从而达到愉悦的心情，这就是旅游。

文化和旅游本身就是融合的，衣食住行里就涵盖了一些文化，旅途当中也有衣食住行购、当地产品等。现在很多领导、专家看似在喊口号，其实无形当中也体现出一种文化，本身当中也有融合的东西。

到北京为什么要到故宫、长城？到山东为什么要到泰山？因为那里传承文化经典的东西很多。故宫、长城有很多明代文化元素，泰山有很多文人墨客文化的传承。文化的东西也在旅游当中体现，文旅本身就是融合的，只不过我们怎么才能把经典更好地传承下来，并做好发掘。

我没有什么高深的思想，也没有很好的水平，主要想和同学们分享一下自己的心情。我们旅行社有八百多家营业部，文旅融合创新创业，能跟同学有很多合作的创新，到我们旅游景区去创业创新，可以给你房子，出资金。思想再高深，没有真正用心去体验得来的

快乐。体验创新创业可能有辛苦、也有失败，但是也会让你心情愉悦。旅游也好、文化也好，用心体验是最好的。

我来的目的主要想跟同学们分享：以后创业时，到山海文旅时，在安徽、山东、贵州等很多地方，都可以合作，想在大都市里，我们也有景区、酒店，想回到老家创新创业，我们也可以为你们提供机会。谢谢！

刘啸：感谢刚才几位专家，王教授从理论高度对文化和旅游进行了阐述，张总、许所长、王总都是有实践经验，从实践当中摸索出一些旅游和文化的关系。

其实旅游和文化的关系我们也一直在思考，单从文化角度来讲，其实文和化本身不一样，刚才几位专家讲的困惑都在这里，中国不缺文，但是缺化。刚才杜局长也讲了美国53个创业人里，其中真正学理论的只有3个人，也说明一个问题，实际上文化最核心的东西在化，而不在文。中国文化里，如何才能把文化的东西转化到应用里呢，而旅游则是文化真正转化的一个主要手段，所以文化和旅游的结合实际上是中国文化精髓的东西在旅游行业的应用。如果我们理解不到这一部分的话，就会出现很多问题，也就是说可能都是为了挣钱而修一个古城，为了挣钱，然后复制一个产品。

为什么这些产品到最终不能够长久？就是因为里面的知识含量、技术含量的不足。故宫为什么出了一个挂历以后，那么多人喜欢？就是把故宫深厚的文化用一种传统的挂历方式传达给了很多老百姓。

中国以前的黄历都是从皇家传出来的，里面有很多内容指导农民生活生产。很多人对于故宫里这些农业农耕文化有一种深刻的依赖，所以出自于故宫的挂历本身就有非常强的宣传和教育功能，才能流行。如果旅游界能够把握到这一点，能够把旅游作为文化的传承和教化人的工具来做，我想旅游是会有前途的。

关于中国文化旅游未来创新点在哪里？请各位谈一下。

王兴斌："文旅融合，创新创业"现在面临一个很关键的问题，就是如何处理公益性和商业性的关系，也就是处理政府主导下的要发挥文化旅游业给人民的福利、幸福感，这是公益属性。但是旅游产品历来是一个商业产品，我理解旅游公益性不是指产品本身，而是指旅游业本身所具有的社会功能。但是旅游产品运行必须是商业运作，如果在这一点上有偏差，我对今后文旅融合感到担心，我现在已经在担心这个事：因为过去文化部门长期强调意识形态，强调政治，没有错，这是他们的岗位职责。旅游部门改革开放以后最大的转变就是从一个事业型的事情变成一个产业，因为有了这个转变，我们40年旅游才有今天的发展。如果现在这个问题出现了偏差，就会影响到我们的创业创新，关键在市场、企业、酒店、旅行社、司机等，在服务上自觉把文化融进去，就起到了作用，但这些必须通过市场经济，否则会很可怕。

文旅创新，有没有底线？雒部长提了两条底线：一是政治底线，我叫作红色底线。二是生态底线，我叫作绿色底线。我赞成这两条底线，大家都必须守住这两条底线，但是我觉得还有一条底线，就是道德底线或人文素养底线。现在旅游行业所吐槽、爆料的，无论从游客来讲，还是从旅行社来讲，或从雪乡民宿来讲，所有的问题说到底都是道德底线、人文素质底线、人文情怀底线，我认为这条底线跟上面两条底线一样重要，甚至当前来讲更加重要。无论是政府管理人员，或者其他官员，到底是为了事业还是为了官位；作为投资者到底是为了做一个事业，还是想变成世界最大的×××；作为一个旅游规划工作者、咨询工作者，到底是实心实意为你的客户提供最好的能实行的方案，还是搞一些天花乱坠的名词，说得人家晕晕乎乎，然后做一个旅游规划，没有500万元、800万元不给人做，到底为什么？当然还有教师也必须有底线，举例：现在很多学校导师被叫作老板，研究生是给他打工的，写的文章导师署名，做一个咨询报告几百万元、上千万元，导师挂名，下面全是让学生做；旅游者有没有人文情怀，没有人文情怀，再好的文化产品到了你手里也会毁了。所以如果没有人文情怀、人文素质，没有道德底线，创新也好、创业也好，都会走到邪路上去。

所以在这里大声疾呼，必须注意在旅游的所有环节过程中，品质等核心是素质的问题。

例如：重庆市旅游宣传口号是“行千里，致广大”。把重庆两个字拆开，重是千和里，庆是广和大。这样的口号现在成了重庆市的官方对外宣布的旅游宣传口号。旅游宣传口号是文化和旅游结合最好的一个点，旅游宣传口号怎么定、城市形象怎么定，看出来你的文化素养、文化素质。“重庆”两个字是一千多年前宋朝皇帝，他一高兴，说这个地方就叫重庆，重庆是三重之庆。我说你们现在这个宣传口号没有任何号召力，没有重庆特点，没有文化。

今天我听到北京第二外国语学院旅游科学学院讲，科学就是讲真话，我非常佩服你们这个报告不同于官方智库的报告，官方智库历来是讲形势大好，讲到问题时却轻描淡写，你们这个智库报告最后的结论跟我的想法完全一致，至少近两三年之内，你们这个结论是正确的，旅游还没有真正进入“寒冬”，旅游的泡沫还没有破灭，还在吹。我希望你们的报告在旅游界广为传播，让旅游企业、旅游行业、旅游管理者头脑清醒点。

谢谢大家！

许涛：7－9月，我在重庆整整跑了两个月，给他们规划了30条地学、岩学旅游路线，原来重庆宣传口号是“山水重庆，美丽之地”，新的“一把手”去了之后，改成了“行千里，致广大”，半个月之前他们有一个会议，我说你们这两个口号都不是太好，最好的是“巴山渝水，奇幻重庆”，整个重庆市是山地，无论是溶洞、喀斯特地貌，还是自然遗产，在全国都是奇幻的。当时给他们建议，从文化角度应该叫“巴山渝水，奇幻重庆”。

关于创新：要创新还是要融合，创新是未来创业唯一的动力，这是个人观点。目前我们国家自然旅游资源，该开发的都开发完了，下一步的发展就靠升级，如何升级？要看单个行业、单个学科已经不足以支撑这个升级了。原来搞地质的搞地质公园，搞农业的搞森林公园，搞水利的搞水利公园，现在国家提出山水林田湖草，包括人，就是生命共同体，生命共同体怎么升级？就要靠多学科融合、跨界融合，这是未来升级、创业最主要的动力——跨界和融合。

观点一：地球科学是根，在此基础上怎么把文化、把地球科学和文化之根贯通升级。

观点二：在整个不同产业链上都有创业机会。现在重庆、贵州在搞全省旅游资源大普查，我也参与了，用的标准还是国家旅游局很多年颁布的旅游资源国标，但是那个国标已经过时了，国标五年应该有一次补充或更新，现在在贵州、重庆进行大普查时，很多新的资源、新的单体不知道往哪个方面去填，对应不起来。在此基础上，我们应该再提升。旅游资源大普查要创新，国标需要提升。

第一个创业点：价值需要重塑。原来景区或者强调生态价值，或者强调地质价值，或

者强调文化价值，实际上一个景区是一个生命共同体，只强调某一方面不合适，现在应该跨界融合，强调综合价值。我们的价值评价，地质科学家评价，比如这个喀斯特溶洞是世界级的，应该把这块地方的成因、演化、发展和同类进行对比，对比以后才能说在哪方面是世界级的，才有依据。所以价值需要重塑，价值重塑不仅仅是单个价值重塑，需要文化，包括生态、动物和植物，还有文化。这方面需要价值的重塑，价值的重塑不是单学科，是多学科的，抓住价值重新打造提升。

第二个创业点：研学、探奇、观赏、吃住。

第三个创业点：为旅游服务，就是推广新的技术、新的产业、新的手段，这样创新创业就起来了。

张环：各位老师讲得比较宏观，因为我身在企业，就讲一个微观企业的实战经验。

意大利是一个时尚古国，54 项文化遗产是全球第一，中国是第二，同时意大利拥有很多大的奢侈品牌，是非常时尚的国家。所以意大利旅游的 Slogan 是“时尚古国”，这是我率先提出来的，得到意大利国家旅游局、意大利使馆的认可。因为在这一点上，的确体现了意大利作为旅游目的地国家的文化价值。

但意大利很多旅游目的地，游客到过之后好像没有体验意大利的文化，很苦恼。为什么？因为产品是文化的载体，旅游产品把文化划进来，让游客真正体验到，这是一个旅游工作者的责任。市场是否允许呢？这种有文化的旅游产品在市场上能否卖得出去，有没有人在买，仍然是对旅游企业的一个巨大挑战。所以目前前往意大利的旅游产品大部分还是将近 2 万元的产品，都是走马观花，大团过去。

怎么能把文化承载在旅游里呢？我是从 1998 年开始近二十年的时间专注于意大利旅游的研究，我对意大利的文化非常热爱，我也在想怎么才能把文化承载在旅游产品里，并且得到市场上的印证，别人可以买单。经过长久的探索，做出全包的很有文化的旅游产品，但是价格高，卖不出去。

后来经过不断思考和创新，突然有一个灵感出来了，就是把所有长线的产品进行切块，切成了一日游、半日游。我们有一个创新叫“Hi Bus，意大利城际游”，团队研发了一年时间，因为一日游的形式也只有 1000 多元的售价，这样大量的自由行游客就可以采购这样的一日游。我们在任何意大利两个大城市之间开通了一班巴士，起了一个名字叫 Hi Bus，这班巴士是八座奔驰，两个人就走，从罗马出发去佛罗伦萨，买了一日游产品，就可以深入到意大利的两个小镇去旅游。边走边玩，到了佛罗伦萨就可以自由行了，他自己住下了，如果过了三天之后想从佛罗伦萨再到威尼斯，又有这样的城际巴士，中间又可以去玩两个小镇，在这班巴士上启用的全部是讲汉语的意大利的俊男靓女当导游。用这种创始方式，让自由行游客率先来到意大利小城镇去吃当地美食，去体验广场文化，听意大利导游讲当地风土人情。

同时提出了“提升审美素养，意大利是道场”，对一个企业来讲，这是一个巨大的资金上的挑战，我没有拿它去做融资，还在做市场上的测试，如果这个企业真的能把这个卖起来了，再让资本进入。如果我自己还没有把它卖起来，没有让大家感受到这样一个创新的旅行方式、这样一个创新的产品真的是对社会有用，真的是让大部分的家庭可以通过自由行的方式就能构建起意大利旅游的行程，不受别人所限制，解决了在当地的交通和玩的问题，同时又有了自己最宝贵的自由。现在我还正在测试过程当中，这对企业来讲是挑战，有各种各样的压力。因为我以旅游为乐，很开心，二十多年不是靠勤奋走过来的，而是以此为乐，因为我在吸收意大利文化的过程当中，真正改变了自己的生活，包括我会装修啦、会买衣服啦，少了很多的浪费，知道怎么把美融入生活，同时也让我赢得了很多的资源，比如意大利使馆对我的支持，意大利旅游局对我的支持，都是来自于我对他们的文化吃得很透，我知道美在他们的生活中占据多大比重，会有很多人给你开绿灯了，不用只是一直在流汗地做事情，所以我自己尝到了甜头。

在企业中，这样的产品正在测试中，在座如果有资本在，也可以关注一下我们，去看一下这样一个目的地旅游公司文旅融合的创新是否对中国此刻的旅游行业有价值、有贡献。

王高超：山海文旅集团成立了一个文创研究院，创新创意原来大家都定义为产品，我觉得完全不是，创新创意的东西涵盖很多，景区提升所有的东西都有。创新创意不但是光有好的思想、思维，还要坚守人性，这个创新产品二次消费到底对人有没有帮助，如果真有帮助，让别人购完东西以后是愉悦的最好，同时换取企业的生存，这就是我们要坚守人性，无论是创新创业，还是我们参加工作，还是搞文旅，每一个岗位都是实实在在为别人服务，再把创新创业搞好。谢谢！

刘啸：刚才几位专家和教授都说了，王老师主要坚持历史文化，张总从自己实际出发，许所长讲了融合，王总从实际工作出发。

文化和旅游的融合，未来创新离不了历史文化角度、市场现实角度。创新要基于社会责任，也就是文化要在化上下功夫，怎么样能让产品对社会有一个责任感，才是创新的根本点，也是未来旅游企业能够走得更远的一个点。

大家最后再说一句话，来结束这个论坛。

王兴斌：文旅融合的主体是企业，产品供给者，把文化的内涵融合到所有的旅游消费环节里去，能否达到融合的效果，要看消费的主体——游客，有没有人文素养。这两者结合起来，文旅融合就不是空的，文旅融合不是靠文件，不是靠机构，关键在怎么做，谁当局长、厅长都一样，关键用什么思路来指导文化旅游产业。我还是寄希望于企业、市场、游客这三个环节素质的提高，这个提高是全面素质的提高，不是旅游业一家能做到的。

张环：提升审美的素养，时尚古国意大利是道场。

许涛：总结一下我的观点，两句话：

一是地球科学是根，文化是魂，两者打通，是未来创新创业的途径之一。

二是通过地学文化旅游，让游客走进自然、拥抱自然、欣赏自然，在拥抱、走进、欣赏自然的同时，去体验中国传统文化的博大精深。平常所说的，仁者乐山，智者乐水。

我们在做恐龙项目时，不仅讲恐龙，还要讲恐龙为什么会灭绝，和气候变化结合起来，可以让游客在玩的过程当中增加体验感，增加文化内涵，不仅让游客知道是什么，还要知道为什么，这样可以促进国民地球科学素质的提高，来提高游客对旅游中获取文化知识的愉悦度。

王高超：通过文旅融合的服务，真正实现人民心目中的诗与远方和美好生活。谢谢！

刘啸：感谢各位，本场论坛到此结束。

主持人：上午论坛到此结束。用一句话总结一下今天上午的感受，即“绿水青山就是金山银山”，让我们在金山银山里见人见物见生活。

2018年12月16日下午会议实录

主持人：钟晖　山水股份副董事长、北京导游协会副会长

内容：

主持人：各位朋友，各位同学：

大家下午好！欢迎大家能够来到中关村智慧旅游创新协会和北京联合大学共同主办的“文旅融合创赢未来——第五届中国旅游创业创新高峰论坛”的现场。我是今天下午的主持人，来自山水股份的钟晖，今天看到了非常多的新朋友和老朋友，很开心，大家齐聚在这样一个没有雾霾的周末的北京，相信大家会享受到一场非常好的思想盛宴。

首先让我为大家介绍一下今天下午到场的嘉宾，他们是：

中关村智慧旅游创新协会会长：张德欣

南开大学旅游与服务学院副院长、教授：陈晔

任我游（厦门）科技发展有限公司董事长：林绍青

农汇网总裁：张志成

中国旅游信息化与大数据产学研联盟执行秘书长：邓宁

北京联合大学旅游学院国家智慧旅游重点实验室副主任：黎巎

清博大数据CEO：郎清平

腾讯政务业务部文旅中心运营总监：孙晖

成都中科大旗理事：付饶

著名休闲农业专家、北京市城乡经济信息中心主任：刘军萍

中央民族大学教授、博导：李燕琴

蜜塘·且曼民宿创始人、佳乡学院天津分院院长：黄相然

京西民宿联盟会长、中国妇女十二大代表：李克俊

宿州学院管理学院教师：李龙

中华女子学院副教授：朱迎波

无二之旅联合创始人：蔡韵

兴博旅投规划设计院董事长：刘霞

延庆葡语农庄董事长：杨慧琦

老友季精品民宿创始人：梁晴

再次感谢各位嘉宾能够莅临今天下午的高峰论坛，下面有请南开大学旅游与服务学院副院长陈晔教授为大家作题为“大众旅游时代的文旅融合”的主题演讲。有请陈教授。

陈晔：感谢大家，感谢张会长的邀请，让我能够利用这个机会跟大家交流。其实大家上午已经聊得很嗨了，很多专家、学者、业界人士给出了在当前旅游创业、文旅大融合的背景之下的一些真知灼见。李彬老师最后还给我们刹了一个小车，让大家有了一个冷静的思考，上午的交流对我是一个很好的学习。

我本身是负责旅游市场目的地的营销中心的工作，旅游业的发展目前已经进入到新的

时代，文旅部成立也是今年一件大事，文旅融合成为今天非常热的词汇。无论从产业、政府、包括行业，都对文旅融合，对这个行业发展有着非常多的期待，既有热切的企盼，也有行业资本的蠢蠢欲动，其中虽然可能有泡沫，也有问题，但在大众旅游时代如何看待文旅融合？今天就来跟大家做一些分享。

大众旅游时代是什么样的时代？

上午各位嘉宾一直在提示，最终文旅融合不能停留在口号上，要看市场，要看消费，要从消费端来检验什么样的文旅融合才是真正符合市场的需求。从数据可以看出，现在已经进入到了全民旅游时代，若干年之后目标是要向100亿的国内旅游人次进军。如今确实是进入到了全民旅游阶段，如果拿50亿人次来计算，年人均旅游频率是3.7次。从这个频率可以看出人对旅游的期待和行动进入到了非常频繁的时期。

在这个时期里，人的需求会发生变化。早些年人们很少有机会出来，现在出来的机会越来越多了，需求就会跟着发生变化，对品质的要求就会提高。所以在大众旅游时代，虽然看到了非常繁荣的景象，但也要看到背后可能有更高的需求，对行业有更高的要求。

银联商务2018年研究报告表明：出游频次最多的是月均收入5000－10000元之间的并不是收入很高的人。从年龄来看是36－55岁，但新的“80后”“90后”已经成为市场非常主力的一群人。其实还属于非常典型的穷游时代，人们出游时还是会精打细算，还是要看钱包里有多少钱，但钱少的人其实也有着非常多的期待去出游，大众旅游时代能否给他们这种机会？现在民宿产品动不动就好几千、甚至上万，这样的市场能否可持续？虽然现在有资本在推动，未来这种资本的力量还能够持续多久？都是今天要提出疑问的。

大众旅游时代，游客出游规律和需求有什么变化？总结几条分享：

第一，游客经济时代已经到来。

游客经济内涵不同于所谓的传统旅游经济，核心是“游客”二字，游客经济时代要关注游客的需求。以前也做旅游规划，跟各地方都有交流。早些年大家做旅游规划时，第一是怎么建景区、怎么升级景区，觉得有了景区就可以跟旅行社合作，就可以把大量的游客拉到这个地方来。所以景区成为前十年、前二十年发展旅游非常重要的载体，没有景区没办法玩这个市场。

今天是否大量游客还会到景区里？其实很多年轻人已经不愿意进景区了，他们问为什么我要进景区，有没有其他可以玩的。每到一个地方都要看这个地方到底有什么好玩、好吃的、好活动可以参加，所以一个节庆活动可能会把一个目的地搞得底翻天，长沙的音乐节、青岛的啤酒节都是非常成功的事例。今天的游客不一定非得要逛景区，他们到一个地方就想这个地方到底有哪些是值得我去挖掘和体验的。而且大众旅游时代是小众旅游市场，大众旅游是指大多数人往景区里涌，小众旅游是每一个游客或不同特征的游客都在找自己喜欢的东西，那些吃货总是到当地找到一些最好吃的东西，游客也变得越来越专业化，已经不是盲从的阶段了。所以要颠覆我们传统思维，再建景区、再建大项目已经跟不上这个时代了。但是现在还有相当多的政府在引大项目，几乎几个亿的项目都不好意思谈，这样的思维有相当多的误导。

前一段时间《舌尖上的中国Ⅲ》播出以后，有很多人到天津去吃红姐煎饼，就是一个流动的小车，觉得有传统、有味道，是天津文化，这是它的旅游吸引物、旅游产品。前一段时间，天津滨海新区建了一个图书馆。很多人跑到那儿不是去看书，而是去拍照，那个感觉还是挺好的，非常大的一个图书馆，形状是球形，但又不是规则的球形，墙上所有的地方都是书籍，人们拍完照片以后，觉得人在知识海洋当中挺渺小的。这样一张照片更多启发了那些人对知识的尊重，我们需要去学习，当然真的要看书，还是要去到传统的小格间里拿一本书翻看的。为什么图书馆不可以成为旅游景区呢，不可以成为一个旅游吸引物呢？在今天大众旅游时代，每个人都在找自己喜欢的东西，这时候呼唤的是文化消费，图书馆不是最有文化的地方嘛？这样的文化跟文旅的融合非常自然。

所以内容消费和文化消费应该成为大众旅游时代真正能够发挥资源张力的地方，而不是非得要建景区。当然我不是说反对建景区，景区仍然还是非常重要的旅游吸引物之一。

第二，从观光旅游转向体验旅游。

观光旅游是传统上所认为的旅游形态，有风景名胜区、人文古迹、风土人情，每个地方都在挖掘自己有哪些值得去张扬的东西，今天更多人喜欢体验的是体验性旅游，因为传统拉着这些游客到一个地方拍照、上车睡觉，整个过程很累，看了很多东西，但真正能打动你的可能不是很多。所以今天进入体验旅游时代，游客更希望的是赏心悦目、放松身心、感受生活，去到异地，要看这个地方的生活是怎么样的，感受别人的生活，然后再反观自己。

为什么旅游的动机之一就是逃离，因为到一个新的环境当中，这种环境的刺激，别人活动的刺激，让你对生活有了新的感知。

用两张图片对比观光旅游和体验旅游，同样七个字：柴米油盐酱醋茶，琴棋书画诗酒茶，前面一个茶是观光旅游，去超市里几十元就可以买一包，可以在家里喝一天；后面这个茶是去茶社、茶吧，有茶艺师教你品功夫茶。相同的价格，但今天我们都希望去后面这个地方喝喝茶，才有感觉，跟朋友聊聊天、谈谈人生，这一壶茶可能就管用。今天都希望有这种体验式的旅游。

能否给游客这种感觉，让他觉得这很有品位、很有体验感，能获得知识呢？

第三，景观旅游消费转向内容消费。

看山游水逛景区是景观旅游，今天游客更喜欢内容化的消费，要看演出、玩节庆、玩互动，这是内容，不仅要看景区，还要玩起来。我们这些年去很多地方调研，在山西一个风光还不错的景区逛的时候，发现在一个大峡谷里的山体斜坡上有一条铁链子，被磨得油光锃亮的。最开始是工作人员去修检用的，后来发现很多游客爬上去拍照，人上去多了，铁链子就变得油光锃亮了。为什么这样？因为在景区里只能看不能玩，可玩的东西太少了，逼迫游客自己找乐子。说明现在景区模式无法适应游客需要了，包括门票经济也是如此，为什么要收门票？因为觉得景区值这个门票。

很多事例证明门票经济是不可持续的，2002 年西湖很早取消了门票，如果从这个角度来看，对于一个景区来讲，西湖应该是最有条件收门票的，哪个人去了杭州以后不去西湖，如果没去西湖，相当于没去杭州。我有一次去讲课，他们给我订了在西湖边上的酒店。清晨天还没亮，就听到窗户下面有琅琅读书声，是小孩子在念诗。我被读诗声音吵醒了，但是久久躺在床上不愿意睁开眼睛。只有在西湖边上才有西湖韵律、文化底蕴，听着读诗的声音，觉得这是不一样的景区，这么好的地方，为什么完全开放？杭州算了一笔账，如果打开景区，就会有更多的人进入到西湖，不收门票，就会有人在这个地方待更长的时间。如果收门票，就是大巴拉来一堆游客，给你一小时，然后上车。这一小时能产生多少经济价值？但不收门票，更多人愿意在这儿待一待、走一走、看一看，带火了西湖相当多的餐饮、酒店。另外还有人想在西湖边上走一走，看看有没有可能碰见他的前世情人。

我们做旅游的都知道，延长游客停留时间就是相当于在赚钱。延长半天他就要吃饭，延长一天他就要住宿，还要逛、还要消费，带动的消费，比门票更赚钱。这就是用内容、用文化去吸引更多的游客。

也有一些例子是反面教材，如凤凰古城。本来是不收门票的，到 2013 年时觉得游客太多了，官方说法是为了控制承载量，结果开始收门票。收门票以后，游客数量一定会下降，因为人们对这些行为都是刚性的。原来不收门票，现在 100 多元的门票，游客就不愿意掏了，里面的商户经营就会受到影响。后来被迫取消收门票，在景区里创造消费机会，延长消费链条，这才是新的景区经营模式，而不是怎么样想办法用好的资源去收钱。

这两年做全域旅游给我们极大的启发，全域都可能找到旅游，不是所有地方都要搞旅游，而是在全域挖掘可以吸引游客，可以包装成产品的一些资源。

第四，从标准化转向定制化。

标准化旅游就是买门票、定旅游团。总觉得游客喜欢“一站式”服务，把所有东西都包了，这是旅游发展进程当中的一个阶段。到了今天，游客已经不喜欢这种玩法了，需要的是我开车，能否解决我自驾所需要的服务。如果飞过去，落地以后有没有相应的服务。全包式旅游现在不需要了，需要打散。我们有没有所谓柔性？面对多元化市场、个性化市场时，需要生产能力有更多柔性。今天旅行社都不好干了，因为太刚性了，市场已经变得柔化了，我们没有柔化，所以都用点飘柔。

定制化的旅游应该是买服务、买装备、自由行。可能有的摄影爱好者，要给他提供摄影者所需要的摄影点，他们需要的是服务。那些喜欢户外的，能否给他们提供更方便的户外服务、户外旅游装备，有的人喜欢马拉松、越野跑，人们的需求越来越多样化，包括冬季运动。这两年从新闻上可以发现，每年到了冬天都有一些大学生滑雪出事，前两年为什么没有？因为现在参与冬季运动的人越来越多了，包括冬奥会也在推波助澜，冬季旅游可能是非常广阔的市场，这些人需要什么服务？我们能否给他最基本的安全服务？这些都需要有定制化的思想。

大众旅游时代应该如何满足游客需求？文化能够给旅游的活动提供更加丰富的内容，更具个性化和体验化的消费。文化同时能够延伸产业链、提升附加值。但是否所有的文化都可以实现这样的目标？

谈到文旅融合，（在）今天非常热，但是还是要谨慎去谈。有一句流行语：文化是旅游的灵魂，旅游是文化的载体。文化在什么时候是旅游的灵魂？文化是不是所有旅游的灵魂？旅游能否承担所有文化的载体？这可能是要探讨一下的，如观光旅游，去看山看水，这里有没有文化？当我们去休闲、去散步、去爬山、去骑自行车，这里又是什么文化？或度假、去海边住在沙滩或海景房，面朝大海、春暖花开时，有什么文化？所以文旅融合要考虑什么样的文化才能够跟旅游融合。

联合国世界旅游组织一份报告中提出：全世界旅游活动中大概有 37% 是涉及文化因素的。也就是说，60% 多跟文化没有太多关系，仍旧是为了嗨、为了玩、为了娱乐。谈到文旅融合，应该问这样的问题，什么样的文化才能跟旅游真正融合？其实 37% 也已经是 1/3

了，非常大的体量，有非常广阔的市场。什么样的文化真正能够跟旅游产生化学反应，催生出更好的旅游产品或升级旅游产品？

例如，我是内蒙古人，每到夏天时，我的朋友们跟我咨询去你们家乡玩，有什么可推荐的？于是我就推荐了一下，回来以后他们会跟我汇报一下：白天骑骑马，感受大草原风光。晚上如果能赶上那达慕活动，跟民族同胞摔跤，看看民族同胞人身体壮不壮，然后篝火点起来，载歌载舞，听着天籁之音的马头琴。在蒙古包里，三五好友坐在一起大口喝酒、大口吃肉。

常常在这个时候容易喝多，第二天酒一醒，买了一大堆光盘，回去好好感受一下蒙古族魅力。过两个月把这个音乐放出来，把他给炸了一下，为什么这么吵，当时听着很好听的音乐。我说：旅游不仅是音乐，好的体验往往是多种要素组合的，只有在蒙古包里，外面是茫茫草原，听着悠扬的马头琴，这才是最好的音乐。明年带着你的小伙伴再来一趟，就可以体验那种感觉，这就是重复旅游。

一旦给他提供一种非常不一样的独特体验时，他就会对你产生黏性，产生重复旅游的欲望。到底什么打动了他？其实就是文化，就是蒙古族的这种文化。

同样，开一个节庆活动，慕尼黑的啤酒节，2017 年消耗 700 万公升啤酒，2008 年以来啤酒节每年会为慕尼黑带来 10 亿欧元的经济价值。其实就是当地的一个民俗活动，但是富有魅力。照片上年轻的美女们那么夸张的表情，德国人对啤酒的热爱是渗透到血液里的，这样往往能成功，因为有文化、有民俗、有生活。国内有很多城市也在搞啤酒节，但是说老实话很差，几乎没有那个感觉，经常是摆个小摊儿撸串喝啤酒。青岛啤酒节每年也是十几亿元的收入，原先是一个主场，现在是两个主场。我去青岛也感受到了“好客山东”文化，十几种啤酒，红的、黑的、麦芽浓度不一样的，肯定把你喝醉。在青岛可以看到年轻的女孩也会拎着塑料袋喝啤酒，我当时很惊讶，怎么会这样？年轻女孩在大街上，拎着塑料袋，不是太不雅观了吗？他们说不是，她们会用吸管吸。青岛人对啤酒的热爱真的是渗透到血液里的。如果一个节庆只是办给游客的，肯定办不起来。很多景区办食品节、当地特色的节日，没有当地人消费，这个商业街肯定办不起来，因为游客知道这肯定是给我们设套的。

谈到文化，有很多文化大省、文化大县。中国最不缺文化，有文但是没有化，怎么样去化？有很多有文物的一些地方，但却是消费的洼地。

我们服务过的一个地方，右边图片的两座宝塔有两千多年历史，左边的房子也是几百年历史的古建筑。当第一次去看一座古建筑时，觉得那时候人们的生活品质比现在高多了，现在住楼房太简化了，但当时的生活，窗格、雕栏、飞檐，是很细致的一些生活，是生活品质的表现。这个是清代的，那个是元代的，进去以后，四大八小五天井，不同的格子，看一个觉得很惊叹，看第二个，觉得确实有差距，看第三个时觉得差不多，第四个时已经不愿意进去看了。因为游客不是文物专家，他只是好奇心，只要看过一个两个，就不可能看再多东西了。所以今天还有很多地方在把这些古镇恢复起来让人们去看，其实没什么可看的。我们调研到后来，觉得很疲惫，视觉疲惫、美学疲惫。

这张照片上是一位老人在打扬琴，他打击扬琴的活动没有什么高深的艺术价值，但是游客都愿意看一看，因为是一种活动。很有趣的是，打两分钟，老爷子跟游客开个玩笑，聊两句，游客就不愿意离开。一个老人跟你聊聊天、打击一下乐器，就是有生活、有内容的。从这样一种文化的形态可以发现到底什么样的文化可以被消费。

什么样的文化可以与旅游融合？是民俗文化或历史文化，还是外来文化或时尚文化？我觉得都是有可能的，有一个标准是可体验、可消费、可交互的文化才是可以被拿来消费的，也是更容易跟旅游相融合的。

今天有很多地方戏剧，我们觉得非常有历史、非常有文化，但是没落了，反而脱口秀兴起了，因为脱口秀说的是今天的事情，但是地方戏剧、博物馆等讲的都是历史。历史跟我们距离太远，要想拉近跟今天游客的距离，就要想办法做一些结合，而不是直接拿历史让人去看。所以博物馆总是门前冷落，但是长城每年到了节庆时都非常火爆，因为是可触摸的，可以近距离接触的。包括星级酒店，现在都在过“严冬”，已经好几年都在说酒店进入了微利时代，为什么民宿和短租火爆，因为住宿体验不一样，一些标准化的东西我们习以为常，宁愿去民俗、短租的房子里去住。很多民宿上了二楼、三楼都没有电梯，但游客宁愿扛着箱子花更多的钱去住，因为是不一样的体验。

很多博物馆，说这个地方鼎很厉害，弄一个小鼎卖给消费者，消费者要它干什么？如果他跟鼎没有互动、没有体验的话，这只是一个单纯的符号，消费价值非常弱。即使买回去，也不知道会把它摆在什么地方，也许放在箱子里面再也不会拿出来。

什么样的文化可以跟旅游更好地融合？如时尚文化，星巴克曾经探讨过进入故宫，但是没让它进去，觉得这是西方文化的代表，不能在故宫这个地方开。但是他们开到了灵隐寺，因为消费者喜欢，消费者愿意买单。星巴克总是在排长队，我们还是要去买。僧人也愿意尝一尝到底咖啡是什么味道，甚至有人调侃说，这个地方会不会有“看破红尘”咖啡，喝完以后直接住在这里不走了。

丽江是把文化做得非常好的，他们的东巴文字刻在衣服上，做成了图书，是用产品方式把丽江文化传到各个地方。这些文字如果能认得出来，就有消费价值。正是因为可识别性，所以才有更好的传播价值，我 2007 年去丽江时买得最多的就是他们的木刻画。

华盛顿的自然历史博物馆，把历史变成可触摸的东西，这个地方在展示自行车的发展历史。穿白上衣的女士是导游，她骑自行车在这儿转圈圈，看到游客多了，就停下来跟大家讲一讲当时的贵族才有资格骑自行车。为什么我们的导游非要穿成西装革履一本正经给人讲解呢？为什么不能用情境化的方式把他们带到那个时代。所以当这样的历史变得更可触摸时，我们会更有兴趣。

在山西晋城做的全域旅游文化里也有一些例子，大型实景演出成功的不多，但是现在还有很多地方希望去搞这种大型实景演出。更值得推广的是微演艺，山西晋城市有一个小镇，有一个演出是《老山西》，成本只有 200 万元。村书记带着村里人到处去看“千古情”“印象系列”，看了以后，回来自编自导自演，搞了一个《老山西》，门票是几十元，很多游客愿意去看。演员也不多，基本都是当地村民在做，所以小而美的演艺反而是更具有生命力的，而且风险很低。

场景也很有意思，在一个场地里看的观众是站着的，场景在不断变化，灯光打过去，这一片就变成了演艺的场景。整个场结束之后，那些卖醋、卖酒的都变成了商铺，看完了之后直接销售，把产品和销售直接融合在一起，还能赚钱。

烟台长岛有一个酒吧，几个演员，搞了一个演出，当地渔民出海的故事，时间不长，中间情节设计一定要八次碰杯的场面，是因为在酒吧里，演员一碰杯，大家跟着碰杯。散

场结束之后，每一个演员都拿着杯子跟大家喝酒，有了这个演艺，可能投入一些钱，但每天酒的销售量翻一番。这是赚钱的根本，所以用门票的思维限制了我们延伸的消费链条。

文旅小镇现在也是热点，去地产化是非常必要的做法，这方面有很多专家，我今天不展开了，因为也比较复杂。现在都是打着地产的东西做旅游，这有很大的风险。

文旅融合应该是可消费的文化跟旅游体验的一种融合，文化旅游是二次开发和内容的消费，把文化的内容植入旅游，用旅游消费来融合文化，只有市场认可的文旅融合才是真的文旅融合。

谢谢大家!

主持人：谢谢陈晔院长，陈晔院长是我认为既长得帅，又具有知识内涵的一位院长，他非常多的观点我都非常同意，比如：游客经济时代的到来是一种典型的互联网思维。观光游到度假到休闲体验，包括景观消费到内容消费也是典型的流量到知识付费的思维。

标准化、定制化的旅游我最欣赏，中国旅游消费今年数字是5.8万亿元，旅行社做了4600亿元，不到9%。还有一组数字：到2020年，中国在线渗透率到15.2%，中间这70%－80%的人都去哪儿了？绝大多数人都需要旅游服务的定制。我年初有一个观点：中国当今旅游最重要的一个矛盾是游客日益增长的对品质跟团游和定制自由行的海量需求与优质供给资源的矛盾，有很多优质产品，但老百姓不买账。

陈晔院长老说现在是“旅游＋”时代，过去观光游时代有一个观点我特别同意，叫“啃老文化”，中国观光游叫“啃老文化”，吃老祖宗、吃老天爷、吃老百姓，“现在终于诗和远方在一起”，我们有机会能够做更深入的旅游。

接下来是“文旅融合与智慧旅游＆大数据”圆桌论坛，有请圆桌论坛的各位嘉宾，有请：

中国旅游信息化与大数据产学研联盟执行秘书长：邓宁

北京联合大学旅游学院国家智慧旅游重点实验室副主任：黎巎

清博大数据CEO：郎清平

腾讯政务业务部文旅中心运营总监：孙晖

成都中科大旗理事：付饶

下面我把话筒交给环节主持人邓宁秘书长。

邓宁：我第一个身份是北京第二外国语学院教师，联盟执行秘书长是依托我们学校成立的一个新的联盟，也是刚刚成立不久，二外现在在做机构整合，所以名字最后怎么叫不重要，但首先明确一下我就是二外的一名老师。

今天圆桌请到四位重量级嘉宾，跟每一位老师都有一些渊源或打过一些交道。

今天的圆桌跟整场主题非常契合，我中午也与张会长交流，其实创新是一个包罗万象的框架。智慧旅游、大数据是没有过气的“网红”，上午虽然说到对于科技的依赖在明年会有一定衰减，但相信在这个领域的人还没有完全把这个事情给处理得非常彻底，所以还希望有更多的工作在未来去夯实和完善。今天借助这个场合，能够展开一个讨论。

今天在场的嘉宾有来自于学界、产业界，在学术和产业的深度融合还没有特别充分。所以今天借这个场合，从各自不同观点来针对这样的问题进行深度沟通。希望各位首先对于自己所代表的机构、企业做简单的介绍；其次是基于自己工作身份，来谈一谈如何服务于今天智慧旅游和大数据产业。

黎巎：大家好！我来自于北京联合大学旅游学院旅游管理系，我们系很早就开设了旅游电子商务专业方向，并且把旅游信息化、智慧旅游作为重要方向。在此背景下，有一批老师专门从事信息技术和旅游交叉性的研究。在 2014 年，由原国家旅游局批准我们建设国家智慧旅游重点实验室，作为信息技术如何融入旅游产学研用相结合的研究工作。

旅游是交叉性的学科，同时我们又融入技术背景学科，比如计算机科学与技术，管理科学与工程，地理信息系统，产业经济和区域经济融合性研究。这是我们研究机构服务于技术和旅游应用理论方法性的研究，也就是说我们这个机构实际上是用老师交叉性背景来支持在学术上理论和方法上的创新。旅游是应用型学科，我们致力于信息技术如何支撑或融合到旅游发展中去，涉及政府咨询、规划工作，包括景区规划工作。这是我们目前的工作。

智慧旅游、旅游大数据发展，如何进行支持？作为研究机构或作为一位学者，首先不同于产业人士进行市场化、经营化相关活动，我们更倾向于用我们的学科知识探索行业没有探索的一些方向，或行业没有应用的一些方法，或者改进的一些理论，这是我们学者的理想。

我们为什么有价值？我其实在企业中工作了很长时间，一直在考虑学者的价值，就是理论。从大数据旅游应用也好、智慧旅游也好，发现旅游行业受到一定的限制去进行探索。因为我从企业中来，可以发现企业有时候不敢试错，养着一堆员工，比如原来我在神州数码，是一个季度来判断某个方向是否是盈利的，一旦一个财年，甚至一个季度、两个季度如果不够盈利的话，这个方向就有可能被裁掉。这种方向性、未来性、预测性可以由学者来做，因为科学是可以试错的。所以尽管我们旅游学科是应用型学科，但旅游理论方法性研究以及探索性研究实际能够贡献给产业界的。

我们还要进行一些产业界没有考虑到的问题，比如大数据应用、研究涉及很多数据伦理问题，以及研究伦理，以及法律方面等问题，需要学者探索。

以上是我们机构或我们作为学者的一些思考，以及我们觉得我们的责任。

孙晖：很高兴代表腾讯文旅参加今天的论坛交流。腾讯是世界顶级的互联网公司，而且其本身也是国内最大的在线旅游综合服务商，涵盖生活的方方面面。“十一”之前提了一个战略，从消费互联网转向产业互联网，类似腾讯的这样公司都已经占据每一个关于消费者方方面面生活的各细分领域，包括在线移动通信、娱乐、购物等。有一个最新数据，整个 BAT 占据中国人在线生活 70% 的份额。早些年腾讯是做这样一个消费互联网的定位，但“十一”之后定位产业互联网，接下来的公司整体定位是以科技和文化为基础的一家互联网公司。在产业方面我们一直秉承新科技，新科技包括微信支付、人工智能、云计算、大数据等，接下来会持续加强全球创新、先进技术的研究应用，一方面是满足我们的自身产品，另一方面是能够把新的科技范畴和传统行业结合起来。

这么多年来，在新原创板块，很多人说腾讯是互联网的迪士尼，拥有最大量内容的 IP，包括游戏、动漫、音乐、体育等七大 IP 内容在手里，基本把中国各类人群的在线文化生活都涵盖了。很多行业，尤其是旅游行业需要科技的手段和工具，也需要新的形式、新的连接方式，所以整个公司定位为“新科技＋新原创”的一家公司，去做各行各业数字化的小助手，能帮助传统行业一起赋能。现如今已经是一个线上线下密不可分、融合共生的时代。

在文旅板块，我们是一个企业和互联网公司，有四个方面的产品应用：

第一，全域智慧旅游整体服务体系。做智慧旅游时，早先很多行业聚焦于政府侧或企业端，但发现一定要把政府、企业包括消费者打通起来，痛点在于政府侧，所谓的文旅侧和供给侧数字化升级才刚刚开始。

第二，"腾讯文创＋IP孵化板块"。现在的平台有IP，但我认为真正具有IP生命力的肯定是来源于传统文化，但如何帮助它构建其发展力，帮助我们把传统文化更好地挖掘、保护，从而更好地实现产业价值和经济价值值得思考。

第三，帮很多海外国家做目的地的智慧化服务。老外很务实，找腾讯说想赚中国人出境游的钱，但必须用中国人喜欢的工具和方式才能更好地服务。我们在帮他们做一些海外小程序，微支付、一键退税。我们做海外都是针对出境游的中国游客做的，包括现在所谓1.5亿人次的出境游游客，在海外方面我们也做一些尝试，也算是我们把科技的能力输出到国外。

第四，腾讯是一个产业开放平台，研究了很多的领域和场景。可以让公司很多的专家、科学家帮我们看看文旅行业应该怎么应用先进的技术。我们也和外部很多机构，比如北二外和美团点评等企业结合起来。我们研究院运营了包括明年会举办的世界智慧旅游大会，包括我们有一系列解决方案的研发，最后还有核心目的地可以做实验。现在很多省已经跟我们说了，只要腾讯在这边做试验田，可以拉很多地方一起做试验田，包括云南、甘肃、河北等。做科技奥运，这些试验田会把科技、产业伙伴的能力在这个试验田里做很多创新的示范。

付饶：各位老师、同学们，下午好，我是来自成都中科大旗的付饶。我们公司以前是属于中科院的，是把大数据应用到旅游产业和行业中来的公司。从我们做的政府端管理平台到企业端、所有景区，包括全域旅游到泛旅游，都是在产生数据、应用数据，把数据变成支撑和决策的手段。在这个环节中，我们是真正把这个数据拿来运用的。旅游学院总是研究数据，让数据有了方向，而我们是把数据汇集起来，把数据拿到应用环节上去试用。在试用的同时，让数据产生价值，最后为政府、为企业、为游客产生决策，就是哪儿可以去，哪儿什么时间可以去；对企业来说，精准营销面向哪儿，都是需要大数据做支撑、做决策。同时，政府管理部门也需要我们的数据对其进行支撑。

例如：哈尔滨冰雪节时，雪乡有"黑车、黑导、黑店"等事件。如果通过我们的技术手段来提前发现，让政府提前做预警，哪儿堵了、哪些人员太多，都会用大数据手段让游客不到那里去，就能避免一些旅游事件的发生。

比如说九寨沟，当我们这个平台搭建起来以后，就可以提前告诉救援部门进去多少人，这些人都是哪里的，通过什么渠道进去的。这样的救援就是有目的、有方向的，精准施救，精准解决问题，而不是盲目或使用更多别的手段，以免浪费人力和物力。

我们现在以SaaS形式做了三个云平台：第一，对政府管理端进行数据应用、数据管理、数据清洗的云平台；第二，对景区营销、游客服务、政府管理等在有数据支撑情况下做的浩景云；第三，文创云，根据现在共享经济来做的，任何人去任何一个景区都能够在这个平台上来讲、来听。假如到故宫，并不一定是故宫导游来讲，而是每一个人在那儿产生的体验都可以来讲，聆听者还可以对讲解人员进行知识付费，老师对文化研究比较深入的，都可以以网络形式讲出来。这既珍惜了我们的时间，又珍惜了知识，并且都分享出来了，这算是把大数据应用到每一个触点上。

郎清平：我是来自清博大数据的郎清平，感谢大会邀请我来参加这个会议。

清博主要基于互联网、新媒体各种传播数据，提供完整的解决方案，主要服务于高校、政府、媒体、企业。在座的包括腾讯都是我们比较好的合作伙伴，我们也是腾讯智慧城市生态服务商。

对于旅游行业和旅游主管部门，我们在做的是整个中国旅游市场的舆情监测，为各地旅游局以及一些旅游景区做网络监测，给相关主管部门做旅游市场秩序的监测以及低价产品预警。比如说针对泰国旅游线路，把多个互联网旅游平台，以及一些比较大的旅行社自主研发的App平台，在同一个月当中可能有3万多个旅游线路的产品。我们要从中找出哪些涉嫌欺诈、低价竞争等，这是市场秩序的监测。

各省（市、区）旅游局目前都在通过移动互联网做自己的对外形象传播和旅游景区的对外营销，因为现在移动互联网网民超过8亿人，微信用户都已经超过10亿人，然后还有很多也在用微博、头条、一点、企鹅等做宣传，我们在评价、分析、提供决策咨询时，会告诉别人究竟自己的景区、旅游局在新媒体传播方面做的效果如何，存在什么问题，包括互相之间的对比是什么。

现在做智慧旅游，很多机构都是通过自己的微信公众号做很多次开发，比如里面有一些景区导览或天气预报、门票服务、投诉建议等，在评价所有服务号的传播力、影响力，及给予用户交互服务的效能如何。

我们做数据监测分析之后，也在做一些新媒体对外传播，如帮助某些景区怎么样做好微博话题的策划，如何根据景区不同节庆重要特点、景区文化特色，策划一些H5或公号文章，选择哪一些区域和地方大号、大V来组织线上和线下活动的融合传播。

邓宁：这一轮大家自报了家门，对行业方面，从自己的角度来结合今天智慧旅游和大数据行业的发展谈了自己服务的定位。

这几家机构都挺有意思的，如果按照智慧旅游分层来讲，最底下这一层应该是基础设施或集成，或是系统的搭建，这方面跟大旗一些业务相对有一些关联的。

再往上走可能会涉及填充什么样的服务，如何做后续系统的运营，因为大数据、智慧旅游的建设从2014年到现在有三四年“井喷”以后，现在绝大多数地方已经开始解决有和无的问题，后续运营怎么使前期建设充分发挥效用，可能会进入到2.0阶段，大家要面临一些新的问题。这方面没有得到业界认可的成熟方案出来，大家都还是在做一些试探。在这里，腾讯做的“一部手机游云南”也代表一种模式，模式有很多，也不太好说哪一种一定能成，但至少他们这种模式是在不断做一些完善。

郎总这边属于大数据业务，包括做智慧营销，做效果的监测，或利用数据进行结果的评估，更精准地去指导目的地智慧旅游，去衡量效用，以及做进一步精准化的指导。

如果作为一个栈空间的话，是全栈的概念。作为产业直接从业者，需要有学校、有理论的支撑，在这里我们也希望参与到产业发展中来。

想让大家聊一聊今天的大数据、智慧旅游，有什么可以拿出来跟大家讲一讲的成熟方案，或能代表未来趋势的技术。但我想把这个问题稍微放宽一点，要么可以谈一谈对于某一个案例或对于某一个技术代表一种趋势，可以介绍一下；要么可以说这里没有非常让我值得给大家讲的，或没有找到，肯定是有原因的。今天智慧旅游和大数据问题在哪里，也

可以简单谈一谈。邀请各位嘉宾就刚才讲的这两种可能性来谈谈自己的观点。

黎巎：从我目前的认知来讲，大数据应用在旅游方面，从学术界来讲是看不到这样很好的案例。我看到的很好的应用是海外医疗，是基于个体的。一般的大数据是全样本的，而计算机科学会讲个体大数据，个人全生命周期大数据在进行精准医疗方面做得比较好，尤其是英国。

在国外和中国，大数据用的最纯粹、数据采集最充分的，而且在法律框架下得到允许用的是公安系统，可以进行犯罪嫌疑人的追踪。在刻画犯罪倾向方面，至少美国、澳大利亚有很好的案例，只不过参与的学者是不允许发论文的，所以论文没有公开。但实际上这些学者们参与这样的项目是在数据应用或在技术领域称为大数据的样本覆盖，在社会学提到的全样本，或在计算机领域提到的数据量，都是可以的。这两个领域是用得比较好的。

继续回到旅游话题，并没有数据和很好的应用。从我的认知来考虑，我是2010年从IT企业到了高校，发现旅游信息化水平跟我以前在IT企业服务的一些服务类行业相比还有一定差距。目前差距在减小，但不管大数据也好、数据应用也好，首先基础设施要上来，所以数据本身是没用好，但是数据有没有也是一个问题。

另外，腾讯公司也是近几年开始渗透到旅游行业，在2010年我来旅游学院时，大的IT企业是没有渗入到旅游应用中来的。我本科、硕士、博士都是学计算机的，当时听到的都是一些没听说过的小企业。但是如今，腾讯公司、大旗、清华目前也开始介入，这是非常好的趋势。

要检讨学界，往往学界研究能够推动产业发展，比如学界经常有图灵奖获得者，这些算法的发明也好、技术创新也好，能推动技术的发展和行业的发展。我们发现在旅游研究领域，至少信息技术和旅游交叉研究或智慧旅游、旅游大数据研究，并没有相应有价值的，能够促进大数据、智慧旅游发展的高水平的研究成果来推动产业发展，或者这个行业的发展，或者这个方法的应用。所以学者应该检讨是否在未来至少能够提出一些有价值的方法或方向，来促进业界的发展。

近几年，技术应用是一个混合性的产物，并不是某种技术。给我印象比较深的是，上午王兴斌老师提出未来几年旅游行业发展不太依赖于技术。但是技术还在不断发展，会有新的技术融入旅游中。只不过技术、文化、旅游要融合去考虑。我为什么想到这句话？实际上我对文旅融合没有发言权，但是最近几年在文创方面，尤其是以故宫为代表的文创方面做得非常棒，能够把技术领域的前沿性技术，比如增强现实/虚拟现实，把故宫文化方面活化起来，就是文物的活化、文化的活化做得非常棒，让我们搞技术应用的人非常兴奋。并不是技术应用在旅游方面就是很枯燥的，原来对旅游信息化、智慧旅游、大数据不太感兴趣的，一旦课堂上展现的是故宫这一类的文创产品时，相信给研究生展示时，各位都会眼前一亮。未来几年不依赖技术，但是技术跟创意、创新、文化融合在一起，可能是一个方向，包括腾讯最近在跟故宫一起搞创意大赛，我也把这些创意产品展示给学生，学生也非常感兴趣。

孙晖：传统旅游人永远会禁锢在自己思维里，是一个小旅游概念。未来一定要有大文旅、大消费时代的概念，要站在更广阔的空间去看待你自己。如果从传统旅游角度看待你自己，发现创新是很难的，而且越来越窄。因为旅游本身是一种休闲方式，是一种生活方式，未来不谈旅游时，才迎来旅游的黄金期，旅游变成了你的生活方式。从大的生活方式来看，未来的旅游会无处不在，会提供一种场景。

我们完全不用去怀疑，未来社会基础要素就是两个：数据化和智能化。这两个是核心，只要不抓住肯定会被淘汰。要看如何结合。数据化和智能化速度会越来越快，未来在5G、AI应用层面上如果速度更快时，就会把这个行业颠覆。这些技术现在在很多行业应用得非常好，比如AI在医疗、在公安应用方面，而旅游行业主要是太庞杂了，导致目前的应用不太好。

科技的发展，包括智能化的发展，毫无疑问对所有行业都会产生颠覆。它不是能造一个吃的，但会造更好的吃的，让你更个性化，是C2M的一种方式。这个行业特别喜欢谈数据化，现在旅游行业整体数据化创新还是有很大空间，只是以前受机制方面的阻碍，很多东西没有突破。

例如：云南项目，不是建了一个App，帮助云南做整个数字化整体生态的升级。从数据层面来讲，我们接触这个项目，发现整个旅游行业，在整个数字化传统数据统计层面上就有很大的缺陷，所以用了大概半年时间，把云南省全省数据进行统计、处理，包括跨部门的打通政府数据和传统数据。首先把涉及的每个目的地数字的品牌馆，每个乡镇有几个厕所，厕所的点位，每个地方定位的数据等用了半年时间把所有旅游基础数据库做全了。我们做旅游一定要把旅游基础数据库做全，包括看旅游官网。有什么好玩的，有没有精准信息，做旅游行业一定要务实，先把基础动态的数据做出来。

如何产生数据呢？把云南的停车场、智慧酒店这种场景，互联网数据也整合进来，数据量会非常大。我们帮助云南构建三个数字体系：数字身份体系、数字消费体系、数字诚信体系。

数字身份体系：现在确认一个人是否是游客，怎么统计人，整个数字化身份最准确，因为每一个账号都是唯一的身份证+唯一的手机号。现在通过腾讯体系帮助云南省做每一个来云南的宏观用户进行整体行为的分析，包括去了哪里，待了几天，在云南是什么样子的。这个数据如果能做出来，其实非常精准。通过LBS，整个数据准确率能达98%以上，就是用户身份数据。

数字消费体系：通过互联网平台，把同业平台、云南旅游平台，无论是查了一个导游导览，还是看了一件商品，在线所有行为都要数据化。在引导他在线的数据化时，首先要把云南所有景区做人脸识别，只要在北京把照片弄好，在云南所有AAAA级景区都可以游玩。云南现在有300多个酒店做自助入住，现在云南无绑支付。这个做好了，对于整个云南省未来去收集数据，每天产生大量的数据，才是有价值的。

数据诚信体系：现在汇聚云南省20万商家进来之后，构建诚信指数，有政府维度、有专业维度、有用户评价维度，用户在每一家店买到商品有诚信码，可以投诉、可以追溯商品是真的还是假的。这样一个数据体系一是把政府数据归纳整理，二是要产生互联网数据，三是帮助商家规划整个商业数据体系。这个做好之后，未来会对整个云南带来翻天覆地的变化。现在有两个效果：

第一，之前云南省投诉处理是12个工作日，现在6～9个小时内全部办完。只要一个投诉，从省（市、县）到所涉及的企业，数据全部是透明化的，而且全部是流程智能化的。只需通过工具、通过智能化去管理这些事情。

第二，通过一年时间，帮助云南省把购物问题解决了。包括线下智能购物体验店、智

能购物体验商家、诚信商家，把这些事情做好之后，整个旅游才会迎来质的飞跃。大数据的价值非常大，做好之后会把这个数据给云南所有企业，包括每一个旅发委，跟他们共享。

腾讯谈大数据很少，用一年半时间先去整理数据、产生数据，怎么树立一个诚信模型，做好未来，未来数据价值会越来越大，这是比较理想的状态。当然这里可以分拆出来帮助 G 端、企业端等做服务。

付饶：我们做了 15 年旅游信息化，现在叫智慧旅游，在我看来，现在旅游还不是大数据，是小数据，但是怎么把小数据应用好，主要是以下几个层面：

第一，数据收集。过去旅游行业里很多东西是纸质的，现在慢慢电子化了，电子行程单，游客填报系统，旅游局管理系统。2016 年我们给国家旅游局（现文旅部）建的智慧产业监测及应急指挥平台，这些平台的建立都是来收集现在所有数据的，只有收集起来数据了，才可以建模、才可以梳理、才可以清洗。清洗完的数据才能够拿出来给领导看、给游客看、给景区服务，这是一个过程。

现在大数据可能在金融行业要建立诚信体系相对比较多一些。但是在旅游行业，由于该行业比较散，“吃住行游购娱”，包罗万象，所以数据收集比较多。现在我们在 23 个省都建了省级平台，国家旅游局是 2016 年开始建的平台，相对来说我们做得比较早。第一届旅发会在四川开的，我们从第一届就开始做，到现在为止 15 年了，等于我们也做了 15 年的旅游行业的信息化，而直到现在才是真正把一些数据收集起来，但数据收集起来干什么用？必须要应用出去，并且我们在应用平台上又在不断产生数据，本身数据来支撑我们应用，应用又产生数据，数据最后对决策部门进行服务。政府决策部门、企业决策部门，做哪些服务游客是喜欢的？每一个同学、老师出去都是游客，在自己待烦了的地方再到别人待烦了的地方就是旅游。我们去别的地方旅游也需要决策，去不去、什么时候去、去了以后该去哪儿、该待多长时间；去了以后，门票在哪儿买、酒店在哪儿订、吃的东西在哪里买，都需要大数据给我们提供支撑，让我们每一个游客决策。我们为游客服务，反过来政府是人民的公仆，也是为每个人民服务的，服务靠什么？靠大数据。

我们现在做的事情是把现有的数据，交通、气象、公安、环保，银联的消费数据，包括三大运营商产生的轨迹数据，整理起来清洗。有些数据脱敏，然后替政府服务，替我们景区服务，替游客服务，让游客有更好的体验。

第二，我们现在建的一套平台已经服务于公安局。天网工程是所有街道都有的。我们那套系统把所有景区的图像采集起来，如果这些人跑景区去了，我们这套系统能够预测预警，能够帮助反恐。如果全都连起来，对游客来说就是很好的服务。

现在国家旅游局这套平台上已经采集的摄像头包括全国的将近 4000 家 4A 级主要景区的摄像头有 3 万多个景点，可以把这个数据利用起来，这也是一个数据。现在准备建立一个美景中国，4A 级以上的景区相对服务、品质比较好的景区，所有景区摄像头连起来。这不是虚拟的，可以实时向每一位游客直播，不是录下来的，是现在有多少人，现在这儿有没有下雨，有没有下雪，有没有雾霾，去的时候可以提前做一个参考。这套数据是小数据，但能够为每一位游客、为政府管理部门、为涉旅企业提供服务。

郎清平：智慧旅游目前发展阶段，如果拿一个人智商比较的话，完全还没有达到智慧程度，可能就是 2－3 岁小孩。现在我们一直在讲大数据，但其实是小数据，原因就在于：

第一，很多数据基础性工作没做。仍然有很多数据“孤岛”，比如政府那里有很多用户数据，腾讯那里有很多用户数据，阿里也有，京东也有，百度也有，但这些数据都没有打通，也不会开放出来让很多机构综合应用。所以我们能够获取的信息量其实很少，只能就现有数据怎么样一步一步实现智慧旅游。

从我们接触到旅游行业的合作伙伴来看，首先是怎么样用现在一些信息化科技手段降低成本、提升效率。最起码现场纸质门票不需要了，还有检纸质门票的人也不需要了，可以省一些人工。能机器化、自动化、通过数据信息化完成的工作都要相应完成，少养几个人，提升工作效率。

第二，利用现有能够获取的数据给我们做一些决策的支持。基于景区怎么样对外做好宣传和营销，这是我们接触量最大的，怎么样在海外做好当地政府或某个景区的对外传播，对于全国来讲需要了解在不同的传播平台上、不同地域，包括不同的年龄层。比如“70后”油腻中年、“90后”二次元、“00后”新人类，这些不同地域、不同平台、不同区域分层人群究竟对这个景区、这个城市的形象认知怎么样，对服务口碑反馈如何，这是需要精准了解的。之后才知道如何调整策略，在哪个方面做广告投放和营销。

第三，哪些大V比较适合景区做线下活动。接到无数景区说能否今年帮我找10个微信大号来我景区走一走。我们市长接见半天，免费旅游三天，回去对自己的粉丝进行传播，这是比较大的需求。

第四，对于用户的连接。智慧旅游肯定要对用户做连接、帮用户做画像。未来值得学习的模式就是腾讯现在跟云南搞的“一部手机游云南”的项目，就是未来智慧旅游非常好的实现样板。但是现在只有腾讯和云南省政府能搞，两家成立一个合资公司，注册资本是10个亿，用了一年半时间把很多线下，如车牌数据、每个人的数据、商店的数据、征信的诚信数据，全部通过一个App来打通。我们对于其他地方搞旅游的人来讲没有这个实力，也搞不起来。所以怎么对现有用户进行画像，从我们角度来讲，只能从所有网民从互联网上情绪的反映来对他做一个画像，对你这个景区认知如何。来你这儿旅游了，服务不好，在网上吐槽，这些用户画像数据可以分析为大家所用。

丽江古城官方微博，回怼了一个网友，一个网友说：我以后再也不去丽江旅游了。官方微博回怼：爱来不来。然后所有网络大V都批评丽江。原来分值是10分，现在只能变成2分。分值的降低带来游客减少，游客减少带来的就是收入降低。现在能利用的数据就是把网络上的数据反馈给景区做服务，最后结果是首先政府不承认是自己发的微博，报警了，说可能是黑客入侵，或者是临时工，但最后调查结果是整个古城区宣传部、外宣部两位领导全部免职。这是和网民交互过程中交互不当，给旅游业带来的打击。

我们基于现有的小数据，一点一点从传播情况、舆论反馈、用户已有部分画像。因为景区之间也有竞争，到冬天了，东北某一景区说另外一个景区雇一帮人在网上黑他，需要找到“黑”的数据。我们把小数据应用好，将来怎么样跟腾讯这样比较大的机构合作，把它的数据能够跟我们打通，我想智慧旅游才能一步一步走得更好。谢谢！

邓宁：感谢各位刚才发表的观点。最后每位嘉宾简短地总结一下今天整场访谈，今天的主题是“文旅融合，创赢未来”，在文旅融合大背景下，我们也打一个问号，智慧旅游和大数据的未来到底是怎样的情形？近一点可以展望2019年，远一点展望两三年，各位嘉宾在这样大的背景下，文旅融合大的势头，用1－2分钟总结一下整场观点，同时对于

未来给一点提示或预判。

在文旅融合大背景下，我个人觉得可能未来旅游真正跟文化融合，或在旅游里糅合动人的故事，提升游客的体验可能是未来的趋势，是大的方向。如何服务于故事的讲述，或如何能够让故事带来新的体验，可能在这一块我个人觉得旅游信息化、智慧旅游，是有一些机会的。

郎清平：我们以大数据为核心，结合市场用户需求，一点一点摸索怎么样通过服务帮助整个智慧旅游来解决问题，从网络舆情、新媒体传播、营销，对用户更多分析，结合景区自有资金实力、具体文化属性、景区特点，逐步完善智慧旅游这样一个过程。我们现在跟很多高校、政府、企业、媒体共建大数据研究中心和新媒体网络舆情人才实习基地，希望能够跟业界、学界通过大数据运营实习系统，再结合业界实际需求，逐渐摸索一些解决办法。因为我们是企业，我们服务的合作伙伴都有需求，在这个过程中要实现合作共赢，起码在 2019 年更加“寒冷”的经济严峻形势之下，都能够逐渐走向比较好的发展。

付饶：今天主题是创业创新，在旅游行业里我们公司真的是一个创业者，也是能创新出东西的企业，公司从 2004 年四川旅发会第一届开始，我们做旅游行业创了三个平台：政务云，用数据、信息化对政府服务；浩景云，用数据为景区服务；文创云，用数据概念，最近做了一个金牌解说，邀请大 V、学者、各界知识分子来讲述景区，让大家来听，并且让大家为知识付费，这些都是以数据为支撑的。

最后总结一下在旅游行业我们做的数据产业：我们是以数据来支撑应用，在应用时又产生数据，然后用数据来支撑决策，用数据来替游客服务，让游客有更好的感受。

孙晖：这几年有些词非常火，包括消费升级、消费下沉、消费分层，说明一个道理，回归到文旅行业，旅游是消费的空间、是场景、是载体，文化更多是连接人情感的方式，核心还是人。做文旅要回归到人需求的把握、对人消费动向的把握，这是整个社会、整个全球发展的核心，人在新的科技时代，发生质的变化，所以做文旅一定要研究人，研究你的对象。你是做银发族，做年轻人，做什么样的产品，还是要回归到人。

一定要有跨界思维、要有服务创新精神，看中国现在旅游行业成功企业都是具备这几个字的，所以一定要把内容、场景、体验做好，让你的品牌形成更加有温度、有生活方式、有价值、有内涵。旅游人一定要把科技、运营、创意结合起来，这是文旅融合核心的方式理念。

黎巎：从产业方面看，技术应用在旅游文化方面很重要的一点是技术要创造内容。以往技术只是整合资源，在文旅融合下，在创新创业大背景下，技术要创造内容，使得原有旅游资源、旅游文化内涵能够表现出来，活化出来，甚至能创造新的内涵出来。这是从近几年文旅和科技融合方向来讲都是未来从现在开始大的方向。

作为高等院校的老师，要培养学生，尤其旅游专业学生信息化素养，所有旅游管理专业的学生都存在一个问题，即信息化素养不够，接触技术，恐惧技术。在这种由技术推动社会发展的情况下，我们的学生不管来自哪个专业方向，社会科学也好、自然科学也好，一定要拥抱技术。我们的任务是不能恐惧它，要很好利用它，接下来老师要培养学生信息化素质。

回到智慧旅游大数据，要培养学生对数据能够支撑旅游研究、未来工作上基于数据辅助我们进行管理工作的能力。北京联合大学旅游学院旅游管理专业未来对学生的规划也是一样的，培养学生在技术敏感程度、技术的感知能力、技术应用创新创意能力，以及利用数据、利用技术进行旅游研究方面的创新。

邓宁：感谢大家对于今天我们论坛的关注，特别是智慧旅游和大数据板块。再次谢谢大家！

主持人：听到非常多关键词，嘉宾都非常棒。

下面有请农汇网总裁张志成作题为“盘活闲置农房，共建共享农庄”的主题演讲。

张志成：非常高兴，非常感谢协会，感谢北京联合大学，今天有幸在这里跟各位做一个交流。

刚才大家都说了非常高大上的诗和远方，也谈了科技大数据，从我这里开始到后面一个板块就进入了相对土一点的话题，回到了农村，回到了乡村，就一个细分领域的市场和话题，与各位沟通和报告一下，农汇网在过去两年时间里，在全国各主要省份地区，为各地方政府、旅游企业就围绕盘活闲置农房为主题，就共建共享农庄领域，谈一下我们的一些思考。

今天在座有很多是做民宿的，尤其在乡村地区做民宿，可能都是从农村去租赁一些闲置农房，这个市场已经持续很久了。为什么 2017 年是共享农庄元年？从过去私下的交易，跟各村或一个区域性交易，第一次以湖北武汉开启市民下乡政策到安徽省政府、海南省政府，多家地方政府正式发展，包括当年中央发了乡村宅基地“三权分置”改革的政策，当年农汇网在国内多家商业性公司搭建了全国性或地域性的以闲置农房开发租赁的商业性平台，从政府到市场共同推进这个市场，所以 2017 年是共享农庄的元年。

在过去将近两年时间里，持续在这个过程中集聚很多案例，过程中有几个问题，涉及到地方政府、旅游公司、租赁者，也涉及一些民宿经营者，这个过程中，作为乡村、作为区域，如何更好盘活闲置农房？分别从模式、用途、客商、政府、风险和真正的未来展望六个方面提出问题。

第一，模式之问。

到底盘活闲置农房是干什么的，为了旅游 & 旅居？很多时候我们更多是跟农口部门谈得比较多一点，而跟旅游部门谈得相对少一点，因为完全作为旅游景点项目的村落并不多。如果做一个样板工程，作为一个景点，可能只有个别地区，一个县甚至一个乡，极个别地方可以做。但是并不是只有这几个地方可以盘活，我们叫作普惠开发，为什么可以做普惠开发？我们盘活闲置农房，为城市市民到农村去，并不是做旅游，旅游只是 10% 的市场，更多需要去开发 90% 乡村旅居生活，是体验乡村旅居的一个慢生活。我们经常讲慢村慢乡慢生活，体验面向更多的是乡村休闲养老人群，可能有两三天甚至一周、一个月、两个月，冬天可能往南方一点。安徽皖南，暑期家长有时间，带着体验徽文化，包括皖南考进士、考状元做深度旅居体验。

跟很多地方政府、旅游公司合作时抛出一个问题，要站在旅居角度考虑，而不是盘活闲置农房，有些地方很急功近利，谈到帮我找一个旅游公司，把村落房子都给你，打造成一个类似乌镇、古北水镇，这些都是不可以复制的。

第二，用途之问。

和北京有一些区的分管旅游的领导深度探讨过，很多都说这个地方一定要打造精品客栈民宿，虽然精品客栈民宿最初带动了农村闲置农房的发展，但不是唯一的选择。这个过

程中一定是多元化的主题，包括客栈民宿在内，很多人说可以做文创、做休闲、做乡村养老、做研学，甚至可以做文旅小镇等。同时应该是多样化的定位，可以是主题、亲子、商务、康养等，不能把客栈民宿作为唯一选择，一旦租赁就是唯一。

第三，客商之问。

需要这些闲置农房租赁给谁？到底谁来投资？在不少地方，我们跟当地地方政府分管领导产生了很大的分歧，他们总是在说：我租出去，一定要做产业，一定要做旅游。实际上在这个过程中，我们有自己的一些观点，我们认为应该是先聚人气，然后再做产业，尤其一些条件不是很好的。我曾经跟内蒙古一个地方政府领导说，他很坚持，现在别跟我谈别的，找一个投资机构来，先租一些房子，先做一个样板工程，大家就可以做了。我说这个地方已经运作几年了，能够像莫干山一样走市场化投资，发展很好，旅游和民宿景点不需要我们帮你，有人已经来做了。

武汉、合肥乡村资源、文化风土各方面不是特别好，跟杭州莫干山、北京密云都没法儿比，但为什么它们这两年做得比较好，靠的是谁在租赁它？以武汉为例，租赁它的很多是市民，很多时候是不带有产业开发，但做完以后就形成产业开发了。我经常说，谁来租赁，你不知道、我不知道。武汉有一个村是“网红”主播去租赁，自然形成“网红”主播村。大部分是个人休闲，农村最缺的不是资本，是人气，有人气，后面都有了。盘活闲置农房不要光想着招商、招大项目。莫干山民宿不是随便可以复制的，更重要的是招人，形成乡村的聚集。聚人气、挖符号、再开发、做特色，这是我们给很多地方做规划时提出的一个思路。

多样化投资主体有很多，过去一谈旅游投资就说专门找做旅游的，其实很多做旅游的资本不是很雄厚。一个是做房地产的，一个是做矿的，由于某种原因，受到一些制约，现在产业上遇到了问题：碧桂园、恒大、融创、绿城、万科等，这里只是举一个例子，不要光盯着旅游投资公司，视野要开阔，谁手里有资本，我们都可以帮助他们去做。当然这里要规避好到了最后都变成一种房地产化项目，地方政府现在这方面已经把红线画得非常清晰。

第四，政府之问。

如何跟政府合作，让政府做什么？很多时候总是希望让政府去介入过多，其实往往不太好，政府就做政府的事，我们更多时候让政府搭台、市场唱戏。在做闲置农房时，绝对不要妄想可以抛开地方政府。这可和城市做景区不一样，不是仅仅可以市场化路线，跟当地旅游公司合作就好的话，因为这里还涉及其他方方面面的工作。

政府做什么？树大旗，做三点工作：

发政策：为什么要颁发政策？目前闲置农房不能买卖，只能租赁，严格意义上，去年党的十九大讲宅基地“三权分置”改革之前，农村房屋租赁更多流转只能在村集体内，这在法律上现在有一个灰色地带，而且国土很多部门配套政策没有出来，所以这时候如果不以地方政府出一个相对政策，投资人的信心是很难得到保障的。在座有些做民宿可能听到过一些同行租了房子，最后遇到违约，包括北京有一个明星项目，做到最后，村民把路给堵了。这时候怎么做？一定要有地方政府这样一个公共平台去做交易的见证服务。

定规则：曾经在安徽某政府做周边村落时，做了完整的交易规则，约定了双方违约的责任以及入住以后的用途，从六个方面 20 多条做的，这是全国第一个，武汉只是做了一个闲置农房发布的规则，当时我们在安徽做的是第一家完整的闲置农房整体交易的规则。

建配套：尤其对聚集了人气的地方，怎么把配套做好。我们跟一处当地政府谈，帮助他们做好规划、招商、运营，由当地成立乡村振兴投资公司，不投经营性项目，因为政府投的经营性项目最后失败的可能性非常高，而是交给市场去投资。你把这个村落周边基础设施都建好后，比如建了民宿或信息项目，装了空调。但是类似厕所啊，做民宿的人一定体会到厕所革命对于乡村旅游的重要性，这些谁来投？靠企业投，代价是很高的。如果协调政府，他们有钱的话，让他们把相关配套设施做好。

第五，风险之问。

当我们下乡时，千万不要用过去在城市里面做事情的方法，也许你的能力很强，但不要认为我自己能够到农村包打一切，或者我跟市长很熟，跟市长谈好了，直接下去就能把这个事情做好，这里会遇到相当大的风险，可能几百万、几千万甚至几亿的投资会遇到很大的障碍。

政策风险：租赁闲置农房，不管是个人租一套，做民宿租三五套，还是整村租赁，这个交易行为一定是透明公开。奉劝一些做闲置农房租赁的投资人和企业，千万不要跟当地村支书进行私下交易，会后患无穷。

不要踩土地和环保的红线，我认为目前土地和环保两大“高压”反而促进乡村闲置农房的租赁，土地租的是农用地，直接在农用地上盖房子，做住宿、做餐饮，现在成都一个投资几个亿的项目不行，政府直接拆了，因为土地性质不行，直接拆了；京津冀，蔬菜大棚房拆了好几万，过去在耕地上私下里盖一些建筑做文章，现在只能在周边村落流转闲置农房。

在很多地方，当这个地方在水源保护地前，以前当地乡长说没事儿，来我这儿干吧，千万要注意在环保问题上省里说话都不一定好用。如果离水源地比较近，离一些河流比较近的，不管当地地方政府给你多大的优惠政策，千万不要去投资，否则可能还没建好，环保组就要来。你说哪个领导承诺我的，弄不好你的房子被拆了，这个领导也要“下课”。

分散农户风险：不是农户有风险，当跟他签合同时，一定建议不要直接跟农户签合同，一般设计方案是由他委托给村集体，如果想做产业，最好让这些农户成立一个乡村旅游合作社，跟这个合作社建立关系，我把这个合作社比喻成跟农户之间一道防火墙，只有这样，才能规避掉很多风险，否则100户农民，中间遇到1户有问题，可能会影响很多。

建立长效合作机制：跟农民合作时，开始很多时候的闲置一定是不用的，甚至是空心村，比如北京堵民俗路的村，可能跟他以很低的价格把农房流转过来了有关。为什么说长效机制呢，很多地方建议跟他的租金随着年限每隔几年要跟着动态调整，千万不要想我签了协议，5000元/年就是5000元/年，如果你开的民宿生意不好，或开的乡村旅游热点只是个人来住，可能还好办一点，如果发展起来了，红红火火，跟他说签过协议的，最后吃亏的一定是你，一定不能是你喝肉，农民汤都喝不上。我们在实践过程中遇到多起这种风险，当你发展时，一定要让农民通过合作社去分享你的发展。这个民宿做好了，隔一段时间，让租我的农户可以到我这里来体验一下，给他一些福利。

第六，展望之问。

什么是真正的共享？我们做共享农宅口号喊了两年，有很多同行做了共享农庄，海南省全省全部叫共享农庄，但这是真正的共享吗？我认为真的只是初级。真正的共享是什

么？我们在做探索。我们探索了很多种模式，如：

一个艺术家在乡村有一套房，平时只能用一个月，能否把这个房子拿出来，跟别的地方艺术家之间做一个真正共享。共享一定是要把整套农庄都租过来吗？为什么不能去一些地方，当地农户年龄很大了，他住几间房，你跟他一起住，或者你的共享农庄怎么让市民与它之间有更多的利益连接机制，当然这不是说一定做众筹参与投资，这里需要探讨的问题很多，为什么我空着？目前我们也没有完整答案，相信这个话题会留给在座的真正对这个问题比较感兴趣的专家、学者和市场的实践者，大家可以一起去探讨。

不管怎么样，只要注重生活方式的改变，让更多人回到乡村，乡村必定会张开怀抱，用它的生态环境，金山银山去欢迎城市里的人，相信会创造出新的乡村旅居的一种模式。

以上是我们对这个话题的分享，仅供各位参考。

我们为北京、湖北等地经营的主体提供大数据分析，包括最近做了一个项目，为中华供销总社全国3万多家乡镇基层社在我们平台上为他们提供相关服务，包括下一步60万个村里相当一部分村级供销组织，这些基层组织在这个过程中为刚才我讲的这些观点是依赖于这些数据的，我们是第一家全国性乡村闲置农房交易服务平台，希望让更多地区农庄能够走入我们的视野。

诚邀各位一起去关注乡村和乡村文旅、休闲农业发展，为我们一起共建特色共享农庄。我非常愿意与各位专家、学者、产业机构同人一起深度沟通交流。

谢谢！

主持人：接下来是“文旅融合与乡村振兴”板块研讨，有请本环节的各位嘉宾：

著名休闲农业专家、北京市城乡经济信息中心主任：刘军萍

中央民族大学教授、博导：李燕琴

蜜塘·且曼民宿创始人、佳乡学院天津分院院长：黄相然

京西民宿联盟会长、中国妇女十二大代表：李克俊

宿州学院管理学院教师：李龙

农汇网总裁：张志成

下面我把话筒交给本环节主持人，著名休闲农业专家、北京市城乡经济信息中心主任刘军萍。

刘军萍：非常感谢张会长的邀请，为什么邀请我？可能我的身份比较适合。今天各位嘉宾基本都是旅游界的，像农口的，农汇网有一个“农”字，而我来自于北京农村经济研究中心，我们这个部门就是研究北京“三农”的，我本人分管两个领域工作：一是北京观光休闲农业行业协会，我担任会长。二是“三农”信息化。现在信息化的融入基本都是创新的必然选择。

20年前，我认识一位著名的经济学家，于光远先生，那个时候我刚刚在研究休闲农业和乡村旅游发展，于光远先生说了一句话：旅游是文化性很强的经济事业，也是经济性很强的文化事业。这句话对我影响特别大，他说：要玩，一定要玩得有文化，要有文化的去玩。

今年文化部和旅游部融合开启了所谓文旅融合的元年。2018年中央一号文件里提出“乡村振兴”的元年，所以这两个元年在一起，今天在这个平台上，就“文旅融合与乡村振兴”这个话题来谈，恰逢其时，是特别好的时机、特别好的话题。

到底旅游乡村在“乡村振兴”视角之下、视域之下如何看待文旅？下面首先有请李燕琴老师跟大家分享一下她眼中的旅游乡村到底何去何从。

李燕琴：作为学者，在两个方面有其优势：一方面，对理论的研究，因为所有实践背后是有理论支撑，学者这方面可能有其优势。另一方面，作为学者，和任何相关者没有利益的连接，所以学者往往有更强的弱者关怀。

我想从文旅融合和乡村振兴两个方面谈一下。

文旅融合：今年这个词非常红火，但是大家是否有仔细研究过，文旅融合到底是谁的文化和谁的旅游去融合？乍一听，对乡村旅游来讲是村民的文化和旅游者、游客的体验去融合。难道真的是这样吗？我分享一下今年夏天我去到喀纳斯两个村庄的真实体验。

第一个村庄是禾木村，有一条主街，街上有很多餐馆，去新疆之前，我也想知道新疆有什么好吃的，查了一下，拌面不错，但在这条主街上打出来的牌子都是兰州拉面，为什么会是这样？可能兰州拉面更容易做，成本更低一些。实际这不是本土的文化，是异地的文化，在这里很好地生存了下来，而游客所获得的体验也是这些商人想提供给游客会喜欢的体验。

从禾木村出来又去了附近一个村庄，之前我在携程上订了一家当地民宿，因为好评不错，但是真正住进去才知道这也不是当地村民开的，是乌鲁木齐的一个年轻人觉得有钱可赚，来这里开的，但这个年轻人也不在，是他的父母在这里看着房子。住下来以后，我想晚上到街上吃点饭，在街上转的时候，瞄到一家餐馆，发现他家的水果很丰富，羊肉也很新鲜，就在这家吃吧。过程中，我问：你是哪里的？他说我是附近一个镇上的，哈巴林的，我老公是开车的，每天能把丰富的东西运过来。

我们都觉得这是当地村民的文化和游客体验的一个很好的融合，但事实上在实践发展中，我们看到的却是异地文化和商人认为游客需要的体验在进行着一个错位的融合。由此可见，文旅融合并不是很容易做的事情。

今年在欧洲那边闹得也很凶的是，他们开始对游客有意见，特别是对中国游客有意见，所以掀起了“反旅游”的浪潮。实际上当地文化和旅游融合时，除了错位的融合，可能还有错峰的融合，会有冲突可能在里面。

文化振兴：文化振兴是五个目标 20 个字，是并列关系还是分阶段？说的时候一下都出来了，似乎是并列的，但是现在越来越多的学者也开始强调“乡村振兴”的阶段性。前一段时间我对欧洲一体化乡村旅游做了梳理，以及对背后理论支撑做了梳理。回到“乡村振兴”20 个字，第一个阶段实际上应该强调的是生态宜居和治理有效性。

借用刚才张总的发言，他是从实践口去研究乡村，我是从理论口研究乡村，但很多结论不谋而合。他谈到政府如果有可能的话，要把配套设施做好，要把基本生态做好。实际上在今年搞旅游过程中，政府已经在做，包括中央政府，11 月份，17 部委联合发文推动乡村旅游，文件中最主要的是要把乡村的生态环境搞好。所以政府这块工作必须做，现在这块已经开始起步了。

接下来还需要强调的是对制度有效性的强调。当乡村从农村、农业的生计变成旅游生计时，是非常巨大的转变，无论生产还是从人的素质，这个过程中，除了有美好的诗和远方之外，还会有各种各样很多冲突，张总所提到的，开了一家民宿和居民关系处理蛮好，可能会堵路，会有很多事端出来。政府想做旅游时，有没有能力去做。

除了政府之外，怎么样让当地居民能够心服口服，能够把他们的心理梳理好。所以第一个阶段是生态宜居和治理的有效性。在第一个阶段应该努力探索的是从政府和居民上下共创的模式。

第二个阶段应该是交给产业的，这一点跟西方不太相同，西方要发动社区的力量，强调社区的参与和授权，但是中国乡村很多是很穷的，光靠自己的力量不行，所以外来产业的投资非常重要。张总刚才提到一点也非常可贵，如果企业能够吃肉的话，一定要给当地的村民留点汤，要不然大家就会闹矛盾。第二个阶段就是要探索一些让村内人、村外人都共赢的模式，所以主体是产业的兴旺，所打造的是整个乡村振兴的经济基础，有了经济基础，才能有好的上层建筑。

第三个阶段才到乡村文明和生活富裕，这是实现整个乡村全面振兴的阶段。在这个阶段也有一对主要的矛盾需要去处理，即游客和居民的矛盾。一般旅游当中通常强调游客的满意度，强调游客体验第一位，但是在乡村旅游当中，村民是弱势的一个群体，所以游客的满意度可能更多要让位于居民的满意度，因为居民不满意、不欢迎，游客的体验也好不到哪里去，所以第三个阶段是主客共赢模式的打造。

总之，希望在文旅融合、未来的乡村振兴和乡村旅游当中，农业、农村应该始终是主体地位，实际上准确一点说是小旅游、大文化，旅游应该对文化有一个有机的嵌入，实现一体化的乡村旅游的发展。

刘军萍：李老师从文旅融合的对象、阶段和主体等问题切入，来谈乡村振兴需要怎样的举措来应对。习近平总书记说："中国要强，农业一定要强，中国要富，农民一定要富，中国要美，农村必须要美。"这就是我们乡村振兴的真谛和追求，感谢李老师先从宏观角度把乡村振兴与文旅融合的内在要求讲了一下。

从党的十九大提出"乡村振兴"战略，到今年中央一号文件，都提出乡村振兴发展。乡村振兴是五大振兴：产业振兴、组织振兴、文化振兴、人才振兴和生态振兴。接下来请在座几位嘉宾分别从五大振兴来谈一下你们在这个视角下文旅融合怎么与它结合在一起。首先请张总谈一下产业振兴，闲置农房开发利用过程中，美丽乡村打造和农业产业如何结合在一起。

张志成：我们在农村做两件事情：

第一，以改善人居环境，改善乡村整个生活、基础设施提高为主的美丽乡村建设。政府为此花了很多钱，每年都有很多指标把很多村建得很漂亮，把很多农民原来破旧的房子给做了重新改造、升级，北京有些村都住上了两层楼别墅。

第二，农村做产业振兴，提高农业产业水平，除了外来投资和以种植业为主的发展，作为乡村，怎么发展乡村旅游，包括闲置农房。在北京市怀柔区一个村参观他们盖好的房子，村支书说因为环境或环保问题，不让养猪，也没有办法种植，又离古城很近，都想做民宿，村民都搬到这儿来，想让我们引一些外来投资去做。我突然发现这两件事情为什么不能结合在一起呢？一方面在千方百计地去找外面一些投资，包括个人、企业去投资改造原来农房，以现有很多地区农村的收入水平，一定让他人均居住面积各方面达到联排别墅水平吗？为什么不能给他做别墅时就是以乡村旅游方面来做呢？

北方有一个区域，花了很多钱，把乡村全部改造了，改造那两年农民从外地都回来了，改造完了又离开了，乡村还是非常冷清。记得在花每一分钱时都要围绕一定让农民有产业的想法，北京市周边很多农民是没有收入或收入来源很少，可以把他的房子盖得很漂亮，乡村做得很美。把这两件事情结合在一起也是促进产业振兴的一个方面。

刘军萍：没有产业的乡村是走不远的。我们也做过很多的调查，从北京地区来看，特别是低收入的地方，他们觉得现在最快捷、最稳妥能够尽快脱贫致富的渠道和产业选择就是走乡村旅游业。所以乡村旅游业是成为广大农村振兴的一个首要选择。当然发展乡村旅游产业是有门槛的，不仅要有资源，有自然资源，有文化资源，也要有相对很多基础设施的便达性等资源，所以产业振兴是首要基础。

文化振兴也是需要往前冲的，乡村有没有文化？都说要记得住乡愁的地方，乡愁是什么？其实乡愁就是我们能够传承过去风土人情、过去美好回忆和传统风貌的地方，如何把这些文化符号给挖掘出来，让它活起来、火起来？来自京西民宿联盟会长李克俊女士应该在实践当中深有体会。

李克俊：我叫李克俊，来自北京郊区门头沟。今天这个话题，大家都是从国际、全国视野来讲的，特别好，我自己就是一个开民宿的，我是一个乡村工作实践者，只能讲细节。

我原来是中国建筑设计研究院一名设计师，在三年前接触了民宿行业，因为在设计院工作时间长了就很烦，老是在做重复的事儿，特别想做一件自己喜欢的事儿，用自己专业知识做一个自己的作品出来。我自己出生在门头沟，有这个情怀，那片山水养育了我，回家就找了一块地方，跟几个设计师朋友开了一个民宿。

从建设到开业，时间不太长，一共大半年时间，从那时候到现在短短三年时间，在我的生命历程中，三年其实不长，但是我却从一个小设计师坐在设计院的工作室里画图到现在站在乡村工作的第一线，而且我今年特别荣幸的又参与了全国妇女代表大会，并作为北京市妇女代表上台讲话，在发言时说：我其实做的是一件小事，但是我有这样的荣誉，感觉特别荣幸，当然我也是近距离接触到了党和中央的政策，亲眼看到了习大大，特别激动。我那时候在学习政策精神时很高兴，虽然是妇女代表大会，但每一篇都在提“乡村振兴”，提旅游行业，我觉得国家和党的政策对我们这项工作给予了高度支持和关注，特别荣幸，绝对不能辜负使命。

因为我是做设计的，别的我也不懂，还是从设计师角度说说我对乡村工作的一点专业的意见。

1. 环境友好。这是用设计师的语言来说这个事。所谓环境友好，是在建设时低限度干预，把对乡村的干预降到最低。我做设计时，这是指导建设最基本的原则，能改造就不会翻建，因为我们在村里有五处院子都进行了改造，能局部改的地方肯定不会整体动，修修补补就能解决问题，就不会创新，能用就地取材的方式，就不会从外面获取更多的材料，这样能保证作品出来跟整个乡村的风貌是和谐统一的。因为每个村子的历史文化积淀都有上百年历史，脉络形成有其规律的，如果一旦我们跳出来破坏或大限度干预，就是不和谐的因素。所以我们能尽量低限度地对它干预，就保持了水土，保护了原生植物，就保住了空气质量，就保护了绿水青山。环境友好是我在设计中提纲挈领的东西。

2. 低技术、高情感。建设时，并不追求在城市里可能会有的楼越盖越高，用的材料越来越先进。在乡村建设中是以一种相反的状态，用的材料都是特别土的，特别原始的材料，避免出现大面玻璃、金属、合成材料、高反射材料，不会特别反光、特别刺眼的东

西，我们在民宅改造上一定要选当地的石头、木头或纸、竹子，哪怕是树枝、砖头瓦块这些东西，这些东西搭起来的房子很神奇，有一种特别的情感在里面，这种情感应该是属于乡村的文化。

这个事情其实很奇怪，如果在地上捡一个螺丝钉，可能觉得没什么，这个东西人工含量太高了，但有的时候我们在地上捡一块小石头或小树枝，就觉得兴趣盎然，这个东西非常有意思。我们在乡村建设实践中，屡试不爽，越原始的材料、越笨的工艺，含有越多的情感。

3. 乡规民约。农村很少有人会把乡规民约写成文字的东西，大部分乡规民约就是口口相传、代代都遵守的东西。站在我的角度，有意义的东西可以传承、可以沿袭，但是可能跟现代的生活有些背离的东西，我们可以抛弃。以京西山村来说，山村房子都特别小，占地面积小，每一户之间高低错落离得特别近，但是每一家在下雨时雨水收集都是特别有讲究的，房子再小，房和房之间缝再窄，也会想办法让雨水流到自己家院子里，绝对不会流到邻居家的院子里，这个没有写成文字的东西，但是村里每个人都知道，其实这个工艺非常复杂，有的拐了很多弯，想了很多办法，最后一定要实现跟邻居的和睦相处，这是大家能共同遵守的东西，我们在翻新房子时一定要遵守，才能保证和你的邻居长久和睦相处。但是原来村里也有一些旱厕，开放式垃圾站，原来都有习惯往哪儿倒，我们新建垃圾站，新建冲水厕所、新建乡村停车场等配套设施，在设计时肯定提前要把这些东西统筹好、计划好，而且有必要所有乡村规划设计师都要记住这个理念，即我们在做设计时，一定要想到乡规民约的升级，要跟现代生活接轨，要跟现在设施更新都能追得上。

谢谢！

刘军萍：谢谢李老师的分享，用文创思维里打造乡村旅游的精品，去坚守自己的自我表达，去用温暖来制造溢价，去尊重当地的风俗来和实践融合发展，非常重要。从北京来说，好的乡村旅游商品、产品实际上是由于一些好的文化设计走进去的。有了它的叠加，才让这个产品既能保有原有的文化内涵、文化符号，又能把现代和时尚的元素融入进去。李老师说的环境友好，可能是她那儿建设时是自觉的一种状态，农村、农民自己建房子可能不是自觉，而是自发的状态。而现在是一种理性建设，就能自觉把文化、文创的东西放进去，反而能带来一些新的视觉和体验感受，现在越来越期待有格调、有内涵的设计师走进乡村。

北京市乡村振兴计划中，利用三年时间，每年打造 1000 个村，让设计师走进农村去进行开发创造，所以在此欢迎大家投入到北京郊区的乡村振兴大热潮之中。

下面谈谈组织振兴。黄老师是来自蜜塘·且曼民宿的创始人，也是佳乡学院天津分院院长，民宿作为乡村旅游新型业态，在这个过程中，在您做蜜塘·且曼民宿时，怎么跟当地组织有机结合？和政府组织，以及经济组织是怎么结合的？

黄相然：我是一个民宿主，不会给自己民宿做广告的嘉宾不是好嘉宾。今天在会场的这些人，现在看见我的朋友们可以获得我民宿的住宿权益，前提得是坚持到最后，再加上我的微信。听了一天的理论，得落地，开了一天的会，你们要落座，讲了一天的旅游，得落地。今天参会有两个身份：一是佳乡学院天津分院院长，目前虚名。二是蜜塘·且曼精品民宿创始人黄相然，是我的真实身份，我不是村长，我的官称是塘主，蜜塘是一个甜蜜处所的意思。

做民宿这个事情思考了很多年，考察中外，中国几乎所有民宿的聚集地都去过了，中国台湾去过了，日本去过了，澳洲去过了，意大利去过了。上个星期日，意大利几个民宿主到我的民宿去彻夜详谈。

为什么做民宿？都说诗和远方，但我觉得还得有个破车和行囊，要干，要有实际的东西。尽管今天开了一天研讨会，但最终散了会之后，我还要回去做卫生、刷碟子、刷马桶。以我这个年近半百的年龄，想在中国民宿发展历史长河当中做一点小事，这是我的初衷。

几年时间，真要讲做民宿的苦，需要大家给我预备一个浴缸，装眼泪，包括现在我看不清大家。在高密度工作当中，不要彻夜玩手机，我手机里有成千上万的会员，每天要回复，现在我坐在这里，我的左眼是失明的，玩手机玩的，用手机用的，干民宿干的，付出了身体的代价，付出了健康代价，当然现在也在调整自己的作息。看清我的朋友，每人获得一次蜜塘免费住宿权，会后可以加我的微信。

想讲的话很多，既然是正式的会议，从两个点来讲：

1. 要想民宿生存，活和火的问题我非常同意，先得活，要抓民宿的根、精髓。今天讨论的是民宿行业，先抓民宿行业的根。民宿的骨髓我认为就是生意，这是民宿行业的根，不能结婚的搞对象属于耍流氓，不能盈利的民宿就是耍自己，最后走向死亡。再美的设计，再好的愿景，再好的情怀，最后不赚钱，就看你有多大财力了，耗几年也得死。讨论再多理论，最后民宿这个事，除了设计、销售、运营、服务一大堆之后，到年底算账，现在 12 月份了，要适当合理的盈利，这是验证这个事成和败的标准。

第二，干民宿的人，没有不想挣钱的，没有不想爆发的，没有不想挣大钱的，大民宿本身不能不挣钱，不挣钱的民宿是不能健康发展的，是一个标准，但不是目的，不能离开。从这个标准开始，我本着民宿是生意，和当地农民打交道，本着一个基本大方向，让当地农民增收，只有他赚钱了，你才能挣你那份钱，最好是肉和骨头的关系，最好是骨头和筋的关系，打断骨头连着筋，光是肉和汤也不行，做一个事要抓髓，看透了。

走了几个步骤：

第一，租赁农民房屋，这是不可逾越的步骤，不租不可能。只有万里长征第一步，散户租，一户一户租，我先弄一个破车走起来，先上路。小院子二百六七十平方米宅基地，年租 2 万元，月租 1000 多元，成本初期并不高，后期我不知道，现在全都找我，为什么？我干蜜塘的时候，政府不找，当地不找，干快一年了，村书记都不认识我，我就在那儿做试验田，现在不用我找他们，他们来找我，就是利益结果导向，不是理论口头导向。

刘军萍：一定让人看到真正的钱了，给人带来利益了。

黄相然：对，要抓住点。当然今天是研讨会，讲理论，我也能讲，我是老师出身，也能讲，但今天的身份是塘主，就讲实际怎么干的。

第二，改变局域。

第三，走土地改革，土地流转。

目前节奏走到第二步半，还没有走到第三步，因为在天津市吉州区，整体区域虽然离天津很近，但目前发展要慢两拍，我正好看到它慢才选了它。慢半拍没关系，成本低，北京外地有成功案例，我看着它们，它们摔的跤我不摔，它们吃的亏我不吃，它们上的当我不上，后发制人，我绕着走。

2019 年将是天津市吉州区民俗元年，因为上个星期我和区长开座谈会，就在制定吉州区民宿发展指导文件，忍了几年，点到了。

2. 人才培养。

佳乡学院是立足北京，辐射全国，深耕于民宿培训和综合服务的一个组织。有想干，下一步需要把民宿干好，需要专业、踏实的专业性人才，我们做店长和店员培训，免费的，比如您是业主，不需要出一分钱、一分力，我们来培训学员，培训之后送到民宿去实践，第一个月可以给 2000 元工资，现在开了七期班了，未来干好民宿的人一定是专门的人才。后期民宿要干好了，一定是人才本地化。

两个性质：第一，培育当地现有的农家乐。第二，想在农村扎根、落户，也是本地人。未来民宿长远的发展结果一定是本地人才，我们外地人一定是暂时的，只是过渡，没有根。

我的目的并不是要找个院子自己玩，因为我是天津人，在北京定居了 20 年，像天津吉州区，2017 年的数据显示旅游人次超过 2400 万，综合营收超过 1300 万元。但是吉州区农家乐人均消费 120 元，淡季 100 元，现在是 80 元含一日三餐。第一，不挣钱，不愿意干；第二，吃的什么东西大家自己猜，低质价格一定带来劣质的服务和体验，进入到恶性循环。我就想通过自己的微薄之力，让这个行业有这么一个亮点，让民宿可行。现在吉州区有7 万－8 万张床，精品民宿不到 800 张，空间很大。

民宿这个事没有情怀是干不了的，民宿这个事不能适当盈利也是干不好的，只有良性发展，才能永续经营。我个人和很多民宿业主的从业心态就是不管中国民宿行业未来发展到什么时候，什么方向，什么结果，只要在精品民宿发展的路上，历史进程当中，有我们这种人参与，就够了。谢谢各位！

刘军萍：谢谢黄总，黄总从他当蜜塘塘主的经历和经验，跟大家谈了民宿发展之路该怎么走。其中谈到一点，一定要明白所依托的开发地点的内生需求是什么，要跟它的追求、想法紧密吻合在一起。所谓乡村振兴三大驱动力：调动当地人内生力，吸收更多像您这样的外源力，两者很好地起到化学作用，形成交互力，这时候乡村才能真正振兴。这是黄总带给我们的一些启示。

黄总刚才也说了佳乡学院也是做人才培养的，在乡村振兴上，人才振兴是绕不过、躲不开的，美丽乡村是需要人来建造的，人才从哪儿来，怎么培养人才，请来自宿州学院管理学院的李龙老师谈谈人才振兴方面的话题。他也是《互联网＋时代的乡村旅游创客》的作者。

李龙：各位企业家、专家学者、业内同人、同学们，大家下午好！我是“80 后”晚辈，本来是过来学习的，接张会长任务在这里与几位大咖讨论也让我忐忑不安了好几天，但是考虑到书籍案例中几位创业者的委托，我还是勉为其难应承下来要代他们讲几句，也顺便谈一下我在乡村调研走访过程中的一些困惑和粗浅看法，请大家拍砖，但也请别把我砸晕下不了台！为了不给几位专家添乱，我主要简单谈一下《旅游创业启示录——互联网＋时代的乡村旅游创客》这本书的写作缘起以及我的一些困惑。

第一，写作缘起。

我是从 2006 年才开始学习旅游的，2010 年参编《新农村建设视阈下乡村旅游研究》一书时，深刻地感受到乡村要想发展需要产业的支撑，而产业发展的关键在于人的作用，特别是优秀人才的带动。于是，从2013年开始，我和团队开始围绕着新型农业经营主体展开了跟踪调研。2015年初接到张会长的任务，要筹备写《旅游创业启示录》，记得“第二届中国旅游创业高峰论坛”（2015年4月18日，北京第二外国语学院），当时与张会长进行了书籍的主题探讨，起初张会长是想让我来写“非标住宿”这个主题，那个时候民宿刚刚开始成为各界关注的热点，深感自己能力有限，唯恐会有负所托，经过了5个月的思想斗争和资料查询，但最后我还是接受了张会长的任务，不过我把选题定为了“乡村旅游创客”，想把奋斗在农村一线的企业家介绍给更多的人，让更多的人关注乡村发展。恰巧（原）国家旅游局于2015年8月发文要开展“百村万人乡村旅游创客行动”（《国务院办公厅关于进一步促进旅游投资和消费的若干意见》），与我的一些想法不谋而合，进一步坚定了我写这个主题的信心。2015年9月3日，我在参加南开大学主办的“第五届中国—西班牙旅游与接待业国际会议”发言中提出了关于系统研究“乡村旅游创客”的畅想，并在会后与南开大学旅游与服务学院党委书记徐虹教授、张德欣会长进行了深入地探讨，确定了书稿的框架。

之所以写这个主题的书与我的成长经历也有关系，我是从农村长大的，小时候做得最多的就是割草、放牛、种地、拉车……因为每天放学后都是重复单调的割草放牛生活，比较无聊，我就一边放牛一边胡思乱想：农村会一直这样吗？未来农村会变成什么样？不过，放了近十年的牛我也没想到一个比较好的答案，后来还是乖乖去读书了，不过说来也惭愧，书读得也不好……研究生毕业后我到了高校教学，我还是一有空就往农村扎，去做各种走访调研，希望能够找到一些答案，这么多年跟扎根农村一线的各类新农人交流，看到了很多新变化，也了解了很多新情况……于是，我就想把这些记录下来，我资质平庸解答不了这个问题，但是我想无数个奋斗在乡村一线的新农人以及关心乡村发展的有识之士已经用实践给了我答案。这也是我最后决定接受张会长重任的一个主要原因。

第二，书稿概况。

我们书中的案例都是奋斗在乡村一线的创业家，有很多都在做公益，在对他们访谈的时候，在写他们案例的时候，我都很佩服他们在农村一线的默默付出，是他们在农村一线身体力行的去改变农民的生活，让一个个贫困地区变得富足，无论是精神面貌上，抑或是物质生活上都有了很大的变化。

比如说，古村之友创始人汤敏先生（汤敏北大研究生期间师从中国“景观学之父”俞孔坚教授），30岁辞职，跑去农村做公益，4年时间推动300多个村落复兴，除此之外，众筹为留守儿童修建公益图书馆、为留守老人修建老人食堂，推动“新乡贤项目”的实施，依托科技和互联网一点点改变着乡村。

比如说，浦江县青年创业者协会会长陈青松先生，常年致力于让古村、古建筑焕发新活力，召集了许多年轻人驻扎新农村，让廿玖间里旧貌换新颜；将乡愁融入到手工艺品、民宿、农村电商等，用创意反哺乡村，以O2O的形式经营手工艺品和当地农特产品。

比如说，全国首家乡村民俗博物馆创始人四川成都的吴国先老师，一位失地农民，几十年时间他收藏了川西农耕和民俗古老物件近万件。博物馆由吴国先先生个人独资建立，开展了一系列公益文化活动，几十年如一日的坚守。同样，湖南长沙龙喜乡村文化学院的廖志明老师通过设立“道德讲堂”、建设乡村博物馆等形式坚守在乡村做公益。

再比如说，“隐居乡里”创始人陈长春先生在一个名不见经传的贫困村，做出了许多一房难求的精品乡间民宿，带动了当地村民的就业，“隐居乡里”的网红民宿“山楂小院”“麻麻花的山坡”也是大家都熟知的，我就不多说了。

我们的书收录了20家旅游企业或者机构的创始人，涉及乡村旅游创客示范基地、乡村旅游创客小镇、乡村志愿者创客、亲子旅游农场类创客、休闲农庄类创客、民俗博物馆类创客、民宿客栈类创客、民宿培训学校类创客、乡村旅游电子商务类创客等不同类型的企业或者机构。但是由于个人能力有限，书稿尚存在着诸多问题；同时由于当时主要定为在案例整理，所以学术研究价值不高。我们也是计划持续跟踪调研，进行历时研究，也希望更多的学者专家可以给我们多多指导。同时，我们也计划提炼案例、提升理论、融合进入课堂教学，并形成专业教材，未来也有可能会设计成网络课程。

第三，我的一些困惑。

接下来，我想谈一下我的一些困惑。在这几年的调研和走访中，在这本书的写作中，我遇到了很多困惑，借这个机会也简单提一下，供大家思考：

（1）理论研究，是不是有什么比较好的理论方法可以指导我们的实践？可以让我们的创业者少走一些弯路？关于这个问题，我的能力有限，不过这几年南开大学的徐虹教授带着她的研究生们做了一系列的工作，祝愿她们早日取得丰硕的成果。

（2）国家一边在推进“新型城镇化”建设，一边在提倡“乡村振兴”，这是不是矛盾的呢？我认为新型城镇化与乡村振兴之间是有着某种协调和平衡的。一是我个人认为从全国范围来看，在未来20年内，城镇化还是主流，但是会有地区差异，比如东部发达地区可能已经伴随着少许的逆城市化现象。原因是多方面的，比如公共服务均等化目前还没有实现，乡村地区的家庭为了有更好的就业、更好的教育、更好的医疗，依然会选择到城里居住，人们追求幸福生活的权利是再正常不过的了！二是我想城市化率到百分之八九十就趋于饱和了，由于城市化的过程中也出现了很多问题，特别是大城市快节奏的生活方式让许多年轻人陷入了精神的空虚，他们需要找一个出口，这个出口在哪里？我想是在乡村地区，因为中华文化的根在乡村，我想这也是汤敏团队等新青年做古村复兴的意义所在吧。三是我跑偏远贫困农村比较多，发现目前很多农村依然普遍存在“农民老龄化、农村空心化”的现象，由于种地收益低、没前途，年轻人不愿种地，土地抛荒问题也多有存在。但是，我想：当农村公共服务水平跟城市差异不大、当农村建设得比城市更漂亮，人们不再为就业、教育、医疗等问题而背井离乡的时候，我相信农村又会焕发出勃勃的生机，这也许是一个比较漫长的过程。但是这几年，我们也欣喜地发现北上广江浙等经济发达地区做了很多成功的尝试，更多的人选择到乡村生活或者旅居，情况已经有了新的变化。

（3）因为我是从事教育行业的，也一直在思考乡村振兴过程中，特别是乡村人才振兴中，我们高校的责任与担当是什么？我们高校的老师又肩负着什么样的责任？高校的大学生又被赋予了什么样的时代使命？这个话题比较大，我也回答不了这个问题，只是抛砖引玉，但我认为这个问题是跟今天的主题比较相关的话题。这几年我也是一直带着学生在农村到处跑，也鼓励他们到农村做公益，鼓励他们多参与农村志愿服务，想让青年一代看到更多正能量的东西，让他们更有社会责任感。因为我认为农村的希望在年轻人，农村的未来也在年轻人。

12月10日（本周一），文化和旅游部等17部门联合颁发了《关于促进乡村旅游可持续发展的指导意见》，明确促进乡村旅游可持续发展五项措施，重点提出了要“开展乡村旅游创客行动，组织引导大学生、文化艺术人才、专业技术人员、青年创业团队等各类创客投身乡村旅游发展”。可见，国家对乡村旅游人才队伍建设的高度重视！

以上是我的一点感想和不成熟的认识，希望大家多多批评指导！最后，再次祝愿奋斗在乡村发展一线的创业伙伴们，事业蒸蒸日上！祝愿中关村智慧旅游创新协会发展得越来越好！祝愿广大农村有一个更加美好的未来！

刘军萍：谢谢李老师。年轻人，勇于担当，能把高校老师的社会责任感担当起来，非常值得钦佩。

我个人认为生态振兴应该属于乡村振兴最根本的东西、最前提的东西，今天上午王兴斌老师也讲到绿色底线问题，如果没有绿色，谈旅游就变成无源之水，就没有发展的前提。

2014 年前后，联合国教科文组织曾经倡导一个理念，提倡“善行旅游”，说的是两个方面，一个是游人的善行问题，一个是旅游资源所在地人的善行问题，尊重老天爷、遵从老祖宗、善待老百姓，让原住民、新下乡创客、旅游者等怎么善待旅游这份东西，让守旅游资源的人守得坦然，让游的人玩得高兴，最终实现“绿水青山就是金山银山”，这是非常重要的，这是我对生态振兴的简单理解。

40 年前，我们国家的改革是从农业开始的，40 年后的今天和未来，我们处于变革的时代、处在创新时代、处在体验的时代，乡村目前是弱势的地区，农民是弱势群体，农业是弱智的产业，但是汪洋副总理说了一句话，“未来农业是有奔头的产业，农民是有吸引力的职业，农村一定是安居乐业的美丽家园”。如何在这样一个目标导向之下实现乡村振兴走高质量发展之路，是我们需要共同思考的一个问题。

今天上午李彬老师分享了一个信心指数。目前把乡村旅游作为振兴乡村最重要的载体产业，现在是在“寒冬”季节来讨论这个问题，但是“寒冬”已经在了，我们的春天就已经不远了，我们信心指数大的可能是有一些下降，但是我们作为业内产业的推动者，要有信心，要树立我们的自信，要拿出我们的努力，幸福都是靠我们奋斗出来的。所以扬帆远航正当时，我们一定要做好我们自己的事情来讲好乡村的美丽故事，让我们的乡村成为更多的人更向往的地方。谢谢！

主持人：接下来是本次峰会最后一个圆桌论坛环节，将要研讨的话题是：“文旅融合与女性旅游创客”，有请本环节的各位嘉宾，有请：

中华女子学院副教授：朱迎波

无二之旅联合创始人：蔡韵

兴博旅投规划设计院董事长：刘霞

延庆葡语农庄董事长：杨慧琦

老友季精品民宿创始人：梁晴

这个环节的主持人是中华女子学院朱迎波教授，下面我把话筒交给朱教授。

朱迎波：很多人一听说我是中华女子学院的，首先会问一个问题，你们那儿有男生吗？你们那儿有男老师吗？我们学校是中华妇联下属的一所二本院校，除了播音专业需要男女搭配有男生以外，其他都是只招女生，但特别欢迎男老师，我们男老师比男学生稍微多一些，大概能有 30% 的男老师。

我们旅游管理专业相对规模比较小一些，但是我们有一个优势，离联合大学特别近，所以欢迎大家来联合大学旅游管理专业参观考察的同时，也去我们学校指导一下工作。

张会长邀请我们来做这个论坛，主要是我们当时写了一本书《互联网＋时代的中国女性旅游创客》，这本书中大概有11个案例，这次邀请其中4位代表来参加研讨。

接下来的时间主要交给嘉宾，让他们分享一下创业故事。

蔡韵：非常感谢朱教授，也真的很荣幸能够来这边给大家做一个分享，我们非常敬佩北京联合大学旅游管理专业，做得非常领先，也希望未来可以有更多合作。

我之前是旅行达人，去过差不多70个国家和地区，在国外生活过十年时间，慢慢把自己的兴趣爱好发展成了事业，这到底是一种什么样的感受？我自己非常爱玩，慢慢积累了这个圈子里的朋友，对这个行业有了一些了解。我之前从事媒体行业，在新加坡南洋理工大学读的大众传播，就职于新加坡电视台，回国以后在央视工作过一段时间。

在这个过程中，去了很多国家，把自己一些经历和思考写了一篇文章放在网上，刚好被我现在的合伙人看见，他有技术和金融背景。当时我们就有一个共同的想法，而且看到一个共同的趋势，就是做定制旅游。那时是2012年，不像现在我们做的定制旅游行业已经被很多人关注和认可，包括这个概念已经非常普及化、大众化了。但是在那一年，没有人提定制旅游，我们说这个概念时，很多人还问旅行怎么还能定制，包括《私人定制》电影还没有出来。我们当时就看到大家慢慢从跟团游，10天7国的打卡，观光游到2008年、2009年、2010年的一些旅游爱好者的DIY旅行。慢慢发展，大家对简单的穷游开始不满足，中间毕竟有一个信息差，自己安排不是那么理想。传统定制游非常高端，包括发展到2018年，还是有很多人的想法是定制旅游跟高端和高消费是联系在一起的。我们当时做了很多调研，有一个旅行达人的身份，周围会有很多人问你们这么会玩，去的这个地方这么好，能否给我们介绍一下，请你吃个饭，帮我做一个简单的行程设计。我们也做了这样一些设计，真的为大众做一对一定制游行程设计的话，真的非常耗费时间和精力，每个人精力非常有限，而且作为一个达人，时间成本也相对高，能够达到这样的程度的人相对来说比较稀缺，一对一服务只能服务高价位的人群，但大众确实有这样越来越明显的趋势和需求，怎么样满足大众化需求？我们也不只是想服务高端人群，真的想服务好周围的朋友。想用技术解决中间环节的效率问题，才能为没有办法付出高额溢价和高额成本的大众——要体验深度旅游的人提供商业价值。

我们从2012年开始定下一个基调，一定要用技术去解决当中很多环节效率难点。到了2018年，已经发展了六年时间，在创投非常火热时，我们果断抓住市场机遇，进入到这个行业之中来，对于整个大的趋势，对于整个发展方向把握得相对来说很准，很幸运地从一个小小的十几个人的工作室到现在300多人遍布全国的团队，送了二三十万用户到世界各地做旅游的深度体验，而且能做到大众化。这中间要用AI算法去取代很多低效的人工，低效人工很多是耗费传统旅行社计调的职业，即使很有经验，但每一次客人个性化的需求要删删改改各种细节，我们接触这么多年，每一次用户改方案三到五次很普遍，每一个签约客户都要改几十次方案。早先我们也试过有没有捷径可走，用爬虫技术的方式，动不动轻易爬过来几百万、上千万的数据，由专职编辑改一改，看上去好像也是这么回事，但实际落到应用层面，就发现中间每一个细节的偏差，算法并不一定真正符合这么一个方式，都有很多细节是不可用的。如果中间每个细节都有偏差，整个串起来，给客人体验就是一个灾难。所以我们发现这中间真的要自己老老实实去做完全符合客户需求、完全符合算法需求的一个数据。

这些年来，前面的好几年都是在做基础的搬砖的工作，根据实际客户需求产生的定制师，最早服务一个客户15－20天，根本不赚钱。早期通过融资方式来支持，真正落地时做很多用户的服务和做好每一个用户方案，而且在底层都是一些数据架构，如果这个客户体验回来跟每一个细节都完全没有问题，反馈非常好的话，就有技术团队介入，把中间每一个方案拆成很多最小元素细节，再打上几十个不同维度的标签，中间用算法逻辑去关联。

这么多年来，我们积累下来数十万的数据，后台可以重新排列组合出大概18亿个方案，这些东西是最有价值的。现在我们客人来了以后，就不需要像以前那样用一个非常厉害的专职定制师花15－20天时间去服务他，基本上2个小时就可以达到以前二十天达到的质量和效果，定制师只要做一些非常高精尖的工作，而不是每天重复性地做繁琐无聊的工作。定制师可以花更多的时间去做一些新的产品开发、新的线路设计，包括去补充中间很多吃喝玩乐新的玩法，通过用户更新、更小众、更细化的诉求，不断循环、不断补充我们的数据库，客户体验完以后，又会进入到这个数据库里，未来又可以反复利用，不断升级，用这种方式，把中间所有人力成本降到最低。这样的一种高效的方式，可以达到以前花费高昂成本才能实现的一个定制游的状态。

我们从一个爱好者变成了从业者，这么多年来也从不专业发展到相对比较专业，从技术出发，从用户需求出发，慢慢摸索，到现在和各个行业融合，现在这个品牌也受到了比较多的行业认可，我们不只是2C端，还有2B端，通过产品和技术去赋能，输送我们的产品，在这个阶段非常开心能够跟业内有更多的交流，今天在座各位如果对定制旅游行业、出境游感兴趣，欢迎有更多的交流。谢谢大家！

刘霞：感谢朱教授的邀请，感谢张会长的邀请，这是贴标签的论坛，“女性”。虽然我是从2010年做公司到现在有八年创业时间，大概有1/3精力用在创业上，今天也是带着孩子来的。我家宝宝是2013年出生的，自创业到现在基本上很多时候带着孩子出差、参会，所有的时间尽量陪伴他，同时还带领一个小团队，我们公司团队不大，30－40人，很小的公司，要做一些事情，在两者兼顾时，感觉女性很多弱势就体现出来了。

我是2010年一直协助中国旅游景区协会做景区行业的培训，包括针对景区做一些咨询辅导，组织国内资深大咖、专家去各类景区，包括一些度假区、省市走访调研，也发现很多问题。因为旅游圈的怪象比较多，我们目前做的项目很少，包括服务于黄山、云台山，奥林匹克公园，还有南京夫子庙景区等。有的时候服务一些景区时，给自己的定位就是“灭火器”。到了地方以后，会发现很多景区拿出四五个规划来，同一个规划做了两三次，不同机构在做，但最后景区还是不知道怎么做，其实前期规划花了很多钱。

针对这种情况，从规划到落地，到后期实施运营，成立一体化的公司，包括现在做一些五位提升的项目，把整个导师系统怎么去做，公共服务设施怎么落地，和施工单位密切对接，包括安排专业技术人员去驻场。目前有两个项目，现场驻扎很多人，半年都没有回家，员工很辛苦。

做管理培训这块，上周我刚从湖南回来，有一个旅游度假区的提升，去年12月份给他们做过培训，今年培训，请了同一位老师，学员和老师的互动非常好。我们做旅游规划单位更重要的是落地，从多方面能给提供一些服务。

我们作为一个规划单位有几个方向：传统规划、品牌营销、管理运营、投融资，和央美还成立了一个文创研究板块，专门做旅游景区文创开发，目前在一些5A级景区布置新零售概念，比如自动售卖机。

目前更关注IP文化的传承，在做长城文化经济带规划研究，包括调研。未来要做国际化的内容，希望未来能和更多的平台公司、服务公司，包括今天也有很多智慧旅游的公司、大数据公司，能有更多的联动。

2018年有点经济"寒冬"，作为创业者是很辛酸的一年，到了年底，大家多在咬牙坚持，包括我们同事和员工都在说，现在这个时期是抱团取暖，大家共同渡过，包括创业者每次都说坚持不下去，感觉要放弃了，想想要坚持下去，明天就是春天了，就又在不断地坚持。

文旅融合，是更多的品牌融合、资源融合，大家更注重的是搭建一个平台。未来的定制旅游不仅在国外，在国内也是可以的，包括常州徒步，可以把国外友人带进来。我前几年创业是闭门造车，第一次站在这个台前，也很少参加行业大会，现在发现要走出去。2018年，真的每周出一次差，参加各种活动，包括一些项目自己去跟，走出去以后收获非常大，旅游人就像一个大家庭一样，很温暖，无论从南到北，到了哪个地方，自然就带着血缘关系一样，很融合。作为女性创业者，虽然有很多弱势，但是也有很多优势，女性比较柔软，也比较坚强，更比较坚持，希望大家多多支持。谢谢！

杨慧琦：我在北京延庆做了一个生态农庄，是个重资产项目。大学毕业之后直接回到农庄了，因为我的农庄是我爸大概投资了五六千万做的葡萄园，这个葡萄园里种的都是2014年世界葡萄大会时育种留下来比较优质的品种，我们的葡萄也直供中南海，质量不错。最开始觉得我爸爸投资这么大一片庄园，就种种，将来卖卖，单位采购采购就OK了。但现实生活中不是如此的，种出来了，中央八项规定又出来了，又不能按照原计划进行，我毕业回来之后，就接手这个农庄，从最开始只能种，慢慢到销，然后尝试售前营销，做了电商、微商。最开始只有比较简单的葡萄，现在从葡萄衍生到葡萄酒，从葡萄酒又衍生到葡萄相关的系列保健产品，做了一点微商的事情。

最开始我父亲投资时定位是种植型园区，客户其实是有需求的，我现在也当妈妈了，原来从来没有关注过这个问题。举个例子：我们庄园收门票，38元/位，有一位北京老大爷特别逗，每周都去，开始时我们周周收他门票，后来每次他都来，来了也不消费，就从大棚里面挖点野菜。我说：大爷，您这么大老远来挖菜？他说：周五，孙子来了，想吃野菜。一来二去我们就成朋友了。现在人对健康意识越来越重视，旅游企业也一样，原来可能上车睡觉、下车撒尿，到了景区拍拍照，就是这么简单，但现在大家想能不能有点小资的旅游地方，不想随大流，不想去这儿去那儿，文旅结合也是未来非常好的发展。

我们园区从传统种植慢慢往文化方面延伸，今年申报了延庆区社会大课堂项目，依旧有我们种植农产品开发几个文化项目，可以跟孩子互动、也有可以教育孩子的系列课程，希望在未来能更往文化方面靠近，打造以葡萄文化元素为主题的旅游特色庄园，希望在座去延庆玩的时候能找我。谢谢大家！

梁晴：我总觉得我和刘主任是一伙的，因为我是做民宿的。联大很多老师和学生都去我们民宿看过，老友季是由三栋上百年的老房子改造而成的精品民宿。

为什么做民宿？我在市里工作和生活了二十多年时间，我是2013年辞职的，当时是从亚马逊离开，为什么想做院子？因为以前特别喜欢旅行，每年都要出去几次，特别喜欢住客栈，住客栈是因为喜欢院子，喜欢人和人很亲近的关系。找院子时怎么也找不到，后来想想做院子成本挺高的，索性先开个咖啡馆练练手。2013 年 6 月时，老友季生活咖啡馆在密云落成，当时蛮轰动的，现在也开了五年时间，特别受到密云人民的认可，而且我们这个咖啡馆，给密云注入了一股文化的清流。做了咖啡馆以后，我又成立了一个匠人公社，以做沙龙为主，比如咖啡烘焙沙龙、音乐沙龙、手机摄影沙龙等，跟生活很贴近的沙龙形式，向大家传递热爱生活的理念和专注做事的态度，当时被《北京日报》《人民日报》等很多报纸报道过。

但其实我最想做的还是院子，一直没有忘记这个初衷，四年时间，在金笸箩村找到两栋上百年老房，我喜欢院子，喜欢灰砖灰瓦，喜欢柿子树上冬天挂着红彤彤的柿子，喜欢院子就是喜欢从前，这就是乡愁，每个人都有。即使没有在乡村生活过，也有对乡村的向往，把一些乡村的元素保留下来，就是跟历史的对话。

很多城里人特别想去乡村，所以我们改造时既吸收乡村的一些野趣，又保留城市的舒适感，因为城市人的卫生、对舒适感的依赖还是有的。这就是我们做老友季的初衷，要给大家一个理想中家的样子。

我改造这个老房子用了一年时间，2017 年 7 月开业，到现在有一年多时间，还是蛮受客人喜爱的。一个民宿进入乡村，不要去打扰他们的生活秩序，客户体验要让步于村民的体验，我们都是很尊重村民，我们做院子时，过年过节都买东西去四邻那里看看，对他们尊重，村民对我们也会有一些理解。

我们能给他们带来什么？我们跟村子合作社能够合作，帮助村民有一些收益，想打造一个田园综合体的概念，所以我们在金笸箩村规划了儿童乐园、家庭露营区、乡村食堂，今年还做了一个乡村音乐会，计划中还有乡村书店等。到农村去，一百年前的时候提出“博士下乡”，今天的乡村希望有匠人下乡，带给他们新的理念。作为一家民宿，能做的是帮助村子对接一些资源，包括客户资源。其实很多客户还是蛮高端的，他们通过他们的朋友圈把我们民宿分享出去，不定谁就能够看到，就能够有一些发展机会。我们对接媒体资源，因为一家民宿会有很多媒体关注，去报道，同时把这个村子也宣传出去了。我们对接创客资源，把这个村子定位在一个城乡共建的理想乡村，一个拥有低碳环保、拥有国际化自然教育的乡村，一个用田园方式分享生活美学的乡村。

接下来还想做的是有一个乡村图书馆，我的创业经历很简单，五年时间，自己总结下来就是四个字：痴人说梦。当我想做一个咖啡馆的时候，同事们说，真好，我也想开一个咖啡馆，但没想到我辞职就走了。当我想做民宿时，大家都说很难，我就去做了。我想做田园综合体时，很多人笑话我，你知道什么叫田园综合体，是否知道有资本的注入等，但没有关系，只要我们把它做出来就行，叫什么没有关系。

我想做一个乡村图书馆，现在我是阅读季的领读者，跟新闻出版署在沟通，希望在金笸箩村能够有一个乡村图书馆。

我想走的每一步都没有白白浪费，真的是痴人说梦，把自己所有的梦想一点一点在完成。

人和人都是彼此羡慕的，可能很多人都会羡慕我“以梦为马，不负韶华”，但是我特别羡慕你们能够有假期，能够出去旅行。黄总说他左眼失明了，我现在眼睛也很花，和我三年前最后一次旅行的照片对比，现在看起来老了很多。所有的事情都是要付出代价的，只要你自己心里认定了，你选的，你认，走下去就行了。谢谢大家！

朱迎波：感谢四位嘉宾分享的精彩故事，他们有的可能是有丰富的从事其他行业的经验，蔡总有几十个国家的旅行经历，刘董事长服务的对象都是非常有知名度的。杨董，大家一开始听她以为是一个富二代，但是还有很多故事没有跟大家讲，比如她抗癌的经历，遇到问题想各种办法，虽然是“90后”青年，但是其实是特别有想法、有情怀的青年。梁总在五年时间，从咖啡馆做起，接下来又做民宿，未来还打算做田园综合体和乡村图书馆。总之，她们的故事都很精彩。

有人说旅游的需求相当于是一种逻辑学和哲学，而且是一种人才的持续激活和成长。所以文旅融合以后，我们作为私人定制的代表、作为旅游产业链的代表，作为旅游实业和精品民宿的代表，可能面对市场需求不一样，但是文旅融合以后会有什么样的变化？

蔡韵：大家现在都在谈文旅，我们要看市场需求，大家具体想玩什么，想要怎么去玩？要看资源方，包括景区、各地各种消费产品，越做到后面越会觉得还是要把控自己非常优质的资源，可能核心是在行程设计方面给客户非常快速的、非常有效的达到他想要的行程，这个行程落地还是要跟真正产业上的资源方怎么样更好走到上游去。从过去两三年开始，非常着重做这么一个板块，包括跟全球各地景区、各种活动提供方、酒店集团等做非常精细化的筛选，包括到各地考察，他们来到中国时，能有很多会议上非常详细的交谈或通过旅游局来我们公司做各种交流，包括客户跟我们每一次反馈，都会定期去看有没有哪些跟我们之前了解的不太一样，或者有些自己描述和客户诉求是否完全能够吻合，怎么样去挑选出一些最好的合作伙伴，怎么样真正筛选出在产业上能够提供非常优质而且非常稳定的服务，并且能够量化的，因为像我们的客户来源可能越来越大，范围越来越广泛时，我们也是要追求效率的，比如有没有一些系统去进行系统API的对接，怎么样能实时看到它的库存、看到它的价格，这些我们都会和合作伙伴进行深入探讨，包括双方在服务上怎么对接，在技术上怎么对接，包括有一些突发情况或客人有特殊需求时，怎么样进行更好的沟通和融合，最后真正为客户产生价值。

在文旅方面，我们作为客户和真正目的地桥梁的时候，更好去做好融合的角色，也真正能够带给大家独一无二的旅行体验。

刘霞：文旅一直在一起，诗和远方一直在一起，包括在目的地打造时，比西湖美的湖有多少，西湖之所以吸引别人的还是它的文化。包括山水类、古镇类，可持续性发展的景区还是文化的魅力都在那里摆着。文旅融合以后，未来对于整个产业来说是更好的助力。以前地方旅游和文化是分开的，一些非遗的传承，在文化口没有转化成当地产能，可能有一些浪费，文旅的融合对于整个未来旅游的希望是插上翅膀，更能让其腾飞。我非常看好，相信大家肯定也会看好的。

智慧旅游的企业都有文创板块，包括腾讯、故宫。我前一阵子去福建调研了一些乡村，很多艺术家、文化从业者都在作为乡村旅游做文化赋能的事情。其实旅游本来就是多学科融合的产业，把这两者更紧密结合起来，未来目的地打造的产品再连接市场、定制，会有更好的魅力。

杨慧琦：我觉得文旅融合其实一直都是有的，之前我们去景区看、玩，看的是名山大川，看的是历史古迹，那是一种文化，只不过过去没有把它提高到一个高度或者挖掘得更深。像我们做农庄、做实体的，要把现有农庄的资源更好的提升到一个新的层面。我们原来是种葡萄的，葡萄是籽生还是扦插，要做成有文化的东西，做成一个课程。现在校外大课堂在教育口提升到非常高的比例，让小朋友了解这个怎么长大的，是怎么回事，其实是一种文化，让更多人知道农业的文化是怎么一回事。

从客户角度来讲，比如买一个沙发，原来是哪个经济便宜就买哪个，现在想要有一点风格的。现在提倡供给侧结构性改革，大家更需要的是有内涵的东西，包括为什么要定制旅游，而不是随便玩呢，需要内涵。所以文旅融合把原来比较普通、不出色的，加入一些元素，让它变得非常有新意。谢谢！

梁晴：不管文旅融合还是农旅融合，是旅游行业必然发展趋势。从我做一年多的民宿感受来讲，大家的旅游方式已经不一样了，以前是带着老人跟孩子周末时去游山玩水。现在随着工作压力、生活节奏的加快，就想找个农村去待着休息，把京郊游变成一种生活方式，只是想去生活。这时候我们都在讲文化，是民宿文化的传承，其实没那么深奥，首先就是本土文化和城市文化完美地结合。

做民宿本身是本土文化的挖掘，客人到了我们院子特别开心。即便是在北京的冬天，他推开门以后，一看窗台底下大白菜、大萝卜，柿子都挂在树上，玉米垛，厨房里大姐叮叮当当做饭的声音，这种家的感觉不是一种文化吗。但是客人不满足于之前住好、玩好、吃好就行了，更多的会强调细节。我们能做的是高端客人来了能接得住，方方面面打造民宿文化、主人文化。做民宿最难的是用人，我们服务人员都是 50 多岁，甚至 60 岁的大姐，他们没有很好的经历，也没有特别城市化生活的习惯，所以我们就会给她列出 27 条标准，她从进到这个房间打扫时到出来时，一条一条去对，就不会忘记，包括怎么铺床。当大姐受到城里人认可时，自信心是提升的，这也算是一种潜移默化的文化的传承。在旅游中不管做民宿，做农家院，做农庄，就是方方面面打造细节和品质，这样就能让很多来旅游的人看到这是一个崭新的乡村、一个崭新的面貌。这是我理解的民宿文化。

谢谢！

蔡韵：文旅融合也是从简单的观光游到深度体验游的过程，从客户给我们提的要求上来说这是非常明显的变化。因为我做国外旅行，出境游，以前大家去新西兰时就是看山看水，现在可能更年轻化的游客有可能去世界上第一个蹦极的地方，体验一下为什么在这个地方发源？或学开飞机、滑翔伞。去到欧洲时，以前是看各种建筑、博物馆、皇宫，现在也有很多动手的体验，我们会让客户去到葡萄园酒庄，包括会学做一个自己的香水，大家至少会有这方面的意识，要去体验，要去了解，而不只是在一个封闭空间里，车开到这边拍几张照就走，这是非常好的迹象，也是我们跟欧美比较成熟旅游市场不断去缩短距离、去赶超的一个现象。

朱迎波：刚才四位嘉宾从不同的角度看待文旅融合，因为时间关系，我们的分享就到这里，非常感谢大家坚持到最后。

主持人：谢谢五位美女精彩的分享。今天听到了非常多的创新创业的词：新科技、新文创、数据化、智能化，也感受到了非常多的女性创业者的魅力，同时感到了很多农民之友的魅力。要讲好中国故事，其实每一个人都是一个故事，尤其每一位美女都是一本书，书中还有各种各样的故事。

说到这里，就特别想以一个北京老炮儿，一个旅业老兵的身份以及 20 年的从业经验，

来讲几个故事：

一字碑的故事。我有一个客户曾经七次去过西安的一字碑，同一个客户去七次，居然给了七种不同的解读。

我本人也在研究城市徒步，从北京永定门一直到鼓楼，我带大家走的City Walk的路线网上肯定查不到，对于大数据1.0时代，下一秒我想说什么，AI一定说不出来。

今年李开复发表了自己的新书《AI未来》，57%的人未来会失业。我发现里面没有导游，我也发现陪老年人聊天这件事永远不会失业，因为人需要情感的沟通。今天从所有女性创业者、所有农民之友的身上发现一点，叫大情怀、小确幸。李代表、黄塘主，还有这么多创业者所讲到的一定是有温度的感觉。

当你们发现很多创新创业项目中千人千面，变成数据"杀熟"的时候，一定会特别憎恨机器，通过滴滴打车、携程，经常在某一条线路上点击，你的价格比另外一个陌生人要贵。同样是旅游独角兽公司，携程2018年开了1500个线下店，当然这里有移动互联网红利消失的问题，但是更多是知道人与人之间面对面的沟通才是旅游的未来。

2000年的时候，伴随着BAT的成长，OTA已经很牛了，18年前，那时候就说"狼来了"，技术将改变一切。我也坚信，在我的有生之年，通过量子技术，是否能按一个按钮就到美国旅行，我当然希望有这一天，但是我更坚信2000年前后发生"狼来了"的故事，可是在2018年还是有很多传统旅行社上市了，这说明我们一定要探寻中国的文旅融合、创赢未来，中国旅游创新的核心是什么，本质是什么？

旅游的核心对于我而言，对于业者而言就是服务，就是有温度的服务，无论用多少AI，用多少技术，最终要解决的是面对面服务的问题，如果你能提供有价值的服务，一定永远有价值。

对于用户而言，永远满足的是他的体验，永远满足的是他的爽。腾讯的朋友一直说传统行业不行了，我不同意，这是非常重要的一个观点。今年同程旅游上市，在香港港交所挂牌，号称小程序鼻祖，但是核心业务是卖飞机票。旅游最大的特性是生产的过程和消费过程的一致性，除了行前的预订，更多是行中的体验。面向中国文旅融合、创赢未来新的局面，期待和在座好朋友们一起，跟农民之友，跟所有女性创业者一起出发，一起到达，一起向未来。

"万水千山总是情，乐山乐水求同行。"我宣布第五届旅游创业创新高峰论坛圆满结束。谢谢大家！

（校对：荆艳峰，北京联合大学旅游学院副教授；刘铮，北京联合大学旅游学院讲师；杨蕾，中国传媒大学2020级MBA学生；乔清坡，北京联合大学旅游学院2020级旅游管理专业本科生）

第二章　第六届中国文旅创业创新高峰论坛（CCTEIS 2019）会议实录

第六届中国文旅创业创新高峰论坛 CCTEIS 2019

论坛主题：坚定坚守　创赢未来

自2014年国家提出“大众创业、万众创新”战略时至今日已过去了五年，而2018年国家部委大调整、文化与旅游部组建后，创业创新与文旅融合共同助推文旅业进一步向前快速发展，学界与业界对文旅融合的探索与实践一直在推进。2019年6月，李克强总理在出席全国“大众创业　万众创新”活动周时强调，进一步提升“双创”水平，更好发挥稳就业促创新增强新动能作用。他指出，“大众创业、万众创新”实质是通过改革解放和发展生产力，调动亿万市场主体积极性和社会创造活力，更大限度激发每个人的潜能潜质。近年来，在以习近平同志为核心的党中央领导下，中国经济保持平稳运行。虽然当前面临复杂严峻的国内外形势，但中国经济有韧性，韧性植根于近14亿人的勤劳与创造，“双创”是个重要支撑，依靠更大激发市场主体活力和社会创造力，可以顶住经济下行压力，保持中国经济长期向好的基本面。

本届峰会聚集文化与旅游学术界与产业界领袖、权威专家等，继续聚焦文旅融合与创业创新，探讨文旅创新业态等前沿话题与实践探索，发布2020中国文旅“双创”信心指数，继续为旅游业“双创”助力行知，坚定信心坚守信念，共同赢得未来。

指导单位：中国国土经济学会

主办单位：中关村智慧旅游创新协会（排名不分前后）
北京住宅房地产业商会
清尚集团

协办单位：北京观光休闲农业行业协会
北京第二外国语学院旅游科学学院
北京联合大学旅游学院
南开大学 MTA 中心
中国旅游协会地学旅游分会
中国文化和旅游大数据研究院
中国广告协会数字光影分会

　　　　　河北省专家咨询服务协会旅游专委会

承办单位：北京瀚唯环艺建筑设计院

　　　　　北京鹏游天下旅游文化有限公司

支持单位：VS 电竞酒店

　　　　　程氏企业管理有限公司

　　　　　橙程（北京）科技有限公司

　　　　　北京绘玩咖文化创意有限公司

协同支持：旅游创业创新研究院

　　　　　贵州师范大学国际旅游文化学院

　　　　　合肥学院、浙江旅游职业学院

　　　　　山西省互联网＋旅游产业升级协同创新中心

　　　　　中国青年旅游学者联合会

　　　　　文旅创客厅、德欣社

媒体支持：《中国国家旅游》、《中国城市报》、《旅游世界》、《旅伴》、人民网、凤凰网、新旅界、筑龙学社等

会议时间：2019 年 12 月 20 日（周五）

会议地址：北京清尚集团 6 层阶梯教室

会议日程

时间	内容	嘉宾
主持人：程一鸣　清尚主任设计师＆副部长		
13：00－13：30	签到、暖场、参观清尚展厅	
13：30－13：35	主持人介绍与会嘉宾	
13：35－14：00	主办方致辞	张德欣 知名旅游“双创”教育＆产教融合工作者、中关村智慧旅游创新协会会长 黎乃超 北京住宅房地产业商会会长 王刚 清控人居集团副总裁、清尚集团总经理
14：00－14：15	北京联合大学旅游学院业界导师聘任仪式	刘啸 北京联合大学旅游学院旅游管理系主任、MTA 中心主任、教授
14：15－14：30	中国文旅创业创新信心指数（2020）发布	李　彬 北二外旅科院副教授、《中国旅游企业创新创业发展报告（2013－2018）》系列作者
14：30－16：00	文旅创新版块主题演讲	
14：30－14：50	“十四五”文旅产业展望	应丽君 民建中央文化委员会文创组副组长 北京市文化创意产业促进中心专家顾问

续表

时间	内容	嘉宾
14：50－15：10	科技赋能新文旅	杨　军 北京朝阳区规划艺术馆馆长
15：10－15：30	智慧文旅大数据	王金伟 北京第二外国语学院中国文化和旅游大数据研究院副院长
15：30－16：00	“设计改变乡村”高校扶贫新模式探索	金　岩 北京服装学院艺术设计学院副教授 石城子村项目牵头人
16：00－17：40	产业实践与经验板块主题演讲	
16：00－16：20	互联网赋能旅游消费升级	贾建强 6人游旅行网创始人
16：20－16：40	始于TMC不止于TMC	尹伟 同程商旅CEO
16：40－17：00	有品牌的旅游产品才会有未来	谭从敖 世纪中润国旅董事长
17：00－17：20	VS电竞酒店新探索	高树军 VS电竞酒店创始人
17：20－17：40	数字光影与夜游经济	张　博 凤凰数字科技副总裁 中国广告协会数字光影分会执行会长
17：40－18：00	会议闭幕	闭幕致辞

会议实录

主持：程一鸣　清尚主任设计师＆副部长

主持人：各位嘉宾和朋友们，下午好！我是清尚主任设计师程一鸣，很荣幸能主持本次会议。本次峰会的指导单位是中国国土经济学会，由中关村智慧旅游创新协会、北京住宅房地产业商会、清尚集团联合主办。协办单位有北京观光休闲农业行业协会、北京第二外国语学院旅游科学学院、北京联合大学旅游学院、南开大学MTA中心、中国旅游协会地学旅游分会、中国文化和旅游大数据研究会、中国广告协会数字光影分会、河北省专家咨询服务协会旅游专委会，由北京瀚唯环艺建筑设计院、北京鹏游天下旅游文化有限公司承办。

支持单位：VS电竞酒店、程氏企业管理有限责任公司、橙程（北京）科技有限公司、绘玩文化创意（北京）有限公司。

协同支持：旅游创业创新研究院、贵州师范大学国际旅游文化学院、合肥学院、浙江旅游职业学院、山西省互联网+旅游产业升级协同创新中心、中国青年旅游学者联合会、文旅创客厅、德欣社。

媒体支持：筑龙学社、《中国国家旅游》、《中国城市报》、《旅游世界》、《旅伴》、人民网、凤凰网、新旅界等。

首先，让我为大家介绍一下今天下午到场的嘉宾，他们是：

中关村智慧旅游创新协会会长、知名文旅“双创”教育&产教融合工作者：张德欣

北京住宅房地产业商会会长：黎乃超

清控人居集团副总裁、清尚集团总经理：王刚

北京联合大学旅游学院旅游管理系主任、MITA中心主任、教授：刘啸

北二外旅科院副教授、《中国旅游企业创新创业发展报告（2013－2018）》系列作者：李彬

中国国土经济学会秘书长/北京市城乡经济信息中心主任：刘军萍

民建中央文化委员会文创组副组长、北京市文化创意产业促进中心专家顾问：应丽君

北京朝阳区规划艺术馆馆长：杨军

北京第二外国语学院中国文化和旅游大数据研究院副院长：王金伟

北京服装学院艺术设计学院副教授、石城子村项目牵头人：金岩

6人游旅行网创始人：贾建强

同程商旅CEO：尹伟

世纪中润国旅董事长：谭从敖

VS电竞酒店创始人：高树军

凤凰数字科技副总裁、中国广告协会数字光影分会执行会长：张博

主持人：欢迎各位嘉宾、各位朋友们的到来！再次欢迎大家，下面有请峰会主办方，中关村智慧旅游创新协会会长张德欣致辞。

张德欣：特别开心，因为今年是第六届了，我们从2014年就开始做创业创新峰会。这也是唯一在旅游行业，当然现在是文旅融合，唯一以创业创新作为主题的品牌峰会。所以说在这样一个非常寒冷的冬日，能够看到这么多非常热情的朋友，我是非常激动也非常开心，所以给大家先做一个致辞，我特意写了一个稿子，以表示对大家的尊重。

2014年，我们国家正式提出“大众创业、万众创新”国家战略，现在已经过去了五年。2018年，国家部委大调整组建了文化和旅游部，创业和创新和文旅融合就共同助推文旅进一步向前快速发展。所以说学界跟产业界对于“双创”和文旅融合的探索跟实践，一直都在推进。今年6月，李克强总理在出席全国“大众创业、万众创新”活动周的时候强调，进一步提升“双创”水平，更好地发挥稳就业促创新增强新动能的作用。所以说从国家政策来讲，包括在习近平总书记领导下，中国经济在平稳运行。虽然当前面临很多严峻国内外形势，但中国经济非常有韧性，韧性来自14亿人的勤劳和创造。所以“双创”是一个非常重要的支撑，依靠更大激发市场主体活力和社会创造力，可以顶住经济下行的压力，保持中国经济长期向好的基本面。

我从2013年开始做创业社团到今年，七年快过去了，在做旅游的这七年，可谓跌宕起伏，一言难尽。有过巅峰也有过低谷，我看到大量的创客蜂拥而来到四处流散，从追赶

热潮到遭遇资本“寒冬”，满期的憧憬化为梦幻泡影。在严冬后的冷静期里，我也看到很多创客在顶着巨大的压力坚守初心，坚持坚持再坚持，等候春天的到来。

我们知道毕竟在“寒冬”里先活下来才有发展的可能，原先靠一个 Idea 或者做一个漂亮的 PPT 就能够拿到钱的时代，我想永远都不复返了。现在这个阶段，你的项目唯有真正为市场和用户创造价值才有成功的可能。创业是一个系统工程，讲究天时、地利、人和。创新是创业之魂，永不停歇，找准定位，深耕细作，打造团队、资源和资金金三角，我想这可能就是成功的关键所在。

所以“双创”不只眼前的苟且，还有诗和远方的田野，本届峰会也是聚集文化和旅游界、学术界及产业界的领袖专家，继续聚焦文旅融合和创业创新，探讨文旅创新业态的前沿话题和实践探索，同时会发布“中国文旅创新信心指数（2020）”。我们会继续为旅游行业的“双创”助力行知，坚定信心，坚守信念，共同赢得我们的未来，谢谢各位。

主持人：感谢张德欣张会长，下面有请北京住宅房地产业商会会长黎乃超致辞！掌声有请！

黎乃超：尊敬的彭总，尊敬的张总，还有各位领导、各位老师，大家下午好。首先请允许我代表北京住宅房地产商会预祝本次大会、本次论坛圆满成功。

刚才我很认真地听了张总的一席很热情的致辞，同时他提出一个大家都非常关切的问题，在目前的经济形势下如何过冬的问题。我觉得本次论坛的题目非常好，又是恰逢其时。文旅是目前比较热的一个热点话题，同时谈创业创新。我们会发现文旅——文化旅游虽然原来感觉是两个行业，但是现在好像很紧密，但是文旅是否能独立在这个行业从事文旅的事业？我们认为是非常困难的。

我说的过程中，大家可能就有感受了。今天来到清尚，清尚是一个在全国乃至于全世界就文化产业、艺术产业顶级的设计院。因此我觉得我们来这里其实探讨的是如何就文旅行业进行推广。我是 1994 年开始做地产，作为 25 年来没离开过一天一线的老的房地产业从业者，看到“文旅”这两个字以后，我的第一感受和很多搞文旅的人的感受是不同的。我们的感受是文旅是地产界的姊妹，它是我们地产界现在目前最需要的字眼。我说这句话的意思是什么，现在中国在去地产化，地产人怎么生存，其实有很多地产人是不懂得文旅的，但是可能会被迫从事文旅行业。借助习近平总书记“三座大山”来解释一下，习近平总书记说了，现在是市场的冰山、创业的火山、融资的高山，这三座山是很多人面临的问题。市场的冰山确实是不好，不好的情况下如何创新，这是我们需要解决的问题。昨天人民网太极频道的领导找我，说太极小镇成立了，我怎么去做，做文旅的人真的不知道如何落地。很多我们会员企业都是开发企业，他们真的想去做文旅但又不懂得怎么做文旅。清尚集团这次的论坛，可以给大家很多解决方案，这是我们做这个论坛最重要最落地的成果和目的。第三座，融资的高山。刚才张总已经说过了，文旅项目很重要的是融资。刚才我跟吴总聊天，现在很多项目拿过来以后有很好的 IP、有很好的策划案，但是有两点不具备：第一个盈利模式，第二个如何去融资。其实创新，如何利用创新的点解决融资的问题，也是这个论坛很重要的话题之一。

因此，我觉得创业创新论坛真的是恰逢其时，能够给目前无论是地产界还是文旅界很多有意义的尝试，促进成果转化。我代表房地产商会，预祝本次大会圆满成功，希望大会的成果能够给企业和行业带来真真正正的经济益处，谢谢大家。

主持人：感谢黎会长，下面有请清控人居集团副总裁、清尚集团总经理王刚老师致辞！掌声有请！

王刚：欢迎大家又来到了清尚。尊敬的张会长、黎会长，来的大部分都是会长、馆长、研究员，还有文创方面的精英，今天聚集在清尚参加高峰论坛，在此表示热烈欢迎。

刚才黎会长在讲话当中说，清尚公司能够在这方面给大家一个破题或者是解决方案之类的，高抬了，非常感谢。但说实在的，清尚集团有好多地方需要跟大家学习，这方面有很多地方还是没有深度。清尚公司实际上是学院派企业，最早是中央工艺美术学院产生下来，后来跟清华大学合并，中央工艺美术学院的企业就变成清华工美，后来又响应朱镕基总理还有李岚清副总理的号召，我们就变成清尚公司。清尚公司到现在为止，跟清华大学美术学院的方方面面，人才、血液包括基因，联系还是非常紧密的。清尚公司从业者大部分都是来自于学校的教授、副教授、在校生、研究生、博士生。

关于文化、旅游、创新甚至于“双创”，在解决方案问题上，我们还真是注重于设计。当然在设计上纯搞图纸不行，如果你要是不懂环节、经济政策、文创这方面的灵魂，它的经济模式、产业模式和构成，如果不懂这些原理的话，那么搞图纸也是一个空的，就不会让大家很满意。应该说懂点但是懂得并不是很深刻，优势就是见得比较多了，所以做出的图、做出的设计、做出的方案和感受、发言，各种感觉貌似是一个在这方面很专业的学校和公司，但是没有像黎会长说得那么充分。

我是清尚集团的负责人之一，也是一个文创的爱好者，追求很多年，搞了很多项目。有稍微成功的，也有很多失败的、不顺手的，找不到联结方式，找不到痛点在哪里，或痛点是有但找不到解决方案，非常纠结。这几年也经常跟在座大家有一些探讨，探讨解决方案。因此，我们希望清尚公司除了在研究的理论上跟大家学习之外，还应当研究一些落地的现场经验。而且在设计方面，尤其在经济链条、经济模式，包括康养问题、文旅问题、运动问题、文化创业产业问题，这些问题目前看来离得越来越近了，粘连了，不可能偏颇一种或者另辟蹊径。因此，这种立体的综合的方式，很可能是以后文旅创新方面的路子，是可以探讨可以走的。

这些年我眼瞅着很多人搞的文创产品，我们也参与这些产品了，有小成功的，还真没有大成功的，也许我遇到的少。有小成功的，也有不能持续的，还有一些是大脑袋小身子，我也感觉很纠结。很多文创产业、新农村建设、未来城市、海绵城市、未来小镇，关于各种名称的小镇，我们也真是见了不少，我们也到处去，我认为层次都不是很深。

因此，我认为今天的论坛有非常重大的意义。我们这个论坛的研究成果、研究方向、研究深度应当越来越深，这一点我也非常期望。清尚公司一定在这个方面跟大家一起并肩战斗，实实际际地做落地的事情、做落地的设计、做落地的理论。因为现在全国都非常非常需要，我是非常急迫的。

简单说一点痛点，比如说商业和旅游，这个痛点就存在。昨天我出差去乌兰浩特市，乌兰浩特市刚开始建万达广场，外立面是大曲线的东西。万达大家都知道，基本上是在一线、二线甚至于三线城市都有，覆盖面应该是在百分之四五十。但是万达广场的运营，我眼瞅着看着挺好，但是实际上内容比较匮乏，不深谈了。我们清尚搞了很多万达项目，各方面收效不是很好。

另外还有一个痛点就是运营前置和投资前置问题。运营跟招商有关系，实际上并不落地，来了一下后边就不跟随了。这些问题最近在南京、扬州搞了几个小地方，发现也是招商问题开始很红，后来不跟随，这些事情也是影响运营方面的问题。还有就是投资问题，它好像降点水飘，但是再往下资金的量就不够，到底是继续投资还是看看再说？这个资金也有一些问题，而且资金的回流有时不正常。一会儿在论坛当中，我相信有人有这样的发言。

另外就是策划与设计还是有痛点的。我认为一个策划设计总的来讲概念统一是可以的，但是不能通吃所有的项目，通吃所有的地点。这一点清尚公司应当多做事情，多跟大家研究，这也是我们努力的方向。

预祝大会圆满成功，把问题深挖出来，不能是光挖锹，要在一个地方挖十几锹，挖深一点。谢谢大家。

主持人：感谢王刚老师，接下来进行的环节是：北京联合大学旅游学院业界导师聘任仪式。

北京联合大学旅游学院是新中国设立的第一所旅游高等教育本科院校，是中国旅游高等教育的开创者。学院创设了我国大学中的第一个旅游管理系，编撰了中国第一代旅游高等教育教材，培养了中国第一届旅游业大学毕业生，编辑出版了中国第一本旅游学科学术期刊《旅游学刊》，该刊是国内外最权威的旅游学科中文学术期刊。

为更好推动北京联合大学旅游学院学科建设及加强产学研用相结合，经学院批准，特邀以下人员成为本院业界导师：

中关村智慧旅游创新协会会长/知名文旅“双创”教育 & 产教融合工作者：张德欣

中国国土经济学会秘书长/北京市城乡经济信息中心主任：刘军萍

同程商旅 CEO：尹伟

真研智旅创始人：张正华

清尚主任设计师：程一鸣

漫宜创意旅文创始人：李崇昌

驿家 365 董事长：高树军

108 梦想部落创始人：范应龙

中科大旗软件董事长：周道华

世纪中润国旅总经理：龚德海

下面由北京联合大学旅游学院旅游管理系主任、MTA 中心主任刘啸教授为以上人员颁发业界导师聘书，并请张德欣会长予以协助发放，谢谢！请大家合影留念，留下这珍贵的瞬间。

下面有请北二外旅科院副教授李彬，作题目为《中国文旅创业创新信心指数 2020 发布》的演讲，掌声有请。

李彬：非常荣幸，今天再一次来文旅创业创新峰会。从第一届开始，我就一直参与会议。同时从 2016 年开始，我们就发布创业创新信心指数，这已经是第四次了。当然我们还有其他会议成果，每年都要出一本《中国旅游创新创业发展报告》，今年已经是第五本了，正在做。

刚才张会长也回顾了这些年他在“双创”领域所见和亲身参与甚至是他主导做的很多事情。在今天的报告当中，我也会跟张会长讲的内容有一个回应。从几年下来的信心指数

就可以看到，在文旅行业特别是创业创新领域，它正在和未来将要发生一些什么。

信心指数第一次发布之后，备受关注。前几年信心指数很高，信心满满，从去年开始，不能说大降，但确实是下降了。花一点点时间，把研究方法给各位朋友介绍一下。

这是信心指数。我们采用的方法是对专家的意见做调查。对一些行业专家，包括协会的专家，当然也有企业家，主要是通过问卷调查的方式，对未来一年文旅特别是“双创”即创业创新的预期进行打分。需要注意的是，我们的报告再一次强调，它更多是对未来预期的分析，而不是整个现状分析，更多是对未来预期，反映的是以专家为代表的文旅领域对未来的期望和信心。

这是我们的问卷，这是受访专家名单，我把分类给大家看一下。首先作为“双创”的主体，“双创”领域的创业者和企业家，这个也是主体里面比较多的，16 位，有投资机构、资本方对“双创”领域的关注。还有一些大型文旅集团对整个旅游“双创”的关注，还有一些社团协会专家和科研院所，当然里面还有一些民间智库的专家，总共是这样几类。

专家打完分之后，我们要对问卷进行综合性分析。通过数据分析，还有之前一直做的信心指数公式，这个公式主要是对包括资本、人才、政策、并购、前景和成功率这几个子维度计算，最后得出这样一个信心指数。今年的信心指数是 69. 78，这个数字怎么解读，我再具体说一下。

首先这样一个数值，表明对未来 2020 年文旅“双创”信心或者是预期，其实是谨慎乐观的态度。不能说不乐观，但确实是谨慎的，为什么？我们看 2017 年到 2020 年。我们从 2017 年就开始做，可以看到前两年都不错，但到了 2019 年就出现比较大的下降，为 69. 58；到了 2020 年，也就是对明年的预期，基本算持平，为 69. 78，有那么一点点或者说微幅上涨。至少可以说明两点，在文旅“双创”里面，虽然在 2019 年开始进入所谓低谷期，或者说大家对于未来的信心会有一些下降，但从今年开始至少没有看到它再下降，或者说我们看到基本还是持平的，甚至有一点点微小幅度的上升。我们不能说它上升，但我们认为至少没有下降，虽然还在低谷期，但是已经开始有了一点点信心。那这个信心从哪儿来？我一会儿再给大家稍微解读一下。

从 2017 年到 2020 年，我们对整个指数下边这些子维度进行分析就可以看到，除了成功率这个指标也就是未来创业创新是否能够成功或者说成功的概率，除了这个指标有一小点增长之外，其他几个指标或多或少都有下降的趋势。其中下降比较大的就是资本，资本专家对它的打分降幅最明显，这说明从 2019 年开始预期的投资“寒冬”依然还存在，或者说资本的“寒冬”还没有回暖。然后就是政策。政策一直是我们文旅行业或者是驱动文旅行业非常重要的因素，很多专家都在谈政策的问题，但是我的团队和我个人一直认为在“双创”领域不一定只跟着政策走，或者说政策的红利对于“双创”领域并不一定有特别明显的影响或者红利。所以从今年开始，大家包括专家在内，对政策的红利作用并不是看得那么重，政策红利稍微有一些下降。并购下降比较大，这就说明对资本来讲包括对各方面来讲，文旅“双创”活跃度和对资本的吸引度可能有一定下降，另外前景也不是特别乐观。但是成功率，在这么多的下降情况下，我们发现一个很有暖意的指标正在上升，这是非常有意思的结论。

信心指数驱动力的分析，跟往年比没有特别大的变化。但是能够看到基本结构还没有变，更多的专家认为消费者的需求还是最强的，政策因素也是最强的，其次是资本和技术和市场竞争。但是和去年相比，消费者需求作用在减少，对政策在增加，更多专家认为政策是很重要的，但是在政策信心上不高，这就说明政策的红利对于这样一个预期，专家并不是有多么的期望它或者说这种预期这种作用在减少。

另外就是对资本，刚才已经说了，它的作用也是在增加，但是信心指数在下降，说明资本“寒冬”仍然存在。从产品和商业模式来看，对于未来“双创”领域所关注的产品和商业领域，和前几年没有本质区别，依然是亲子旅游和研学旅游，这个已经三年了，投资预期是最高的。其次就是旅游大数据、人工智能、区块链等跟“技术＋旅游”的领域是比较多的，这两个是最多的。

从去年开始增加了一个，文化创意。文化创意出现之后，大家对它的预期也是非常高的，这是“双创”领域一直关注的重点。还有几个是新增长的，包括博物馆，因为文旅和这个有关系，博物馆占到20%；共享农庄、康养旅游相关都是新增长一些产品，专家对这个是比较关注的。图上紫色方面也是长期出现的，关注度虽然不太高但比较稳定，比如景区和主题公园、旅游小镇，还有一些特色精品民宿，似乎也是大家关注的一个重点。

特别说明有一个定制游，几年前比较火，这几年虽然没有那么火但依然是关注的重点。我们做创新创业报告，发现很多做定制游的企业倒掉了，但是能存活下来的那些现在依然做得不错，甚至在做一些联盟、出一些标准，所以可能还是大家比较关注的产品和领域。

之后是对各子维度的分析，比如说资本。资本主要是两个方面：第一个是对“双创”领域市场前景的关注。对前景来讲，可以看到不太乐观，不太乐观指的是和2019年相比稍微有一些下降。前面反复在说，资本对于“双创”领域，大型投资似乎还挺多，但是对于中小型“双创”领域，可能还是不太乐观；第二个是市场环境。跟前面有一些类似，对于市场环境的乐观有一小点的减弱。

之后是政策。政策和2019年相比，变化不是特别大。政策的红利虽然在减弱，但是旅游企业、“双创”企业未来的突破口可能就是前面提到的，在政策红利消退前寻找突破口，应对新的变化。前两天中国旅游研究院戴斌院长在中国旅游集团年会上发表演讲说，政策红利正在消退，更多的文旅企业特别是中小型的“双创”企业不要再想着政策对自己能够怎么样。从专家角度来看，政策当然是向好的，但是对于自身创业和创新来讲只是一个外生变量，真的要做好还是要靠自己，靠产品，靠自身的一些创新。

然后就是人才，人才趋势基本上保持不变，后面会看到人才基本上是一个低位水平，也就是说它的评分不高。专家对于人才进入旅游“双创”领域的趋势不是太乐观，或者说更多的大家认为人才不太倾向于创新创业的领域。这个领域要求高，同时风险也大，不确定性也大，可能跟这个有一定关系，但是整体的趋势还是较为平稳的。然后就是大型的旅游企业在收购这些中小创新创业企业的时候，有这样一个倾向，与2019年相比，预期有一定的下降。成功率基本上是比较好，和去年相比有一定的增幅，说明在成功率上专家可能认为乐观的那种预期在增加。

下一个就是关键词。问卷里让专家填一些关键词，然后我们对这些关键词做一个整理和梳理。去年词频最高的的关键词是：苦练内功、用户体验、客户体验。今年出现最多的是这样三个词：产品创新、跨界融合、文旅融合。我们在分析的时候发现这次信心指数有一些变化，可能跟这个有非常大的关系，就是所谓文旅融合。文旅融合提出之后，更多的旅游企业、更多的文化企业开始相互学习，诗和远方走到一起来，看看有没有更多的创新的可能。很多专家就提到，一个是通过跨界融合的背景，通过产品创新来实现。对于中小文旅企业来讲，除了创新之外，原有的观光或者相对来讲层次低一些的旅游产品向体验型、文化型产品转型，当然要求品质的要求，当然要求高质量的发展。在未来机遇和挑战风险并存情况下，在信心不太足的情况下，可能这种自我突破、自我创新，特别是以品质升级为基础的创新，是未来发展的思路。

下边就是一些受访专家的特征。我们从职业的特征、教育的程度、海外受教育的经历、专业的背景包括创业者的创业次数、相关经验和之前一些职业，都给受访专家和特征做了一个画像，不再一一说明了。

我们对于报告的总结或者是思考大致是这样。虽然 2020 年未来一年信心指数还是处在“寒冬”或者是低谷期，但是我们也看到信心指数有一些微小上升了，说明回暖的迹象也许会有。通过文旅融合带来新的动能或者大的背景变化，可能对整个“双创”领域信心的提振，或者说对于重新转型升级，可能带来新的美好契机。

下面是更为具体的结论。比如说消费者需求仍然是主要的驱动力，但是政策的红利相对来讲在减弱，资本“寒冬”预期仍然在延续，原来说写一个 PPT 能获得资本的时代，至少在这样一个经济周期内不会再出现了。对于产品层面，亲子、游学、文创、旅游大数据等依然是受关注的重点，包括博物馆、共享农庄等跨界的文旅产品开始出现，这就说明文旅的融合、大的作用开始显现了。

关键词也是出现了一个新的变化，这也是体现了文旅融合对“双创”领域的影响。总之，未来“双创”的信心虽然仍处在这种波谷期，但是文旅融合确实给“双创”带来了一定的新动能，它可以使未来预期也许向一个回暖的方向发展。

最后我也是写了一句话，在文旅融合的背景下，像文旅“双创”真的需要在这样的背景下去探索一些新的模式，新的产品模式、服务模式、商业模式。今天我看咱们后面几位企业家讲的很多产品，要么是旅游和文化的结合，要么是文化和旅游的结合，这种跨界融合看来已经成为了必然的趋势。当然在创新跨界的同时，有一个最基本的层面——品质升级、高质量发展。这个方面是不能丢的，这可能也是旅游“双创”走向更高阶段、实现转型升级的必经之路。

今天就跟大家汇报到这里。可能有更详细的“双创”发展报告，敬请大家期待。

主持人：下面有请民建中央文化委员会文创组副组长、北京市文化创意产业促进中心专家顾问应丽君老师作《“十四五”文旅产业展望》分享，掌声有请。

应丽君：大家好，尊敬的张会长，尊敬的各位来宾，各位业界朋友，非常高兴今天来到这里我今天跟大家分享的题目是面向信心的，也就是面向“十四五”思考的话题。今天主要给大家分享三方面。现在这个时机点特别好，我们是在下一个五年开始，最后这一年，最后这一个月，最后还有十天，我们站在这个时间点去看一下。从 2019 年再往前推，2019 年的年检或者是体检刚才李老师已经做了基本数据报道，实际上几位差不多，就是一个周期性的大投资都在热烈地讨论，但是热烈的讨论解决不了实际性的问题。一个痛点像刚才王总谈到的痛点在哪儿，他自己才知道，就像这个鞋穿得夹不夹脚，自己才明白，那是最痛苦的一件事情。

另外，整个产业周期还体现在供消，消是消费侧，供是供给侧，它是快慢矛盾很突出的，这是周期的问题。供给侧的改革总是落后于消费者的需求，所以在这种情况下，这个矛盾十分突出。在我们的“十三五”期间，由于文旅作为一个支柱性产业得到国家高度重视，实际上这一块的发展已经摆到水面上来，但是矛盾更加突出。

另外，内外市场失衡，这个大家其实都清楚。我们大量的年轻人尤其是“90后”“80后”都往外走。包括我自己，今年我走了一次周边，第一次走中南亚，去了一趟日本，去了之后还想去。这就有点麻烦了，我就发现我们的旅游市场是失衡的，我们的入境游现在是很不好的。另外一个情况就是产业融合加速，但是贡献度不高，所谓的贡献度是什么？重构能力还没有形成。大家都在谈融合，实际上到2019年来看，文化和旅游的融合，实际上在产业层面对接的不是那么到位，所以这是比较明显的问题。产业规划实际上还是存在很多缺陷，新业态潮起潮落。今天看到信心指数里面有一个重大现象，大家对政策不指望，尤其是“双创”这一块，为什么不指望了？2015年之后，现在是一片狼藉，什么都有，虽然可能也会有一些宝贝在里面。在这种情况下，2019年从中观来讲还是不太理想的，数据刚才也证实了这一点。

从微观来看，咱们企业的转型是乏力的，有并购感觉到比较勉强，像黎会长说的进文旅有没有一种被迫感，文旅之间的协同性还是没有找到，这是一种原因。再有就是结构性比较低效，最重要的是企业改制或者是国有企业改制是一种松耦合，还没有形成紧密的耦合。这些国有企业在国家政策扶持下快速膨胀，它们做大了，但是实际上是大而不强。面向国际竞争，你会看到庞大的产物出现，但是这个产物不具有竞争力，这就是大而不强。

回望当中最重要的是把以前所做的一些工作拿来看看。我总结了一下，这些年我们一直在第一线做文化旅游管理咨询，在原生态产业实践当中，我们发现这些带有政策性质的一些文件、通知、意见、标准，包括我们提出的各种战略，对于这个行业这四五年的走向非常具有影响力。在政府主导、政府干预比较多的情况下，无论是硬性的产业政策，比如补贴、税收等，还是一些软性的，比如指导意见、纲要、负面清单等，这些对于整个产业发展还是蛮有影响力的。

所以我们把它总结为总规。看一下数据，2020年旅游市场总规模达到67亿人次。我们上一周在中国旅游协会和旅游研究院年会上，20强的旅游集团发展论坛上有一个研究院的数据，到现在为止统计是实现了55亿人次。旅游总的投资总额两万亿元，这个数据还没有出来，但是旅游总收入达到七万亿元，我们看到在规划里面预测上还是有出入的。我们可以看到，这个里面有很多动态性发展过程出现一些问题，总规当中还是没有考虑到。另外就是对经济的贡献率达12%，现在还有一点差距。其他的数据我就不用说了。但是最后一次总规的第一句话是什么？他说迎来了大众旅游的时代。我在想象，咱们这个“十四五”规划的第一句话会是什么？我们迎来了什么？我们迎来了大数据还是迎来了科技创新，或者是高品质发展时代？有可能是这句话。咱们可以猜想一下。

其实可以看到这里面，一会儿要讨论差距的问题。大众旅游突然之间要转轨，从漫天大旅游状况下转向高品质发展，你们想象那种速度和状态是什么样的场景，这是一个。另外是三个文件与旅游投资有关，这三个文件今年上半年连投的时候，代表咱们国开行对金融旅游援疆、整个新疆旅游界金融体系作过一次演讲。当时研究的结果是，旅游投资的拉动目前来看是滞后的。另外，确实是融资成本极高，这对行业发展真的是一座山，这座山太高。

另外就是一些专项，不一一说了，四标准、四意见、五战略。我估计下一个周期当中，带薪休假是长期性的，可能继续对整个高品质发展带来一定的影响。另外就是“＋＋旅游”，这个有意思，大家可能注意到了，这是我思考的结果。其实为什么是两个“＋”？第一个“＋”是我们的旅游前面戴了一个“帽子”叫作文化。部长在中国旅游集团发展论坛讲话，整篇讲话切切实实只谈旅游。实际上在产业融合可以看到，虽然说前面加了文化，但是从产学研用这几个层次里面逐一去看，融到了哪里？这个融是有限的。比如说行政体系部门要求体系部门并在一起，但是可以看到高等院校学科体系设置到现在为止没有动，我们人才的出口没动。一个产业在发展，就像刚才教授发布的数据里面，人才是和教育体系相关的，但是同时也和产业发展相关，它是产业生态要素之一。人才培养这一块到现在为止仍然是各产各的量，到底融不融不清楚。但是至少我了解的是，比如说明年我要专门申报一个职业学院，我们是做研学旅游，因为我们搞了特色教育小镇，这个小镇里面有一个专科，我申报全部都是按照传统体系走，没有融合。

后面那个“＋”是什么？后面那个“＋”就是加其他相关产业。后面的“＋”特别有意义在哪里，它的价值十分凸显。我们常说一个产业的带动性，通常有一个比例，好比说汽车产业是1∶7到1∶3，好比说会展是1∶12到1∶9都可以。实际上我推测我们国家大概有平均8%的人，旅游早年是1∶3，你在旅游业投一元，其他行业可以带来3－5元的收益。这是我们正在大力应用产业自身特色，用这种作用去做产业融合，这是非常有意义的。当然还有主动融入高科技。两个“＋”的旅游融合战略，会进一步放大作用。

这是对“十三五”的回望。回望当中特别强调一下企业。在2019年的20强名单当中，我们注意到有6个地方性的集团公司上来了。可以看到从中字头的央企、国企到地方到民营，这四种不同市场主体，他们在自己经营过程中的一些情况。但是这次调查表当中这一块是没有的，所以我们可以看一下。

再来展望一下“十四五”。“十四五”不仅是一个规划的问题，这里面已经被命题了，贯彻新发展理念，深化供给侧结构性改革，建设现代化经济体系，这是整个产业的任务。另外，进一步激发文化和旅游消费潜力。最有意思的就是12月15日文旅部雒树刚重磅谈话：科技新功能，发展高质量，“十四五”整体规划的旋律，或者是我们整个运行期间的周期旋律是往高质量走。现在有一个情况就是说高质量是什么？到底是目标，还是愿景？能否实现？就跟我们提出来这么一个问题。按照我们称为一个行业的发展就像一朵时间的玫瑰，它要从站起来，走起来，跑起来，最后成为旅游强国，一个行业至少是20年以上。随着科技的发展可能会短一点，但是我们现在在哪里？这个节骨眼的周期匹配是怎样的？所以“十四五”要考虑。

我做了这样一个图，这个图实际上是基于“十三五”发展状况。大家知道“十三五”期间提了一个产业要素，这是混淆产业本身运行规律的东西，它应该是产品特色。我们在横轴是一个产业元素，产业元素里面这么多年吃住行游购娱，相对简单。当我们要出行或者做一次旅游活动的时候，这6个要素是构成整个这项活动所有经济要素，所以它是一个产业要素。产业要素当中具有什么样的特色，比如说新特奇，新疆就是新特奇，比如说民宿让你有情感关怀等，这个是属于产品特色。但是最核心的问题，在产业发展过程当中要研究产业动力，尤其是在现在“十三五”到“十四五”这样一个转折期，它的产业动力是什么？这个产业动力从来就没有变过，第一条线是政策线，第二条线是资本线，第三条线是科技线，但是科技线的力量比较强大，所以说我们在这里面有这么一个。以前这张图画的时候没有画阴阳图，这次专门琢磨了很久，我觉得是处于这种格局之中，阴阳互动当中文化和旅游是这样一种状态，是一个辩证状态。具体可以回头解读，今天因为时间有限，下面分享一下其他想法。

“十四五”的命题，整个行业要助推文化强国建设，使命肯定就是满足人民日益增长的美好生活需要。“十三五”期间，那五年的发展当时提出要求叫提质增效。当时没有测算过，在现在发布的20强集团报告当中，我们没有看到面向行业产业这一块，到底提了多少质增了多少效，现在可能还没有到时间，没看到。但是目标是高品质发展，问题就在这，这里面我们的差距是在哪里？中间我们的目标，好比说我们评A级景区，从4A级到5A级，一千多条，每条都分得很清楚，现在找不到刻度。

站在现在来看未来。到2025年，我的初步推测也是一个预测，这个预测就是大数据进入大产业孕育大企业，这是显而易见的。大企业由于有大产业，大企业必然引发大资本，大产业、大资本的产融互动推动产业结构升级实现高品质发展，这是非常理想的。但是我们一些数据和多年研究也有所证实。其中有一点，比如说高科技升温的裂变所带来的状况。我们对未来下一步的判断，进入什么阶段？高品质的发展应该是从产业的融合进入产业的融化阶段高级化的过程。融化是什么？是跟气候有关的，比如说雪飘下来之后，当它的温度足够的时候，它落到地面就化掉了，这里有环境和场景的问题。下一个阶段就是“十四五”的重要任务是如何找到能够让雪融化的、能打掉冰山和孤岛、打掉不平衡的温度和能量，这是最重要的。

“十四五”的展望。宏观上强调一下顶层设计，重点是这些政策的导向更多的是从跨界融合到融化这么去考虑，重点要打造面向未来的科技力，主要是抓服务和自主创新。因为自主品牌立足于自我创新，这是整个“十四五”当中必须要做的。所以这种科技力的打造，其实跟“双创”有关，因为要激发年轻人的创意，这是最容易带来整个行业推动力的一块。虽说是“三座大山”，但是它们的激情也是如火山，说不定就能炼出一块钢，这是一方面。另外实际上也可以注意到，就在这几个月内，国家文旅部已率先出台了《关于实施旅游服务质量提升计划的指导意见》，其实政策已经开始有动向了。未来发展无论哪个行业，就是两条线，一个就是服务力，一个就是自主创新力，就是这两条线才能引领这个发展。我想我们要做品质化的发展，必须要通过持续提升科技创新能力的水平，这个水平的提升就是一个升温的过程，它就能够解决跨界融合过程中各种各样的问题，海纳百川。

中观力求把稳。主要在产业结构这方面，我们要面向国际去打造国际竞争力，我觉得这个很重要。科技的发展一定要把产业管理能力、智能化推上去，但更重要的是要做好旅游活力的打造，要用科技的力量丰富旅游产业发展业态。我们从今年开始，重点面向科技结合文旅，因为我专门负责文化创意这一块，做旅游衍生品开发，我们在北京也成立了旅游衍生品协会。欢迎在座各位来进行合作。

另外就是微观求新。其实这个高品质，最能体会到高品质的是消费者。消费者体会的第一个是企业，企业用它的产品给客户说话。他们在消费企业产品场景当中，去对这个产业进行高品质、低品质的评估，这个微观的创新和创意是非常重要的。我们认为高品质的企业应该有标准，这个标准就是为群众提供更加高级、更加有品质的内容服务，这也是我

现在特别关心的地方。刚才前面听到几位老师的发言，都是在谈痛点、热点问题，好多都是在打造相关产品或项目过程中的问题，都和品质相关。所以说微观这一块，我们应该考虑的不仅仅是产品技术手段，还要考虑整个产品生产经济体系，也就是企业内部管理体系、管理团队等一系列，也要做好。

总体来讲，实现高品质发展目标，这是一个命题文章。大家都在这么干，一个是上一个是下，只能通过这种方式去推动"十四五"品质发展。自上而下，总体来讲通过规划发展的总体思路、基本目标、主要任务和保障措施，就像交通管制一样，把它做好。自下而上，"三高"措施"强企业、精产品、优业态"这种情况下才能真正实现高品质发展。

给大家分享的同时，我自己也在梳理思路，这个思考了很久。"十四五"面对旅游行业究竟该怎么做？正如前面嘉宾发言所介绍，我们面临的困难就是"三座大山"，但是我们知道，我们这个行业是诗与远方，我们应该去憧憬，我们也有美好的未来。谢谢大家。

主持人：感谢应丽君老师的精彩演讲。下面有请北京市朝阳区规划艺术馆馆长杨军，杨馆长演讲的题目是《科技赋能新文旅》，掌声有请。

杨军：非常高兴。今天跟大家分享的题目是大家现在非常关注的题目，因为这个题目是前两天雒部长说到的，中国旅游集团发展论坛上面也提过，科技和文旅之间的融合。这个题目特别大，我今天给大家分享的是过去十年的探索。根据自己所做过的一些案例，包括对于行业发展趋势的理解，尤其是对于技术的理解，给大家分享一下实践。分成三个部分，第一个是背景，第二个是应用场景中的"科技＋"，第三个是5G时代下的大数据运营。

这是文旅融合。文旅融合在去年在中国迈出来非常关键一步，这一步非常振奋人心，里面提出来新业态、新产品、新技术的应用、新商业模式、新IP打造、新媒体应用。作为一个特别酷爱科技的人来说，我们确实在过去十年经历了科技正在颠覆所有传统行业和产业、推动产业升级、推动新消费业态出现巨变的过程。同时这种变化也在文旅融合行业里面发生。我原来所处的领域是文创领域，文创也在主动走向旅游，旅游也在拥抱文创。我这找到了两个例子，非常有意思。第一个是景德镇，为什么找到景德镇？我们在去年发起成立了一个全国老旧厂房协同发展联盟。联盟的年会是在今年12月6日下午，晚上《焦点访谈》播出了由联盟协作中央电视台完成的"老房子新活力"这么一期节目，社会关注度非常高。实际上李克强总理大概在一个月前去了景德镇，直接跟景德镇的同志说，未来中国陶瓷、陶器产业的未来就靠你们了。搞文旅的人从这个案例里面就深受鼓舞，这是从文旅走向旅游非常典型的案例。它用文旅的思维去挽救了一个实际上产业已经走向没落的城市，还是一个小城市，所以这个案例也是一个要关注的重点。这是旅游界的朋友们特别津津乐道的案例，也是中国过去十年里面最成功的小镇。这个小镇的成功，既是在大家预料之中也是预料之外。它首先是一个热门因素，是江南的一个小镇。

第二个江南小镇在中国过去的旅游里面一直是占据产品非常富有吸引力的顶端。但是大家没有想到，为什么成名的是乌镇而不是其他小镇？不是比它的产品形态更加完整、历史更加悠久、传统的那些小镇？要理解这种成功，陈总总结得很好，它超越了其他小镇做的观光甚至于度假，直接走到了文化小镇，这就是文化给旅游赋能非常典型的例子。这里有很多具体做法，这些做法大家都可以学，但是我们最要学的就是，如何让文化、让科技来给旅游进行赋能。

说到科技，进入到今天要分享的正篇，如何来理解科技。过去半个世纪，科技高速发展如何颠覆工作场景到生活场景，它完全重塑了身边所有的一切。这是每个人都知道的一些典型案例。我们怎么去理解所处的经济时代，这个经济时代是由科技来定义的。怎么定义？比如说体验经济，比如说数字经济，比如说共享经济，比如说粉丝经济。再比如说直接就用上了科技词的智能经济，它是面向未来的经济，我们把科技和经济直接放在一块叫作智能经济。恰恰是智能经济，基于大数据、互联网、物联网、云计算，直接定义经济的未来。我们说技术或者科技塑造产业、塑造经济能量，你不理解这些词就没有办法理解今天的经济形态。

这是我们馆在过去十年里面，一直在总结和跟踪国内最新的技术，拉了一张表叫作数字创意新技术清单，今年是第四次发布，每年有一个中国数字创意大会的平台来发布数字创意新技术清单。我们把技术发展定义为三个时代，这个比较简单。第一个 10 年互联网技术，第二个 10 年移动互联网技术。移动互联网里面，我们从数字创意新技术清单里面又找出来一些深刻改变我们的展览展示、主题景区、交流培训的技术。大家可以看，分成两部分，左边一部分，右边一部分，左边部分是体验技术，右边部分是专业化很强的基础技术。这是在 12 月 5 日发布的数字创意产业新技术清单，一共分为六个领域。这个清单其实弄出来很不容易，我们连续做了四年。今年也是结合中科院自动化所、北京电影学院下面很多学院以及国内电影工业化头部企业，每年是这些相对稳定的团队集中了产学研用的几个方面，每年会推出这么一份清单。

下面讲一下实践。我们怎么来理解科技为新文旅塑造出新的应用场景？分成四块，数字博物馆也包含数字文化遗产、新场景消费、对传统业态的升级、智慧景区。这是我下面要跟大家讲到的一些典型案例，大部分案例是规划馆自己做的，还有一些案例是在业内具有标志性意义的案例。

规划馆从 2009 年开始打造国内首家 3D 体验中心，这是我们跟好莱坞合作的，定义了第三代体验展馆，我们把体验展馆所构成的叫作成名企业，分别包含数字沙盘、3D4K 项目以及交互展陈。然后从 2016 年起，尝试着定义数字经济下什么叫作四代展馆，我们推出来了四项标准：数字化的展陈、打造 IP 与 IP 授权、O2O 以及社交媒体传播以及大数据运营。我们非常看重不管是第三代展馆还是第四代展馆，一定要把跟公众更开放式的活动体验放在展馆里面去。这是更详细的定义第四代数字展馆的一些标准：比如说数字化展陈里面要有沉浸式场景、交互呈现、三维影像数据与大数据可视化；比如说 IP 打造与授权；比如说 O2O 社交媒体传播是过去五年里面我们所说的线上线下深度融合的主要方式；最后我们实际上最看重、最核心的还在于大数据。你能不能定义自己是一个数据展馆，就在于你运用大数据来进行日常运营的能力。这个定义是真正的第四代展馆。

这是敦煌研究院的例子，大家研究也比较多了。敦煌从 20 世纪 90 年代末期开始，从德国引进设备给敦煌里面的壁画做数字化扫描，这是在国内数字化运用的先河。对数字的执着追求是敦煌特别执着学习的地方。

这是 AR 导览系统。AR 导览系统是我们三维技术里面 VR、AR 和 MR 这三“R”技术里面最低的。我们自己也开发了一个，这是北京到目前为止最受欢迎的一个科普读物，我们教委的领导经常说希望把这个读物推广到中小学课外教材里面去。

这是 VR 全景漫游影片，2015 年我们在国内深圳文博会平台上面推出来第一款解决方

案。当时用了六台电影摄像机同步拍摄，最后通过360度的融合成为一个立式的画面。当时评估也让我们发现VR大量的局限性，实际上我们不认为VR在很短时间就会爆发，但是它在5G时代肯定会迎来新一轮解放和爆发。

这是MR，大家接触比较少。MR是2017年的时候，是微软推出来的全球唯一一款相对比较成熟，技术上比较成熟的1.0，今年把MR的技术首先用在F15的投监上面。现在产品刚刚进入中国，还没有进入市场。它应该是未来在交互领域里面，尤其是在远程教学领域里面最有前景的产品。我们在说产品的时候一定是亲身做过大量的实践以后，我们会给大家分享感受、定义技术前景和使用局限性。

这是三维数据采集。三维数据采集技术现在蛮成熟的。如果大家有机会去规划艺术馆，你们在那可以看到我们完成的北京唯一一份城市中心区140平方公里城市新型设计三维模型。新型设计三维模型这个概念也是我们提出来的，现在已经进入国标，这是一种测绘技术，这些共同构成了我们数字化基础，如何把现实里面三维影像变成数字化孪生影像放到虚拟世界里面，这些已经构成非常成熟的基础技术。这个也是规划馆的实践，我们和北京电影学院在2011年的时候，共同组成一个团队，前后花了五年时间，拍了两部电影，一个叫长征最美24小时，一个叫漫游朝阳，这两个片子拿到了国际和国内三个年度里面的最高奖。其实拍3D4K是很艰难的，它是两套平行的电影设备，你要完成拍摄中的设备同步、距离远近对焦问题等一系列技术问题。我们当时因为拍这个，发明了大量的国内没有的拍摄装备，实际上国外也是在探索过程里面，没有大量产业化设备可以供你直接使用。所以到目前为止，这个还是国内能够看到的技术标准最高的电影。

这是拍的另外一部电影，是4D电影，是动画电影，拍这个电影技术含量特别高，为什么特别高？因为首先要完成倾斜摄影实景模型，然后再在倾斜摄影实景基础之上，把它转置成为一个动画电影。所以这个在全球好像也是第一次试，就是把实景商业模型作为电影素材重新设计故事线，把它变成一个动画电影。前段时间做了一个活动叫“规划馆奇妙夜”，我们的家长和孩子们为了看一眼电影，平均排队需要一个小时，他们很有耐心，因为看完以后孩子们都非常开心，我们说孩子们最喜欢的东西才是最好的东西。

新“场景消费”，这个项目可能关心技术应用的都知道。世界上第一个能够把激光投影技术用在户外的旅游体验里面，这个算是最早的案例。除了过去所说的灯光照明以外，如何用光影艺术去赋能夜间旅游，去赋能大量的自然景观，如同我们自己的实景演出一样。这个是通过技术手段来让晚上沉浸的自然景观，能够跟人进行交流和沟通的场景，这是开得非常好的先河。

这个例子是大家最津津乐道的例子，十一个月前刚刚完成了在广州的两个月展览，现在进入到上海，上海有两家。还有一家是日本做类似项目的，正在环境金融中心里面，有兴趣的可以去看一看。这真是一个很大的团队，大家从这个案例里面，理解里面不仅仅是艺术奖，还有大量的程序师、工程师、科学家和建筑师团队。这是跨界融合，新的东西确实技术支持了团队协作，支持了跨界融合，支持了过去不可能产生的创意和协作方式的诞生。整个案例变化很多，在新版本里面就跟软件迭代一样，它会增加一些新的元素，但并不是整体去重做，这能大幅度降低成本，所以它能够做出来非常棒的体验性和参与性，包括社交媒体分享。

传统业态的升级，这个是中国文化“走出去”非常成功的案例。它把能用的技术手段都用上了：裸眼3D，VR成像，气味传感等，我们在上一周刚刚结束的今年数字创意大会里面，推出来了一个叫作“气味网罗”的项目，大家特别喜欢。新技术的发展已经到了可穿戴设备上面所混合出来的香气，能够模拟一个电影里面所传达的各种不同的场景。比如说可以让你闻到烤鸡的香味，可以让你走进一片花丛中间，也可以让你闻到酒的香味，非常逼真。我们请了很多人去参观，所有人看了以后恋恋不舍，不愿意走开。这个项目在国外销售取得了非常巨大的成功。我们过去4D电影院里面把其他所有人的感官调动起来了，这是在国内发现目前在气味领域，就是另外一个感官里面最新的产品，我们也预期有很大的市场，它还在推出大量新的产品。

这是相对比较综合的案例，是北京早期的案例，叫“故宫以东”，实际上是一个App，如何把京味拿来和旅游导航结合起来。这是我们对于旅游资源互联网的理解，过去几年移动互联网以及重塑旅游产业链还差什么？还差游客端，还差“最后一公里”。我们现在的机会在哪里？“最后一公里”。你们经常说如何思考所谓景区“最后一公里”，如何大幅度提升游客体验，如何把O2O真正拿去赋能我们的景区，这是现在最大的机会，既是从业者的机会也是景区提质增效的机会。

我们两年前在桃花源完成了一个案例，非常有意思。全国有很多叫作桃花源，因为大家都喜欢桃花源这个词。《桃花源记》实际上只有395个字，它不像我们“清明上河图”一样，有一个传世的长卷。我们接到这个课题的时候，第一你要帮我们证明，你要让所有来我们这里的人都知道这是正宗的桃花源，这个才是陶渊明里面说的桃花源。第二希望能够为新开张的景区带来新的活力和新的运营方式，这就是我们的解决方案。我们的解决方案分成四个方面：第一个是“文化＋”，第二个是“运营＋”，第三个是“服务＋”，第四个是“管理＋”。在“文化＋”里面，我们推出来国内第三代数字交互长卷；然后在“运营＋”里面，我们是觉得，对桃花源的理解不是来自于真山真水，而是来自于对陶渊明所塑造的短文里面的华人的理想社区的无限向往，这是这三个字所具有的巨大品牌号召力。你要占据这三个字，你想改变人的模型，认为这三个字是属于这个景区的，你需要的是，大家最关注的领域就是虚拟社区。在网络上面怎么能够重塑自己的品牌，我们用了跨界社区的概念；第三个是服务。我们知道AR交互是什么。AR交互用在两个方面，一方面，第一代和第三代长卷观看模式里面除了常规的模式以外，还有一个你通过AR软件选择一个角色，可以和场景中实现交互对话；另一方面，AR导览软件能帮助你在景区里面实现自助服务。最后一个是AR作为大数据运营的数据入口。

这就是对第三代数字长卷的定义。第一代是这个清明上河图，第二代是专门数字博物馆的清明上河图，第三代是我们创造的长卷。我们用了四个步骤，大的步骤是四个步骤，完成第三代长卷。第一依据测绘景观和民俗风情完成长卷的创作，怎么依据。使用无人机航拍加上GPS，去完成对当地自然景观原汁原味测绘和描述，最后完成一个长卷，下面过程不展开讲了。这是AR导览软件功能。

这是虚拟社区话题社区。在2016年，我们觉得一个运营一个景区的品牌绝对不再止于山水，而是就如同我们说孪生城市一样，你每一个景区都需要自己一个虚拟社区，像桃花源这样拥有巨大的理想主题、情怀和感知力的景区尤其需要。这是景区的大数据互动系统，有兴趣的朋友可以私下交流，我们的网站和微信里面也有一些比较详细的介绍。

这是四合一产品矩阵开发过程：无人机航拍，创作并完成手绘底稿，转制为动画长

卷，建造360度沉浸式体验场景。我们真的组成了一个非常专业化的团队，有世博团队，有中央美院的动画团队，还有我们奥运的声音团队、电影学院的电影团队共同完成，解决大量的技术问题，完成这个项目。大家可以看一下这个长卷。

简单说一下5G时代下的大数据运营。5G现在真的是热得不能再热了，尤其是在中国。但是5G如何改变和重塑未来十年的生活，我们在期待，也在紧锣密鼓地研究。大数据在过去五年，从进入大家的视野到今天，大数据技术其实已经非常成熟了。我们说首先要知道大数据。其他不知道，但在消费领域，一定要知道大数据可以画像。它有一千多个标签来定义你，它比你自己更了解你自己。你自己能导出一千个标签形容自己吗？你是不能的，你可能找出几十个标签来形容自己，但是大数据后面有一千个标签形容你。大数据的用途，用户画像的用途，是精准营销、个性化服务、数据分析、数据运用。这是规划馆里面的大数据。因为城市是人类文明的载体，是所有复杂里面最复杂的地方，所以我们用大数据为城市画像，这个也是接待国家领导和北京市的领导最喜欢看的项目，一下理解了原来城市是这样的，用数据来说话，用数据来描绘城市。

讲一下大数据运营。实际上国内大数据运营已经非常成熟了，可能大家不一定跟踪这个领域。这是从我们的一个主要合作伙伴那共同做的案例剖析，这是他们过去五年的商业实践。在商业领域非常成熟，对于景区来说跟商业有差不多相同需求，所以大数据精准营销思维体现在理念转变、方法升级和经济模式的转变。比如说，它会影响到顾客画像方法的转变、管理制度的转变、商业价值的转变以及画像制造方式的转变。这些非常成熟的技术，其实我们在景区里面真的还没有用起来。当然，你不要以为说所有商场都用上了吗？不是。这还是在国内目前在大数据应用方面做得最牛的一两个商业企业能够做到这个事情。这也是对它做一个简短的描述。

刚才专家讲了“十四五”，我们对“十四五”也非常期盼，对未来的期盼总是用“新”来描述。我们希望技术是一个创新的东西，它可以帮助我们在产业遇到困局的时候重新来开始突破，新品类、新品质、新价值、新服务，从而引领新业态、新场景和新模式，实际上这些都可以重塑产业链、价值链和供应链。

科技对于这个产业的重塑功能是已经发生的事情，在未来它只会以更强烈的姿态和更快的速度来实现。所以我们在面临技术变革的时候只有两个选择，一是你被技术改变，二是你主动拥抱技术。让我们都有一个技术思维，让我们都可以成为技术控，这是国内对于技术方面的一些政策导向。

最后，欢迎大家关注一下右下角的公众号，这是每次给大家特别推荐的。你要了解全国老旧厂房保护利用，了解全国文创园区的最多的、最好的案例，你只要扫这个就行了。我们在过去一年多时间里面，把国外包括国内最好的案例都放在了这个公众号。谢谢大家，谢谢张会长。

主持人：感谢杨军杨馆长的精彩演讲，下面有请北京第二外国语学院中国文化和旅游大数据研究院副院长王金伟，演讲的题目是《智慧文旅大数据》，掌声有请。

王金伟：谢谢大家。我要分享的题目跟刚才杨馆长分享的很相似，但是我希望从不同的角度，跟大家一起解析一下智慧旅游和文旅发展背景下大数据的应用。

今天想跟大家分享一下，我们这几年的一些思考和做的工作。包括三个方面：第一个方面是从产业互联网视角来看新智慧文旅时代的一些背景；第二个方面是旅游大数据助力文旅融合的一些问题；第三个方面是5G时代文旅大数据的发展。

大家都知道文旅融合在一起，未来在大数据时代，我们应该怎么注重和运用大的背景。首先应该注意这些地方，除了融合化以外还有就是生活化的问题。大家都知道旅游已经从以前的贵族化、小众化已经扩展到了大众化，已经成为了每个人的生活必备品，这是发展文旅产业和做大数据旅游生产和运用过程中必须抓住的核心点，旅游已经成为核心的生活产品。

分级化。现在旅游已经不再像以前视作一个大的市场来看待，每一个企业每一个行业做它的时候都必须考虑消费分层和消费细化的问题，所以从高端的度假到中端的休闲再到大众的消费，每一个层面我们都应该去注重它和关注它。尤其这个地方大家看一下，右边这张图有一个“嗨消费”，这个现象大家有可能在网上查都查不到这个词，在国外非常流行的一个消费群体叫作嗨消费群体，什么意思？现在“80后”“90后”，他的消费观念和以前传统消费观念是截然不同的形式，他们已经从消费者转型成为消费生产者，也就是从消费者转化成了消费生产者，他们是消费产品很重要的创造群体。所以未来我们在做大数据和文旅产业发展的时候，必须要关注这个群体。

IP化，刚才很多专家已经讲到了。给大家说一下我们做的案例。刚才讲到我们做的两项工作，一个是对上政策服务，包括给国家文旅部很多政策策源，另外就是对产业对接对产业进行服务。我们做的很重要的工作，是给故宫进行文旅服务产业的规划。大家都知道故宫从建设以来，从来没有做过大型的规划，它只是在建造的时候做了很大型的设计和建造。但是现在随着旅游发展，随着文化服务业的发展，它的产业发展非常好了，它的文创产品也开得非常好，大家都知道，在全国、在世界上都能排得上号的。但是，它在发展过程当中，这种大数据的植入、这种游客的服务体系建设还是有欠缺的。所以他就找到我们学校跟他们合作，一起给故宫做服务产业体系和旅游体系规划工作。对规划工作已经进行了两轮，下一轮就第三轮，应该是结项的工作。

它在IP打造的时候做得非常好的一个方面，那大家再看这张图，这个图是我在日本留学的时候就知道的这么一个案例，熊本熊的案例，估计大家也都听说过，它可以说是我们文旅产品IP的鼻祖。它做的好在哪儿？他们这个地区和产业抽象成为一个IP，成为一个标志，成为一个品牌，用这个品牌来推广整个地区。所以它相当于把自己的产业、产品和资源凝练成标志和符号，用这个符号传递。同时在传递过程当中，它把符号无限放大，转化成了产业和产品。故宫正在做的这一步工作和全国各地正在推广很多有名IP的传播和渠道，都是这个模式的翻版，这个模式咱们可以好好借鉴一下。

另外，刚才谈到在旅游发展过程当中重要的趋势，从互联网已经跟“旅游+”完全融合在一起，“互联网+”刚才已经讲到了，有两个时代：第一个时代是消费互联网时代，可以在互联网上购物，可以在互联网上查阅消费信息，但每个人都是产品和信息的被动接收者。第二个时代应该是产业互联网时代。什么叫产业互联网时代？简单来说就是用大数据和互联网思维设计供应服务，为产业为消费群体服务。消费群体刚才讲到了“嗨消费”群体的模式一样，它的特点跟这个很融洽、很一致，每一个消费者都成为内容生产者和商业产品设计产生很重要的动力来源，这就是第二代互联网时代。未来在旅游发展过程当中，这个理念也应该贯穿下去。

同时还有一个就是全产业融合观点，跟文旅融合很相似。在我们这个旅游发展过程当

中，未来应该发展成为以政府为主导的融合资源、服务游客形成全域旅游竞争合力、促进旅游经济发展的这么一个模式。在这个模式当中，每一个群体都是一个主体，他不是被动的接收者而是内容的生产者，是能够影响到整个产业链发展的关键环节。

智慧文旅时代行业生态是怎么样的，我们来看一下，非常复杂。再细看一下，回顾一下自己做的工作，它并不复杂，只不过是把大数据技术和互联网技术植入到了方方面面，尤其从游客游前游中游后以及在游客未来下一次旅游过程当中起到了很多很多重要作用。

来看一下第二个方面，旅游大数据怎么助力文旅融合？以前大数据或者说现在很多景区、很多地方政府正在做的大数据和智慧旅游平台，它不是一个闭环的平台。现在我们正在跟北京市旅游委合作，给北京市做智慧旅游平台。我们发现现在国内很多做的，包括国外很多先进国家做的系统都不是一个闭环的平台。一个完整的平台应该是怎么样的？它应该是从现实的基础资源分析到数据挖掘，再到决策的分析，再到指挥行动，再到后期评估。最开始或者大多数正在做的只做了两个环节，第一个现实的分析和数据的展示，没有把很好的数据运用到我们未来的决策和发展过程当中，以及在运用过后我们怎么再返回来影响管理层和决策层，这个在国内还没有做到这一步，这也是未来探索和实施的过程。

大数据从现实到数据的过程是怎么做的？现在要考虑数据的挖掘几个方面，很多大数据平台现在没有做好的几个方面，我们现在都把它考虑进去了。一个是游前数据的挖掘，大家看一下，游前的数据现在已经跟百度、跟360等很多搜索平台都已经有合作，把他们的数据集成到体系里面来。未来大家如果运用到做过的产品里面，你们会发现集成很多搜索引擎，很多互联网平台一系列数据。另外一种，还有垂直领域OTA预订数据，包括携程还有很多景区的预订系统，我们都给它集成到整个大的平台里面来。所以未来大家打开这个平台过后，你会发现可能只是点击搜索过某个景区，但是你的搜索数据已经集成到大的系统里面。

另外，游中的数据我们也把它放进来。游中的数据有哪些？比如说游客位置数据，这个跟联通、移动，手机服务商合作，只要大家进入景区打开手机，无论用的哪一个服务商，我们马上就能准确知道你的位置在哪儿，而且能够马上做出反应，下一步可能去哪儿，或者以前去过哪个地方，我们都会集成到这个数据里面来。另外我们自己还开发了很多的游客轨迹的大数据平台。只要你打开我们的App，或者打开我们景区的运用系统，你整个轨迹都会在我们系统里面。另外就是用户的消费系统，这个跟银联数据还有微信整个都有合作。只要大家在景区里面消费，刷过手机和银行卡，所有的信息都可以搜集上来。这种信息是保密的，大家一定要放心。另外有一个游后数据。游后数据的采集，比如说整个游客UGC的评价，自我自主信息的展现平台，比如说在携程、去哪儿上面很多人要写评论，这种数据我们会收集上来，综合评价游客获得的感受和评价。另外一个社区分享数据，比如说马蜂窝、快手、抖音这些，我们都会把数据集成上来。大家可以看一下，游前、游中、游后整个数据产业链，一个链条都会集成到整个系统里面做分析，这样分析出来的游客画像和游客展现出来的特征才是最全面的。

从数据到决策。数据收集上来过后怎么办？很多大数据服务商或者智慧旅游服务商只做了一步，就是刚才提到的数据展示，给人感觉眼花缭乱很漂亮，但它没有对我们的管理、没有对游客的出行起到真正的服务作用。我们只是看到了展示出来的大平台大屏幕，展示得非常漂亮，几个大的柱状图、饼状图或者是其他的游客画像，但这个没有起到真正的服务功能。未来最好的智慧旅游系统应该是服务于游客、服务于管理者的系统，这才是最好的、最科学的系统。

所以我们不光是有数据的处理，还有数据的可视化，包括一些市场营销的建议。

数字生态的打造，这是在工作当中很深入地嵌到整个实施操作落地过程当中。大家都知道，第一代主要是从业务到数字的展示，第二代就是数字再回到应用生态。数据是来源于行业，数据下一步应该服务于行业而不是脱离于行业的过程。所以现在这个理念应该执行下去，我们也正在做的过程当中。

给大家展示一下，这是我们的合作商，也是中国文化和旅游研究院重要的智囊和合作者——联通大数据——他们正在做的平台。他们做了很多这样的工作。他们会把自己的工作集成在一起，通过关键数据进行处理、进行数据提取，再应用到很多大平台里面，他们的大平台。大家经常在讲文旅融合，其实旅游这个行业跟政府所有的部门几乎都能扯上关系，都能融合在一起。简单举个例子，公安跟消防和整个商业是不是能够嫁接在一起。所以我觉得未来文旅发展潜力不光应该集中在文化和旅游两个行业和两个产业领域，而应该是以这两个行业为核心，吸纳和吸收其他整个产业生态，把它附加在上面，把它吸引过来，这才是未来发展的大方向。

从决策到行动。不是不能考虑技术层面的问题，而是要优先考虑应用层面的技术，应用决定技术，而不是技术决定应用。现在很多政府部门、很多产业领导把这个搞反了，总觉得技术决定应用，其实这是错的，应该是应用决定技术。我们要用到哪些技术，我们要用到什么技术，我们再把它开发好、发挥好，这样以应用为导向的产业开发才是未来发展的一个正确的路径。另外景区发展应该根据大数据决策，可以为游客制定更个性化的路径，可以开发出更好的产品，前面几位专家已经讲到了，不多说了。

从行动到评估。现在每年会发布很多景区、旅游城市、旅游度假区的发展，包括刚才李教授发布的创新创业数据。我们学校还有很多研究机构和智囊，会每年发布各式各样的报告。这些报告很多都是基于大数据平台来的，都是把用户大数据系统进行生成、研究和报告。

另外就是评估方法。我们每年把这些系统、这些数据生成上来过后，有一套科学的体系，有一套科学的严谨指标，对它进行细化、进行生成，然后做综合评估，再来发布这些比如说中国景区发展实力报告、每年发展的这种景气指数、竞争力的指标等，一系列都是通过大数据平台。

从评估到更好的实现。我们研究院的宗旨是服务国家的政策，另外，制定很多实用性产业指导意见和建议，所以我们始终坚持一个原则：应用是第一，一定要把它应用于实际，一定要落地。不然的话，只能是墙上挂的规划，或者是展示给领导的成果展示，我们不会做这样的工作，而且我们也是严厉批判这个模式。

来看一下未来5G时代文旅产业的发展。大家有可能经常听到5G，但还不知道5G这个词是什么意思，5G简单来说是第五代移动通信技术。我们现在用的手机很多都是3G或者是4G，更多是4G，大家可能无法想象5G时代会带来哪些新的突破。很多人讲，可能就是上网速度快一点，其实不然。大致有三个方面：第一是大流量移动宽带场景应用，比如说3D高清视频AR和VR，只是利用现场拍摄视频经过后期制作而成，但是更好的应用是结合大数据和5G的平台后期制作完成的产品；第二是大规模物联网场景，比如说智慧景区、智慧城市的一些应用；第三是高可靠和低延时场景的应用。

未来5G将进一步提升文旅大数据的广度和精度，尤其是景区内容的推荐和游客评价、产品叠加闭环产生过程当中，未来5G会产生很重要的影响。同时5G技术或者大数据时代到来的话，会优化游客体验甚至能够实现游客自主创造制作内容。现在有很多定制化旅游公司，今天也来了几家，都是业界非常有名的。未来定制化旅游，未来跟5G时代结合的定制化旅游或者未来旅游市场是怎么样的？它更多会把技术成分应用到里面去，更多体现旅游者主观能动性在里面，所以这是未来很大的一个突破在里面。5G将助力实现全面智慧化管理，现在很多管理仅仅停留在数据展示层面，很少在管理层面。

未来5G时代，绝对是未来可以期许的时代。同时旅游和文化融合过后，文旅产业也是一个非常值得期许的时代。希望跟大家一起拥抱时代，拥抱大数据，谢谢！

主持人：下面有请北京服装学院艺术设计学院副教授、石城子村项目牵头人金岩。演讲的题目是《“设计改变乡村”高校扶贫新模式探索》，掌声有请。

金岩：大家好，感谢组委会和张会长的邀请，让我作为艺术院校的设计老师有机会分享一下，我们在做高校扶贫探索中的一些心得。

我们学校的设计学科是北京市一流学科，去年评为北京市设计学科第一名。所以我们有机会作为高校团队，从2011年开始就参与了一些设计扶贫项目。第一个是为陕西农村做的、跟央美一起合作的高校扶贫项目，第二个是井庄镇镇政府委托我们做的扶贫项目，第三个是中关村智慧学会会长委托我们做的国家重点扶贫村的项目，第四个和第五个都是北京市给我们学校的定点扶贫项目。我今天重点讲一下我们团队主要做的这三个项目的一些心得，有很多经验和教训可以交流。

这是这些项目参加刚刚结束的北京市举办的国际设计院校教学文献展览，下面是参与土地关怀板块，这是我们2015年做的第一个项目。我们在接触项目的时候发现很多乡村都有旅游开发的想法，但是受制于政策、资金或者是方方面面的约束，他们没有办法自己去开发。因为服装学院设计学科有很多艺术项目，比如说环境设计、数字媒体、摄影雕塑等专业，跨专业合作是这次高校扶贫设计的一个模式。

这是北地村基本情况。我们去的时候，村长已经把他们家的房子拆了重建，他们想做民宿。我们后来给他做了一个北地村36号院开发研讨会，帮他请了各行业的专家，给他做一些策划和定位。他们想做民宿，我们就按照他们的想法做了一些民宿改造设计。做了旅游接待站和公共活动中心，帮助旅游者吃饭。然后我们的设计专业的老师和学生帮他们做了LOGO和一系列产品设计，包括农产品的包装设计。我们的数字媒体专业的老师和学生给他们做了旅游公众号的设计，可以直接去点击订房、买农产品。这是一个毕业设计的展览，当时得到了北京市电视台的采访和报道。这是五年前做的设计。现在想起来对我们的学生在大学四年能得到非常接地气的实践锻炼是非常有好处的。但是对于乡村乡建，包括今天听会的专家讲到的政策和大的背景、市场背景，它不是设计专业能够解决的问题，包括策划、产业运营、管理、资金、政策等。

第二个项目就是石城子村规划设计和跨境电商合作，这是张会长介绍我们做的一个扶贫项目。这个项目是在秦皇岛满族自治县，是一个国家级的重点贫困村，他们也想发展旅游带动村民致富。当时是五个专业的师生大概一百多人参与了项目，运行有三年的时间，相对来说做得比较完整。从北地村项目得到很多教训，单纯给它做民宿不一定能存活，所以我们想这个项目不要再做民宿了。为什么要去那个村子？他们村子既没有旅游资源又没有好的环境，也没有文化和产业，所以后来做了整体规划策略定位。

这是最后做的课程展览。这些可爱的村民，他们都来参加了。当时有很多媒体记者还有投资商和投资人来看展览。他们现在仍受益于这个展览，他们的产品已经推到国家或者国际营销平台上，一些投资商在这个展览之后跟他们进行接洽和后面的落地。

这是石城子村整体规划构思。我们在这里更多地考虑到他们有一些文化定位，有一些产业生态的融合，这样一个农庄经济，包括创意建筑，还有环境整治。首先是栗子农庄的发展。因为石城子村栗子得到很多国家金奖，怎样把栗子推向市场、推向旅游生产联合的方式，我们规划了栗子农庄设计。石城子村是满族村落，他们有 90% 的农民都是满族人，虽然他们村子的现状没有任何满族特色，但是我们希望把民族文化和未来旅游结合起来，更好地促进文化定位。石城子村本身不是一个古村落，它的建筑没有任何特色，和中国大部分贫困山区的建筑没有区别，所以我们在这里面挖掘不了太多的文化遗产的东西。比如有一个非常长的七公里的泄洪沟，我们在这里从现代公共艺术的角度，做了非常时尚的节点，我们希望能够激活乡村的现代气息和活力，包括我们也做了曲面屋面，和山峦结合，包括它的石材与当地结合，这是民宿，这是公交车站，公共卫生间是围绕大树构思，每一个设计都是体现当地地域文化，包括一些入口节点的小设计、公共交往空间的设计、道路的拓宽设计。原来有一个垃圾站，虽然现在废弃了，我们在上面做了一些小的交往空间，因为地理位置很好。包括桥，村民都喜欢在桥上待着，但是他们没有地方坐，我们在这个桥上有一些小细节的设计。

因为我们学校是艺术院校，所以我们做了跨专业的联合设计。联合了视觉传达专业，针对石城子村的板栗梳理出九类不同的板栗农产品，对于打造栗子的项目设计了木偶系列、动漫和各类衍生品，等等，这里面不细说了，大家看一下图片。又做栗子酒，我们还包括注册了一个“石也香”品牌，现在正式投入市场了。数字媒体专业做了旅游公众号的开发，卖产品需要这些。在纺织品方面，因为是满族村落，我们做了很多满族布衣和室内软装的设计，这个也获得了很多国际大奖。摄影专业拍了村民摄影形象，在展览中起到非常好的效果。村民也去了，非常有感染力，对于村子的宣传很有效果。这是公共艺术专业的学生，他们在一些节点上做了一些公共艺术的雕塑，让人感觉村子很有活力。最后做了设计展览，通过这个展览，他们的产品“走出去”了，他们的设计受当地政府关注度更高了，因为媒体有很多的报道，所以他们的关注度很高。

石城子村还做了开发策略和品牌营销论坛，也请了各行各业的专家深入探讨，包括产品的推广和品牌发布会——“石也香”品牌。当地政府人员和农民、讲师、各行各业的专家，当时做了这样一个发布会的启动工作。

现在正在做的是北京怀柔西栅子村，这是北京市给我们学校的定点扶贫项目，从今年 4 月份开始做的。这个项目我们没有采用石城子村的模式，换了种模式，因为我们是和意大利的米兰设计学院生态景观学教授一起联合做设计工作坊。这位教授是做乡村遗产保护的，他希望我们在做乡村的时候不要只追求旅游的市场或者是利润这些东西，他更希望我们能够做到遗产保护和活化利用。

这是成立工作坊的目的，以可持续的方式学习乡村的过去，为未来生活做准备，为中国乡村提供新的视角，保护和加强乡村遗产。研究方法有三部分：第一部分是乡村阅读，

目的是了解和认识乡村地区景观特征。第二部分是将乡村作为一个遗产，目的是研究乡村景观中的文化遗产和景观演变。第三部分是乡村文化和遗产改善，目的是乡村遗产如何活化和传承。我觉得它更适合设计院校的老师带领学生团队参与到乡建中，做一些事情。这是在课堂上和西栅子村进行现场教学。相比于国内乡村单纯旅游开发的出发点，欧洲乡村设计最大化是保存乡野的景观生态环境和发展高品质的乡村产业。工作坊在了解了意大利乡村规划历史政策以及欧洲乡村文化历史景观遗产保护和设计方法的基础之上，针对西栅子村进行适合中国的乡村遗产保护和开发定位。

这是工作坊做的一些设计图。从总体调研分析以及宏观规划布局开始，学生分组从旧建筑保护、非物质文化遗产（荆编）等文化景观遗产进行传承设计；适合西栅子村的旅游开发线路设计；西栅子村产业园区规划；乡村公共空间以及旧建筑改造法则、新建筑营造等五个方面进行村落整体到具体的设计规划。举个例子，比如说这部分是旧建筑存在比较老的，我们会对老建筑进行剖析，在材料、结构、建筑的功能、院落、景观等部分进行分解。然后我们去了解老的建筑、老的构成是什么样子，我们在现在的建设中怎样去使用和传承老的东西。这样的话每个村落才会不一样，不会脱离开本地化的东西做全新的设计。这是制定的建筑法则。我们会把建筑整体的形态，包括色彩、材料、高度、结构、尺度、体量等方面，做一个表格法则。未来这个村子如有新建的建筑，都要在这个法则之下进行建造因为我们的乡村还是要延续乡村遗产各个方面的特色。

因为时间关系就讲到这里，谢谢大家！

主持人：有请6人游旅行网创始人贾建强，演讲的题目是《互联网赋能旅游消费升级》，掌声有请。

贾建强：非常感谢张会长的邀请。从第一届就开始参加高峰论坛。我可能跟前面讲的不一样，因为我自己是做企业的，是从实践过程中收集一些经验，也希望通过一些分享对大家有所帮助。

6人游本身是做中高端定制旅游服务的公司。我们为什么今天讲叫作旅游消费升级，主要是因为我们整个服务品类帮助旅游行业从原来跟团游、自助游升级到中高端的定制旅行服务，这是我们在旅游消费升级上的实践；另外一个角度叫作互联网赋能。为什么叫互联网赋能？我本人是做互联网出身的，我早年在360工作过很长时间，希望通过互联网能够跟产业更好融合，帮助产业提高效率提高品质，所以才拥有了在“互联网+”或者是定制旅游品类上面的一个实践。所以今天主要围绕互联网在旅游消费升级上和大家进行一些分享。

看看什么叫作旅游消费升级。大家一直在讲社会的红利、社会发展的变革，其实每一代企业家、每一代企业都是在经历着社会发展红利带来的高速成长。在20世纪70年代，那时候的红利是什么？是改革开放的红利。很多人下海经商，出现了第一代优秀企业家，所以我们说改革开放的红利带来了更多发展。再后来到了中国人口发展红利，你只要做制造，你只要做商品，人口发展的红利自然会带来很多企业增长。到了20世纪90年代，1994年之后，出现了中国互联网发展红利，出现了新浪、搜狐、百度这样一些互联网公司，出现了新一批优秀的企业家。然后伴随着互联网发展的红利以及2006年、2007年出现了智能手机的发展红利，也就是移动互联网的发展，出现了今日头条、微信等这些内容。

同样，随着社会进一步的发展，最近在整个主题讲的是什么？中国的消费升级红利。什么叫消费升级？要充分去理解消费升级背后的诉求。我认为这不是国家提出来的伪概念，而是沿着真正的中国老百姓的生活需求而提出来的。我们讲消费升级，消费升级的背后是什么？是所有的企业要做的事情，叫作供给侧改革。因为有了消费侧或者需求侧升级的需求，所以才有了在供给侧上的一些升级，不管是超市、零售、商品、品牌、服务，都在围绕这个方式在变化。

所以我们讲，首先看消费升级背后的原因：第一是中国消费者人口结构变化带来了消费升级的变化。从1950年到2050年，中国人口结构是怎么一个趋势，从年龄角度看，最开始这样一个年龄结构到2050年中国人口结构发生了巨大的变化，开始变成一个柱状形结构。不同年代出生的人他们的历史背景、接受的文化教育背景不同，决定了消费理念的不同。在中国消费多元化的时代，有很多人说，旅游行业未来到底是跟团游、自由行，还是私人定制旅行？我认为在很长一段时间里，可能是多元化发展过程，因为大家的背景不同，消费理念不同。如果是50岁到60岁左右的中老年，他们在消费上不一样的地方在于什么？他们的消费理念是性价比。他们对旅游更多是观光是打卡，观光式旅游追求就是性价比。他们在消费理念上不太提倡一定是做公共餐，一定住五星级酒店，他不需要这个。他可能认为我坐火车坐一晚上到这个地方也可以，然后住三星级酒店，吃的时候吃一碗泡面就可以了。剩下的事情是什么？拍照、打卡、买东西，这是老年人的生活消费方式。

到了20世纪80年代出生的这些人，这些人的特点是什么？作为20世纪80年代出生的我们，大家有个特点是什么？我们可能还是在为工作奔波，在劳碌，更多是把精力和时间投入到了工作中。于是在旅游消费上就跟前面的旅游消费不一样，我们更多消费观是为了家人、是为了自己休息。所以这代人更多是叫作度假式旅行，也叫休闲式旅行，度假的模式。

进一步来讲，“90后”和“00后”的消费观是什么？我昨天还在跟经济观察报的记者聊这个问题。“90后”到“00后”他们接受的教育跟我们又不一样，他们没有生活压力。可能不像“70后”“80后”，首先解决的问题是温饱，是生存，是更好的生活，在北京买房买车。“90后”不一样，他们的父母辈已经帮他们解决生活上的问题，那他们的消费理念是什么？在更短时间内享受更好的日常。他们对工作态度不一样，对消费态度不一样。我们做企业，招收的“80后”“90后”“00后”有什么不一样？我觉得“90后”和“00后”不太好管，为什么？一不高兴就不干了，其实这就是不同年龄的人消费方式不一样，消费理念不一样。对于30岁到45岁之间的人，他们的消费方式相对来讲是在自己理智上，我需要花什么样的钱买到什么样的东西享受到什么样的体验。“90后”可能是预支式消费。在我们的用户里面，“90后”消费刷信用卡的人占70%，为什么？他要提前消费，他不在意，所以他可以用信用卡的方式先消费，享受一个好品质的服务，再去还卡，所以理念是不同的。

消费结构的变化决定了大家在消费内容上不一样，所以当35岁到55岁中产阶级家庭进入到消费中坚力量的时候，伴随着什么？消费升级。这是消费者结构的变化，再看消费者需求的变化。当中产阶级真正崛起的时候，当40岁左右“80后”的人成为真正消费主流的时候，大家消费变了。大家追求的不再是观光打卡，而是休闲式度假、深入式体验，从原来的大巴团、购物团，变成了小包团、定制团、竞品团，这就是整个休闲旅游服务升

级和变化。从原来的价格低、行程满，到价格透明化、行程个性化、服务标准化，这就是我们说的整个休闲旅游服务的升级和变化。于是在这样一个变化情况下，就需要公司给它提供类似的服务。

在旅游消费升级上，旅游消费者真正的趋势是什么？趋势里面有几个非常重要的特征。第一个特征叫作从价格导向变成品质导向。不仅为了省钱，我要的是品质，因为时间比钱变得更重要，这是现在消费者理念的最大变化。我一年就这么多假期，我能陪孩子的时间就这十几天，那我就希望在这十几天里享受好品质的服务，而不仅仅是能省多少钱就省多少钱，三百块钱都是难，现在这个趋势越来越不存在了。中国旅游管理部门这几年下了非常非常大的功夫在整治低价游、零付团队，所以在云南大量的旅行社都被取缔了，其实是什么？是消费者需求的变化带来了在品质上的提升。

第二个特征叫作产品导向变成需求导向。产品导向变成需求导向在于供给结构的变化。原来是产品不多，想报团都得挤破脑袋去抢名额；现在是大家的选择非常多，时间非常分散，在选择上越来越多样化，越来越多样化就变成公司在迎合消费者的需求，我在努力地去满足你的需求。所以我们讲，从原来卖货的概念，变成帮用户提供需求解决方案。

第三个特征我认为叫作面子导向到实用导向。以前出国旅游为了是拍照发朋友圈让别人看到，现在不一样了，现在出国旅游就是为了自己的精神享受，陪自己家人的一段美好时光。从买面子到买实用导向。除了旅游之外，有很多消费品在最近两三年之内，比如奢侈品市场在缩小，为什么？因为大家不再为那个品牌买单，大家为的是这个东西真的好。所以最近有一个理论说，在中国，我们新的制造业、我们新的商品都值得被重新做一遍。可能外来的东西不再被消费者所接受了，比如说从中国买了个东西，在国外包装了一下，到中国来卖了以前十倍的价格，中国原来有钱人就会买这个东西。但是现在不一样了，现在更多的时候是看在中国制造里面有没有更高品质的好东西、实用的新品牌，消费者在不断地接受。这是一个中国品牌回归的时代，这是一个中国制造崛起的时代，这是一个中国服务越来越被接受的时代。大家不再是为面子，而是为实用，这是实实在在的消费升级。所以消费升级真的贵就好吗？不是。消费升级无非是满足我的品质，满足我的需求。所以我们要在这个角度上去深刻地看什么叫作消费升级。像我们前面讲的中国的民宿这些资源一样，我们没有办法做得很奢华，我们更多的是在实用上和体验上做改造。我们让它满足了中国消费者的需求，我们把它做成了老百姓所需要的、富含中国文化和中国乡村特色内容的时候，更多在这个角度接受。你不能卖一个一晚上需要五千块钱的房子，一晚上可能一千就需要了，但也不是我们原来一百块钱的农家院，这就是消费需求上的变化。

刚才讲到，消费需求变化，供给侧就要发生改革，因为有了需求的变化，所以就需要有供给。在这个时候就是谁能抓住未来的需求变化，谁就能提前做好供给上的升级。就像我们刚刚说的高端民宿一样，因为有了需求侧对周边游、对郊区、对小镇所有需求上升级的需求，我能消费得起在周边花一万块钱住宿的时候，就有人要去做民宿了。所以这时候民宿就需要高端，就需要做真正符合品质化要求的内容。在旅游上也一样，因为有了大家在旅游上更个性化、更品质化的要求，所以在供给上有专门的公司提供符合他们需求的内容。我们见到很多家庭是不愿意跟团游，二三十人出去游大街然后十天玩欧洲五个国家的方式，实在体验不好。但是我也没有能力去花很长时间把行程、攻略、机票、酒店、签证之类的都弄好，到了目的地还是觉得安全性差别很大。这时候有没有一家公司提供这样的服务？因为有了需求上的升级，所以才有了供给侧的改革，在供给侧需要有企业和公司为这件事情而努力去做。在供给侧是什么？变化。从中国的差旅消费市场的消费到休闲旅游消费，从观光式旅游真正的走入到体验式旅游、休闲式旅游的时候，那种变化是什么？首先我们讲旅游行业在从代理商模式走入到服务商模式。在早期，从 1999 年到 2019 年，携程刚过完它二十岁的生日。在过去这二十年的时间里，中国互联网所改造的旅游行业都是在商旅消费上帮你获取信息的方式做了一个变化，从传统的线下的票变成互联网 OTA，所以我们说那是一代渠道性公司做的东西，把货通过搬的方式卖到消费者手里，所以是 OTA 模式。新型公司是什么？服务型公司。服务型公司是结合消费者的需求做另类的生产，以更动态的方式打包合适的资源，帮你做全程旅游服务体验。这就是面对中产阶级消费者需要提供的服务模式，所以是从代理商模式走到了服务商模式的变化。

既然在消费升级角度有了这样的需求，我们在供给侧改革有了这样的变化，在这样的变化中，为什么原来传统行业、原来的旅行社没有办法满足消费者的需求？是因为个性化的消费需求在生产环节要付出非常高的成本。大家知道我们是一家做定制旅游的公司。在过去二三十年里，定制化服务都是为有钱人服务的，因为你去一趟欧洲人均需要八万，你去一趟日本人均至少需要两万五，这样的消费不是所有老百姓都可以接受的，只有有钱人和高端企业家才能消费这样的消费模式。

所以我们说，为什么再后来到了 2003 年之后在讲“互联网＋”？“互联网＋”就是要赋能产业，互联网帮助传统制造业、帮助传统企业、帮助传统服务业做升级。什么叫作“互联网＋”？互联网到底给传统行业带来了什么？我从三个方面来解释，互联网赋能传统行业到底带来了什么。

第一，互联网赋能是什么？极致服务体验。这一点其实是很多人所忽视的东西。互联网公司的人做事情跟传统行业做事情有什么不同？不同在于互联网的人更关注消费体验。比如说就像做一个网站，我会十分考虑这个网站打开需要多长时间，几毫秒可以加载完成，LOGO 应该放在左边还是右边，我每个线条应该什么颜色，当你鼠标点下去应不应该变色，应不应该有链接，应不应该让你感受体验最好。当你安装一个免费软件的时候，我都要考虑这个软件你用得好不好，我不考虑你有没有给我招钱，我只考虑你用得好不好，这就是互联网带来的第一种东西，叫作极致的体验。所以我们说互联网在做产品的时候，首先不是考虑赚多少钱，首先考虑的是用户使用得好不好。因为只有在用户好的时候才能赚到钱。所以你知道互联网最早期提供的都是什么？叫作免费服务。你看互联网不管是搜索引擎还是网页、新闻内容，都是免费的。它首先考虑的是用户体验，不能是因为花钱才可以提供新闻，而是你看了我的新闻，我再想办法赚钱。这就是我们说互联网赋能的第一个点，给了我们传统行业、传统服务业一个极致服务体验上的思考。互联网强调的是极致服务体验，大家在所有细节里面可以做到的是，三五好友、一个家庭在世界各地有完全属于自己的旅游感受，有完全属于自己特别美好的假期，这就是互联网要带来的，而不是完成打卡就可以。其实在中间有很多的细节，比如说什么地方拍照是合适的，在什么地方体验的内容是非常有收获的，这是我们希望给消费者带来的。然后消费者回来之后，他可以在朋友圈和很多地方来分享，我觉得这个旅行特别好。一个公司成长靠什么？靠你极致的服务体验带来的用户口碑，带来的用户的相互转介绍。我们说一个服务公司核心是什么？把体验做好，用户就会不断地在你这儿消费。所以在休闲旅游这个品类里面，想要无限时

间地生存下去，最重要的一点就是把你最核心的东西——服务做好。一旦服务做好了，就会永远在这个市场里面立于不败之地。为什么？因为消费者在催着你自己前进。所以我们6人游做到现在，消费者跨年复购率超过70%。一旦消费者接受了这种定制模式，基本上就是未来所有旅游方式都是以定制为导向来去做服务。所以我们讲第一个其实是整个服务体验上的变化。

第二，互联网赋能是什么？渠道升级。渠道升级就是你的获客方式发生了变化。如果在这个时候还有人说我应该去线下开一家门店，我应该在传统行业里面找更多的分销渠道，你会发现这些事情不再发生作用了，为什么？互联网打通了人与人之间的关系，所有的代理商模式、批发商模式都在被替代，被替代的原因是什么？因为人和人之间连接的速度变快了，原来靠信息不对称去搬砖的工作价值越来越没有了。人不仅可以买到中国的东西，还可以买到国外的东西，可以买到所有东西的时候，就叫作去中心化，去中心化的特点就是渠道升级。互联网让一个服务和品牌可以在第一时间触达到你想要触达的人，所以我们讲渠道升级的变化带来了整个行业结构变化。

旅行社最早期怎么工作？一个旅行社的门店是怎么卖货的，卖货方式是什么？要找同业，找同业就是组团社、门店。所以原来有北青旅、神州国旅等这样的好多好多旅行社门店在前面，都是在干吗？都是在卖批发商的产品，这是传统线下渠道去卖货的概念。当然后来出现了途牛、携程等的OTA，概念是一样的，平台收客人，这是我们说在原来的门店式的销售到了端对端，消费者可以直接触达到服务人员。通过微信个性化的媒体，再通过App，第一时间找到你想要的人，让用户在第一时间接收到服务，这是非常重要的。但是这样一个网状结构是非常难实现个性化定制的，为什么？因为全都是由渠道在传递消费者需求。我有三个人要去欧洲，到门店说三个人去欧洲，门店的说不好意思我们不会，为什么？因为门店不具备，但是门店也不会把客人交给上游。那你订个团好了。一旦他要去完成整个定制消费，门店首先接受你的需求，然后找组团社，再交给批发商，再交给地接社，你会发现整个链条下来效率是极低的。我们讲端对端的服务是什么？其实是渠道的升级，让消费者在第一时间里面找到你。当然对于一个公司来讲，也在第一时间找到你的消费者。我们一直讲，互联网的核心是什么？互联网的核心是效率，效率里面，你能不能在第一时间找到消费者。所以我们讲我们作为一家定制旅游服务公司，首先给用户做画像，用户到底长什么样子？一定不要想着所有的人都是你的消费者，在中国14亿人口，不可能所有人都会消费你，你要做的就是在茫茫人海中找到那几个属于你的目标人群，把他们服务好。需要的是什么？需要互联网大数据，需要研究刚才说的到底什么样的人需要品质化服务。我们对用户进行画像分析，发现我们的用户年龄大概是什么层次，位于一线城市还是二线城市，家里的房子大概是多少钱一平方米，使用的手机到底是哪个型号的，平时最喜欢看什么内容等，于是在茫茫的互联网中把这些人挑出来，挑出来之后通过营销方法做好服务。这就是互联网的手段，让你在第一时间用最高效的方式给到消费者，然后给他服务好。一年服务一万个家庭，按照一个家庭一年旅游消费十万元那就是十亿元。一年服务十万个家庭，一年就是一百亿元，一百亿就是中国一家非常非常高级的上市公司旅行社体量。在中国如此分散的休闲旅游市场里面，非常容易找到你的目标人群，所以是从传统分销渠道变成网络大数据直接面对用户的这种潜在用户消费模式。

第三，技术提升效率。如何用互联网的技术帮助你提高生产效率？刚才讲到互联网改变了什么？改变了人和人之间连接的速度，让服务商、制造商第一时间了解用户的需求。但是人力也随之变得越来越贵，从十年前一个月拿到三千块钱工资觉得蛮好的，到现在一个月拿两万块钱工资都觉得蛮低的。人力变贵之后需要什么？需要用技术提高生产效率，让一个人在一段时间内干十个人干的活。靠什么？靠互联网。所以我们最近在讲 SAAS，在讲企业服务，这些东西是帮助各个行业去提高效率的，让每个人的人均产能提高，所以才有了技术赋能产业，技术来提高整个生产效率。

整个服务体系是如何让用户第一时间把需求传递上来，如何在背后通过大数据方式帮用户组合生产形成价格，如何让大家完成在线十万元、二十万元的交易，这是完成整个在线的服务链条。所以我们不需要门店，甚至不需要分公司，有一个定制服务中心就可以面对全国所有的客人做服务，永远都是用这种非常快速的方式帮助所有的消费者做生产。也许在传统领域里面一个月做三十万元的交易额不错了，但是在我们这样一个平台上一个月能做到两百万的交易额，为什么？因为它可以借助互联网技术，用最高效的方式去为消费者提供服务，这样的话消费者可以第一时间得到更好的体验。你说三个人想去欧洲，可能传统领域需要一周时间组合各种资源帮你做更多的事情，在我这里三个小时可以把所有事情搞定，靠的是什么？大数据、动态的库存连接，预订所有的流程，这是比较大的变化。

这就是今天给大家分享的，互联网赋能整个旅游消费升级。6 人游我们就希望做一件事情，就是踏踏实实做中国品质旅行服务的践行者，也希望为我们整个的旅行社行业带来很多可参考的东西，真正给大家带来一些启发和有帮助的实践。谢谢大家！

主持人：有请同程商旅 CEO 尹伟，演讲的题目是《始于 TMC 不止于 TMC》。掌声有请。

尹伟：大家下午好。感谢张会长的邀请。第一次参加产学研一体综合型学术会议，之前更多都是参加行业或者领域内的论坛和峰会。今天在座的一部分嘉宾来自旅游行业，一部分来自地产行业，对 TMC 有真正意义上的理解的可能不是很多，或者估计没有。所以对于行业内一些太专业的东西，今天不适合讲太多。张会长给了我一个任务，更多跟大家分享一下干货。

其实我还是有一个困惑，在座做地产和旅游的，听了前面所有介绍以后，他们到底给我们赋能了什么？我们到底要干什么？互联网也好，大数据也好。我来自同程艺龙，过去十年在携程，目前是在同程艺龙，这两家公司都是国家最大的 OTA，第一大和第二大。所有这些大数据，首先是基于流量基于用户的使用，流量、大数据全部集中在大的 OTA 手里，我们这些传统旅行社甚至地产商，到底怎么用到它，谁给我们？刚才前面几位老师和教授在分享，他们在学术前沿或者在研究创新方面走得更靠前一些，但是怎么拿回来给大家用，这可能是我的一个问号。这里不再更多耽误时间，还是跟大家分享一下中国商旅行业。

地产也好，旅游也好，大家更多的是看到 C 端的市场。在国内来讲，商旅行业实际上是真正的最早进入到企业级服务市场的服务领域，旅游里面的一个细分领域，从 2006 年开始的。携程商旅实际上是从 2006 年进入这个市场；同程商旅是去年，我本人加入到同程艺龙团队以后，我们开始进入到中国商旅市场。为什么进入中国商旅市场？大家可以看到其实从投资的角度，近两年来越来越多的投资机构关注到企业级服务，而中国互联网行业最早进入到企业级服务的，严格意义上讲，只有携程商旅在 13 年前做商旅服务的这支

团队，才是既有互联网思维，又在做企业服务的。今天我们看到包括滴滴也好，腾讯也好，阿里也好，京东也好，全部往企业级市场做摸索和各种尝试，基于什么？基于大家对企业级市场的认可，真正从消费互联网转型到产业互联网，产业互联网实际上就是企业级消费里面的一个升级表现。

为什么我们要进入到中国商旅市场？这个数据是2018年的，3500亿元，这是人民币，中国商旅市场的数据。实际上这个是中国TMC从业者，也就是大家经过十几年中国商旅市场发展，整个判断下来，中国商旅市场归类，做一个统计，大概是这样一个规模。但实际上，美国的GDP给出的数据是多少？3100亿美元。这个3100亿美元大概什么概念？大家可以看到3100亿美元和中国3500亿元相比，可能是1/7或者是1/6。这里面有什么问题？我们所统计的3500亿元，是基于TMC商旅管理服务商，也就是在过往十几年里面能够帮助企业管理到的产线，比如说机票、酒店、火车票，这些是在过往传统TMC里面能够管理到的。3100亿美元统计维度是从财务口径统计维度。在座所有各位，不管是做旅游还是地产，首先坐在这里有一个社会身份，你属于某一个组织，你属于你所在的企业，你属于这个组织的同时你就是我的服务对象，所以这就是企业市场和C端市场之间的区别。所有的差旅行为回来以后到企业去报销的时候，我们会有两类的财务品类，一类是费用报销，一类是差旅报销。只要跟差旅相关，包括差旅补助，包括在异地产生的小交通，包括在当地差旅过程中可能产生的市场费用或招待费用等，可能都会归结到差旅费用报销品类里面。所以3100亿美元的概念，就是从财务口径统计的维度。

其一，这个市场后面是一个什么趋势呢？从2006年到2019年，中国的差旅市场就是这么几个格局。一个是携程，目前是全国一家独大的。同程艺龙开始进入到商旅品类。然后民营TMC基本上就是几类，民营TMC包括外资TMC，什么AMS、CIPPCD，但是这些可能对于大家来讲相对比较陌生，主要是针对企业级服务领域，不是在这个C端业务上面。整个市场的环境是什么样的？首先从两个维度来看，看世界和看中国。看世界的话，中国的差旅已经在2018年超过了美国成为了全球最大，但是里面有一个区别就是什么？美国有4.5亿人，我们在人口上就是它的三倍以上。我们中国的市场空间还有多大？应该要大得多。

其二，还有一组数据。中国民航总局给了一组数据，大家能不能想象14亿人里面，至今未止没有坐过飞机的人有多少？有10亿人根本没有坐过飞机。中国14亿人里面，有12.5亿人根本没有护照。这可能是让在场一部分旅游从业者比较欣喜的数据，旅游的这个市场依然是非常阳光的，是一片蓝海。但里面有一个问题，前面已经有专家讲到了，旅游从业不要再指望政策。但是我觉得旅游也好，商旅也好，企业的出行也好，C端的出行也好，指望不上政策，至少还能指望经济，经济一定要好。不然的话，那10亿人什么时候坐飞机还是不知道，12.5亿人什么时候飞出国你还是不知道。

从资本市场来看，在美国上市公司里边，整个纳斯达克总市值里面一半市值来源于企业级服务市场；而中国百分之百的市值在C端，互联网的市值都在C端，阿里、京东、淘宝全部都在C端。我们现在看不到哪一家企业级的服务平台能够站在资本市场上说是市值体量超大的规模，没有。另外，在欧美的TMC市场，集中度达40%。但是在中国，即使是我刚刚说的3500亿元，中国的集中度也不到10%，依然是很分散的在一些传统旅行社，或者传统的大旅，或者很分散的在OTA平台上进行分散采购。这是从中国这个角度看到的现状。企业级市场这一块，大家不是很关心，这是我们这个领域的研究和看得比较多的一点。

中国企业发展的阶段包括管理水平，现在属于提升阶段，尤其是经济“寒冬”，大家企业内部对于这种精细化管理、管理水平提升、开源节流各方面的要求都会更加强烈。一个是管理水平提升，一个是精细化管理，一个办公自动化。很多民营企业、国企、央企，在过去日子好过的时候，忽略了管理提升的需求。现在，办公自动化包括移动办公、效率提升等这些提上日程。包括中央政策、国八条之后，越来越多的大型国企进行集约化的集中采购和集中管控。包括人性化管理。对于企业员工核心化管理，员工体验、员工幸福感的提升要求，基于环境影响成本控制，员工效率提升，办公系多，这是任何企业现阶段发展特点。

从行业来看，中国商旅市场3500 亿元，商旅财务维度统计 3100 亿美元，差距在哪里？大家已经意识到了。刚刚我提到的，比如说之前的 TMC 商旅管理，我们只能解决各位出行过程当中的机票、酒店、火车票，因为这些可以集中采购集中结算。小交通比如说出行等，TMC 涉及不到，管控不到这个位置。但是随着细分领域的发展，随着大型互联网向 2B 市场的转移和重心的投入，我们现在发现滴滴进入了企业级市场，至少在小交通出行方面你的问题解决了。阿里下面的饿了么进入企业级市场，在订餐用餐包括商务招待，餐的问题解决了。所以和企业商旅费用相关的越来越多的品类加进来。大家可以算笔账，3500 亿美元，再加上大家知道的小交通出行。中国市场每天员工市内差旅，打个车，或者是出差过程当中打车报销，这个市场多大？艾瑞上个月一份白皮书和滴滴一起搞的，2500亿元，比差旅的机票加酒店也没有小很多。所以 3500 亿元加 2500 亿元，再加上饿了么满足企业日常招待以后所有这部分费用，中国目前在 TMC，差旅能够管控范围内资本费用已经超过了一万亿。

所以这就是一个什么话题？融合，整个市场的融合。下午也有专家讲到关键词跨界融合，其实在中国 TMC 行业里面已经喊了很久很久。我们判断未来几年，中国一定会出现一两家大型大体量企业级服务平台，就像今天的阿里、腾讯、京东。阿里、腾讯、京东的企业基因能不能发展出去，这里面我觉得很重要的一点还是要有企业级的基因，互联网的基因和 2B 的基因有所结合，两者完美结合，才是未来的机会。

要真正理解企业到底要什么，基于我在商旅行业里面十几年的一个经验，作为商旅行业里面的一名老兵，我们总结下来：第一，企业可能越来越多的需要统一的操作系统、统一可执行的政策、丰富可选择的产品、专属可定制的服务、灵活便捷的结算功能、准确专业的数据分析、安全可靠的企业商旅信息，这几个维度一定是企业必备的服务条件。同样，反过来就对从业者提出了什么样的要求。至少要具备什么才是专业的 TMC？要有独立自主的系统研发能力，要有技术团队。第二，要有产品的整合能力，要有专门的产品团队。我们要满足企业用户出行，比如说机票、酒店、火车票、用车等一系列产品，包括保险，包括旅游，只要是跟 2B 业务相关的这些产品的整合能力。第三，要资金能力，多元化资金解决方案，有自有资金、第三方资金、各种支付方式等。第四，有专业服务团队，能够满足到企业客户不同的出行需求，然后带来员工幸福感满意度提升所需要的个性化服务、落地的服务。所有的这些条件都具备的情况下，缺一不可的情况下，我们认为它是中国专业的 TMC 模式。

同程商旅，在核心竞争力方面，一直在思考，通过大数据比较前沿的研发和科研，到底能够给大家赋能什么？今天在这里，我可以负责任地讲，同程商旅至少在系统方面、在产品方面、在服务方面，如果是接下来比如说有兴趣的旅行社伙伴，愿意在你们所在的区域，比如说我们所触及不到的城市和区域，有志于进入到中国的商旅服务行业，或者是本地的企业级服务行业，至少在产品服务和系统方面，我们可以尝试为大家做一些赋能。

最后准备了两个问题。第一个问题，TMC 的发展有没有边界？这个问题已经有答案了。中国的差旅从 13 年前发展至今，中国的 TMC 我觉得就是回答你刚才那个问题，跨界融合的过程。我们会越来越多地去整合产品，其实包括系统上的整合。刚才只是简单地看到了，我以前提供机票、酒店、火车票，后面有了滴滴的企业版，有了饿了么的企业版，后面把小交通整合进来，把用餐整合进来。还有没有机会？其实在企业级服务里面，我们提到了系统和功能的赋能，TMC 的行业会越来越多。除了产品整合方面，还包括系统功能方面的整合，比如说费控的整合，比如说 OA 的整合，比如说企业包括系统的整合。其实上下游都有整合空间，而这种整合空间并不违背 TMC 发展规律，因为在中国一切都是有特色的。

所以这是我们规划的，在企业级出行服务里面，未来的一个生态模型，它也应该是一个更加融合、更加便捷的出行平台。融合不代表做一个一个链接，未来的趋势，移动互联网的趋势，一定是每个人手机里面的 App 越来越少。App 越来越少不代表做简单的链接。所谓的跨界，所谓的融合，跨界融合真正的门槛在哪里？不是说每一个人有自己的壁垒，没有开放的心态，不愿意跟大家合作，真正的壁垒在于用户体验，真正的壁垒在于怎么样把 App 做少了，还让用得好，让跨界和融合企业边界降到最低。这是出行企业级市场未来的方向。

第二个问题，中国的 TMC 市场有可能国际化吗？首先 TMC 企业，大家知道 2003 年、2004 年的时候，随着中国进入 WTO 之后，逐步地开放，才有了外资的 TMC 进入到中国市场和中国内资传统旅行社进行合资，合资以后进入中国市场从事中国传统 TMC 业务。中国企业有没有机会出去？怎么进来的就怎么出去。原则是什么？所有外资 TMC 至今在中国市场仍然服务于外资企业，它们在海外签署了协议以后的中华区部分服务。中国 TMC 企业什么时候国际化？不是说今天打一面旗帜，拉着一帮兄弟，直接到欧美到那边跟人家抢生意。中国的 TMC 企业一定是民行业的发展，伴随着中国大企业的企业，比如说华为，比如说联想，比如说海尔，它们“走出去”了，我们作为服务商自然跟着出去了。那个时候，中国可能有几家大型互联网模式下平台下企业级服务商，开始随着这些企业需求“走出去”，然后我们开始渗入到海外市场，有可能比今天看到的 C 端对海外的渗透更有效。

这是今天关于企业级出行服务的一点分享。我们的主题就是始于 TMC，不止于 TMC。13 年前中国开始进入到 TMC 服务模式，我们也开始大量教育和宣教，教育市场和教育企业。中国企业不会认为服务是有价值的，我要为服务买单，我要为服务付服务费。我买的机票在哪儿都可以买，我订的机票在哪儿都可以订，但是大家没有意识到服务的价值，具体的价值今天没有时间展开了。随着整个经济环境的变化，整个市场成熟度的发展和环境的变化，整个 TMC 实际上走到今天，至少在北上广这些城市、这些区域内大型企业是成熟的，这种模式是成熟的。未来，基于过去十几年发展至今，基于现在整个环境的变化、互联网的变化、服务能力的变化，我们得出来的结论是什么？未来企业级服务应该是更加跨界、更加聚合、更加融合的品牌，所以始于 TMC，不止于 TMC。谢谢大家。

主持人：有请世纪中润国旅董事长谭从敖，演讲的题目是《有品牌的旅游产品才会有未来》。掌声有请。

谭从敖：因为张会长的会议，我们也是参加了很多届，我们是标准的旅游人，最传统的旅游人。我们这个公司是关注一老一小，旅游“最后一公里”的公司。在我们这个行业里面有先导的服务，有团队的服务，实际上我们的老人、我们的小孩是需要我们服务的。包括我们今天看到二外发表的指数，非常对，传统跟团游是断崖式下降。但是有一句话是这么说的，上帝给你关上一扇门的时候，一定会给你打开一扇窗。刚好我们教育出台了一个文件，十一个部委关于研学旅行的文件。我们前天包括今天，看了有三百多个东莞的孩子在北京做研学。

在十几年探索过程当中，我们做了两个品牌，第一个，是我送爸妈看北京、逛天津，一个是读行北京少年派。实际上刚才那么多专家、教授、学者，给我们讲了很多问题，最后挪到我们头上，记住两个字就行了，什么是品牌？我看过一个定义，品牌是从国外延过来的，追在牛屁股后面找真正的品牌，我的和你的不一样，我就是我，不是别人家的烟火，就是我们对于品牌的定义。我为什么讲这个？下面讲一个真实的故事，GNC 软骨素的故事。我有朋友回来给老人带了药，美国的药，我们从来没有说这个产品很好，但是老人吃完以后就觉得挺好，我们到美国就给他带回来了，这个也是品牌的故事。

大家都说文旅融合。旅游是产品，文化是品牌，文化是灵魂，旅游是题干，这是我对文化旅游的认识，“最后一公里”的认识。我们说做品牌很难，品牌产品是很难的，但是做旅游的品牌产品更难，为什么？我们给人家一张行程单，就跟保险公司那张保险单一样，它是无形的，但是我们消费得快一点，是边消费边生产，你说我的品牌好在哪儿？流程好不好，你感受不到，在消费的时候没有办法量化。我们在做研学和传统旅游时有一个最大的区别就是，传统旅游是说到不做到，研学是说到也要做到。做旅游产品是很难的，用户主导说了很多，我想了想改为初心。我们在做一个产品的时候，当时想做一个我自己的爸爸妈妈、亲戚朋友都可以参加的旅游产品。不是天天在景区里面购物，很多高端人群没有体会到这些低端内容，你说这些不知道，他从来没有经历过。当时我们想，把它升华一下，做天下父母一生一世一次最好的北京游，这就是出行。当这个出行出来的时候，实际上我们的主导就已经出来了，设计产品的时候，围绕这个东西来做，我们的产品已经有基准了。

第二个，产品为王是基石。我们确实需要非常好的产品立足市场，行业竞争是很厉害的。刚才 6 人游的贾总，我们也是它的合作伙伴，我是落地的服务商。在做产品的时候，我们始终坚持一个东西，服务过度不行，因为服务要有价值和价格，价格始终坚持一点点的战略。一点点就是产品比别人好一点点，服务比别人好一点点，价格比别人高一点点，这样的话才不至于在非常的竞争环境里面死掉。

另外是体验，体验至上是关键，刚才提到了极致体验，我们是跟团游。特别在现在情况下，家里的孩子把自己的爸爸妈妈送出来，选择的产品一定是靠谱的产品。靠谱是最好的品质，这个人靠谱，这个产品靠谱。当我们把很多的服务、很多的惊喜带给他的时候，他的体验度更高了。这种体验是一点一滴的，一个一个设计细节。包括有一个爱心手环。全国各地来的 70 多岁的老人，基本上参加我们团队。他不会讲普通话，他丢了，怎么办？

有时候在天安门广场，一找一整天找不着。后来怎么办？发现中央电视台有一个黄手环，是为老年人做的。我们还把他们请过来说怎么解决老年人丢的问题。说一两百块钱你要弄一个手表太贵了，做一个硅胶手环，很好解决这个问题，老人来了就戴这个手环。第一个电话是我的电话，第二个电话是我们总经理的电话。因为我们是最负责任的，半夜三更他打我们的电话，我们就接电话。体验是一点一滴的。包括说的三防保安全。当时南京做旅游行业的知道有一个保险公司，他们专门到北京找到我们公司，他说我们出事率太高了，老年人出去不是磕着就是碰着，然后摔下去骨折，他说怎么办？专门到了松鹤楼，我请你吃饭，你来给我讲一讲怎么弄，我们导游培训都会望闻问切。我们觉得这些东西，包括老年活动一年只有二十多批，但是从 2007 年开始做了十万八千人，这一个产品，这是真实的数据。

口碑，这是一个很痛苦的过程。我们是传统的旅游人，我们不太会宣传。但是一个好的产品众口相颂方为品，一个好的产品一定是高品质的、高品格、高品位。我们可能随便要弄一个形式，大家知道跟团游，我们去购购物，这一年不少的钱就回来了。但是我们一定要控制住欲望，在整个传统行业里面，跟团游依然在很长时间是一个和 6 人游是同时存在的。《中国旅游报》给我们产品专门发了一篇文章，叫《一条线路畅销十年，凭什么》。我们在 2018 年 4 月 18 日接待了全北京第一趟研学旅行专列。我们可以把他们接待得很顺畅，我们就是做“最后一公里”，我们就安排房、餐、车，这是没有问题的，到今年大概接待了有十几趟研学专列。

最后一句话，“最后一公里”的品牌之路实际上很远很远，最后高大上的东西落地到一点点的产品，落地到一顿饭，落地到导演一句话，落地到一个接站牌。我们很感谢会长，感谢大家，谢谢！

主持人：有请 VS 电竞酒店创始人高树军，演讲的题目是《VS 电竞酒店新探索》。掌声有请。

高树军：尊敬的张会长，各位来宾各位朋友，大家下午好！非常高兴借这个机会，跟大家分享关于电竞酒店方面的探索。

我是来自于一家 365 连锁酒店集团。过去 14 年的时间，我们旗下有三个酒店的子品牌都是有限服务类的。我们在今年生了四胞胎，2019 年 7 月 28 日，第四个子品牌正式发布，就是今天跟大家分享的 VS 电竞酒店。我给大家分享之前先看一段小片。

刚才大家看到的短片是 VS 电竞酒店在 2019 年 7 月 28 日发布，到目前不到半年左右的时间，我们所做的一些事情和做的一些活动。大家看短片，相信对于所谓的 VS 电竞酒店有更直观的了解，接下来从这么几个方面给大家分享一下和电竞酒店有关的内容，分别是行业进化、品牌定位、商业模式、竞争优势、效果展示。

我们是做企业的，所以从微观角度来看一下。我本人在上学的时候就是学酒店管理，算下来到现在 30 多年的时间了。我在酒店行业从业 30 年，基本上我的从业经历见证了中国酒店业在过去 30 年发展的历程。

我是 1989 年毕业的，在那个时候只有星级酒店。1997 年以锦江之星为代表的经济型酒店诞生，2002 年以如家品牌为代表的经济型酒店的突飞猛进，中国的酒店业从星级酒店进入到经济型酒店发展的阶段。在过去十几年时间里面，经济型酒店从无到有，为这个行业也贡献了很多创新以及行业一些奇迹。最近五六年开始出现中端酒店。在过去五年时间里面，我们看到风头最劲的是中端酒店，比方说像全季、像亚朵这些品牌为代表的表现。经过30年的发展，从高星级酒店到经济型酒店到最近几年的中端酒店，从行业高中低这样一个角度来看，整个中国酒店业经过一个轮次的发展。

第一部分，走到今天，在中国消费升级背景下，我们认为这个行业已经进入到开始和IP融合为代表的各种主题酒店。尤其是年青一代消费者，“95后”“00后”为代表的Z时代，这样的消费群体更偏好所消费的产品和情感、经历能够有一个更好的融合。所以我们今天看到在中国的酒店业和电竞、电影、动漫种种IP的融合，VS电竞酒店也是在这样的背景下才出来的。

第二部分，来看一下品牌定位。这个品牌的定位，从品牌的SLOGAN看一下，VS的定位叫作一个不仅可以玩游戏的酒店。VS是一个电竞主题的酒店，游戏就不用说了。我们的产品里面除了游戏还有电影的IP元素，基本上对于我们来讲，每一个门店有2/3的房间是电竞，1/3的房间是电影。我们的定位，在这里不仅可以玩游戏，还有电影之类这样一些元素。再有，标准版本分为两个版本，一个标准版一个是迷你版，迷你版就是纯粹电竞客房为主，标准版除了电竞客房部分还有公共空间。所谓的公共空间功能，就可以理解为像一个网咖或者是电竞馆。我们最近也在和国内网咖第一品牌在探讨战略合作。基本上在物业里面除了电竞的客房，有可能在另外楼层或者同层有一个电竞馆。从这里可以看到，VS的定位以电竞为主题，但是不仅仅止于电竞。

第三部分，电竞酒店和传统酒店在商业模式区别在哪里？我们也没有想把这件事情搞得太复杂，用一个公式看一下，电竞酒店和传统酒店的区别，平均房价的定价公式。电竞酒店基于经济型或者是中端酒店这样的基础装修底子，在这样一个基础上，再叠加电竞电影元素进来。电竞酒店定价对标经济型或者是中端酒店平均房价基础上，每一个房间按照人数乘以50到80块钱这样一个价格，如果是一个两人间，原来是一个经济型酒店，原来房价是200块钱，今年就可以卖到200到360块钱这样一个水平。从这个定价公式房价可以看到，基于经济型的基础装修因为叠加了电竞IP元素进来，它的定价水平就可以做到中端甚至比中端更高的水平。目前在市场上除了我们之外还有其他一些电竞酒店品牌，它们最高的可以做到四百多块钱这样一个水平，但它们的装修基本上比经济型略微高一点，甚至还不到中端酒店的装修水平。所以从这样一个定价公式可以推导其他和它盈利模型有关的参数。到目前为止，基本上传统连锁酒店无论是经济型还是中端，投资回报周期是五年、四年，而电竞酒店基本上投资回报收益周期在两年到三年的状态。

第四部分，为什么是我们来做电竞酒店，或者为什么我们能够做电竞酒店。我们认为具备这三个方面的能力，所谓的酒店运营、场景运营和流量运营。酒店运营就不用说了，过去十几年的时间，整个团队一直在酒店行业从业。所谓场景运营方面，大家从短片里面看到，除了传统酒店运营，比如说通过赛事，最近正在组织河北省高校电竞联赛，通过这样一种活动，基本上每个月都有活动，持续一段时间之后，可以积累至少一两千个电竞民间玩家。他们在大学里面基本上有自己的电竞社团和战队，这些是我们非常忠实的用户基础。除了他们自己之外还有他们身边的朋友、同学等之类的，每个人可能至少能够影响或者带动三五个人。再加上组织比赛过程中的观众，整个一年持续下来，大致可以影响来参加活动的有超过两万人这样一个数量。以赛事为代表，不仅影响到玩家和观众，还有其他的一些粉丝，包括线上一些直播影响。这是单个电竞酒店单体或者是传统酒店运营没有办法解决的。

在体系层面上，虽然这个品牌只有不到半年时间，但是在过去半年左右的时间里面，围绕这个品牌的发展体系标准已初具雏形，包括项目评估、门店筹备、门店运营层面，大家可以看到，下面是具体的 VS 电竞酒店相关的标准文件。

再有就是流量运营。在流量运营方面，刚才给大家介绍的，在标准版每个城市都有旗舰店，类似于通过网咖这样的合作，它们在线上流量的运营以及粉丝沉淀方面有非常好的基础，包括非常丰富的经验。这也是给未来每个门店的经营以及品牌的发展有一个非常好的支撑。

这是给大家分享的这几个部分的内容，后面是活动的一些图片。这是第三个直营店，张家口店，刚刚开始正式营业。

最后给大家分享两组数据。这是两个已经营业的直营门店，这两个店都在石家庄，今年“十一”期间，这两个酒店的出租率，另外一个是九月全月两个门店的经营指标。我们这两个门店都是在原来的经济型酒店和平价酒店两个门店的基础上做的改造。原有老的酒店和电竞酒店，同时在一个物业运营，它的经营指标可以做一个更直观的对比。重点看这个指标，在“十一”期间一个增长了 224%，另外一个是增长了 272%。月度数据也是相比之前有大幅增长，一个是 165%，另外一个是 234%，这些数据都是今年下半年运营的真实数据，也能够更真实地呈现电竞酒店和传统的连锁酒店相比在经营收益方面的优势。

我给大家分享到这里，谢谢大家！

主持人：下面有请凤凰数字科技副总裁、中国广告协会数字光影分会执行会长张博，演讲的题目是《数字光影与夜游经济》。掌声有请。

张博：大家好，我是凤凰数字科技张博。一提凤凰，大家认知的都是老牌的媒体企业凤凰集团，其实经历了 20 多年的风风雨雨，凤凰卫视集团已经发展成为一个多产业集团性公司。数字科技已经是凤凰卫视集团核心的业务板块，我们就在朝阳公园西南角位置。凤凰数字科技是围绕着文化、艺术和科技打造的拥有自主知识产权优秀的文旅 IP 产品，我们是力争以流量经济来定义新的文旅形态，我主要讲的是商业化的运作模式。

说到这里，我想问大家一个问题，如果我们生病了，是去医院还是去医学院？大多数人的回答肯定是医院，其实这个问题解释清了，一个是学术和商业化的合作模式。医院是告诉我们，如何把我们的病治好，但是这个病如何治得正确需要通过医学院的分析得出相应结果。凤凰卫视集团在 2016 年跟故宫博物院签了一个战略合作协议，将故宫博物院的文物进行数字化手法的包装，也就是数字光影的展示手法。故宫就相当于医学院，一些专家学者论证产品是否是对的，而我们是如何把它进行商业化的变现手法。

说到夜游经济，聊一下什么是夜游经济。传统旅游经济，就是这六个字，这六个字现在出现了问题，为什么？四个方面。

第一，现在的旅游，国外游越来越接近国内游的价格，肯定很多人偏向于国外游，从人少和气候条件方面都会选择国外，这是现在旅游行业需要转变的方向。

第二，由于国家交通越来越便捷，导致当天出游旅游形态越来越多了。当天出游，比如说高铁往返、自驾游往返，导致了什么问题？我们没有让人长期地留在旅游景区，或者是在当地住下来进行消费，这也是现在旅游的大问题。

第三，旅游人群意识升级，不再是传统的到那里去拍照或者是玩耍，而是要有针对性、有学习、有思考、有值得我看的东西的高品质旅游，越来越被大家所追求。

第四，现在的旅游形态在不停变化，传统景区或者是古镇的这种旅游形态已经跟不上。现在我们说5G时代带来一些新型科技化，所以说消费升级，旅游形态升级必须要尽快改变。

为什么提到夜游？夜游可以达到同一个区域内，白天和晚上不同场景游玩方式，解决了大家晚上出游的一种生态的升级。夜游讲的是什么？核心就是传播，真正到一个古镇看一场灯光秀，或者做一次古镇的小吃。夜游出游的时候，更多的是要拍照发微信朋友圈这种传播行为，这就是夜游的目的。经济就是消费，没有在晚上出游过程中进行消费，夜游经济就是失败的。我更希望把他留下来，在当地多玩一些，住一晚上，多吃一些东西，多进行文创的消费，这个才是最终夜游经济的目的。

这六个字也不用多说，刚才已经有专家讲了。我们是如何做到这些方面的？现在的旅游要从三方面进行提升和改变。不要再同质化。我相信大家去过很多景区和古镇，去完第一个古镇或者景区，再去第二个没有什么太多的区别，基本上自然景区都是看山看水看风光。古镇都是看派别、吃东西以及游玩住宿，这样的环境要立马解决改变。第二个要把消费低端问题解决掉。现在所有景区想买的东西都可以通过淘宝或者邮寄的方式收到，我没有必要跋山涉水到一个专门景区去买它，除非它是独有的。最后叫靠天吃饭，所有的景区也好古镇也好都遇到两个问题，一个是如果到了阴雨天或者是下雪天，天气不好的时候我们只能在屋里待着。第二个是什么？到了晚上，很多自然景区就没有办法去，就关闭了，我们晚上去干吗？这几个问题也是夜游要解决的问题。

现在用最先进的科技要还原最典雅的文化艺术。现在有几种夜游方式：第一类叫作城市灯光秀，这个大家都不陌生。一种古城墙，一种文化，一种教育的形式进行一个城墙式的或者水幕式的灯光秀进行传播。第二类就是夜市，多见古镇或者北京的烟袋斜街、后海那边，以吃和买东西组成的夜游场景。第三种就是全息剧场。这可能有些水幕，有些全息舞台，什么演唱会、G20都是用这种方式。第四种就是实景山水秀，我们的“印象”系列、“又见”系列，基本都在这个范畴之内。

其实在夜游里面，国外做在咱们的前沿，得到游客的认可。第一个是法国里昂的灯光秀，它是利用现在这种墙体做一个与艺术结合的灯光秀。它的核心、它的专业是什么？是所有艺术家都会免费无偿进行合作，这是艺术的交流平台，这是它的卖点。第二个是澳大利亚的悉尼，它是利用歌剧院的外型进行了一次灯光演绎或者投影的秀场，它带动周边夜晚消费。第三个是日本，日本实际上是在亚洲夜游经济里做得比较超前的国度。

下一个重点分享的是新加坡的夜间动物园，它可以达到两个目的。第一，白天的一些动物园场景或者是白天生活习性的动物可能在晚上都休息了，而夜间生活习性的动物在这个场景可以看到。第二个就是让游客到达同一个乐园逛两次，逛两次的目的是什么？花了两遍的钱，这是它的一个效果。

最后一个是法国的龙马，这种也是未来景区的消费业态。现在在清明上河园已经有大型的龙马车在那里巡游，这是未来的巨型玩法。这个建筑物为什么叫龙马？龙的头马的身子，能喷水能喷火，白天晚上都是一个出游的景观，而且更像去控制它进行消费。在现有热气球、快艇基础上，可能又是一种古物玩的体验方式。

接下来是“文化＋艺术＋科技”，实现新的旅游形态。这一块要提到故宫博物院的三

个口号，大家之前听得更多的是让文物“活”起来，时任院长单霁翔院长提了这么三句话：叫文化要“火”起来，首先是文化输出需要火爆；其次叫文物“活”起来，怎么将故宫的文物变活展现在大家面前还不破坏它的原貌；最后要消费，一定要把文创“货”起来。大家知道故宫的文创去年的消费数据是多少？光文创一块16亿元，故宫文创已经达到一个巅峰。

凤凰数字科技，凤凰卫视集团干了什么？在我们战略合作的时候，我们衍生出来或者创造了好几个文创原创IP，是我们自己的知识产权。第一个是之前专家说过叫清明上河图3.0，为什么是3.0？1.0版本是张择端先生原创的画，长5米多，高25厘米；2.0版本是上海世博会，当时的镇馆之宝2.0看画；3.0就是要穿越了，我们是同一个空间和时间的维度达到一个新的产品，穿越到宋代，看看你回到宋代，宋代的生活是什么样，体验他们的市井生活。

这是当时在开幕式的时候在故宫里面唯一一个“违建”，这么多年这么大的违建是第一个。因为这个建筑物是一个五个月的巡展展览，它既不归住建部管也不归故宫消防管，所以是单霁翔特批的，在这里搭了这么一个建筑物。当时五个月的展览引起了社会的关注，基本上五个月内总共是140万人次参观，平均一天1万人次。

这个展国家副主席王岐山也去参观过。先是一个时空隧道，把人吸到这幅图中。进来以后，首先是一个仙境，你的旁边就是这幅重新制作、最接近张择端老师笔触风格的“清明上河图”，不是世博会的版本。走到尾的时候，随着雾幕就穿进去了，相当于你被画吸到了里面，穿到画的里面，你会看到什么？画中第一个场景桃花林。大家都喜欢桃林，我们也来凑凑热闹。随着烟雾慢慢淡去，往展览流向里面走，慢慢听到一些市井文化的声音。我们来到了宋代街市，宋代街市在门口的时候会先准备一个钱庄，这个钱庄要干吗？大家要把所有的现金换成交子，当时的货币叫交子，用交子在里面进行消费。

我们穿过宋代街市还有很多消费行为，通过它以后就来到了球幕影院，这个技术很多年前用过了。我们这次是真正打造出一个船，整个4D座椅都是用木质结构，按照宋船1∶1还原的。我们在宋代曹禺汴河商船上了，通过球幕游览整个汴河，在汴河上进行游览。下了船以后来到了“清明上河图”中最大的一个酒店，相当于现在的五星级酒店。在里面通过全息演绎加上少数真人进行一场、发生一段野史的故事，你可能就是我故事里面的一个人物。

里面可以消费。当看全息剧的时候，我可以跟店小二要一些茶和点心可以吃。而且宋代两大技艺，我们在这里面都展示了，一个是点茶，有点像日式的抹茶，在这里面都有表现。听着小曲，喝着茶，看着周边发生的一些事情。最后文物要干吗？文化“火”了，文物“活”了，接下来文创就要“货”起来了。通过这么一个打造，叫宋朝游乐园，不再是传统意义的货架式销售。大家在宋朝游乐园玩起来以后，这是一个衍生品店，让大家在体验中、在玩的过程中把东西买走了，把我们的货架模式全部转到游乐模式中买卖文创商品。

第二个跟大家分享的，刚刚在澳门进行展出的叫“千里江山图”，正好赶上澳门回归20周年的献礼，雒树刚部长给我们进行了剪彩。这个展也是故宫博物院和凤凰卫视集团共同打造的又一个IP产品。其实展过很多回“千里江山图”了，但都是实物展陈或者是展览式展陈，而这次是用一个全新的沉浸式交互手法进行了穿越之旅，我们永远都是四维时间和空间的改变。

这张图在开幕式当天上了央视新闻，这个展未来也会从澳门展巡展结束之后落地在厦门，会以一个长期的数字主题馆的形式落下来。刚才的清明上河图3.0，现在在青岛栈桥对面已经落成了一个长期数字体验馆。想去体验的可以去体验。

整个场景是通过可游可居可闻可听，完全交互式的手法做了这个展。区别于传统实物展陈或者是数字内容影片，它所有的场景都可以进行交互。这是第一次尝试用最现代科技的手法，用程序引擎的手法做了一个体验，这就是那张图，重新定义了它。

我们讲的是老酒装新瓶。为什么这版哪吒非常受大家欢迎，故事还是那个故事，还是哪吒那个故事，但是整体的编剧和演绎方式完全改变了。我们同时跟很多山水画的艺术家进行了合作。我们习大大那句话叫“绿水青山就是金山银山”。通过一个琵琶，弹琵琶的时候，对面的墙上是数字化的音符在抖动，抖动的音符不再是五线谱的音符，而是山体形成的一种脉络，音律越高，弹得越快，这个山长得越快。这个就是相当于人在画中游，人在纸中游，人在这里站着以后，水就会随着你散开；这个是一首诗，讲的是文学素养，荷叶里面会有很多文字，通过文字的排序会选择完成一首诗的填字游戏；这个是听山。谁说千里江山图只能用看的？在这幅图中很多地方有小孔，当你接近它的时候就可以听到山——这个图中一些鸟叫声和人的声音。我相信很多人看这幅图的时候，没有注意这里面有很多的人、很多的房子、很多的鸟兽，只是看到了山体，所以这个就是还原了当时自然的声音。

最后，一定要结合每个当地的特色，把文创的东西卖出去，还是以这种宋朝游乐园的形式，把文创东西通过玩的过程中送了出去。

凤凰数字科技到现在对新文旅的定义是什么？根据不同的旅游环境的特点和空间，通过虚拟技术的全新手法，用最前沿的科技还原最典雅的艺术展品，通过视觉体验、认知体验、情感体验、反思体验的过程，赋予夜游或者是旅游新的活力。谢谢大家！

主持人：感谢各位嘉宾对我们的支持与厚爱，下午的论坛部分到此结束。谢谢各位，请摄影师拍照留念。

（校对：黄莉，北京联合大学旅游学院讲师）

第五部分

国内外文旅企业“双创”大事记

第一章　2019 - 2020 年国外文旅企业“双创”大事记

2019 年 1 月

1. 1 月 3 日，越南共享住宿创业公司 Luxstay 从 Y1 Ventures 和 CyberAgent Ventures 等投资商手中获 300 万美元融资。

2. 1 月 3 日，Facebook 被指与旅游 App 共享用户个人信息。

3. 1 月 4 日，Airline Rating 公布 2019 年全球安全航司名单，澳航居首。

4. 1 月 7 日，由于精英会员计划作出的新改变，2019 年或将有 20% 的乘客失去现有的会员等级资格。

5. 1 月 8 日，印度共享房屋租赁创业企业 ZoloStays 获 3000 万美元融资。

6. 1 月 10 日，印度 OTA Yatra Online 收购 PL Worldways 的商旅业务。

7. 1 月 14 日，美国会议活动营销平台 RainFocus 融资 4000 万美元。

8. 1 月 14 日，维珍大西洋航空将收购英国区域航司 Flybe。

9. 1 月 17 日，荷兰旅行记录 App Polarsteps 进行融资，提高用户体验。

10. 1 月 17 日，韩国网约车公司 SoCar 获得 500 亿韩元（约合 4400 万美元）融资。

11. 1 月 21 日，Airbnb 试图收购 HotelTonight。

12. 1 月 22 日，法国雅高酒店宣布了收购波兰酒店运营商 Orbis 酒店集团剩余股份的计划。

13. 1 月 23 日，德国航司分销和预订创业公司 Flyiin 获 240 万欧元融资。

14. 1 月 24 日，精品国际酒店推出在线团体预订管理平台。

15. 1 月 24 日，日本全日空航空计划收购菲律宾航空 10% 的股份。

16. 1 月 27 日，美国酒店住客和员工管理服务平台 Intelity 融资 4400 万美元用来发展酒店客户管理平台。

17. 1 月 28 日，Airbnb 收购预订网站 Gaest，进军会议活动领域。

18. 1 月 30 日，美国 AutoCamp 融资 1. 15 亿美元，发展豪华房车酒店。

19. 1 月 30 日，美国预订酒店客房 AppRecharge 计划利用 Fifth Wall 的战略投资推出住房共享业务。

20. 1 月 30 日，挪威航空公司融资 3. 53 亿美元以维持运营。

21. 1 月 31 日，美国技术创业公司 Zingle 获得 PeakSpan Capital 投资的 1100 万美元。

22. 1 月 31 日，Instagram 与多组织平台合作，预计今年将提供更多旅游预订服务。

2019 年 2 月

1. 2 月 2 日，英国 Zeelo 融资 425 万美元发展按需客运汽车服务。

2. 2 月 12 日，六大国外酒店预订网站（Expedia，Booking. com，Agoda，Hotels. com，ebookers 和 Trivago）承诺不再误导游客。

3. 2 月 12 日，美国短途出行共享平台 Lime 完成 3. 1 亿美元融资。

4. 2 月 12 日，美国商旅住宿预订平台 2nd Address 融资 1000 万美元。

5. 2 月 12 日，英国音乐节体验平台 Festicket 融资 460 万美元发展节事包价旅游平台。

6. 2 月 13 日，欧洲旅游企业途易集团削减成本，更专注于在线和直接预订。

7. 2 月 13 日，高端旅行巨头 A&K 100% 的股份将被联合收购。

8. 2 月 14 日，法国汽车租赁创业公司 Virtuo 在融资中获 2000 万欧元发展欧洲汽车租赁 App。

9. 2 月 14 日，STAR Capital 将爱尔兰航空集团 ASL 全资收购。

10. 2 月 15 日，六旗主题乐园全球扩张计划遭遇经济障碍。

11. 2 月 15 日，2018 年，希尔顿净利润为 7. 69 亿美元，直销渠道获成功。

12. 2 月 20 日，Virgin Voyages 与豪华旅游平台 Virtuoso 合作。

13. 2 月 22 日，印度 Pickyourtrail 融资 300 万美元发展度假套餐预订。

14. 2 月 22 日，雅高集团重塑品牌并推出新的忠诚度计划。

15. 2 月 25 日，希尔顿推出新品牌 Signia，专注高端会议和活动。

16. 2 月 25 日，Airbnb 在印度推出“Plus Homes”计划。

17. 2 月 26 日，以“华人＋学生”为切入口美共享公寓公司 Tripalink 完成 A 轮融资。

18. 2 月 28 日，2019 年，万豪将大力扩展全球豪华酒店业务。

19. 2 月 28 日，世界旅游理事会 WTTC 公布旅游业为 2018 全球经济贡献 8. 8 万亿美元。

2019 年 3 月

1. 3 月 4 日，印度网约车服务公司 Ola Electric Mobility 获得 Tiger Globa 和 Matix India 等投资商投资的 5600 万美元。

2. 3 月 5 日，目的地体验供应商途易和携程展开合作以推动新目的地市场开发。

3. 3 月 5 日，雅高酒店推出生活方式品牌 Tribe。

4. 3 月 5 日，美国度假租赁分销平台 BookingPal 融资 1200 万美元。

5. 3 月 6 日，荷兰旅游和活动品牌 Withlocals 在融资中获得 800 万美元。

6. 3 月 6 日，亚航成立风险投资基金，扩大东南亚创业基地。

7. 3 月 7 日，凯悦强化轻资产路线将再售 15 亿美元酒店资产。

8. 3 月 11 日，UNWTO 提出热门目的地应对过度旅游的 11 项策略。

9. 3 月 12 日，谷歌更新旅游工具可按价格过滤航班目的地。

10. 3 月 12 日，美国航空和凯悦酒店为精英会员推出互惠计划。

11. 3 月 13 日，新加坡标准化酒店创业公司 RedDoorz 融资 5000 万美元与 OYO 展开竞争。

12. 3 月 13 日，美国金融软件公司 Ebix 欲斥资 3. 36 亿美元收购 OTA Yatra。

13. 3月14日，印度旅游技术企业 Guiddoo 进行融资欲发展中国业务。

14. 3月15日，美国私人飞机共享创企 Blackbird 融资1000万美元，希望让乘客乘坐私人飞机像打车一样简单。

15. 3月15日，OYO 与 MakeMyTrip 合作协议将延长五年。

16. 3月18日，印度租车自驾和单车共享企业 Drivezy（前身为 JustRide），将融资1亿美元，目的是向美国等市场扩展业务。

17. 3月19日，新加坡 ZUZU 酒店进行融资，用来进行泰国、马来西亚和澳大利亚的业务扩展计划。

18. 3月19日，途易集团出售其唯一非包机业务航司 Corsair。

19. 3月21日，提供网约车、外卖和旅游门票预订服务的超级 AppShohoz 进行融资用于推动未来发展，招聘新员工、扩大工程团队和改善 App 服务。

20. 3月21日，韩国移动通讯巨头 Kakao 称以347亿韩元的价格收购了韩国旅行社 Tidesquare 28.9%的股份。

21. 3月22日，短租服务平台 Guesty 融资3500万美元欲推出人工智能（AI）和机器学习（ML）工具，扩展其在城市物业度假、租赁市场的垂直服务。

22. 3月22日，度假租赁平台 The Plum Guide 在融资中获1400万英镑，用来拓展业务并打造度假租赁市场的米其林级服务。

23. 3月22日，雅典目的地服务商 Welcomes Pickups 融资中获330万欧元，其服务范围是游客做出旅游选择之后的目的地旅游服务。

24. 3月25日，日本为应对中国游客增加，采用新的支付技术。

25. 3月26日，Wow Air 接连被投资商放弃在破产的边缘挣扎。

26. 3月27日，Lola 商旅管理平台获3700万美元C轮融资。

27. 3月27日，谷歌在其酒店网站中添加度假租赁搜索服务。

28. 3月28日，印度塔塔集团收购 GMR 股份，涉猎机场业务。

29. 3月29日，荷兰私募股权巨头 Triton 收购在线旅游集团 Sunweb。

2019年4月

1. 4月1日，凯悦酒店瞄准新兴市场，将大力扩展印度业务。

2. 4月2日，Airbnb 确认向印度酒店品牌 OYO 投资。

3. 4月3日，印度自动驾驶汽车租赁平台 Zoomcar 最近计划进行5亿美元的新一轮融资，融资轮由印度领先汽车制造商马恒达领投。

4. 4月3日，雅高与中东最大旅企之一 Al Tayyar 达成合作。

5. 4月4日，Affirm 融资3亿美元，发展旅游分期付款服务。

6. 4月8日，旅游解决方案和度假村管理创业公司 V Resorts，融资中获投资1000万美元用来开拓业务。

7. 4月9日，TripAdvisor 推出邮轮元搜索开发新收入来源。

8. 4月11日，Northstar 旅游集团收购旅游信息企业 CTM。

9. 4月12日，Expedia 与万豪签订新合同或影响行业现状。

10. 4月15日，印度在线全球游客社区 Tripoto 为扩大社区和市场规模进行融资。

11. 4月15日，OYO利用Hotelbeds提升旅游分销能力。

12. 4月16日，以色列的酒店预订平台Splitty融资700万美元推进其在全球市场的业务增速。

13. 4月16日，2020年途易将推河轮服务，包括欧洲主要河流。

14. 4月17日，全日空航空与OpenJaw合作创建NDC预订平台。

15. 4月18日，商旅酒店创业公司Lyric宣布在B轮融资中获1.6亿美元，Airbnb领投。

16. 4月18日，芬兰会场技术提供商MeetingPackage融资150亿欧元，以发展国际业务。

17. 4月19日，亚马逊或成中东旅游分销营销商最大威胁。

18. 4月22日，托马斯库克各方欲收购其全部或部分业务。

19. 4月23日，谷歌超过Booking成为酒店评论的首选网站。

20. 4月26日，以色列综合类酒店初创企业Selina融资1亿美元，发展千禧一代住宿服务。

21. 4月28日，短租技术服务平台Rentals United融资425万美元，以进一步为度假租赁物业经理人发展技术平台。

22. 4月28日，英国网约车公司Wheely融资1500万美元发展豪华网约车市场与优步进行竞争。

23. 4月29日，旅游行程策划AppTripScout融资210万美元，希望能为游客提供个性化的旅游服。

24. 4月29日，德国旅游活动预订平台GetYourGuide融资5亿欧元。

25. 4月30日，巴基斯坦的网约车和快递服务初创企业Bykea在A轮融资中获570万美元。

26. 4月30日，Airbnb加码中国战略，持续投入产品、品质与客服打造升级体验。

27. 4月30日，万豪正式在美国推出民宿服务Homes&Villas。

2019年5月

1. 5月5日，OYO以€3.6亿元收购欧洲民宿品牌Leisure Group。

2. 5月5日，Booking Holdings收购餐厅客户管理平台Venga。

3. 5月8日，OTA EaseMyTrip希望通过IPO融资75亿卢比。

4. 5月8日，Tourlane是一家定制游平台融资中获4700万美元。

5. 5月9日，度假预订技术供应商Hostfully在种子轮融资中获100万美元。

6. 5月9日，凯悦Q1净收益6300万美元将简化连锁服务模式。

7. 5月10日，Mint House本周宣布融资1500万美元致力于为商务旅客提供综合住宿体验。

8. 5月10日，精品国际Q1总收入增长4%将转向高端市场。

9. 5月14日，单体酒店品牌估值咨询公司Brand Finance的最新报告称，希尔顿品牌组合价值超越万豪。

10. 5月16日，美国旅游用品经销商Away融资1亿美元完成了向手提箱之外业务延伸的品牌过渡。

11. 5月16日，洲际推中高端品牌 Atwell Suites 扩大品牌组合。

12. 5月17日，支持多种货币的旅行钱包 YouTrip 融资中获投2500万美元，将向东南亚其他市场扩展业务。

13. 5月17日，托马斯库克上半年亏损19亿美元，试图挽救损失。

14. 5月20日，亚马逊提供机票预订服务是超级应用战略中的一步。

15. 5月23日，安邦含多家海外豪华酒店的投资组合或被收购。

16. 5月24日，越南共享住宿平台 Luxstay 获得投资450万美元。

17. 5月28日，知名 OTA Booking. com 的子公司酒店预订网络平台 Vntrip 获投资进行业务拓展。

18. 5月28日，Airbnb 对抗 Booking，取消大部分住客服务费。

2019年6月

1. 6月6日，印度经济连锁酒店 FabHotels 获高盛集团投资的5.4亿卢比（约合780万美元）。

2. 6月10日，万豪民宿战略关注住客忠诚度而非营业利润。

3. 6月11日，韩国酒店平台 Yanolja 融资1.8亿美元，潜力巨大。

4. 6月11日，Cvent 收购 DoubleDutch，推动会展业务发展。

5. 6月12日，美国养生度假服务公司 Getaway 宣布完成2250万美元融资，喜达屋资本旗下公司领投。

6. 6月12日，全球航司和旅游企业数字商务和支付解决方案供应商 CellPoint Mobile 融资1100万英镑用来拓展业务。

7. 6月14日，爱彼迎推出 Airbnb Adventures 挖掘多日游。

8. 6月14日，雅高公布中美和北美市场详细发展计划。

9. 6月18日，印度共享出行创企 Bounce 融资7200万美元巩固单车租赁技术，进行业务发展。

10. 6月18日，伦敦短租初创企业 GuestReady 的A轮融资再增加600万美元以开发其专属的物业管理软件。

11. 6月19日，法国商旅住宿平台 MagicStay 融资300万欧元。

12. 6月19日，为业内首个专注于商务旅行和商务游客的住宿预订平台。

13. 6月20日，英国铁路订票网站 Trainline 计划在伦敦证券交易所进行首次公开募股，此次 IPO 将融资7500万英镑。

14. 6月20日，法国差旅管理平台 Fairjungle 融资200万美元，其致力于让商务旅客的航班和酒店客房预订程序更加简捷便利。

15. 6月24日，伦敦的创业公司 Duffel 融资2150万美元发展旅游分销平台。

16. 6月25日，Expedia 将取消收取酒店度假费用的佣金。

17. 6月25日，Eldorado 度假村斥资173亿美元收购凯撒娱乐集团。

18. 6月26日，爱彼迎推出高端房源服务 Airbnb Luxe。

19. 6月28日，美国商旅平台 TripActions 在D轮融资2.5亿美元，支持业务发展计划。

2019年7月

1. 7月1日，美国旅游支付初创公司ConnexPay融资700万美元。

2. 7月1日，Cox&Kings将出售部分业务，筹集资金以渡难关。

3. 7月1日，雅高与法荷航的新常客计划将提高商务旅客门槛。

4. 7月2日，机场接送服务企业Taxi2Airport最近完成了220万欧元的融资。

5. 7月3日，Ola Electric获软银投资2.5亿美元跻身独角兽。

6. 7月3日，Emerging Travel Group获得了1000万美元融资以扩展RateHawk B2B酒店平台。

7. 7月4日，黑石欲以10亿美元的价格出售欧洲度假村。

8. 7月5日，住宿搜索初创企业CozyCozy获得400万欧元融资，希望推出住宿搜索平台。

9. 7月8日，Airbnb 2019上半年Airbnb中国业务增速近三倍。

10. 7月8日，印度政府再次试图出售印度航空业务。

11. 7月9日，英国航空因数据泄露面临2.3亿美元罚款。

12. 7月10日，TravelportSabre前高管Greg Webb接任新CEO。

13. 7月10日，万豪或为喜达屋数据泄露支付1.24亿美元罚款。

14. 7月12日，精品住宿品牌Sonder称公司D轮融资2.1亿美元，跻身独角兽企业行列。

15. 7月12日，Lonely Planet推出全新网站改善用户体验。

16. 7月15日，波士顿初创酒店企业Life House融资1亿美元，其拥有自有品牌酒店同时也为单体酒店业主提供技术品牌作为白标解决方案。

17. 7月16日，亚航联合创始人欲融资2.4亿美元以收购马航。

18. 7月17日，度假租赁管理平台HostNFly融资1000万美元，用于发展为房主提供的度假租赁服务。

19. 7月17日，新加坡商旅支出管理平台Travelstop融资300万美元用以进一步投资技术并加速该平台在亚洲的使用。

20. 7月18日，西班牙商旅预订商TravelPerkC轮融资再获6000万美元，其服务宗旨是消除商旅预订中的摩擦。

21. 7月18日，Ebix以3.38亿美元收购印度OTAYatr。

22. 7月19日，Airbnb酒店即时预订服务覆盖率达70%。

23. 7月22日，机场服务App升温，Collinson投资Inflyter和Grab。

24. 7月23日，TravelClick首次推出新类别非标住宿数据工具。

25. 7月23日，万豪联合阿联酋航空推出酒店—航司常客计划。

26. 7月24日，专注于豪华高端房源的物业管理企业TurnKey Vacation Rentals融资4800万美元，平台住客将破100万人次。

27. 7月24日，迪拜Emaar投110亿美元开发北京大兴机场项目。

28. 7月25日，露营体验预订网站Hipcamp秉承共享经济的理念，融资中获得多家知名风投集团投资的2500万美元。

29. 7 月 29 日，新加坡经济酒店品牌 RedDoorz 融资 4500 万美元，用于支持这家技术性经济酒店品牌的未来发展。

30. 7 月 30 日，印度尼西亚独角兽企业 Traveloka 计划融资 5 亿美元以推动印度尼西亚业务的拓展。

31. 7 月 30 日，美联航投资 Clear 简化常飞旅客安检程序。

2019 年 8 月

1. 8 月 1 日，2019 上半年，雅高收入 19 亿欧元，同比增长 28%。

2. 8 月 2 日，托马斯库克获土耳其企业家意外投资，股价上扬。

3. 8 月 6 日，英城市体验平台 Fever 融资中获投 3500 万美元。

4. 8 月 6 日，Airbnb 收购 Urbandoor 拓展商旅业务。

5. 8 月 6 日，英国私募股权 CVC2. 85 亿美元收购韩国第二大酒店预订平台。

6. 8 月 7 日，万豪进军一价全包式度假市场，首推丽思卡尔顿。

7. 8 月 7 日，Flight Centre 收购加拿大商旅休闲企业 LDV。

8. 8 月 13 日，Inflight VR 融资 400 万欧元推广旅游 VR 娱乐产品，其在向旅游业提供虚拟现实（VR）娱乐解决方案方面实现了里程碑式的意义。

9. 8 月 13 日，韩国未来资产证券或收购安邦的美国酒店资产。

10. 8 月 14 日，谷歌地图扩展旅游新功能为游客提供便利。

11. 8 月 15 日，精品国际 70 万人次住客入住记录或被供应商泄露。

12. 8 月 16 日，AirPortr 行李运送服务商 A 轮融资 860 万美元。

13. 8 月 16 日，万豪酒店在旅享家计划中引入动态定价方案。

14. 8 月 20 日，四大酒店集团（万豪国际、洲际酒店集团、雅高集团和希尔顿集团）：投资会展预订平台 Groups360 或许此次交易标志着酒店业准备通过投资来改变一切以帮助修复会展市场的生态环境。

15. 8 月 20 日，亚航集团重组领导层，推动科技转型。

16. 8 月 22 日，Travelport、IBM 和 BCD 用区块链管理酒店佣金。

17. 8 月 26 日，“全栈式”精品住宿平台 Cosi 融资 500 万欧元。

18. 8 月 26 日，OYO 收购美国拉斯维加斯猫头鹰赌场酒店。

19. 8 月 27 日，沙特阿拉伯红海沿岸旅游项目欲融资 35 亿美元，通过发展海岸旅游业，沙特阿拉伯可以减少对石油业的依赖。

20. 8 月 27 日，美高梅国际酒店集团收购 Sydell Group 的股份。

21. 8 月 28 日，托马斯·库克敲定 9 亿英镑救助资金，复星集团占一半。

22. 8 月 30 日，Mews 荷兰酒店技术平台融资 3300 万美元，其将大西洋地区的酒店业主作为业务目标。

23. 8 月 30 日，包价度假搜索引擎 Smartair 融资 600 万美元，旅行社 Talma Travel and Tours 领投了此轮融资，Apha Capital 参投。

2019 年 9 月

1. 9 月 3 日，Cox&Kings 考虑出售 Meininger 酒店以偿还债务。

2. 9月3日，OYO斥资1000万美元收购数据科学企业Dananmica。

3. 9月4日，万豪与BookingPal合作，推动民宿业务发展。

4. 9月5日，酒店分销和业务智能（BI）专家Fornova完成700万美元融资以推广酒店业务智能技术。

5. 9月5日，GIC或收购四家Fairmont酒店总价值15亿美元。

6. 9月9日，差旅酒店预订平台Hotel Engine融资1600万美元。

7. 9月9日，物业管理和租赁平台Howsy融资500万英镑。

8. 9月10日，英航飞行员罢工48小时，被迫取消大部分航班。

9. 9月11日，托马斯库克业务拯救计划遭遇对冲基金挑战。

10. 9月11日，万豪为会展策划人推出旅享家会展新平台。

11. 9月12日，SiteMinder与HotelSwaps合作，交易未出售库存。

12. 9月12日，国际旅行社Friendly Planet Travel收购旅行社InsightCuba。

13. 9月16日，维珍澳洲欲4.81亿美元回购常客计划剩余股份。

14. 9月17日，Expedia终于与美联航续签长期合作协议。

15. 9月18日，万豪利用Expedia管理分销业务收紧批发价格。

16. 9月19日，雅高推出新经济酒店品牌Greet欲开300家店。

17. 9月19日，Sandals Resorts欲45亿美元出售全包式度假业务。

18. 9月20日，CarTrawler报告称，76家航司辅助收入达477亿欧元。

19. 9月20日，Snaptrip度假租赁平台收购竞争对手Iknow－uk。

20. 9月23日，英国老牌旅行社Thomas Cook宣布因债务谈判失败，已向英国高等法院提出强制清盘申请。

21. 9月24日，凯撒娱乐以5.163亿美元出售拉斯维加斯Rio酒店。

22. 9月26日，凯悦推出新品牌Caption改善商务旅客餐饮体验。

23. 9月26日，OYO与软银成立合资企业巩固业务收购计划。

24. 9月27日，达美航空将花19亿美元收购LATAM 20%的股份。

25. 9月29日，IAG受罢工影响调整2019全年盈利指标。

26. 9月30日，雅高复兴“东方快车”扩展连锁酒店品牌。

2019年10月

1. 10月8日，印度OYO拟融资15亿美元用于美国业务的拓展，其估值达100亿美元。

2. 10月8日，CoStar集团斥资4.5亿美元收购酒店数据巨头STR。

3. 10月9日，私人客机公司Aero融资1600万美元为千禧一代改善航空服务。

4. 10月9日，波音投资维珍银河2000万美元，支持太空旅游。

5. 10月10日，Hays Travel将收购Thomas Cook全部线下门店。

6. 10月11日，Buser巴西城际巴士预订平台获软银投资。

7. 10月11日，自2020年7月1日起，威尼斯征收一日游旅游税。

8. 10月14日，Queensgate 4亿美元收购精品酒店Freehand。

9. 10月14日，非洲OTA Travelstart收购南非Club Travel。

10. 10月15日，Hoist Group 收购酒店预订平台 HotelEngine。

11. 10月15日，Booking 通过在欧洲的合作推出航班预订服务。

12. 10月16日，旅游业新业务的融资金额创造了新的纪录，旅游初创公司在过去10年中吸金近200亿美元。

13. 10月17日，拉美酒店综合集团 Selina 获英 Cogress 投资 8000 万英镑。

14. 10月17日，北美最大的旅游技术供应商 Sabre 以 1.1 亿美元收购航空零售平台 Radixx。

15. 10月18日，澳洲旅行箱品牌 July 融资 1050 万澳元，意图打造轻奢品牌。

16. 10月21日，胡润研究院发布《2019 胡润全球独角兽榜》，爱彼迎排名第6位。

17. 10月21日，万豪将收购 Elegant Hotels 发展全包度假服务。

18. 10月23日，谷歌将逐步关闭旅游与活动 App Touring Bird。

19. 10月25日，美国 Blueground 融资 5000 万美元发展长住业务，通过提供灵活的住房选择来填补酒店的空缺。

20. 10月25日，伦敦初创企业 Duffel 再融资 3000 万美元，发展旅游分销平台。

21. 10月28日，Booking 投资商旅技术供应商 Serko 1120 万美元。

22. 10月28日，默林娱乐与 Adyen 合作拓展全球化数字支付。

23. 10月29日，荷兰目的地票务平台 Tiqets 融资 6000 万美元，Airbnb 领投此轮融资。

24. 10月30日，度假租赁市场 Vacasa 融资 3.19 亿美元估值超过 10 亿美元此为度假租赁市场迄今为止完成的最大规模 C 轮融资。

25. 10月31日，英国旅游 App LuckyTrip 通过两项众筹活动获得 150 万英镑。

2019 年 11 月

1. 11月1日，德国 Omio 收购多式联运旅游搜索的先行者之一澳大利亚企业 Rome2rio。

2. 11月4日，Kayak 进军商旅服务市场，推出免费解决方案。

3. 11月4日，万豪将纽约瑞吉酒店 3.1 亿美元出售给卡塔尔。

4. 11月6日，柏林商旅预订平台 Comtravo 融资 2100 万欧元。

5. 11月7日，美国私人客机租赁服务平台 Jet Token 融资 1000 万美元。

6. 11月7日，TripAdvisor 与携程达成战略合作，成立合资公司。

7. 11月11日，国际酒店贸易摩擦和局部动荡打击酒店 RevPAR。

8. 11月12日，洲际推动改变酒店分销方式，发展直接预订。

9. 11月13日，凯悦或 5 亿美元竞购 Xenia 旗下的金普顿酒店。

10. 11月14日，Sabre 在航司商业平台中推出新型解决方案。

11. 11月15日，为游客和零售商进行自动退税的初创企业 Refundit，最近融资 980 万美元，Amadeus Ventures 领投。

12. 11月15日，Vrbo 试图从度假租赁转向家庭旅游业务。

13. 11月18日，天巡转变初始搜索模式，开启预订服务。

14. 11月18日，MakeMyTrip 将发展民宿服务与 Airbnb 竞争。

15. 11月19日，澳大利亚机场交通平台 Jayride 融资 350 万美元，以简化新交通企业的流程。

16. 11 月 20 日，谷歌地图为游客增加语言服务和旅游指南功能。

17. 11 月 20 日，Winding Tree 首次通过区块链技术出售机票。

18. 11 月 21 日，印度定制游平台 TravelTriangle 融资 1300 万美元，为游客提供个性化服务。

19. 11 月 22 日，印度 OTA HappyEasyGo，B＋轮融资数千万美元，其将中国技术，模式落地印度。

20. 11 月 22 日，雅高 2.04 亿欧元出售 AccorInvest 5.2% 的股份。

21. 11 月 25 日，Airbnb 在美国与谷歌试点合作度假租赁业务。

22. 11 月 26 日，A&K 或收购 Cox & Kings 扩展英国奢华旅游市场。

23. 11 月 28 日，法国巴黎初创企业 Leavy 融资 1400 万美元为千禧一代推出旅游 App。

24. 11 月 28 日，印度政府为吸引买家考虑为印航还债 70 亿美元。

25. 11 月 29 日，印度智能商旅管理企业 Tripeur 旨在为企业 CFO 节省 30% 的同比成本，为商务旅行旅客提供个性化的体验融资 100 万美元。

2019 年 12 月

1. 12 月 2 日，Portman Travel 收购豪华度假服务商 If Only。

2. 12 月 3 日，旅游支付技术供应商将用 2.5 亿美元信贷额度发展旅游支付服务。

3. 12 月 3 日，AHIP 以 1.91 亿美元收购万豪希尔顿和洲际 12 家酒店。

4. 12 月 4 日，亚马逊与 RedBus 合作拓展印度旅游业务。

5. 12 月 6 日，Kayak 推出新功能，拓展短租与精品酒店业务。

6. 12 月 6 日，雅高 4.51 亿美元出售华住集团 5% 的股份。

7. 12 月 11 日，企业住宿平台 Zeus 融资 5500 万美元 Airbnb 参投。

8. 12 月 11 日，南非 OTA Travelstart 接管竞争对手 Jumia Travel。

9. 12 月 12 日，经营豪华快闪酒店的 WhyHotelWhyHotel 融资 2000 万美元拓展商务旅行市场。

10. 12 月 16 日，投资基金 Onex 以 50 亿加元完成对西捷航空的收购。

11. 12 月 17 日，软件公司 Beachy 融资 100 万美元为酒店提供辅助预订工具。

12. 12 月 17 日，雅高完成轻资产转型将向股东返还 10 亿欧元。

13. 12 月 18 日，专注于旅游业 AI 数字解决方案创新企业 TravelFlan 融资 700 万美元，利用大数据为用户提供个性化服务。

14. 12 月 19 日，日用房酒店预订平台 HotelsByDay 收购酒店辅助服务销售商 Dayaxe 拓展住客服务。

15. 12 月 19 日，度假租赁管理平台 Vacasa 收购物业管理公司 RLC。

16. 12 月 23 日，英国穆斯林旅游平台 HalalBooking A 轮融资 250 万美元。

17. 12 月 23 日，达美航空入股 Wheels Up 打造全球最大包机机队。

18. 12 月 24 日，737 MAX 危机不断发酵波音 CEO 米伦伯格辞职。

19. 12 月 26 日，中东酒店业务加速发展希尔顿万豪雅高领跑。

20. 12 月 31 日，达美航空完成对 LATAM 20% 股份的收购。

21. 12 月 31 日，Hinduja 集团或将收购负债累累的捷特航空。

2020 年 1 月

1. 1 月 3 日，Whizar 以色列机票预测平台融资 270 万美元，专注于旅游技术投资的 Anna Partenrs 领投。

2. 1 月 3 日，Hyundai Development 22 亿美元收购韩亚航空。

3. 1 月 6 日，住宿服务创新企业 The Guild 既是一家酒店最近融资 2500 万美元，在城市中心推出了公寓式住宿模式，以吸引更多商务旅客。

4. 1 月 6 日，OAG 印度尼西亚鹰航被评选为全球最准时航司。

5. 1 月 7 日，印度经济型连锁酒店 FabHotels 获得大量融资，与印企 OYO 竞争愈加激烈。

6. 1 月 7 日，印航与 Amadeus 签订分销协议，Sabre 被冷落。

7. 1 月 7 日，捷蓝成美国首家计划抵消国内航班碳中和航司。

8. 1 月 8 日，英国度假服务比较和交易平台 Icelolly 融资 200 万英镑来促进业务发展。

9. 1 月 8 日，Coupa Software 收购商旅技术供应商 Yapta。

10. 1 月 10 日，谷歌推出新工具，巩固旅游网站业务。

11. 1 月 13 日，新加坡旅游价格预测 App Atta 融资 300 万美元，为用户节约旅游成本，改善旅游体验。

12. 1 月 13 日，西班牙旅游技术企业 Beonprice 融资 250 万欧元开发新产品。

13. 1 月 14 日，加拿大私人导游平台 ToursByLocals 融资 3300 万加元，其提供旅游线路和导游推荐等服务。

14. 1 月 14 日，阿姆斯特丹再次提高旅游税以控制游客人数。

15. 1 月 15 日，德国商旅预订平台 Comtravo 融资 900 万欧元对商旅业务进行简化。

16. 1 月 15 日，米高梅以 46 亿美元向黑石出售两家酒店物业。

17. 1 月 15 日，德国交通平台 Omio 拓展业务，北美新增 2.3 万条线路。

18. 1 月 16 日，美国公寓式精品酒店品牌 Locale 融资 1100 万美元，进行多项全面改造。

19. 1 月 16 日，SAP Concur 将关闭旅游元搜索引擎 Hipmunk。

20. 1 月 17 日，澳洲酒店市场的软件企业 SiteMinder 融资 7000 万美元估值达 7.5 亿美元。

21. 1 月 17 日，希尔顿推出新的生活方式品牌 Tempo。

22. 1 月 19 日，瑞安航空赢得针对天巡票价问题的诉讼。

23. 1 月 19 日，捷特航空拟将荷兰业务卖给荷兰皇家航空公司。

24. 1 月 26 日，2020 年全球最具价值 500 大品牌榜发布，爱彼迎排名第 174 位。

25. 1 月 30 日，Wex 以 17 亿美元从 Travelport 收购 Enett。

2020 年 2 月

1. 2 月 3 日，OYO 酒店与 Sabre 展开长期分销战略合作。

2. 2 月 3 日，布拉格为缓解过度旅游，将限制 Airbnb 等民宿。

3. 2月4日，Amadeus收购航班网络规划技术公司Optym。

4. 2月4日，OYO拓展欧洲版图收购途易房屋租赁旅游业务。

5. 2月5日，日本东京的度假租赁管理初创企业H2O Hospitality B轮融资700万美元。

6. 2月5日，以色列个性化住客体验平台Wishbox融资250万美元，在50个国家展开服务。

7. 2月10日，途易与皇家加勒比游轮达成13亿美元的合作协议。

8. 2月11日，酒店技术初创企业Impala刚刚获得2000万美元B轮融资。

9. 2月12日，2019年，希尔顿净收入8.86亿美元，疫情将影响业绩。

10. 2月17日，Lastminute. com收购印度点评网站HolidayIQ。

11. 2月17日，联合国国际民航组织（ICAO）预测，疫情或致全球航空业收入损失50亿美元。

12. 2月18日，墨西哥或将首次限制坎昆新酒店数量增加。

13. 2月19日，德国慕尼黑酒店初创企业Limehome融资2100万欧元，进一步开发其专有技术平台。

14. 2月21日，2019年，雅高营利7.32亿美元将加速服务转型。

15. 2月21日，2019年，凯悦Q4净收入3.21亿美元已受疫情影响。

16. 2月24日，国际航空运输协会（IATA）：疫情或导致航空旅游需求十年来首次下降。

17. 2月24日，OYO继印度、美国、中国之后开始在英国市场裁员。

18. 2月25日，黑石提高对日本连锁酒店Unizo的收购报价。

19. 2月26日，旅游管理企业TripActions融资5亿美元，推出新型商旅支付服务。

20. 2月27日，美国运通推出一元化住宿平台，减少政策外预订。

21. 2月28日，印度尼西亚狮航全球股市暴跌，暂停5亿美元IPO计划。

2020年3月

1. 3月2日，瑞士自助签证服务商Viselio进行融资280万欧元，将拓展业务市场。

2. 3月2日，维珍银河称，未来太空旅游已获数千名注册游客。

3. 3月3日，全球商务旅行协会（GBTA）预计疫情致商旅业月损失470亿美元。

4. 3月3日，2019年，中东在建酒店数量实现同比增长。

5. 3月4日，差旅服务初创企业Lanes&Planes融资1000万美元来改善产品质量。

6. 3月4日，美国未来三个月入境游客人数将下降六成。

7. 3月5日，Flybe成为第一家被疫情拖垮的航司。

8. 3月5日，疫情导致OYO酒店市值蒸发约40亿美元。

9. 3月6日，美户外休闲探险旅行预订机构Yonder融资400万美元，提供沉浸式自然活动。

10. 3月9日，Airbnb投资的租赁管理公司Lyric进行裁员重组。

11. 3月9日，欧盟委员会与住宿平台们签订数据共享协议。

12. 3月10日，旅游活动软件平台Checkfront融资930万美元，为目的地旅游活动运营商、度假租赁和酒店提供云端预订工具。

13. 3 月 10 日，旅游活动竞争激烈，Booking 将与 Musement 合作。

14. 3 月 11 日，受疫情影响，全球旅游网站浏览量和销量大幅下降。

15. 3 月 11 日，新加坡樟宜机场集团（CAG）与埃森哲合作改善机场体验。

16. 3 月 12 日，美国酒店管理技术平台 Cloudbeds 融资 8200 万美元，提高服务质量。

17. 3 月 12 日，途易向埃及旅游企业家出售 3.4% 的股份。

18. 3 月 12 日，波音 737 MAX 订单取消持续给公司带来危机。

19. 3 月 13 日，IATA 回应美国旅行禁令，呼吁各国政府做好准备，支持各国政府遏制疫情的扩散。

20. 3 月 13 日，2019 年，Travelzoo 亏损 750 万美元，将关闭亚太业务。

21. 3 月 13 日，2019 年，Airbnb Q4 收益 11 亿美元，亏损翻番。

22. 3 月 16 日，自 2020 年以来，国际在线旅游巨头股价整体下跌 38%。

23. 3 月 16 日，国际旅游协会（CLIA）宣布暂停驶离美国港口的邮轮业务 30 天。

24. 3 月 17 日，OYO 面对疫情危机，欲投资增加日本合作伙伴。

25. 3 月 18 日，英国目的地推荐平台 Bimble 天使轮融资 130 万英镑进一步开发平台和 App。

26. 3 月 18 日，三大航空联盟（Oneworld、SkyTeam、Star Alliance）呼吁政府和利益相关者提供帮助。

27. 3 月 19 日，达美或将所持大韩航空母公司股份出售给 KCGI。

28. 3 月 19 日，世界旅游业理事会（WTTC）提出三项重要措施，助力旅游业恢复。

29. 3 月 19 日，万豪和希尔顿面临疫情影响，上万员工放无薪假。

30. 3 月 20 日，Airbnb 考虑新一轮融资或效仿 Spotify 直接上市。

31. 3 月 20 日，2019 年，汉莎航空收入 389 亿美元有信心渡过危机。

32. 3 月 23 日，美国两家区域航司 Compass 和 Trans States 倒闭。

33. 3 月 23 日，尽管有疫情背景，以色列酒店初创企业 Pruvo 融资 110 万美元。

34. 3 月 24 日，国际酒店预订平台临时更改政策，将为住客退款。

35. 3 月 25 日，希尔顿为休假员工在亚马逊和 CVS 安排临时工作。

36. 3 月 26 日，卡塔尔航空反趋势提高运力，新增 1 万个座位。

37. 3 月 26 日，Amadeus 和 Sabre 削减成本支出应对疫情影响。

38. 3 月 27 日，WTTC 称全球 7500 万旅游业相关工作受疫情影响。

39. 3 月 27 日，美国政府将收购接受救助金的航司股权。

40. 3 月 30 日，游艇租赁商 Click&Boat 收购竞争对手 Scansail。

41. 3 月 30 日，UNWTO 称 2020 年国际旅游人数将下降 20% -30%。

2020 年 4 月

1. 4 月 1 日，万豪再次出现数据泄露，影响 520 万名住客。

2. 4 月 1 日，IATA 称疫情将使航司 Q2 消耗现金储备 610 亿美元。

3. 4 月 2 日，医疗旅游创企 Air DoctorA 轮融资 780 万美元，将游客与当地医生联系起来。

4. 4 月 2 日，神鹰航空或将被德国政府收购，实现国有化。

5. 4月3日，美国1.5万家酒店提供防控疫情紧急服务。

6. 4月3日，旅游分析公司ForwardKeys的分析显示，新冠肺炎导致航空业损失77%业务。

7. 4月7日，Airbnb获10亿美元投资，缓解疫情带来的危机。

8. 4月7日，Flight Centre为节省成本关闭800家线下门店。

9. 4月8日，法国航荷航获政府出资65亿美元以维持生存。

10. 4月8日，阿拉伯主权财富基金收购嘉年华邮轮8.2%的股份。

11. 4月9日，Airbnb估值几乎腰斩，降至约180亿美元。

12. 4月9日，加拿大AI旅游技术企业Eddy Travels已融资110万欧元，利用融资在疫情暴发期间帮助游客。

13. 4月10日，Sabre收购Farelogix计划再遇英国监管机构阻挠。

14. 4月13日，美国疾控中心再将邮轮禁令延长100天。

15. 4月13日，越南航空考虑出售柬埔寨吴哥航空49%的股份。

16. 4月14日，波兰国有航司LOT放弃收购德国神鹰航空。

17. 4月15日，Airbnb再融资10亿美元以应对疫情挑战。

18. 4月15日，美国大型航司与财政部达成250亿美元救助协议。

19. 4月16日，卡塔尔航空再获渣打银行8.5亿美元投资。

20. 4月16日，皇家加勒比游轮美国总部将裁员26%。

21. 4月17日，嘉年华集团融资64亿美元挽救2020年及今后业务，应对疫情挑战。

22. 4月17日，Booking Holdings申请欧洲救助，或将大幅裁员。

23. 4月20日，UNWTO报告称，全球96%目的地实施旅游限制。

24. 4月21日，印度旅游SaaS初创企业ITILITE融资1300万美元，对疫情挑战有信心。

25. 4月21日，诺唯真邮轮拟通过高盛出售大量股份应对危机。

26. 4月22日，Expedia向私募股权出售股权以融资10亿美元。

27. 4月22日，欧盟旅游业务降幅达70%正考虑万亿美元援助。

28. 4月22日，困境中的OYO将全体员工薪资削减25%。

29. 4月23日，达美航空2020年第一季度亏损5.34亿美元。

30. 4月24日，Expedia宣布融资32亿美元，并任命新CEO。

31. 4月24日，汉莎航空预计Q1损失12亿欧元寻求政府帮助。

32. 4月26日，法航荷航集团将获政府97亿美元救助资金。

33. 4月27日，WTTC疫情殃及超过1亿个旅游业工作岗位。

34. 4月28日，First Cabin日本胶囊旅馆品牌宣布破产。

35. 4月29日，TripAdvisor全球裁员25%并将进行业务重组。

36. 4月30日，公寓式短租平台Frontdesk A轮融资680万美元，应对疫情难关。

37. 4月30日，潜水旅游预订平台Zublu融资100万美元，准备在疫情之后恢复业务。

38. 4月30日，波音Q1亏损6.41亿美元将裁员15%并减产。

2020 年 5 月

1. 5 月 6 日，Airbnb 裁员 25%，同时削减年度投资规模。

2. 5 月 7 日，疫情旅游业低迷期间，波音完成 250 亿美元融资，不再寻求政府援助。

3. 5 月 7 日，万豪修改联名信用卡协议，融资 9.2 亿美元，用于公司的日常运营。

4. 5 月 7 日，诺唯真邮轮融资 22.3 亿美元，应对疫情危机。

5. 5 月 9 日，美国休闲和接待业两个月内损失 820 万个岗位。

6. 5 月 10 日，拉丁美洲最大航司之一 Avianca 航空申请破产。

7. 5 月 11 日，Wex 受疫情影响放弃对 eNett 和 Optal 的收购。

8. 5 月 12 日，欧洲无障碍旅行平台 Handiscover 融资 160 万欧元。

9. 5 月 12 日，万豪酒店市场已触底反弹，高层变动调整业务。

10. 5 月 13 日，欧盟或将逐步开放风险水平相同国家边境。

11. 5 月 13 日，途易集团暂停全球活动，裁员约 8000 人。

12. 5 月 14 日，UNWTO 发布旅游业复苏技术援助方案。

13. 5 月 14 日，卡塔尔航空将裁员近 20% 并削减机队。

14. 5 月 14 日，大韩航空通过股权出售和政府救助融资 18 亿美元。

15. 5 月 15 日，法国提供 180 亿欧元救助资金，挽救旅游行业。

16. 5 月 15 日，嘉年华集团宣布裁员减薪将继续暂停邮轮业务。

17. 5 月 19 日，Agoda 亚洲业务告急，将裁员 1/4。

18. 5 月 20 日，易捷航空祸不单行，900 万乘客信息遭泄露。

19. 5 月 21 日，皇家加勒比 Q1 取消 130 个航次净亏损 14 亿美元。

20. 5 月 20 日，为客户提供旅游消费贷款的金融科技公司 Fly Now Pay Later 融资 3500 万英镑，其中 3000 万英镑为债务融资。

21. 5 月 21 日，Lastminute 集团融资 9500 万欧元，改善财务状况。

22. 5 月 22 日，会展行业巨头 Cvent 裁员 10%。

23. 5 月 25 日，On The Beach 通过发行股票和贷款获 1.2 亿英镑。

24. 5 月 26 日，汉莎集团获德国政府 WSF 支持将融资 90 亿欧元。

25. 5 月 26 日，日本将推出游客旅游补贴计划推动行业复苏。

26. 5 月 27 日，IATA 全球航司债务增长 28% 将拖累行业复苏。

27. 5 月 27 日，Expedia 裁员之后，关闭短租业务以削减规模。

28. 5 月 28 日，数据泄露的易捷航空或面临 180 亿英镑巨额罚款。

29. 5 月 29 日，美政府救助计划尘埃落定美国航空将裁员 30%。

30. 5 月 29 日，Expedia 向合作伙伴推出 2.75 亿美元复苏计划。

2020 年 6 月

1. 6 月 3 日，北美最大度假租赁平台 Vacasa 融资 1.08 亿美元，巩固财务水平，以在疫情之后推动消费者需求。

2. 6 月 4 日，加拿大航空融资近 11.8 亿美元，增加资金流动性巩固其资产负债表，投资者也希望能帮助受到疫情打击的行业。

3. 6月8日，旅游技术巨头 Travelport 将融资5亿美元，缓解与支付技术企业 Wex 的交易纠纷压力。

4. 6月9日，Booking. com 与途易旗下 Musement 合作。

5. 6月10日，阿联酋航空将裁员数千人同时削减薪水至9月。

6. 6月12日，旅游行程管理平台 Journera B 轮融资1160万美元，融资将用于获取更多客户，但或面临困难。

7. 6月12日，酒店直接预订技术公司 THN B 轮融资1000万欧元，此轮融资由 Elaia 领投。

8. 6月15日，英旅游技术企业 Tickitto Pre - seed 融资70万美元，以扩大其工程团队。

9. 6月15日，Airbnb 推出 Go Near 计划，助力美国国内旅游恢复。

10. 6月15日，孤独星球自救，将与竞争对手 Culture Trip 合作。

11. 6月17日，美国 TripActions 危机中抓住机会，融资1.25亿美元，在疫情中发展相对较稳定。

12. 6月17日，希尔顿步酒店业同行后尘，拟全球裁员2100人。

13. 6月18日，美酒店技术创企 Akia 融资100万美元，用以开发非接触交流。

14. 6月18日，逆势而上，中东连锁酒店 Leva Hotels 进军美国。

15. 6月22日，MMGY 与 Expedia 等合作激励疫情后旅游发展。

16. 6月23日，随着疫情影响的持续，为了生存下去，加航再融资12.3亿加元，当年已筹集55亿加元。

17. 6月24日，Expedia 集团削减品牌将剥离 HomeAway 业务。

18. 6月28日，短期公寓租赁企业 Sonder 完成了1.7亿美元的E轮融资，企业估值达到13亿美元，以确保 Sonder 能够渡过次危机。

19. 6月28日，澳洲航空将削减至少20%的劳动力，并融资13亿美元，同时也在疫情压力之下制订了成本削减计划。

20. 6月29日，住客体验平台 SevenRooms 融资5000万美元，来支持其全球业务拓展和产品开发。

21. 6月30日，度假租赁平台 RedAwning 出售其营销和网络服务。

22. 6月30日，墨西哥航空申请破产。

2020年7月

1. 7月1日，2020年，泰国入境游客将同比下降80%。

2. 7月2日，Cardlytics 非标住宿引领美国旅游业恢复势头。

3. 7月6日，JBIC 向全日空和日航提供16亿美元进口信贷担保。

4. 7月7日，亚航一季度亏损1.88亿美元，收入下降15%。

5. 7月8日，阿拉斯加航空抵押61架客机，融资超11亿美元以应对疫情危机。

6. 7月8日，东南亚最大 OTA 初创企业 Traveloka 融资2.5亿美元，应对疫情危机。

7. 7月9日，法知名保险公司 Koala 融资160万欧元，将重塑旅游保险服务。

8. 7月9日，美联航削减运营规模或将裁员3.6万人。

9. 7月9日，途易12亿欧元出售子公司 Hapag - Lloyd 邮轮。

10. 7 月 10 日，印度共享住宿初创企业 Zolostays 融资 5600 万美元，Investcorp 领投，推动产品创新。

11. 7 月 10 日，TravelPerk 收购 Albatross，提高差旅风险管理能力。

12. 7 月 13 日，印度经济连锁酒店 Treebo 融资 300 万美元，应对疫情压力。

13. 7 月 13 日，嘉年华邮轮出售 13 艘邮轮，削减运营成本。

14. 7 月 14 日，新加坡和印度机票零售平台 Mystifly 融资中获得 330 万美元，以巩固机票分销产品和技术。

15. 7 月 15 日，洲际万豪希尔顿看准时机争夺英国经济酒店市场。

16. 7 月 15 日，达美航空 Q2 净亏损 57 亿美元，营收同比下降 88%。

17. 7 月 16 日，酒店员工交流平台 Beekeeper B 轮融资再添 1000 万美元，资金将用于构建具有更多工具的 App。

18. 7 月 16 日，凯悦在危机中逆流而上，继续增加新酒店。

19. 7 月 16 日，OYO 受疫情影响，整合日本酒店和住宅租赁。

20. 7 月 17 日，Airbnb 重启上市计划并将改组管理层结构。

21. 7 月 20 日，TripAdvisor 出售媒体业务组合 SmarterTravel。

22. 7 月 21 日，洲际酒店集团加码奢华品牌扩大丽晶酒店规模。

23. 7 月 21 日，印度靛蓝航空裁员 2400 人占员工总数的 10%。

24. 7 月 22 日，美联航迎近百年来最惨季度 Q2 亏损 16.3 亿美元。

25. 7 月 23 日，Airbnb IPO 计划回归正轨，或考虑借壳上市。

26. 7 月 28 日，《HOTELS》杂志公布了 2019 年全球酒店集团 325 强名单，万豪国际酒店集团蝉联第一。

27. 7 月 28 日，瑞安航空或将关闭西班牙和意大利基地。

28. 7 月 29 日，韩国旅游初创企业 MyRealTrip 融资 3600 万美元，提高服务水平。

29. 7 月 31 日，Expedia Q2 预订量下滑 90% 总收入减少 82%。

2020 年 8 月

1. 8 月 3 日，LATAM 为减轻财务压力，将再裁员 2700 人 8 月 4 日，全球旅游业 Q2 的风险融资交易总额逾 10 亿美元。

2. 8 月 5 日，Booking.com 全球裁员 25%，将进行结构重组。

3. 8 月 5 日，Flight Centre 收购差旅管理平台 WhereTo。

4. 8 月 5 日，迪士尼 2020 财年 Q3 主题公园等业务营收跌 85%。

5. 8 月 6 日，美国波士顿物业运营和服务平台 Breezeway 在融资中获投 800 万美元，增加了其为酒店物业管理者提供的服务，助力酒店物业重启。

6. 8 月 6 日，雅高上半年收入仅 9.17 亿欧元将裁员 1000 人。

7. 8 月 6 日，维珍澳航恢复计划仅保留波音 737s 将再次裁员。

8. 8 月 10 日，汉莎航空将进行重组缩小规模以确保持续经营。

9. 8 月 12 日，数字身份解决方案服务公司 Airside 完成 1300 万美元融资，贝恩资本领投，为用户提供更流畅的体验。

10. 8 月 12 日，以色列酒店平台 Splitty 收购二手交易网站 Cancelon。

11. 8月13日，Airbnb Q2收入3.35亿美元，降幅超六成。

12. 8月13日，SBE和雅高将在全球范围拓展Delano酒店品牌。

13. 8月14日，全日空航空欲从银行融资47亿美元应对危机。

14. 8月14日，途易上季度收入骤降98%净亏损14.5亿欧元。

15. 8月14日，维京游轮宣布取消2020年全年航行计划。

16. 8月19日，印度旅游体验共享平台Trell融资1140万美元，扩大内容创建者和用户群，并提高其自身的个性化。

17. 8月19日，德国多式联运预订平台Omio宣布完成1亿美元融资，以获取更多服务供应，并发展消费者体验。

18. 8月21日，印度政府邀商人银行家竞购铁路电子票务部门。

19. 8月24日，拉美OTA Despegar融资2亿美元，预订量复苏。

20. 8月25日，维珍澳航或以35亿澳元出售给贝恩资本。

21. 8月26日，美航将在政府纾困计划到期时再裁员1.9万人。

22. 8月26日，维珍大西洋12亿英镑资金重组计划获债权人支持。

23. 8月31日，美高梅集团自本周起将逐渐裁员1.8万人。

24. 8月31日，新西兰航空2020财年遭遇18年来首次亏损。

2020年9月

1. 9月1日，酒店集团MCR斥资4600万美元收购StayNTouch。

2. 9月4日，WTTC称美国或将因流失国际游客损失1550亿美元。

3. 9月7日，服贸会旅游投融资大会签约总额157.1亿元，推动疫情影响下全球旅游的国际合作，为世界旅游重启繁荣注入更多新的力量。

4. 9月7日，英国旅行社Hays Travel收购Tailor Made Travel。

5. 9月7日，OYO酒店再获软银投资，拓展拉美业务。

6. 9月8日，老牌旅行社Thomas Cook将以OTA身份回归市场。

7. 9月10日，亚洲航空计划在今年年底前融资6亿美元。

8. 9月10日，德国旅游和活动技术企业Bookingkit融资500万欧元，以通过数百万欧元的融资来巩固销售势头。

9. 9月11日，新加坡航空将削减4300个职位，系史上最大规模。

10. 9月14日，达美航空宣布其将利用SkyMiles常客计划融资65亿美元。

11. 9月14日，Booking启动10%裁员计划。

12. 9月14日，雅高集团将进行结构重组，分散总部权力。

13. 9月17日，空客CEO向13万名员工发出强制裁员警告。

14. 9月18日，携程注资的印度OTA MakeMyTrip将进军阿联酋。

15. 9月21日，欧洲第二波疫情来袭，英国旅游企业股市震荡。

16. 9月22日，风投Howzat将募资1.2亿美元投资旅游初创公司。

17. 9月22日，私人住宿搜索引擎Holidu的C轮融资又追加了500万欧元的投资。

18. 9月23日，长住需求增加，Booking.com顺势推出新服务。

19. 9月24日，途易将冬季运力下调至40%或将裁员8000人。

20. 9 月 24 日，新加坡欲通过 AI 技术提振旅游市场。

21. 9 月 25 日，StockApps. com 的数据显示全球五大连锁酒店（温德姆酒店和度假村、精选国际酒店、万豪国际、洲际酒店集团和希尔顿集团）与年初相比市值已蒸发 252 亿美元。

22. 9 月 27 日，美国航空再获美国政府提供的 55 亿美元贷款。

23. 9 月 28 日，卡航遭遇巨额亏损，获政府约 20 亿美元注资。

24. 9 月 29 日，凯撒娱乐出资 37 亿美元竞购博彩企业威廉希尔。

25. 9 月 30 日，迪士尼业务受疫情重创，宣布美国裁员 2. 8 万人。

2020 年 10 月

1. 10 月 10 日，韩国酒店平台 Yanolja 扩张酒店技术，对标甲骨文。

2. 10 月 12 日，WTTC 制订计划挽救世界旅游业 1 亿个工作岗位。

3. 10 月 13 日，印度经济型酒店品牌 Treebo Hotels 在最新一轮融资中获投 600 万美元，用于发展其软件即服务（SaaS）业务。

4. 10 月 15 日，日本最大航空公司全日空已获得 38 亿美元的次级贷款，强化资金储备，以应对旅行限制导致的航空旅行业务暴跌。

5. 10 月 19 日，Expedia 与 UNWTO 展开合作，助力旅游业复苏。

6. 10 月 20 日，Expedia 向原管理层出售 SilverRail Technologies。

7. 10 月 23 日，BCD Travel 面对 Zoom 压力，决定裁员 3000 人。

8. 10 月 27 日，德国初创酒店企业 Limehome A 轮融资再获 1000 万欧元，利用这笔资金进一步开发其专有技术平台，并继续在德国和欧洲拓展业务。

9. 10 月 29 日，MakeMyTrip 2021 财年 Q2 收入仅 2110 万美元。

10. 10 月 30 日，GetYourGuide 融资 1. 14 亿欧元推动疫后复苏。

2020 年 11 月

1. 11 月 2 日，法航荷航 Q3 亏损超 10 亿欧元，重组计划遭拒。

2. 11 月 3 日，万豪数据泄露罚款金额降至 1800 万英镑。

3. 11 月 4 日，Trivago Q3 收入降幅环比收窄，净亏损 230 万欧元。

4. 11 月 5 日，希尔顿 Q3 业绩明显回升，净亏损 8100 万美元。

5. 11 月 6 日，Booking 集团 Q3 预订总额降幅收窄至 47%。

6. 11 月 11 日，美国航空发行 3850 万股普通股提高资金流动性。

7. 11 月 12 日，捷蓝航空发展非航空业务，将推短租服务。

8. 11 月 13 日，WTTC 美国旅游业或因疫情损失 920 万工作岗位。

9. 11 月 19 日，定制游平台 Tourlane 融资 2000 万美元，以稳定财务状况。

10. 11 月 20 日，技术巨头甲骨文收购酒店产品追售平台 Nor1。

11. 11 月 25 日，埃森哲旅游业或因航班停飞而损失 3180 亿美元。

12. 11 月 27 日，全球邮轮业收入损失 200 亿美元，同比降 17%。

2020 年 12 月

1. 12 月 1 日，澳洲航空再裁员 2000 余人，债务高达 15 亿澳元。

2. 12 月 4 日，途易集团获第三次援助，援助总金额达 60 亿美元。

3. 12 月 7 日，汉莎航空宣布将裁员近 4 万人，以应对疫情危机。

4. 12 月 7 日，万豪旗下短租品牌 Homes&Villas 实现高速增长。

5. 12 月 8 日，谷歌推出新工具帮助目的地、酒店和合作伙伴复苏。

6. 12 月 9 日，Yanolja 向旅游数据企业 Triple 投资 900 万美元。

7. 12 月 15 日，雅高顺应市场趋势，推出短租预订平台。

8. 12 月 16 日，WTTC 发布旅游业包容性和多样性高级指南。

9. 12 月 17 日，Hotelbeds 与 Flight Centre 合作扩大酒店分销范围。

10. 12 月 18 日，UNWTO 称全球游客人数降幅超 70% 市场倒退 30 年。

11. 12 月 21 日，按需交通平台 Bolt 融资 1. 5 亿欧元，进一步提高产品和服务的安全性和质量。

12. 12 月 22 日，Expedia 关闭目的地旅游活动线下销售服务。

13. 12 月 23 日，Sabre 与 HelloGbye 合作为 TMC 提供 AI 自动化服务。

14. 12 月 25 日，新加坡旅游和费用管理初创企业 Navisteps 完成 100 万美元融资，扩大在亚洲的业务。

15. 12 月 28 日，Hopin 收购 Topi，推动多功能活动发展。

（执笔人：乔清坡，北京联合大学旅游学院 2020 级旅游管理专业本科生）

第二章　2019－2020 年国内文旅企业“双创”大事记

2019 年 1 月

1. 1 月 3 日，携程战略领投云迹科技，加速酒店智能化布局。
2. 1 月 3 日，同程艺龙上线 VR 机场服务，打造智慧机场生态。
3. 1 月 3 日，马蜂窝联合火山小视频，挖掘火山旅游新玩法。
4. 1 月 5 日，青蛙研学获数百万天使轮融资，引进“联营模式”。
5. 1 月 8 日，马蜂窝与日本动漫旅游协会达成战略合作，深挖动漫旅游胜地。
6. 1 月 8 日，同程艺龙联手国航推优惠助力寒假学子归家。
7. 1 月 13 日，酒店信息泄露频发，凯悦集团发起找漏奖励。
8. 1 月 14 日，盒子空间融资近 2000 万元，专注中高端休闲住宿。
9. 1 月 15 日，携程三亚租车中心开业“双平台”战略赋能供应商。
10. 1 月 15 日，携程门店春运线下免费提供购票手册，助务工者返乡。
11. 1 月 18 日，洲际将在全球 20 个新目的地开设金普顿酒店。
12. 1 月 17 日，旅行社协会携手途牛发布《2019 春节黄金周旅游趋势报告》。
13. 1 月 18 日，华住推出新零售品牌“客听”，盘活酒店大堂闲置空间。
14. 1 月 28 日，东方航空启用国内首个 RFID 行程跟踪系统。
15. 1 月 28 日，携程上线澳门金沙度假区旗舰店，附加值提升。
16. 1 月 28 日，聚焦度假别墅空间运营的“趣墅”获达晨创投千万元 A 轮融资。
17. 1 月 29 日，携程与香格里拉合作升级，将进行直连和推广。
18. 1 月 29 日，携程旅拍携 KFC 上线“家乡 Pick 大会”主题活动。
19. 1 月 31 日，同程艺龙推出懒猫民宿，独立小程序已正式上线。

2019 年 2 月

1. 2 月 6 日，飞猪牵手新西兰旅游局开启《锋味》系列活动。
2. 2 月 13 日，洲际酒店集团 3 亿美元收购六善度假酒店，豪华酒店规模增至 400 家。
3. 2 月 14 日，滴滴出行以 1 亿美元投资印度 OYO Hotels。
4. 2 月 15 日，丽呈集团与远洲旅业合作打造酒店行业新模式。
5. 2 月 18 日，机器人服务商云迹科技获 B 轮融资，携程参投。
6. 2 月 18 日，不荒田园生态获得近千万天使轮融资，跨界发展乡村振兴新玩法。
7. 2 月 18 日，飞猪联合芝麻信用宣布日本美食信用免押上线。
8. 2 月 21 日，铂涛旗下公寓品牌“窝趣”完成近 2 亿元 B 轮融资，魔方公寓领投。

9. 2月26日，互联网平台“行装”完成数千万A轮融资，从户外领域切入旅行市场。

10. 2月27日，凯悦携手如家共创合资公司，扩大在华业务版图。

11. 2月28日，“一站式”精准营销平台“俐虎网”获得千万A轮融资。

12. 2月28日，易民宿获香港旅馆集团A轮融资，瞄准欧美市场主打“民宿+主题游”。

13. 2月28日，新华网携手途牛联合发布《2018年度移动旅游发展及消费白皮书》。

2019年3月

1. 3月1日，蛋壳公寓C轮融资5亿元，老虎基金、蚂蚁金服领投。

2. 3月1日，马蜂窝成为旅游经济文化和旅游部重点实验室共建单位。

3. 3月3日，中国旅游研究院、携程旅游大数据联合实验室联合发布了《2018年中国游客出境游大数据报告》。

4. 3月5日，小蘑菇公寓获2亿元天使人投资，进入长租公寓市场。

5. 3月5日，途易和携程展开合作，推动新目的地市场开发。

6. 3月6日，智慧旅游创企“驿步出行”获千万级Pre－A轮融资。

7. 3月11日，开元酒店行业巨头加持，成功于港交所主板上市。

8. 3月11日，营地教育品牌“深圳儿童周末”获北塔资本数百万元Pre－A轮融资。

9. 3月11日，长租公寓品牌魔方完成1.5亿美元D轮融资，加重轻资产服务。

10. 3月11日，游美营地获数千万元A轮融资，定位于打造美式夏令营。

11. 3月13日，美国航空和凯悦酒店为精英会员推出互惠计划，增加里程和酒店积分回血渠道。

12. 3月13日，国内衍生品品牌52TOYS完成数千万元A+轮融资，三千资本领投。

13. 3月15日，音乐节运营商“南窗文化”获同程资本数百万元天使轮融资。

14. 3月18日，携程首家海外目的地主题店落地上海人民广场。

15. 3月20日，杭州麦扑、西湖风景名胜区管理委员会、高德地图共同开发建设“西湖一键智慧游”智慧景区服务系统。

16. 3月21日，飞猪上线“飞猪购”，免税商品在线提前购买门店取。

17. 3月21日，同程艺龙“智慧+酒店”亮相微信支付合作伙伴大会。

18. 3月22日，携程旅游网签约意大利旅游局，助推“一带一路”建设。

19. 3月26日，中国民航局发布首张数字化“目视飞行航图”。

20. 3月26日，同程发布“同驿贷”，为酒店融资打开新局面。

21. 3月28日，云迹科技获金茂资本、携程集团、光控众盈、海银前哨基金四家联合B轮投融资。

22. 3月28日，携程金融入围香港虚拟银行首发阵容。

2019年4月

1. 4月2日，万豪扩展长住品牌居家，再签两家伦敦新酒店。

2. 4月2日，会员制度假服务平台“周末酒店”获新一轮融资。

3. 4月2日，同程旅游国内首售日本“SUNQPASS票”。

4. 4月3日，鲸睛旅游系统获种子轮融资350万元，助力数据互联互通。

5. 4月3日，民宿房源管理SaaS服务商“百居易”获400万元Pre－A轮融资。

6. 4月9日，奥地利旅游国家馆上线飞猪，推进文化旅游科技创新。

7. 4月10日，马蜂窝与ACSC深度合作，共助冰雪运动推广。

8. 4月11日，华住集团任命孙武担任集团全球首席发展官暨执行副总裁，负责华住旗下所有品牌开发、营建、采购和加盟管理。

9. 4月12日，携程与JR东日本达成战略合作，“铁路＋旅游”开拓东北日本旅游资源。

10. 4月12日，滴滴5000万元成立桔财动力全资子公司。

11. 4月16日，乐湃科技酒店智能设备提供商获数千万元Pre－A轮融资。

12. 4月19日，携程推公务员考场地标功能，不临街酒店成首选。

13. 4月19日，马蜂窝上线打卡“一带一路”活动，倡导文化旅游新风尚。

14. 4月23日，开元酒店集团宣布与携程达成深度战略合作。

15. 4月23日，中青旅重磅发布第十份社会责任报告。

16. 4月23日，寓小二获贝壳找房5000万元A轮融资。

17. 4月24日，小猪短租联手飞猪，共享住宿首推“先住后付”。

18. 4月24日，同程艺龙与微信支付战略合作提升住宿服务体验。

19. 4月24日，中国旅企首获资质，中青旅全面服务北京世园会。

20. 4月26日，携程正式宣布与跨国传媒集团Naspers达成协议，交换Naspers所持有的印度在线旅游企业MakeMyTrip股票。

21. 4月29日，室内体育竞技主题乐园Hi－Fun获空中集团5000万元战略融资。

22. 4月29日，万爱情侣酒店完成数千万元Pre－A轮融资。

2019年5月

1. 5月5日，房屋资产动态运营服务商“橙途”获500万元天使轮融资。

2. 5月7日，旅游＋生活服务平台“起飞线”获上千万元天使融资。

3. 5月7日，中青旅联盟召开第18次全体成员大会在古北水镇。

4. 5月8日，文娱生活方式发现平台“同感科技”完成数百万元天使轮融资。

5. 5月8日，境外自驾游平台“租租车”获数千万美元C轮融资，投资方为启明创投。

6. 5月8日，木鸟短租宣布完成B＋轮数千万元融资，华冠资本领投。

7. 5月9日，飞猪携开元打造超级品牌日，引领酒店数字化升级。

8. 5月9日，万豪旗下万怡酒店在法国增加新的酒店物业。

9. 5月9日，华住集团宣布与光大安石联合成立全新投资平台——安住此间，专注境内酒店及公寓不动产。

10. 5月9日，洲际下周推出第17个品牌，肯定第三方预订平台。

11. 5月10日，携程上线服务市场平台，赋能提升酒店转化率。

12. 5月10日，携程程酒店大学赋能低星酒店，商家产量迅速提升。

13. 5月12日，健康生活方式平台“深潜 DeepDive”完成数千万元A轮融资。

14. 5月15日，飞猪成立川航阿里营销中心，OTM升级旅游。

15. 5月15日，洲际推中高端品牌 Atwell Suites 扩大品牌组合，采用特许经营模式加码中高端。

16. 5月16日，携程推全球15大文明之旅，少年丝路壮游团爆满。

17. 5月17日，携程与天津市达成战略合作，打造天津旅游国际形象。

18. 5月17日，马蜂窝携手昆士兰旅游局，打造目的地营销新样本。

19. 5月18日，驴妈妈旅游网发布2019博物馆主题游数据，从观光游向深度体验游转变。

20. 5月20日，携程与西班牙美利亚酒店达成旗舰店合作。

21. 5月20日，同程艺龙与马蜂窝合作，共建行中场景闭环体验。

22. 5月21日，华住集团旗下首家花间堂城市店落脚北京。

23. 5月22日，中国首个海外文化主题邮轮新加坡起航。

24. 5月22日，内蒙古自治区文化和旅游厅主办的“72小时”创意自驾旅游发布会在京召开。

25. 5月23日，马蜂窝完成2.5亿美元新融资，腾讯领投。

26. 5月23日，飞猪拒绝恶意搭售，再砸一亿元承诺净价“安心票”。

27. 5月24日，探索“旅游+”新型研学，林石嘴青少年科普教育基地开园。

28. 5月27日，携程联手国航，在OTA行业中首家推出国航“现金+里程”购票服务，可用里程直接抵扣机票款。

29. 5月27日，同程平台孵化项目“同程生活”完成 Pre-A 和 A1 轮融资。

30. 5月27日，OYO与携程战略合作，共赢下沉市场消费升级。

31. 5月28日，万豪与 Salesforce 合作，实现更个性化的体验。

32. 5月29日，携程携手北京联合大学旅游学院开讲创业课。

33. 5月30日，贵州黔南文化旅游推介走进北京交通大学。

34. 5月30日，由华住集团和IDG资本战略投资的H连锁酒店在成都正式对外亮相。

35. 5月31日，小猪与马蜂窝达成战略合作，共筑特色住宿消费闭环。

2019年6月

1. 6月3日，飞猪开通越南在线签证直达领馆通道，24小时内出签。

2. 6月3日，中青旅出台包价旅游与旅行社旅游产品国家规范。

3. 6月4日，安伴智能被三亚公安选为助力打造网约房智慧管控平台的合作方。

4. 6月4日，携程旅拍发布“KOL招募令”，为优质内容“加把火”。

5. 6月5日，携程携手联合国开发计划署发起共益旅行联盟。

6. 6月5日，线下亲子生活“游乐+”原创品牌奈尔宝获上亿元B轮投资。

7. 6月7日，携程多项建言聚焦出游便利，推动中克旅游再升级。

8. 6月9日，万豪集团公布翻新喜来登酒店公共区域的计划。

9. 6月11日，携程与景区推毕业零元起优惠，助力高考结束“毕业游”。

10. 6月11日，国际研学机构“翔飞教育”获数千万元A轮融资。

11. 6月12日，飞猪联合PADI推出休闲潜水证，可一日拿证。

12. 6月12日，同程艺龙推出多个毕业旅行主题，助力毕业季。

13. 6月13日，同程助力环太湖国际竞走多日赛暨太湖蓝半马。

14. 6月14日，同程旅游“同驿贷”与木莲庄酒店集团达成合作。

15. 6月14日，同程艺龙上线带客宝帮助广大中小酒店商户做好精准营销、提升运营能力。

16. 6月17日，同程生活完成数千万美元A2轮融资，微光创投领投。

17. 6月18日，滴滴整合单车和电单车业务，成立两轮车事业部。

18. 6月19日，浙江省最大旅游集团之一飞扬集团在香港主板上市。

19. 6月19日，凯悦与首旅如家合作推出全新品牌逸扉UrCove。

20. 6月21日，中国旅游研究院联手携程发《2019中国避暑游预测报告》。

21. 6月21日，阿里巴巴集团旗下旅行品牌飞猪宣布上线，民宿短租频道小猪短租房源首批接入。

22. 6月25日，皇包车旅行完成5000万美元C+轮融资。

23. 6月25日，数字化营销服务商“直客通”完成1.1亿元B轮融资，顺为资本领投。

24. 6月25日，携程推出我国第一个“无障碍旅游计划”。

25. 6月25日，马蜂窝与中华恐龙园达成战略，“内容+交易”打造智慧赋能新方式。

26. 6月25日，洲际酒店集团与金沙中国有限公司宣布将通过洲际度假村联盟展开合作。

27. 6月26日，香格里拉集团获携程“华人礼遇优选酒店”全球认证。

28. 6月26日，中青旅控股子公司乌镇旅游获2.45亿元财政补贴。

29. 6月27日，斐济旅游局、斐济航空与途牛签署战略合作协议，三方将进一步加强旅游领域的合作。

30. 6月28日，遵义联手携程推重磅旅游福利，上海大学生赴当地景点门票全免。

31. 6月28日，飞猪宣布与全球最大的消费级无人机科技公司大疆达成会员合作。

32. 6月28日，燕海旅业获四川省政府文旅产业引导基金——川旅基金战略投资，持续深耕周边游领域。

33. 6月29日，万豪出资2.55亿美元收购凤凰城喜来登大酒店。

2019年7月

1. 7月3日，贝壳途获百万元天使轮融资，专注于旅游领域。

2. 7月3日，携程率先在自营跟团游业务中开展“垃圾分类旅游无忧”活动。

3. 7月3日，国泰航空及国泰港龙航空与飞猪联手推出首个航空“超级品牌日”活动。

4. 7月3日，万豪电商策略变阵，转移官网中文预订入口。

5. 7月4日，途牛“牛人专线”标准再升级，提供高品质跟团游。

6. 7月4日，同程艺龙与腾讯广告推出“同腾生态”，赋能商户打造行业解决方案。

7. 7月5日，携程简化越南签证办理流程，只需上传护照首页。

8. 7 月 5 日，盒子空间近日获得浅石创投领投的过千万元 A + 轮融资。

9. 7 月 6 日，百岁希尔顿携手飞猪开启“超级品牌日”，抢跑数字化运营。

10. 7 月 9 日，携程发布定制旅行企业标准，助市场高质量发展。

11. 7 月 9 日，途牛携手首旅如家联合推荐盛夏十大旅行路线，包含海滨度假、亲子时光等主题。

12. 7 月 9 日，滴滴为“解决供需失衡”，上调北京网约车价格。

13. 7 月 9 日，大好河山旅游完成战略融资，投资方为张家口中油金鸿科技有限公司。

14. 7 月 9 日，城市经济民宿品牌“让渡居”获 200 万元种子轮融资。

15. 7 月 10 日，同程艺龙推出智慧平台系统，多维度助力全域生态。

16. 7 月 10 日，户外体育旅游机构“虫旅体育”获数百万元 A 轮融资。

17. 7 月 11 日，演艺在线商务对接与肖像授权平台“脸探肖像”完成数百万人民币天使轮融资。

18. 7 月 11 日，智能酒店方案提供商睿沃科技获 A 轮融资 5000 万元。

19. 7 月 11 日，飞猪推出机票零首付分期买，大大降低年轻人全球游门槛。

20. 7 月 13 日，高德地图与长隆携手打造“一键智慧游长隆”活动。

21. 7 月 15 日，酒店新零售智能方案提供商乐湃完成数百万元 Pre－A + 轮融资。

22. 7 月 16 日，阿里巴巴与万豪国际率先在中国内地试点“刷脸”入住服务。

23. 7 月 16 日，华住提出了全新的酒店一体化商旅解决方案，以技术点亮智能化商旅服务，为企业客户提供“降价不降配”的服务体验。

24. 7 月 17 日，万豪飞猪会员积分互通，飞猪会员每 5000 飞猪里程可以兑换 1000 万豪旅享家积分。

25. 7 月 17 日，同程艺龙旗下“我寓”品牌发力酒店轻加盟，计划年底前签约。

26. 7 月 18 日，滴滴计划融资至多 20 亿美元，估值或达 620 亿美元。

27. 7 月 18 日，野外智慧居住舱“集宿”完成 200 万元天使轮融资。

28. 7 月 19 日，滴滴公布顺风车整改方案，优化多项功能，推出女性专属保护计划。

29. 7 月 22 日，携程牵手新加坡圣淘沙名胜世界，多重服务升级。

30. 7 月 22 日，洲际酒店宣布入住六善酒店可以用 IHG 积分兑换客房。

31. 7 月 22 日，酒店品牌“轻住”上半年完成三轮融资，累计融资数千万美元。

32. 7 月 23 日，阿里巴巴携手日本 JR 九州，飞猪新 IP 推火车之旅。

33. 7 月 25 日，丰田投资滴滴 6 亿美元，拓展智能出行服务合作。

34. 7 月 29 日，马蜂窝于日本东京宣布启动全球化旅游营销战略。

35. 7 月 30 日，洲际集团宣布全球所有酒店将使用大瓶装洗护用品取代一次性小包装。

36. 7 月 31 日，携程助力甘肃文旅厅打造“一部手机游甘肃”。

2019 年 8 月

1. 8 月 1 日，洲际新签 15 家特许经营酒店，加速渗透三四线城市。

2. 8 月 2 日，携程携手银联宣布推出境外购物专属优惠。

3. 8 月 2 日，飞猪加频会员日，期待再造“万豪式”经典合作。

4. 8 月 2 日，途家飞猪深度合作，全量上线飞猪民宿试水直播。

5. 8 月 5 日，滴滴自动驾驶升级为独立公司，CTO 张博兼任新公司 CEO。

6. 8 月 5 日，携程与开元酒店全面打通会员体系，互享客房折扣和专属权益。

7. 8 月 5 日，全球旅行摄影品牌“路图”完成 5000 万元 A 轮融资。

8. 8 月 6 日，滴滴自动驾驶业务独立，CTO 张博兼任新公司 CEO。

9. 8 月 6 日，华住增持涟泉大江户股权至 47%，加码汤泉休闲板块。

10. 8 月 7 日，携程与西西里达成合作，助推中意旅游业发展。

11. 8 月 7 日，同程艺龙加码“智能出行管家”，令出行服务更智能。

12. 8 月 9 日，马蜂窝联合北京晚报推出“发现新北京”主题活动，解锁世界古都新玩法。

13. 8 月 9 日，找嗨友旅行获数百万元天使投资，打造综合性旅游平台。

14. 8 月 13 日，Bus365 中国公路客票网完成数亿人民币 B 轮融资，飞猪继续跟投。

15. 8 月 15 日，飞猪和支付宝独家推出中移动境外流量包特惠。

16. 8 月 15 日，马蜂窝携手苏有朋开启“好梦旅行计划”，在马蜂窝 App 留言者中选出 3 名用户，用一场未知的旅行帮他们实现心愿。

17. 8 月 16 日，粤通船务与上海极途公司在上海签署了战略合作协议。

18. 8 月 19 日，携程首推日本服务柜台，主打本地旅游服务。

19. 8 月 20 日，“奥秘之家”完成 4000 万元 A2 轮融资，与故宫、迪士尼合作互动解谜游戏。

20. 8 月 21 日，直客通获 3 亿元融资，将加大技术创新及业务拓展。

21. 8 月 21 日，携程上线欧洲到店购物“VR 预约”服务。

22. 8 月 23 日，途家民宿举办日本房东交流会，与携程紧密合作赋能商户。

23. 8 月 23 日，携程旅行网和主营粤澳水路客运的粤通船务签署战略合作协议。

24. 8 月 23 日，山西阳泉乡村旅游创意大赛启动，创新驱动乡村高质量发展。

25. 8 月 26 日，鲸图出行联合旷视科技将“人脸识别”引入高铁贵宾厅。

26. 8 月 26 日，携程首发“跟着大 V 去旅游”军事主题产品。

27. 8 月 28 日，滴滴摩拜年底前将回收半数在京共享单车。

28. 8 月 29 日，马蜂窝与重庆市客轮公司在北京达成战略合作，打造“互联网 + 旅游”融合。

29. 8 月 30 日，同程艺龙全面升级黑鲸会员，完善用户忠诚计划。

2019 年 9 月

1. 9 月 3 日，携程宣布完成与 Naspers 换股，孙洁等三位高管入驻 MakeMyTrip 董事会。

2. 9 月 3 日，万豪分时度假完成对 ILG 46 亿美元的收购。

3. 9 月 3 日，哈里王子倡议可持续旅行，携程、天巡、猫途鹰等全球旅企响应。

4. 9 月 5 日，马蜂窝推“足迹”2.0，发布《2019 全球旅行足迹报告》。

5. 9 月 5 日，马蜂窝携手腾讯旅游，推出“小而美”目的地引爆秋季出游。

6. 9 月 5 日，VR 娱乐公司“星葆”完成千万元级天使轮融资，资方为厚德前海、五星资本。

7. 9月6日，携程超级会员联手京东PLUS推跨界会员特权。

8. 9月6日，团购平台社区同程生活，宣布完成新一轮1亿美元融资。

9. 9月6日，同程艺龙携手QQfamily借助“萌”IP打造中秋和国庆的“趣玩旅游节”。

10. 9月7日，携程联合200家酒店发起“过夜游”，赏天津夜景。

11. 9月9日，华住旗下非标住宿“城家”完成近3亿美元A轮融资，由博裕资本领投。

12. 9月10日，滴滴与丰田正式成立合资公司，定名丰桔出行。

13. 9月10日，出境游定制旅行品牌“候鸟旅行”正式收购“嗨游”。

14. 9月11日，携程签约日本九州大分县，丰富平台温泉度假游。

15. 9月11日，同程艺龙联合江苏省聋人协会业内首推听障用户“55服务”。

16. 9月12日，携程与蝶来酒店集团战略合作，探索全新发展模式。

17. 9月16日，故宫博物院与腾讯共同签署深化战略合作协议。

18. 9月17日，携程上线“AI导游”，全球8000个景区平均只需4元钱。

19. 9月18日，南极游大热，同程旅游开辟新主题加码极地市场。

20. 9月19日，飞猪特色全球游上新，推出塞尔维亚个性化旅游产品。

21. 9月20日，携程跨界寻“好物”，联手万宝龙定制旅行奢侈品。

22. 9月21日，阿里巴巴旗下旅行品牌飞猪升级未来景区战略。

23. 9月23日，途牛发布红色旅游精品线路，融合了爱国教育、户外拓展、民俗体验、农旅休闲等多元化主题。

24. 9月23日，定制旅游科技公司“指南猫”投资并购16年老牌国旅“卡迈特”。

25. 9月24日，定制游服务平台“路书”完成千万元级A+轮融资。

26. 9月24日，携程宣布旗下“全球购”平台升级上线出境购物，“线上下单+线下配送”新模式。

27. 9月24日，美团榛果民宿宣布正式与马蜂窝达成合作，双方将进行房源直连。

28. 9月24日，阿塞拜疆旅游局与携程及穷游网签署谅解备忘录。

29. 9月24日，驴妈妈上线九寨沟跟团游产品，助力游客出行。

30. 9月24日，中青旅联盟赴贵州施秉县参加旅游推介与考察，践行旅游扶贫。

31. 9月25日，洲际酒店将在优悦会中增加动态定价模式。

32. 9月25日，特色住宿平台小猪携手天猫精灵推出民宿智能管家版产品。

33. 9月26日，携程宣布二次发行计划，帮助大股东百度出售3130万ADS。

34. 9月26日，凯悦推出新品牌Caption，改善商务旅客餐饮体验。

35. 9月27日，携程战略合作迪拜伊玛尔集团，助推迪拜旅游。

36. 9月27日，飞巴商旅完成数千万元A轮融资，涌州资本领投。

37. 9月28日，JR西日本旅游旗舰店将正式上线飞猪。

38. 9月29日，VR全景技术服务提供商“启量科技”获500万元种子轮融资。

39. 9月29日，国家旅游度假区高质量发展研讨会在沪举办。

40. 9月30日，洲际酒店与国际青年合作，帮助青年人才获酒店业机会。

2019 年 10 月

1. 10 月 1 日，华住首家海外酒店落地，全季入驻新加坡黄金地带。

2. 10 月 8 日，酒店帮完成 1000 万元 A 轮融资，由筑成伟业投资。

3. 10 月 9 日，携程 App 上线发改委定点扶贫县旅游扶贫线路。

4. 10 月 9 日，飞猪升级机票零首付分期买，覆盖全球航线。

5. 10 月 10 日，马蜂窝携手 ZAKER 联合发布国庆旅游趣味报告。

6. 10 月 10 日，洲际酒店集团与南方航空宣布会籍匹配计划。

7. 10 月 11 日，携程金融首发 B 端产品“程信链”，赋能旅企融资。

8. 10 月 14 日，博物馆 IP 运营商“品源文华”获 A + 轮融资 1600 万美元。

9. 10 月 15 日，马耳他旅游局与四大旅业伙伴签约，推三条主题线路。

10. 10 月 16 日，飞猪发布“新店铺运营体系”赋能商家私域运营。

11. 10 月 16 日，飞猪“新旅行联盟”发布 2.0 升级版，上线全新店铺运营体系。

12. 10 月 16 日，飞猪美国加州迪士尼乐园度假区旗舰店上线。

13. 10 月 17 日，携程精准对接贫困县大美风景与游客小众打卡。

14. 10 月 17 日，由澳门特别行政区政府旅游局主办、同程旅游协办的澳门旅产品推介会在北京隆重举行。

15. 10 月 18 日，携程升级泰国旅游服务，精准营销高端用户。

16. 10 月 18 日，同程艺龙和中国中旅酒店集团打通会员权益，提升住宿服务体验。

17. 10 月 21 日，同程艺龙上线高铁游频道，布局万亿级市场。

18. 10 月 22 日，携程与全球旅游服务商途易集团战略合作。

19. 10 月 27 日，首旅如家全新中高端品牌逸扉酒店正式营业。

20. 10 月 29 日，奥运日本游开卖，飞猪包邮轮酒店阿里巴巴赠票。

21. 10 月 29 日，途牛与华夏银行共推“牛魔王”悦游联名信用卡。

22. 10 月 30 日，同程乘车呗升级，海口进入智慧交通“扫码时代”。

23. 10 月 31 日，稀饭旅行获 8000 万元 A 轮融资，从 AI 旅行管家切入目的地旅行。

24. 10 月 31 日，东京迪士尼旗舰店入驻飞猪，电子票扫码入园。

25. 10 月 31 日，携程宣布与东京迪士尼乐园达成官方合作，成为大陆首家授权订票渠道。

2019 年 11 月

1. 11 月 1 日，进博会连休三天驴妈妈推上海周边游专题活动。

2. 11 月 1 日，海南明熙科技旗下“明夕云”项目获得五十万种子轮融资。

3. 11 月 5 日，同程控股与吴中苏州湾合作，赋能农文旅融合。

4. 11 月 6 日，中青旅与 AECOM 在进博会现场达成战略合作。

5. 11 月 7 日，携程宣布与 TripAdvisor 达成战略合作，成立合资公司。

6. 11 月 7 日，马蜂窝全球化旅游营销进军马来西亚，发布了马来西亚本土化营销战略。

7. 11 月 8 日，新西兰旅游局与携程旅游学院签订战略合作协议，就旅游人才目的地培训展开深度合作。

8. 11月8日，同程艺龙联手呼和浩特机场打造“经呼飞”无忧中转服务。

9. 11月9日，中青旅遨游“冲绳之蓝　泡盛之宴”私享汇在京举行。

10. 11月11日，携程集团与古巴旅游部正式签署战略合作协议携程，长线布局拉美市场。

11. 11月12日，洲际推动改变酒店分销方式，发展直接预订。

12. 11月14日，格力集团携手万豪、凯悦两大高端酒店品牌，打造海岛旅游新标杆。

13. 11月14日，8只小猪深度出境游特色服务商融资数百万美元。

14. 11月14日，中青旅中标中国驻埃塞俄比亚签证申请中心项目。

15. 11月15日，旅悦融资数亿美元，腾讯、红杉中国等领投。

16. 11月18日，天巡转变初始搜索模式，开启预订服务。

17. 11月18日，滴滴在日本推出DiDi Premium服务，可打雷克萨斯等高级书。

18. 11月18日，携程众泰携手合作布局旅游出行，车网互联提升服务体验。

19. 11月18日，同程艺龙携手华图教育推出“国考房”，提升住宿预订体验。

20. 11月20日，酒店场景大数据运营平台“携旅信息”获1亿元A+轮融资，深创投领投。

21. 11月22日，携程厦门租车中心正式落地开业，实现大小交通“无缝衔接”。

22. 11月22日，同程旅游正式启动新零售合伙人计划。

23. 11月22日，中青旅发布文化旅行与传播品牌“悦物派”。

24. 11月22日，中青旅遨游举办首次“2020南极包船发布会”。

25. 11月22日，同程艺龙与开元酒店集团达成战略合作，实现会员权益共享。

26. 11月25日，全球旅行文化内容知识平台“三毛游”获得数千万元人民币A轮投资，投资方为搜狗。

27. 11月25日，携程旅游学院与上海旅专签约校企合作，培养旅游新职业人才。

28. 11月27日，携程旗下品牌Trip. com的租车产品正式上线KAYAK平台。

29. 11月27日，马蜂窝联合腾讯游戏打造“中国城市文化之旅”，点亮中国文旅足迹。

30. 11月27日，吉林省文旅产业投资联盟成立。

31. 11月28日，涂鸦智能与辉驿科技达成深度合作，加速智能酒店生态体系构建。

32. 11月28日，凯撒完成京东所持途牛股份交割成第二大股东。

33. 11月28日，马蜂窝旅游网宣布启动“马蜂窝全球冰雪体验官”招募计划，邀请全国滑雪爱好者共同挑战自我极限。

34. 11月28日，洲际推商旅品牌首家逸衡酒，于2020年初试运营。

35. 11月29日，携程签证与老挝领馆达成独家战略合作。

36. 11月30日，旅拍平台“一美一拍”完成数千万元战略融资。

2019年12月

1. 12月3日，马蜂窝发布“蜂行澳门”营销战略，深化文旅产业合作。

2. 12月5日，携程与欧洲旅游委员会（ETC），在北京联合发布了《中国－欧洲2019

出入境旅行报告》。

3. 12 月 5 日，马蜂窝与国铁吉讯达成战略合作，共创高铁游智慧新体验。

4. 12 月 6 日，携程助推“双向旅游”大门开启，中日达成 8 项共识。

5. 12 月 6 日，雅高宣布以 4.51 亿美元出售华住集团 5% 的股份。

6. 12 月 6 日，米其林指南与猫途鹰及旗下品牌 TheFork 合作，开启全球战略合作。

7. 12 月 8 日，温州市文化广电旅游局与马蜂窝旅游网共同主办“2019 自由行创新发展大会”。

8. 12 月 9 日，同程艺龙正式上线“好享玩精选”，深挖文旅消费。

9. 12 月 10 日，同程艺龙携手同程旅游发布“双旦出行及出游报告”。

10. 12 月 10 日，洲际酒店集团再签 12 家中端品牌酒店，特许经营深入粤港澳大湾区。

11. 12 月 11 日，同程旅游出席星梦邮轮环球级邮轮龙骨铺设仪式。

12. 12 月 11 日，马蜂窝发布“热雪计划”，邀优质全国滑雪俱乐部入驻。

13. 12 月 12 日，马蜂窝召开地球发现者大会，发布营销新战略。

14. 12 月 15 日，携程升级老挝签证绿色通道，加速布局东南亚市场。

15. 12 月 16 日，马蜂窝携手腾讯旅游，发布冬季“旅游蜂向标”。

16. 12 月 17 日，同程艺龙发起捐赠里程公益活动，助城市建设者回家。

17. 12 月 17 日，携程租车联合三大国际权威机构推国际翻译认证件。

18. 12 月 18 日，同程艺龙技术创新助推文旅产业，促推“科技 + 旅游”趋势。

19. 12 月 19 日，腾讯携手龙门石窟推出智慧导览小程序。

20. 12 月 20 日，马蜂窝连续入选两大全球独角兽权威榜单。

21. 12 月 23 日，同程艺龙联合 vivo 快应用，助力春运送福利。

22. 12 月 23 日，驴妈妈成立中国“5G + 智慧”文旅产业联盟。

23. 12 月 23 日，华住集团与万科中西部产城达成战略合作，携手共促中西部酒店行业发展。

24. 12 月 23 日，绿地投资 200 亿元与巢湖市打造旗鼓悦生态文化旅游项目。

25. 12 月 25 日，携程发布门票“放心游”标准，支持“无忧退”“秒入园”。

26. 12 月 25 日，景域驴妈妈集团全案策划的“中国古村游阳泉”旅游品牌口号在阳泉市发布。

27. 12 月 26 日，同程艺龙联手湖北省客共推互联网出行，打造行业范本。

28. 12 月 26 日，驴妈妈与华侨城·第 26 届自贡国际恐龙灯会合作，成为独家票务合作伙伴。

29. 12 月 26 日，中青旅与光大永明保险签署全面战略合作协议。

30. 12 月 30 日，汉中市文化和旅游局与马蜂窝旅游网签订 2020 年度智慧旅游战略合作。

31. 12 月 31 日，智慧文旅服务提供商“大旗软件”获 A + 轮融资 4000 万元。

2020 年 1 月

1. 1 月 2 日，华住宣布其在新加坡的全资子公司完成对德国第一大本土酒店集团 DH

的收购，完成100%股权交割。

2. 1月4日，华住集团设1亿美元基金，计划在日本收购酒店。

3. 1月5日，旅游研究院同携程合作发布《中国冰雪旅游发展报告（2020）》。

4. 1月6日，北京首旅集团成功发行30亿元超短期融资券。

5. 1月7日，国内拥有全栈技术能力的AIoT携住科技宣布获2.58亿元A+轮融资。

6. 1月7日，同程邮轮事业部主办的“圆梦环球　起航中国”发布会举行，加码环球游市场。

7. 1月8日，智能酒店“一站式”服务商“携住科技”获A+轮融资1.5亿元。

8. 1月9日，携程在上海发布国内首个智慧景区“服务标准”与“友好指数”。

9. 1月13日，马蜂窝与北京旅游行业协会民宿分会战略合作，打造民宿企业线上资产，推动民宿行业向特色化。

10. 1月15日，达美航空飞猪旗舰店正式开业，体验无缝预订。

11. 1月17日，驴迹科技今日香港主板上市，盘前成交1.1亿港元。

12. 1月19日，携程启动“门店关怀计划”暂免管理费推出线上培训。

13. 1月19日，中免集团携手飞猪支付宝，春节出境购五城齐发。

14. 1月21日，菁享荟酒店消费服务商获500万元融资。

15. 1月19日，支付宝推出小程序“支遇”，包含全球精选酒店。

16. 1月30日，马蜂窝开启疫情期间全品类线上退订通道，并更新疫情期间退改保证政策。

17. 1月30日，同程艺龙携手好大夫推出免费在线义诊共抗疫情。

2020年2月

1. 2月1日，河马酒店免除全国500余家OYU酒店加盟管理费。

2. 2月3日，途牛联合各大酒店集团助复工，上线“安心住”服务。

3. 2月5日，携程发布“同袍”计划，推10项措施向其平台上的机票、酒店、旅游度假等领域合作伙伴投入10亿元支持基金。

4. 2月6日，同程艺龙启动“你返程我守护”专项，为用户免费提供出行保障金。

5. 2月6日，中青旅宣布将利用业务休整阶段开展储备工作。

6. 2月7日，飞猪首家推出限制入境地区机票免费全退，覆盖全部航司。

7. 2月8日，同程艺龙旗下住哲免费延长PMS产品有效期，为帮助酒店经营者渡过难关。

8. 2月19日，携程免费开放3000家景区的近7000条语音导览服务。

9. 2月11日，深捷旅借分销裂变为“惠出发”小程序获逆势增长。

10. 2月12日，马蜂窝大学向全国旅行社提供免费在线培训课程。

11. 2月12日，美程酒店免除全国所有加盟店二月份管理费，以帮助加盟主渡过当下疫情危机。

12. 2月12日，银行业信贷支持近3500亿元助力文化旅游等疫情防控及复工复产。

13. 2月13日，携程发布中小旅游企业支持计划，10条政策扶持全球玩乐商家。

14. 2月13日，同程国旅跨界携手咪店，旅游顾问“升级”电商店主。

15. 2月13日，飞猪推“商家经营损失险”，填补旅游业空白。

16. 2月13日，万豪国际宣布常客计划新名字——万豪旅享家。

17. 2月18日，河马酒店发布“安心房”标准，全力保障客人安全。

18. 2月18日，飞猪助力全国超500家景区为医护人员免门票。

19. 2月18日，马蜂窝大数据为用户和平台商家赋能，全面科学战役。

20. 2月19日，飞猪联手淘宝大学开公益课程助商家练内功。

21. 2月19日，马蜂窝开展“春风活动”，为合作伙伴免费开放平台大数据资源。

22. 2月19日，同程艺龙推出“安心房”保障计划，助力疫情防控。

23. 2月19日，同程艺龙上线复工人员运输需求服务平台，解决复工人员出行难的问题。

24. 2月20日，同程集团多措并举多部门联动打响复工“保卫战”。

25. 2月20日，飞猪发起全国酒店“复工放心住”行动，400城2万余家酒店加入。

26. 2月20日，九华旅游拟1亿元投资中安旅游大健康产业基金。

27. 2月20日，虚拟社交平台绿洲VR获数千万融资，用VR打造沉浸式体验。

28. 2月22日，乡伴文旅获挚信资本2亿元B轮融资。

29. 2月22日，携程旗下零程大学震撼登场，携手50位重量导师，开启“30万+”旅游人自救赋能计划。

30. 2月23日，飞猪“宅家旅行”计划上线，商家扎堆直播养粉蓄力。

31. 2月24日，同程艺龙“方舟联盟”拿出免费流量帮助旅游目的地推广旅游资源和品牌。

32. 2月28日，飞猪推出民宿直播联盟，百家民宿开直播练内功。

33. 2月29日，继从现金流上帮扶门店后，携程再推贷款贴息政策。

2020年3月

1. 3月5日，飞猪启动“超级粉丝节”，旅行商家直播忙。

2. 3月9日，飞猪发挥平台优势联合银行推出5亿元低息贷款。

3. 3月9日，华住旗下怡莱与你好酒店合并，赋能中小单体酒店疫后重生。

4. 3月10日，国家发展改革委1.96亿元支持陕西文旅发展。

5. 3月13日，马蜂窝上线民宿直播，助力民宿业恢复“元气”。

6. 3月17日，同程集团与湖南文旅厅合作，共助文旅产业复苏。

7. 3月17日，同程艺龙宣布全面推出“启程计划”助力酒店商户复苏。

8. 3月18日，马蜂窝发布“在线旅游资产指数”，实现产业化应用。

9. 3月18日，同程艺龙携手千家景区开启“山河无恙直播节”助力旅业振兴。

10. 3月19日，轻住酒店集团完成数千万美元B轮融资。

11. 3月20日，同程艺龙联合旗下住哲、带客宝等推出多项帮扶新举措助力酒店复苏。

12. 3月23日，马蜂窝联合各大文旅机构启动“暖春预售”。

13. 3月30日，同程艺龙与快手创旅游直播新业态。

2020 年 4 月

1. 4 月 3 日，同程艺龙联合华为智慧助手打造智慧出行新体验。

2. 4 月 3 日，飞猪上线博物馆预约，将覆盖全国近千家博物馆。

3. 4 月 5 日，故宫直播首秀登陆马蜂窝旅游。

4. 4 月 8 日，分布式线上旅游生活服务平台“码蚁供销”完成天使轮融资。

5. 4 月 12 日，万豪与 Expedia 签订新合同，或影响行业现状。

6. 4 月 12 日，钓鱼旅行定制服务平台“渔团”获 200 万 VC 投资。

7. 4 月 13 日，海南省旅游投资发展有限公司开业，首期注册资本金 30 亿元。

8. 4 月 15 日，携程集团与北京联合大学共同发布业内首个《在线住宿平台酒店预售服务规范》。

9. 4 月 20 日，同程航旅宣布启航，打造“航空＋旅业”产业集群。

10. 4 月 21 日，滴滴出行共享单车获 1.5 亿美元融资。

11. 4 月 22 日，同程艺龙启动品牌升级，同程旅游 App 及同程艺龙小程序更名为同程旅行，聚焦年轻消费群体。

12. 4 月 22 日，滴滴共享单车融资，软银与君联资本投资 1.5 亿美元。

13. 4 月 24 日，途家、火河与蜂电科技达成战略合作，打造全栈式智能民宿方案。

14. 4 月 26 日，同程艺龙旗下主打周边玩乐服务品牌的“好享玩精选”全面升级，正式更名为“同程优品汇”。

15. 4 月 26 日，文远基金入股凯撒旅业，打造免税市场新格局。

16. 4 月 30 日，浙江 200 多个景区全开园，上飞猪预订安全出行。

17. 4 月 30 日，万豪正式在美国推出民宿服务 Homes&Villas。

2020 年 5 月

1. 5 月 4 日，万豪修改与摩根大通和美国运通签署联名信用卡协议，并融资 9.2 亿美元。

2. 5 月 6 日，阿里投资的以色列酒店科技公司进军中国及亚洲市场。

3. 5 月 6 日，旅游短视频服务商炬蜂网络完成数百万元人民币种子轮融资。

4. 5 月 6 日，中航信与澳洲旅游科技公司 Aeronology 建立长期合作。

5. 5 月 9 日，文化和旅游部超 62 亿元资金投入“三区三州”旅游扶贫重点村基础设施建设。

6. 5 月 14 日，洲际与携程达成战略合作并首次在 OTA 上开旗舰店。

7. 5 月 17 日，伊犁州文旅再度签约途牛，聚焦合作挖掘“境外目的地替代性”深度游产品。

8. 5 月 17 日，华住调整集团管理架构，更专注国际化业务领域。

9. 5 月 19 日，贵州省携手中国联通推出“一码游贵州”，开启全域智慧旅游新模式。

10. 5 月 22 日，携程收购欧洲 OTA Travix 加速国际市场扩张。

11. 5 月 25 日，凯撒旅业携手途牛旅游，搭建多元化资源共享平台。

12. 5 月 25 日，滴滴关联公司涉足旅行社业务，注册资本 5000 万元。

13. 5 月 27 日，古北水镇旅游公司向光大金租融资 3 亿元。

14. 5 月 28 日，航旅纵横完成 2.737 亿元战略投资融资。

15. 5 月 29 日，滴滴旗下自动驾驶公司完成首轮超 5 亿美元融资。

2020 年 6 月

1. 6 月 1 日，山东寿光投资 50 亿元打造羊口百年商埠海洋生态文旅城。

2. 6 月 1 日，山西文旅集团获晋商银行绿色融资近 15 亿元。

3. 6 月 4 日，携程与 Hotelbeds 签订玩乐产品全球分销协议，实现系统直连。

4. 6 月 4 日，携程在上海成立创业投资新公司，注册资本 1 亿元。

5. 6 月 4 日，携程发布新政加码租车市场：不收加盟费、不限规模。

6. 6 月 4 日，卓尔集团与湖北黄石签约文旅城项目，总投资 320 亿元。

7. 6 月 9 日，同程“旅游 + 电商 + 直播”新模式点亮姑苏夜经济。

8. 6 月 10 日，社区团购“同程生活”宣布完成 2 亿美元最大单笔融资。

9. 6 月 10 月，抢档天猫“6·18”，澳门美高梅旗舰店跑步入驻飞猪。

10. 6 月 13 日，东航吉祥联手携程一同打造海南新增本土航司。

11. 6 月 15 日，互联网旅游公司“猴开心”正式宣布完成 5000 万元 A 轮融资。

12. 6 月 17 日，猫途鹰中国、携程签约西双版纳，发掘旅行新玩法。

13. 6 月 17 日，飞猪换帅，阿里文娱 CTO 南天接任飞猪总裁。

14. 6 月 18 日，浙江苍南悦海湾旅游度假区及生态旅游区开工，总投资 10.28 亿元。

15. 6 月 21 日，海南旅游文体产业投资基金设立，助推国际旅游消费中心建设。

16. 6 月 22 日，旅悦联手携程度假，打造目的地旅游新生态。

17. 6 月 23 日，携程推“万程旅购”，打通行中行后场景做强“旅游 +”。

18. 6 月 23 日，凯撒集团同意收购京东名下所持途牛全部 A 类股。

19. 6 月 26 日，去哪儿、携程扩张“尊享专车”版图，聚焦商旅出行。

20. 6 月 29 日，澳门特别行政区政府旅游局携手飞猪、支付宝共同启动旅游复苏计划。

21. 6 月 30 日，云南河口“国际嘉年华”全域旅游项目签约。

22. 6 月 30 日，去哪儿网首推百条非遗专线，响应文旅深度融合。

23. 6 月 30 日，大英博物馆联合飞猪在淘宝直播进行官方全球首播。

2020 年 7 月

1. 7 月 1 日，12306 官方支付宝小程序已正式上线。

2. 7 月 1 日，智慧旅游建设商卓锐科技完成数千万元 B + 轮融资。

3. 7 月 1 日，融创中国与无锡深化文旅合作总投资 120 亿元，携手打造“阳山会客厅”。

4. 7 月 1 日，同程艺龙上线“同驿商城”，打造住宿产业“一站式”供应链平台。

5. 7 月 2 日，凯撒旅业旗下同盛免税引入上海理成 1 亿元增资。

6. 7 月 3 日，山西晋中打造神蝠山康养度假村项目，拟引资 1.2 亿元。

7. 7 月 8 日，旅游产业金融公司同程金服获海控集团融资。

8. 7 月 9 日，携程与融创文旅合作，共同开拓短途亲子市场。

9. 7 月 13 日，携程发行 5 亿美元可转债，可兑换华住股票。

10. 7 月 17 日，携程联手梦百合推“零压房”，让顾客多睡 1 小时。

11. 7 月 17 日，万豪阿里联姻又结“果实”，万豪飞猪会员积分互通。

12. 7 月 20 日，滴滴拼车更名为“青菜拼车”，采用全新品牌标识。

13. 7 月 21 日，国内知名旅行社联合携程上线 10 万条安心游新产品。

14. 7 月 21 日，同程旅行推出了“同程嗨一夏之海南锦鲤”数字化营销活动。

15. 7 月 21 日，洲际酒店集团加码奢华品牌，扩大丽晶酒店规模。

16. 7 月 22 日，圆明园启动数字化存档，游客可以“掌上观展”。

17. 7 月 23 日，万豪联合阿联酋航空推出酒店—航司常客计划。

18. 7 月 27 日，首旅集团完成发行 30 亿元超短期融资券。

2020 年 8 月

1. 8 月 4 日，凯撒旅业与三特索道达成战略合作，拓展景区旅游新体验。

2. 8 月 6 日，携程租车发布“无忧生态”战略与“无忧租”九大行业标准。

3. 8 月 6 日，携程启动“程邀旅行带货”计划，开放 17 个产线供应链邀全民入场。

4. 8 月 7 日，万豪进军一价全包式度假市场，首推丽思卡尔顿。

5. 8 月 10 日，故宫联合腾讯推出“数字故宫”小程序。

6. 8 月 10 日，“在途商旅”完成逾亿元人民币 A 轮及 A + 轮融资。

7. 8 月 10 日，企业商旅服务平台“在途商旅”完成 A 轮和 A + 轮融资。

8. 8 月 12 日，首旅集团增持全聚德 308.47 万股，耗资约 3690.99 万元。

9. 8 月 12 日，华谊兄弟与卓尔集团签约，实景娱乐落子武汉。

10. 8 月 13 日，华侨城亚洲为成都欢乐谷融资租赁 5 亿元。

11. 8 月 16 日，携程与京东达成战略合作，“高品质服务 + 优质供应链”价值无限。

12. 8 月 17 日，优地科技获华住、首旅如家战略持股，发力酒店机器人市场。

13. 8 月 19 日，有戏电影酒店宣布获得 1.75 亿元融资。

14. 8 月 19 日，旅途易购携手同程打造“清凉狂欢节”，将送出 5000 万份出行礼物。

15. 8 月 19 日，万豪酒店在旅享家计划中引入动态定价方案。

16. 8 月 21 日，华侨城子公司拟与侨嘉投资打造福建首个大型文旅综合项目。

17. 8 月 23 日，同程集团发布住宿业智慧租洗平台“安芯”。

18. 8 月 25 日，武汉发放 8000 万元文旅消费券引导带动全市文旅消费。

2020 年 9 月

1. 9 月 4 日，万豪与 BookingPal 合作，推动民宿业务发展。

2. 9 月 6 日，北京通州文旅园区与青旅集团、微博、盛唐时代和空速动漫战略签约，打造首都旅游新地标。

3. 9 月 8 日，高端网约车出行公司“量子出行”获近亿元融资，一嗨租车领投。

4. 9 月 8 日，飞猪旅行宣布启动百亿补贴计划，抢占国庆出行市场。

5. 9 月 8 日，同程艺龙国际平台 TravelGo.com 再获独家流量入口。

6. 9月9日，凯撒旅业为全资子公司易食控股融资300万元提供担保。

7. 9月10日，万豪为会展策划人推出万豪旅享家会展新平台。

8. 9月10日，锦江酒店非公开发行1.5亿股A股股票，已完成国家出资企业审批事项。

9. 9月11日，泸州老窖联合香港中旅成立中旅泸州老窖文化旅游发展有限公司。

10. 9月11日，携程上线“午夜房”，在线点亮30万亿“夜经济”市场。

11. 9月14日，同程艺龙宣布旗下孙公司TravelGo.com成为泰国移动支付公司Rabbit - Line Pay的在线旅行服务独家合作伙伴，面向泰国本地居民提供机票、汽车票。

12. 9月14日，同程艺龙携手华为HMS生态，共建智能出行体验。

13. 9月15日，凯撒旅业拟增持活力天汇股份，加码国内旅游业。

14. 9月16日，华住集团确定全球发售价每股297港元，约募资60.65亿港元。

15. 9月17日，华住与兰石集团成立合资公司，拓展西北酒店市场。

16. 9月18日，万豪利用Expedia管理分销业务，收紧批发价格。

17. 9月21日，国旅联合4226万元转让酒店管理子公司，聚焦旅游大消费。

18. 9月21日，格力地产牵手茅台集团置业，将在文旅产业展开合作。

19. 9月22日，华住酒店集团正式登陆港交所，实现“二次上市”。

20. 9月23日，锦江酒店为全资子公司融资3亿欧元提供担保。

21. 9月23日，数字文旅服务商“中智游”获众海投资千万级A轮投资。

22. 9月23日，云景文旅联合中国联通发布5G智慧文旅产品。

23. 9月25日，王府井免税品经营公司正式挂牌运营，计划在环球度假区开综合店。

24. 9月27日，海昌海洋公园13亿元押宝三亚不夜城，将建主题酒店及度假物业。

25. 9月27日，携程集团通过全资收购东方汇融，正式获得央行第三方支付牌照。

26. 9月28日，绿云完成C轮1亿元融资，推出面向C端住中解决方案。

27. 9月28日，携程研究院正式成立，同时设立首个外设联合机构——西安文旅研究中心，多中心助推旅游行业加速复苏。

28. 9月29日，阿里巴巴3.85亿元入股众信旅游。

29. 9月29日，上海豫园旅游商城股份11.84亿元收购融创云南文旅项目，将打造休闲旅游度假园。

30. 9月29日，去哪儿携手华为打造双节假期出行助手。

31. 9月30日，中国联通发布景区5G自动驾驶服务平台。

2020年10月

1. 10月3日，新疆成立旅游高质量发展平台。

2. 10月8日，嘀嗒出行赴港上市，携程持股2.86%。

3. 10月12日，中山金马向金马文旅科技增资5000万元。

4. 10月12日，曲江文旅非公开发行A股股票预案获证监会通过。

5. 10月14日，融创将于广西柳州建设螺蛳粉小镇主题乐园。

6. 10月14日，携程携手复星旅文亚特兰蒂斯直播GMV累积破亿。

7. 10月15日，众信旅游与王府井免税达成战略合作，开展“旅游+购物”业务。

8. 10月15日，沉浸式娱乐平台服务商游娱联盟完成4000万元A轮融资。

9. 10月16日，同程艺龙携手中公教育打造“考试房”，提升考试场景住宿体验。

10. 10月19日，优地科技公司获得格林酒店集团的战略投资。

11. 10月19日，全球旅行文化内容平台三毛游获新东方千万级A+轮融资。

12. 10月20日，同程艺龙调整业务架构，成立酒旅事业群。

13. 10月20日，万豪国际集团2020幸会万豪大中华区酒店巡展金秋启幕。

14. 10月20日，阿里巴巴收购全球最大免税零售巨头Dufry6.1%的股份，进军旅游零售业。

15. 10月22日，同程艺龙强化“酒+景”协同，成立酒旅事业群。

16. 10月23日，美团与湖北省文旅厅达成战略合作，助力脱贫攻坚。

17. 10月26日，华夏航空获29749万元政府补助。

18. 10月27日，酒店接单App“有人有活帮工端”完成A轮数千万元融资。

2020年11月

1. 11月2日，云玖科技获5000万元天使轮融资，将打造酒店场景应用市场。

2. 11月3日，凯撒集团投资途牛，旅游版图生变。

3. 11月3日，文化旅游开发商龙行文化获国开旅游产业基金投资。

4. 11月4日，酒旅数字化营销服务商直客通宣布完成5000万美元D轮融资。

5. 11月4日，万豪将旗下纽约瑞吉酒店3.1亿美元出售给卡塔尔。

6. 11月5日，恒达文博完成70080万元B+轮融资，公司前身曾生产出了中国第一台自主研发的“语音导览机”。

7. 11月5日，三亚旅文集团获债券市场融资资格。

8. 11月8日，飞猪独家首发春秋航空随心飞，助燃天猫“双十一”。

9. 11月11日，新疆推出景区免门票等奖励措施，打造世界级冬季旅游目的地。

10. 11月13日，专注于酒店布草行业的物联网企业商“兔小二”获2500万元战略投资。

11. 11月14日，万豪国际集团、凯悦酒店集团两大国际知名酒店品牌分别签约入驻“珠海东澳岛”。

12. 11月16日，创略科技完成7100万元融资，为旅游出行提供智能客户数据中台服务。

13. 11月16日，酒店物联网科技企业“兔小二”完成新一轮千万级融资。

14. 11月16日，丽江股份2.91亿元投建度假酒店，年均净利润预计463万元。

15. 11月17日，爱玩旅行网宣布完成1亿元A轮融资。

16. 11月17日，美团亮相国际旅交会，数字技术赋新智慧文旅内涵。

17. 11月18日，国务院表明支持建设智慧旅游景区，规范“互联网+旅游民宿”。

18. 11月18日，飞猪发布商家运营体系，提出四个“小目标”。

19. 11月18日，携程联合上海旅专成立国内首个产教融合微学院。

20. 11月18日，搜床科技旗下Xbed希酒店获1亿元融资，再战下沉酒店市场。

21. 11月20日，广之旅战略并购上海申申国际旅行社，以匹配华东区域运营中心发展需要。

22. 11 月 20 日，希尔顿携手美团上线“希游季”解锁旅行无限可能。

23. 11 月 22 日，中船嘉年华邮轮宣布成立邮轮运营团队。

24. 11 月 25 日，美团申请“美团商旅”商标，国际分类涉及教育娱乐、餐饮。

25. 11 月 27 日，同程艺龙与快手在北京达成战略合作，丰富旅行体验。

26. 11 月 28 日，凯撒完成京东所持途牛股份交割，成为第二大股东。

2020 年 12 月

1. 12 月 1 日，飞猪“澳门出行全指引”上线，助你轻松去澳门。

2. 12 月 2 日，三特索道牵手同程艺龙，将在文旅项目投资开发等展开合作。

3. 12 月 3 日，阿里巴巴携手江苏省文旅厅，助力智慧旅游升级。

4. 12 月 4 日，马蜂窝发布“北极星攻略”新品牌，创造更多元营销场景。

5. 12 月 8 日，重庆仙女山机场 12 月下旬首航，先期开通上海—武隆—成都等 8 条航线。

6. 12 月 8 日，携程与瑰丽酒店集团、同派酒店达成战略合作，深耕中国市场。

7. 12 月 10 日，国旅联合 9940 万元收购新线中视 28% 的股权。

8. 12 月 11 日，抖音关联公司成立微字节（北京）旅行社有限公司，注册资本 100 万元人民币。

9. 12 月 12 日，广州市文化广电旅游局向来穗外地游客免费派发 3.5 万张 24 小时卡“广州城市旅游卡”。

10. 12 月 14 日，凯撒旅业子公司收购世嘉饮料 100% 的股权，作价 7500 万元。

11. 12 月 14 日，蓬皮杜中心全球官方首播登录飞猪淘宝。

12. 12 月 15 日，三湘印象将合作参与开发北京大兴未来乐园，投资总额 20 亿元。此次战略合作是公司在“文化 + 地产”双主业融合道路上持续推动主营业务发展的探索。

13. 12 月 15 日，驴迹科技参投智慧文旅产业股权投资基金，出资 3000 万元。

14. 12 月 21 日，酒店行业数字化转型服务商“鹿马智能”宣布已经完成 B 轮融资。

15. 12 月 21 日，云祈文旅获 A – 轮战略融资，南山资本等参投。

16. 12 月 21 日，飞猪菲住联盟发起冬日暖心倡议致敬户外工作者。

17. 12 月 22 日，开元酒店集团对外宣布，战略投资江苏晗月酒店管理有限公司，全面推进中端酒店发展。

18. 12 月 23 日，中旅投资收购开元森泊 34% 的股份，作价 3.91 亿元。

19. 12 月 23 日，锦江资本计划向扬子江大酒店增资 4.35 亿元，减少后者负债规模。

20. 12 月 24 日，铁路部门于 12306 平台在成渝高铁、京沪高铁试行推出计次票和定期票产品。

21. 12 月 24 日，商睿沃科技宣布已完成数千万元 A + 轮融资。本轮融资资金将用于自助机产品的开发生产、线上产品研发、市场推广及团队建设等方面。

22. 12 月 24 日，万科成立酒店及度假事业部，撤销冰雪事业部，冰雪事业部业务和团队并入新的事业部。

23. 12 月 24 日，北京市住建委、市公安局、市网信办、市文旅局正式印发通知，明确首都功能核心区内禁止经营短租房。

24. 12 月 26 日，酒店场景数据资产服务运营商携旅 Htrip 宣布获得 2500 万美元 A2 轮融资，本轮资金将用于继续推动产业场景数据技术的研发。

25. 12 月 27 日，飞猪与苏宁酒店及度假村达成战略合作。

26. 12 月 28 日，曲江文旅获得 627.24 万元的政府补助。

27. 12 月 28 日，重庆龙门阵景区项目第四次拍卖终成交，降价为 1.12 亿元。

28. 12 月 28 日，瑞丽航空创始人董勒成将所持 30% 瑞丽航空的股权质押给无锡市交通集团。

29. 12 月 28 日，海南瑞泽全资子公司瑞泽旅游与中交海投、碧海邮轮、中金鹰同增资三亚国际邮轮发展有限公司并合作开发三亚国际邮轮业务达成合作。

30. 12 月 29 日，南航正式上线与拼多多机票官方直销业务，此次拼多多通过对接南航的 NDC 分销系统，打通航司直营通道。

31. 12 月 29 日，河南确定 18 家旅游景区为国家 4A 级旅游景区。

32. 12 月 30 日，三特索道子公司获得政府补助 156 万元。

33. 12 月 30 日，两江假日与万豪集团签署战略合作备忘录。

34. 12 月 30 日，同程旅行小程序、同程旅行 App 正式上线“同程臻汇选”频道。

35. 12 月 30 日，腾讯关联公司参与成立山东文旅云智能科技有限公司。

36. 12 月 30 日，中山金马与欢乐谷文化旅游公司签署战略合作框架，拟共同自主创新、研发高端主题娱乐产品。

37. 12 月 30 日，众信旅游探索“高尔夫＋旅游”融合发展新路径，转型创新未来可期。

38. 12 月 31 日，文旅部深化粤港澳大湾区在文旅领域合作，共建文旅和休闲湾区。

39. 12 月 31 日，驻马店方特旅游度假区项目正式落地，总投资 20 亿元。

40. 12 月 31 日，文化和旅游部发布公告，确定 21 家旅游景区为国家 5A 级旅游景区。

（执笔人：徐航，北京联合大学旅游学院 2020 级旅游管理专业本科生）

附　　录

附录 A：北京联合大学旅游学院简介

北京联合大学旅游学院是我国建立最早、师生规模最大的旅游高等院校，是办学理念先进、区位条件优越、学科门类齐全、师资力量雄厚、教学设施先进、国际合作广泛的国内一流旅游院校。

学院创建于 1978 年，前身为北京第二外国语学院分院和北京旅游学院（筹）。1985 年正式定名为北京联合大学旅游学院。

学院秉承“博识雅行，学游天下”的人才培养理念，培养具有宽广知识、完善人格、旅游情怀和国际视野，具有扎实的旅游专业知识和较强的实践能力，具有较强的社会责任感、创新创业精神和可持续发展能力的高素质应用型旅游人才。建院四十年来，培养了一大批活跃在政府部门、旅游企业、科研院所的优秀旅游人才。

学院现有旅游管理、酒店管理、会展经济与管理、英语、日语、烹饪与营养教育、西班牙语 7 个本科专业，其中旅游管理和酒店管理是国家级一流本科专业建设点，旅游管理和会展经济与管理是北京市重点建设一流专业。旅游管理同时也是硕士学位授权点。

学院师资力量雄厚，拥有国家级优秀教学团队和北京市级优秀教学团队。现有专任教师 131 人，其中具有高级职称的教师 73 人，具有博士学位的教师 72 人。学院还从国内外聘请了 40 余位知名专家和业界高管担任客座教授和业界导师。

学院高度重视国际交流合作，先后与法国、爱尔兰、英国、荷兰、韩国、日本、西班牙等国家及中国台湾地区建立了十余个合作教育项目，为学生提供各种国际交流学习机会，在校学生大多有机会参加境外交流学习。

学院软硬件条件优越，拥有教育部批准的国家级实验教学示范中心，首旅集团国家级大学生校外实践教育基地，国内唯一一家国家智慧旅游重点实验室，国内领先、国际先进的酒店及餐饮实习实训基地，国内首个旅游教育创新实验室，还与国家旅游局信息中心、IBM 公司联合发起成立“旅游大数据协同创新中心”，创办“移动互联 + 旅游创意”全国大学生旅游创意大赛享誉全国。学院创办的《旅游学刊》是中国最具权威的旅游学术期刊，也是国际上最具影响力的旅游学术期刊之一。

旅游管理系作为国内第一个以旅游管理命名的高等教育专业教学系，目前拥有 26 名专业教师，是全国同类本科专业中规模最大的专业团队，其中有博士学位的教师占 85%，高级职称教师占 81%。

旅游管理专业是我国第一个旅游管理本科专业，是全国第一批国家级一流本科专业建设点、国家级特色专业建设点、首批北京市重点建设一流专业。在上海软科世界一流学科 2019 年排名中，旅游管理学科位列全国内地高校第四名。

旅游管理专业目前建有国家智慧旅游重点实验室、农业文化遗产可持续旅游院士工作站、文化和旅游部文化与旅游研究基地、旅游消费者研究院（与中青旅联科和唯智科技共建）等多个国家级、省部级和校企合作教学科研平台。教师教学和科研涵盖了旅游管理的全部领域，包括文旅融合与城乡发展、旅游营销与服务管理、旅游经济与政策创新，以及智慧文旅和大数据等。教学科研团队师资力量雄厚，在遗产旅游、旅游目的地管理、旅游开发与规划、旅游消费者行为、智慧旅游等方面积累了大量研究成果。

近年来，本专业为国家及京津冀旅游产业发展提供智力支持，专业教师参与了中国旅游“十三五”发展规划、中国旅游 A 级景区评定标准、原北京市旅游委“十二五”人才规划、北京市朝阳区“十三五”旅游规划、北京市物质和非物质文化遗产保护等项目研究工作，是北京市多个部门的智库成员。

附录 B：文旅创新创业研究院简介

一、目的

2016 年，李克强总理在首届世界旅游发展大会上指出，旅游业是“大众创业，万众创新”的大舞台，全国上下掀起一股创业创新热潮。时由张德欣发起，特邀行业顶级学术专家及产业领军人物等于 2016 年 9 月 27 日在京成立“旅游创业创新研究院”。为引领文旅融合发展趋势，自 2021 年 1 月 1 日起研究院升级为文旅创新创业研究院。本院将为文旅产业创新创业提供理论支持与实战分享，为营造创新创业环境，提供创新创业建议及服务，以助推文旅产业健康有序发展为重要使命。

二、名称

中文：文旅创新创业研究院

英文：Academy of Culture & Tourism Innovation and Entrepreneurship（缩写为 ACTIE）

三、宗旨

助力文旅企业创新　推动文旅产业升级

四、任务

1. 统筹及出版《中国文旅创新创业智库丛书》；
2. 发布中国文旅创新创业相关指数、报告等；
3. 组织中国文旅创新创业峰会及创新创业创意大赛等；
4. 文旅创新人才培训、培养。

五、组织架构

学术院长：厉新建　卜希霆

执行院长：张德欣

副 院 长：李　彬　钟栎娜

中心主任：王　恒　孙　憬

院　　办：张运来　贾　轲

六、专家顾问团

学术专家：

张凌云　张　辉　谷慧敏　易开刚　秦　宇

江金波　张玉钧　乔秀全　白　凯　郭英之
李　想　信宏业　吴忠宏　李　原　张朝枝
周玲强　曾博伟　卢政营　郑向敏　徐　虹
张河清　薛兵旺　沈建龙　周春林　陈安国
李燕琴　明庆忠　王兆峰　方远平　马　勇

产业专家：

罗　军　洪清华　于敦德　曾　松　叶一剑
郑敏庆　陈云岗　张晓军　黄栋庆　刘汉奇
荀　亮　朱万峰　刘玉兰　洪　维　单　平
汪早荣　贾建强　严力蛟　余学兵　吴建华
吴　峥　董　锴　易文捷　金　松　刘　春
姜　颖　陈长春　王京凯　张海峰　张广福
龚德海

投资专家：

蒋　涛　陈　亮　袁润兵　钱建农　何士祥
王利杰　马培瑞　梁　军　董长破　李瑞跃
李　飞　庄　岩

七、附录

职务	姓名	说明
学术院长	厉新建	北京第二外国语学院旅游科学学院教授、博导、中国旅游改革发展咨询委员会副秘书长、文化和旅游部“十四五”规划专家委员会委员
	卜希霆	中国传媒大学文化产业管理学院书记、文化发展研究院副院长、文化和旅游部公共文化研究基地主任
执行院长	张德欣	《中国文旅创新创业智库丛书》总主编、世界研学旅游组织（WRTO）专家
副院长	李　彬	住宿业研究中心主任，北二外旅游科学学院副教授
	钟栎娜	兼文旅规划研究中心主任，北二外旅游科学学院教授
中心主任	王　恒	目的地营销中心主任，北京联合大学旅游学院副教授
	孙　憬	旅游电商运营研究中心主任
院办	张运来	主任，北京工商大学文化旅游研究院文创研究中心主任
	贾　轲	副主任，北京山海文旅集团副总裁
学术专家	张凌云	《旅游学刊》执行主编，教授，博导
	张　辉	北京交通大学经管学院教授，博导
	谷慧敏	北京第二外国语学院旅游科学学院院长，教授
	张玉钧	北京林业大学园林学院教授，博导
	徐　虹	南开大学旅游与服务学院党委书记，教授，博导
	秦　宇	《旅游导刊》执行主编、北二外旅游科学学院教授

续表

职务	姓名	说明
学术专家	张朝枝	中山大学旅游学院，教授，博导
	周玲强	浙江大学旅游管理系教授，博导
	郭英之	复旦大学旅游学系教授，博导
	白　凯	陕西师范大学旅游与环境学院教授，博导
	郑向敏	华侨大学旅游安全研究院院长，教授，博导
	李　原	四川大学旅游学院教授
	张河清	广州大学（中法）旅游学院院长，教授
	吴忠宏	中国台湾台中教育大学教授
	李　想	美国天普大学旅游与酒店管理学院教授
	信宏业	北京理工大学/北京邮电大学教授，高级工程师
	薛兵旺	武汉商学院武汉旅游研究院院长、教授
	沈建龙	浙江旅游职业学院继续教育学院院长、教授
	周春林	南京旅游职业学院院长，教授
	曾博伟	北京联合大学教授、中国旅游经济与政策研究中心主任
	卢政营	天津财经大学旅游研究与规划中心主任
	陈安国	国家行政学院/清华大学教授，博导
	李燕琴	中央民族大学管理学院教授，博导
	明庆忠	云南财经大学首席教授，博导
	王兆峰	湖南师范大学旅游学院院长，博导
	方远平	华南师范大学旅游管理学院教授
	马　勇	湖北大学旅游发展研究院院长，教授，博导
	乔秀全	北京邮电大学教授，博导
产业专家	罗　军	途家网及斯维登集团联合创始人
	洪清华	景域驴妈妈集团董事长、创始人
	于敦德	途牛网创始人 & CEO
	曾　松	原百程旅行网创始人 & CEO
	叶一剑	方塘智库创始人
	张晓军	唐人智库创始人
	黄栋庆	华宿荟创始人
	郑敏庆	中国台湾亚太休闲智库执行长
	陈云岗	香港城市经营研究院院长
	刘汉奇	原中国旅游车船协会秘书长
	荀　亮	中国智慧酒店联盟秘书长
	朱万峰	北京九鼎辉煌旅游发展研究院院长
	刘玉兰	科技部中国生产力促进中心协会理事长

续表

职务	姓名	说明
产业专家	洪　维	旅游族（Travelzoo）亚太区联席 CEO
	单　平	中国主题饭店研究院执行院长、皇金管家创始人
	汪早荣	深大智能集团董事长
	贾建强	6 人游旅行网创始人
	严力蛟	农业部休闲与旅游农业专家、安吉美丽乡村总规划师
	余学兵	联众休闲产业集团董事长兼总裁
	吴建华	全球旅游目的地品牌联盟秘书长
	吴　峥	氪空间 CTO
	董　锴	原首旅酒店集团 COO
	易文捷	三鼎控股集团旅业总裁
	金　松	万观文旅董事长
	刘　春	万达体育中国公司副总经理兼市场营销中心总经理
	姜　颖	山水盛典联合创始人、国家一级演员
	陈长春	隐居乡里创始人、乡建专家
	王京凯	世纪明德联合创始人、明德未来国际营地董事长
	张海峰	中华户外网创始人、体育旅游专家
	张广福	中国管理科学学会旅游管理专业委员会秘书长
	龚德海	世纪中润总经理、趣游学教育创始人
投资专家	袁润兵	清科创投董事总经理
	蒋　涛	沙塔基金创始人，原戈壁创投管理合伙人
	陈　亮	泰山天使/泰山兄弟创始合伙人
	钱建农	复星旅游文化集团董事长兼总裁
	何士祥	达晨财智合伙人
	王利杰	知名天使投资人、PreAngel Fund 创始合伙人
	马培瑞	投融中国联盟秘书长/紫荆花科技孵化园董事长
	梁　军	梁山资本创始人，原国泰君安力鼎资本合伙人
	董长破	赛伯乐投资集团大旅游产业合伙人
	李瑞跃	原中信文化旅游产业投资管理公司董事长
	李　飞	创园国际资本联合创始人
	庄　岩	双创空间合伙人

注：排名不分先后，数据截止到 2021 年 1 月。

附录 C：中关村智慧旅游创新协会简介

2016 年 1 月 15 日，中关村智慧旅游创新协会在京成立。来自百度、阿里、腾讯、IBM、神州数码、携程、去哪儿、途牛、同程、穷游、蚂蜂窝、凯撒、众信、国旅、平安集团、滴滴出行等 50 余家互联网公司及旅游相关企业参会。

中关村智慧旅游创新协会是以"文旅创新创业"为核心，跨界文化旅游及科技领域，经民政部门正式注册的全国性社会团体。协会由知名互联网文旅企业及泛文旅相关企业单位共同发起，协会遵守宪法、法律、法规和国家政策，遵守社会道德风尚，以"中国旅游互联网产业技术创新发展与服务"为导向，构建"政府引导、科技支撑、企业参与、合作共赢"的旅游互联网产业技术创新环境，通过"资源对接、行业聚合、创新实践、服务社会"持续提升旅游互联网创新能力，积极推进旅游互联网创新成果推广和学术交流，促进中国文旅游创新创业建设。

2016 年 11 月被《中国国家旅游》年度榜单评为"2016 最佳旅游创业创新服务机构奖"，2018 年度榜单获评为"最佳文化旅游创新机构奖"。

协会致力于做政府与企业沟通的桥梁、做企业与企业沟通的纽带、做提升企业成长的平台。

一、承接政府职能转移，承接政府交付的任务，积极购买政府社会服务；

二、协助政府进行旅游行业评级系统与旅游行业标准制定；

三、建立行业自律机制，规范行业秩序，促进行业发展；

四、向企业提供和发布行业政策、发展信息、统计资料、行业分析；

五、及时向会员传达政府的政策、法规等行业相关信息；

六、作为行业代表，维护会员正当权益，向政府反映企业和行业要求，代表行业企业参与制定与行业相关的发展规划、产业政策、行规法规和法律；参与行业利益相关的政府决策论证；

七、扶持优秀的会员企业上市，对接政府相关资源；对快速成长的会员企业进行定制服务；

八、举办经济、科技、金融、法律、企业管理培训、交流；

九、加强旅游人才职业化建设，为旅游行业企业输送合格人才；

十、研究旅游行业相关的法律、法规、政策，对旅游行业及会员企业的重要经营决策和重大经济活动提出意见、建议；

十一、举办行业评选以及评比活动；

十二、组织或举办各种会展、商务考察和交流，开展国内外经济技术交流与合作。